TOEFL iBT® TEST リスニングのエッセンス

TOEFL is a registered trademark of ETS.
This publication is not endorsed or approved by ETS.

論理性×実戦力を高めるトレーニング

Ｚ会編集部 編

Ｚ会

はじめに

　TOEFL®テストは，英語を母国語としない人の英語力を，「読む」「聞く」「話す」「書く」の4つの面から測定するテストです。主に英語圏への留学を希望する学生の英語力の指標として活用されており，日本では大学院入試や企業内の試験にも取り入れられています。また，英語教育が大きく変わろうとしている中で，大学入試への活用も検討されており，英語4技能を総合的に評価することのできるTOEFLは，今非常に大きな注目を集めています。

　また，TOEFLでは，「限られた時間で情報を正確に理解する」，「文脈や論理展開を理解する」「話し手の意図を捉える」といった力が問われます。つまり，TOEFLでは，単に「英語を理解する力」だけではなく，「英語で考える力」が問われているのです。したがって，TOEFLでハイスコアを獲得するには，そもそもの思考のベースとなる論理性を身につける必要があるのです。これはCritical Thinking（批判的思考力）と呼ばれるスキルであり，本書では，本番のテストにおける実戦力と同時に，一貫してこれを身につけることを目指します。

　そこで本書は，ノートテイキングの仕方や設問パターンを学ぶ「解答のエッセンス」，実戦的な問題演習を積む「集中トレーニング」，本番前のシミュレーションを行う「確認テスト」を設けています。この一冊で，基礎になる考え方を学び，それを本番で使える力へと磨き上げることができるようになっています。リスニングの対策の中で身につけられる「問題処理能力」と「論理的思考力」は，他の3技能（読む，話す，書く）の確かな基礎になります。本書を使ってリスニングセクションでハイスコアを獲得するとともに，英語力全体を磨きあげましょう。

　本書が，皆さんの夢や目標を達成するための学習の一助となることができれば幸いです。皆さんが，真の英語力を身につけ，さまざまな場でご活躍されることを心よりお祈り申し上げます。

2016年9月　Z会編集部

目次

はじめに ……………………………………………………………………… 3
目次 …………………………………………………………………………… 4
本書の構成と利用法 ………………………………………………………… 6
TOEFL iBT® とは …………………………………………………………… 9
TOEFL リスニングの対策を行うにあたって～「論理的に聞く」とは～ ……… 12

各設問の対策と実戦演習

TOEFL リスニングを知る ………………………………………… 16

解答のエッセンス　会話形式 ……………………………………… 20
　　例題　　　学生寮の申し込み ……………………………………… 21
　　演習問題　本の検索 ………………………………………………… 32
　　スキルアップトレーニング　Part 1 ……………………………… 40

集中トレーニング　会話形式 ……………………………………… 42
　　問題1　アルバイトの募集 ………………………………………… 42
　　問題2　留学プログラム …………………………………………… 52
　　問題3　講義に関する質問 ………………………………………… 62
　　問題4　プロジェクトの相談 ……………………………………… 70

解答のエッセンス　講義形式 ……………………………………… 78
　　例題　　　　社会学　社会調査 …………………………………… 79
　　演習問題1　植物学　紅葉 ………………………………………… 91
　　演習問題2　物理学　相対性理論 …………………………………101
　　スキルアップトレーニング　Part 2 ………………………………112

集中トレーニング　講義形式 ………………………………………114
　　問題1　体育学　バスケットボール ………………………………114
　　問題2　医学　認知症 ………………………………………………124
　　問題3　生物学　遺伝子治療 ………………………………………134
　　問題4　言語学　語用論 ……………………………………………144
　　問題5　生物学　グリズリー ………………………………………154
　　問題6　経営学　意思決定 …………………………………………164
　　問題7　化学　分離 …………………………………………………174

問題8	映画学	映画の分類	184
問題9	文学	フェミニズム	194
問題10	天文学	衛星	204
問題11	臨床心理学	セラピスト	214

確認テスト 第1回

問題1	試験の振替		226
問題2	生命科学	血友病	228
問題3	美術学	カラヴァッジョ	230
問題4	スポーツ団体の設立		232
問題5	物理学	電磁波	234
問題6	歴史学	朝鮮近代史	236
問題7	サークルの設立		238
問題8	経済学	ゲーム理論	240
問題9	教育学	ヴァルドルフ教育	242
解答解説			244

確認テスト 第2回

問題1	履修相談		302
問題2	心理学	ストレス	304
問題3	言語学	対照分析仮説	306
問題4	プレゼンテーションの相談		308
問題5	自然科学	地球温暖化	310
問題6	歴史学	ノー・ノー・ボーイズ	312
問題7	卒業論文の相談		314
問題8	経済学	インフレーション	316
問題9	哲学	デカルト	318
解答解説			320

本書の構成と利用法

本書は TOEFL iBT® テストのリスニングセクションの各設問に対し,以下のステップで効果的な学習ができるよう構成されています。以下に示す利用法を参考にして取り組みましょう。

[1] TOEFL リスニングを知る

リスニングセクションの概要がまとまっています。会話・講義の2種類の形式の特徴や,出題される設問パターンが一覧になっていますので,学習に入る前に必ず確認しましょう。

[2] 解答のエッセンス

ハイスコア獲得のための効果的な取り組み方を解説したページです。本書では,LOGIC NOTE に聞き取った情報をまとめるノートテイキングの方法を紹介しています。また,各設問パターンの傾向と対策を網羅しています。

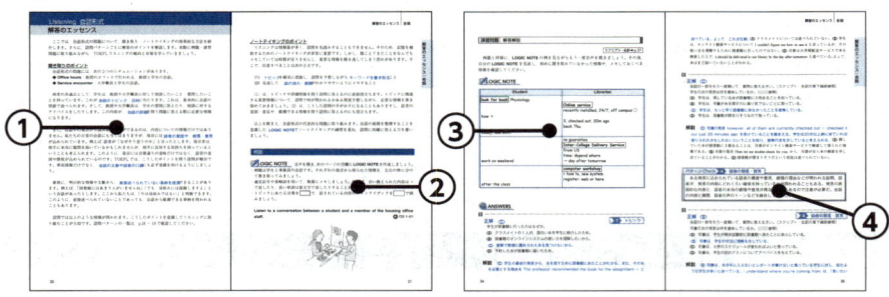

① 聞き取りのポイント/ノートテイキングのポイント
会話形式・講義形式のそれぞれについて,リスニングの際のポイントを解説しています。

② 例題・演習問題
実際に問題に取り組みながら,TOEFL リスニングの問題について理解を深めます。

③ LOGIC NOTE
リスニングをしながら聞き取った情報を整理するのに活用します。書き込み欄を設けていますので,是非活用してください。解答解説の LOGIC NOTE の例を参考に,効果的なノートテイキングの仕方を学びましょう。

④ パターン Check
出題される各設問パターンについて,傾向と対策を学ぶことができます。

[3] 集中トレーニング

会話・講義の各形式について，本番に即した実戦形式の問題で集中的に演習を積みましょう。

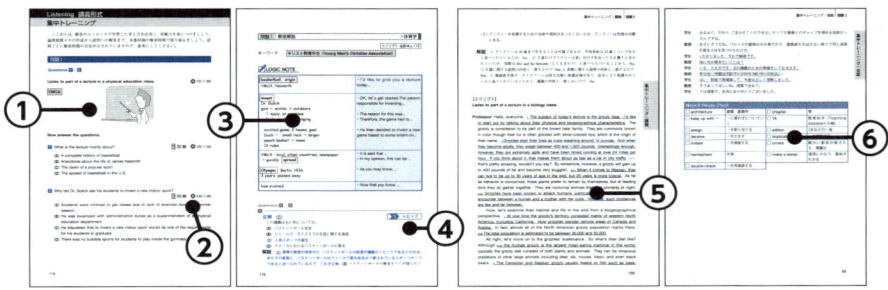

① 問題
本番と同様の出題形式の問題となっています。解答時間の目安を表示していますので，意識して取り組んでください。

② 解答時間の目安
1問あたりにかけられる時間の目安を示しています。この時間を超えないように気をつけながら，できるだけ短時間で設問に取り組みましょう。なお，設問全体の解答時間を意識しやすいよう，この時間には設問文を聞く時間も含まれています。

③ LOGIC NOTE
各問題について，LOGIC NOTE の例を示しています。例を参考に，効果的なノートテイキングの仕方を学びましょう。

④ 設問パターン
各設問について，解答のエッセンスで学んだどの設問パターンにあたるのかを確認できます。苦手な設問パターンがある場合には，パターン Check に戻って対策を確認しましょう。

⑤ スクリプト（設問の解答の根拠）
スクリプトでは，それぞれの設問について，解答の根拠となる部分に下線を引いています。どの部分を聞いて正解を判断できるか，スクリプトを追いながら確認しましょう。

⑥ Word & Phrase Check
各問題の中に出てくる，覚えておくべき単語や表現をまとめています。復習の際に活用してください。

[4] 確認テスト

リスニングセクション全体の模擬問題を 2 回分収録しています。1 回あたり 90 分の解答時間で取り組み，本番のシミュレーションを行いましょう。

■付属CD／音声ダウンロードサイトについて

　CD に収録されている内容は，下記 Web サイトより音声ファイルをダウンロードすることができます。
※ダウンロードは無料です。

https://www.zkai.co.jp/books/toeflrl/

音声のトラック番号は，以下のように確認してください。
［例］　●1-01　→ CD：Disk 1 トラック番号 01 という意味です。
　　　　　　　　　音声ファイル：toefl_L1_01 というファイルが該当します。

TOEFL iBT® とは？

　TOEFL® テスト（Test of English as a Foreign Language）は，英語を母語としない人々の英語力を測るためのテストです。英語圏の国（アメリカ，カナダ，イギリス，オーストラリアなど）の高等教育機関（大学や大学院）への正規留学の際，入学審査基準の1つとして提出が求められます。日本では 2006 年 7 月より iBT 形式が導入されました。

1. 試験概要

　リーディング，リスニング，スピーキング，ライティングの 4 つのセクションから構成されています。スピーキングセクションとライティングセクションにおいて，Integrated Task（統合型問題）が導入されたことが iBT の特徴の 1 つと言えます。純粋にスピーキングやライティングの力を問うだけでなく，リーディングやリスニングを含む 4 技能が統合的に測定されます。なお，すべてのセクションでメモを取ることが可能です。試験時間はトータルで約 2 時間です。

【構成】

セクション	問題数	試験時間
リーディング	20 問	35 分
リスニング	28 問	36 分
スピーキング	4 問	16 分
ライティング	2 問	29 分

　上記の構成は，2023 年 7 月以降のテストに対応しています。本書の p.16 以降の内容（解答のエッセンス，集中トレーニング，確認テスト第 1 回・第 2 回）は，2019 年 7 月までのテスト時間と問題数に対応しています。詳しくは p.16 を確認してください。

2. 解答方法

　TOEFL iBT テストでは，コンピュータ上で問題に解答します。リーディングセクションとリスニングセクションでは，マウスを使って正解の選択肢をクリックやドラッグして問題に解答します。スピーキングセクションでは，ヘッドセットのマイクに向かい問題に解答し，録音された音声がインターネットを通じて採点者に送られます。ライティングセクションでは，キーボードを使ってタイピングをします。

【リスニングセクションの操作】

準備
ヘッドホンをつけ，音量の調整を行います。

出題の流れ
①会話または講義の音声が流れる。

再生中は，話し手の写真が表示されます。講義の場合，写真から，レクチャー（教授が学生に向かって話している）またはディスカッション（教授と学生が机を囲んで話している）を判断することができます。

講義の場合，初めの画面に科目名が表示されます。また，途中で写真の画面が切り替わり，専門用語やなじみのない固有名詞などキーワードが表示されることがあります。

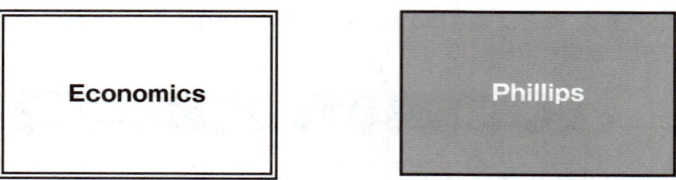

なお，音声の再生中は解答時間に含まれません。また，再生は一度きりで，一時停止はできません。

②設問に解答する。

答えを選び，解答を確定して次の設問へ進みます。前の設問に戻ることはできません。画面右上に解答時間が表示されます。

設問の形式
ここでは，代表的な設問の形式を紹介します。この他，選択肢を並べ替えたり，分類したりする問題が出題される可能性があります。

（1）四肢問題

4つの選択肢から答えを1つ，または複数選びます。多くの問題がこの形式です。答えを複数選ぶ問題の場合には，画面に **Choose 2 answers.** などと表示されます。

（2）音声引用問題

音声の一部をもう一度聞いて，質問に答えます。4つの選択肢から答えを1つ選びます。

（3）複数の文について，当てはまる場所にチェックを入れる問題
　　例えば，Yes/No 問題と呼ばれる設問では，複数の文について，内容に一致しているものは Yes，一致していないものは No のボックスにチェックを入れます。

3．スコアについて
　4 つのセクションはそれぞれ 0 〜 30 点で採点され，トータルのスコアは 0 〜 120 点です。スピーキングセクションとライティングセクションは，複数の採点者によって採点されます。スピーキングセクションは，各設問 0 〜 4 の素点の平均点が，30 点満点に変換されます。ライティングセクションについても同様に，0 〜 5 までの素点の平均点が 30 点満点に換算されます。

　出願の際，一般大学レベルは 61 〜 80 点，難関大学・大学院レベルは 80 〜 100 点，超難関校レベルは 105 点以上が目安になりますが，それぞれの大学や専門分野によって要求されるスコアが異なるので，志望する大学，大学院のホームページなどで必要なスコアを確認するようにしましょう。スコアは受験終了後，約 1 カ月後に送付されますが，受験日の約 6 日後からオンラインで確認することができます。スコアの有効期限は 2 年間です。

4．申し込み方法
　TOEFL® Information Bulletin（受験要綱）を入手し，受験に関する情報を熟読してください。また，ETS（Educational Testing Service）や ETS Japan（TOEFL® テスト日本事務局）の Web ページに受験方法が詳しく記載されているので，確認してください。

TOEFL リスニングの対策を行うにあたって
～「論理的に聞く」とは～

TOEFL リスニングの難しさとは

　リスニングセクションの対策をしようとしている人の中には，スピードについていくことができない，集中力が続かない，途中で何を話しているのかわからなくなってしまうという悩みを抱えている人もいるでしょう。TOEFL のリスニングセクションは，内容が専門的かつ情報量が多いことに加え，スピードも速いため，まずは基礎的なリスニングの体力をつけることが必要です。

　一方，何を話しているのか，内容をおおまかに聞き取ることはできるけれど，設問に答えようとすると，問われた情報を覚えていなかったり，誤りの選択肢に引っかかってしまったりする，という人もいるでしょう。その場合，聞きながら情報を整理し，必要に応じて効果的にメモをとる力が必要になります。また，TOEFL では単に問われた情報の正誤を判断するだけでなく，話し手の意図を問う設問や，複数の情報を結びつけて答える問題なども出題されます。そうした問題は，断片的な情報からは判断できないため，全体の文脈や構成を把握する聞き取りの仕方をしなければならないのです。

　本書では，基礎的なリスニングスキルを鍛えることはもちろん，さらなるスコアアップにつながる「論理的に聞く力」を鍛えます。

論理構成を意識して聞く

　普段はあまり意識していないかもしれませんが，英語の文章の構成には，基本となる大原則があります。リスニングは話し手がその場で話している内容のため，必ずしも緻密な論理構成になっているとは限りませんが，多くのネイティブスピーカーが身につけている文章構成の基本を知ることで，正しく内容を把握し，すばやく要点を拾うことができるようになります。

　一般的に英語の文章は，Introduction・Body・Conclusion という3つのパートから成っています。Introduction は導入の役割を果たしており，これから展開されるトピックが示されます。また，相手が内容を予測しながら聞くことができるように，全体の構成が示されることもあります。Body はトピックの内容を具体的に展開する部分です。トピックの骨格となるメインアイディアに対して，サポートアイディアとして詳細情報や具体例が示され，主張を裏づけるための論証がなされます。最後に，文章の締めくくりとして，Conclusion で内容がまとめられます。

　また，文章の構成をわかりやすく示すために，ディスコースマーカーがしばしば用いられます。ディスコースマーカーは，論理の流れを明確にするための接続表現のことで，述べられた情報同士をつなぐ役割を持っているため，これらに注目することで，情報を整理しやすくなります。逆に自分が英語で発信する際にも，これらを上手に利用することで，相手に自分の意図が伝わりやすくなります。

以上が英語の文章の基本です。繰り返しになりますが，リスニングの場合，話し手は必ずしもこのような完全な論理構成で話すわけではありません。会話が当初の目的とは異なる方向に進んだり，教授が講義のメイントピックから脱線したりすることもあります。しかし，多くの英語のネイティブスピーカーは，小学生の頃から，論理的に説明したり意見を述べたりする練習を繰り返しています。ネイティブスピーカーが自然に意識している論理構成を知っておくと，TOEFL の講義のような長く難しい内容であっても，展開を予測しながら，要旨を的確に捉えることができるのです。

　また，会話にも展開を把握する目印になるものがあります。例えば，話し手の質問です。特に TOEFL の会話では，学生が教授や職員に質問や相談をしに来る場面が多いため，しばしば学生の質問によって話題が次に進んでいくことがあります。こうした話題の切り替えポイントに気づくのは，情報整理の重要なポイントです。このように，会話においても「論理的に聞く」ために意識すべきことが多くあります。

TOEFL でハイスコアを獲得するために

　以上のように，リスニングセクションでハイスコアを獲得するには，ただ漫然と聞くのではなく，「論理的に考えながら聞く」ことが大切です。そこで身につけるべきものが Critical Thinking（批判的思考力）です。ここでの Critical（批判的）とは分析的，合理的という意味合いで，物事を論理的に捉え，思考し，それを，説得力をもって表現する力と言えます。TOEFL の 4 つのセクションではいずれにおいても，Critical Thinking の観点を持っているかが問われているのです。

　そこで，本書では，LOGIC NOTE を用いた学習を提案しています。LOGIC NOTE を用いて聞き取った情報を整理する練習を繰り返すことで，会話や講義の構成を捉え，要旨をすばやく的確に捉えることができるようになります。さらに，TOEFL ではリスニングセクションのみならず，スピーキング・ライティングセクションでもリスニングがあるため，これは TOEFL 全体に通じる土台となる力を築くことにもつながるのです。本書で効果的にリスニングスキルを鍛え，さらなるスコアアップを目指しましょう。

MEMO

各設問の対策と実戦演習

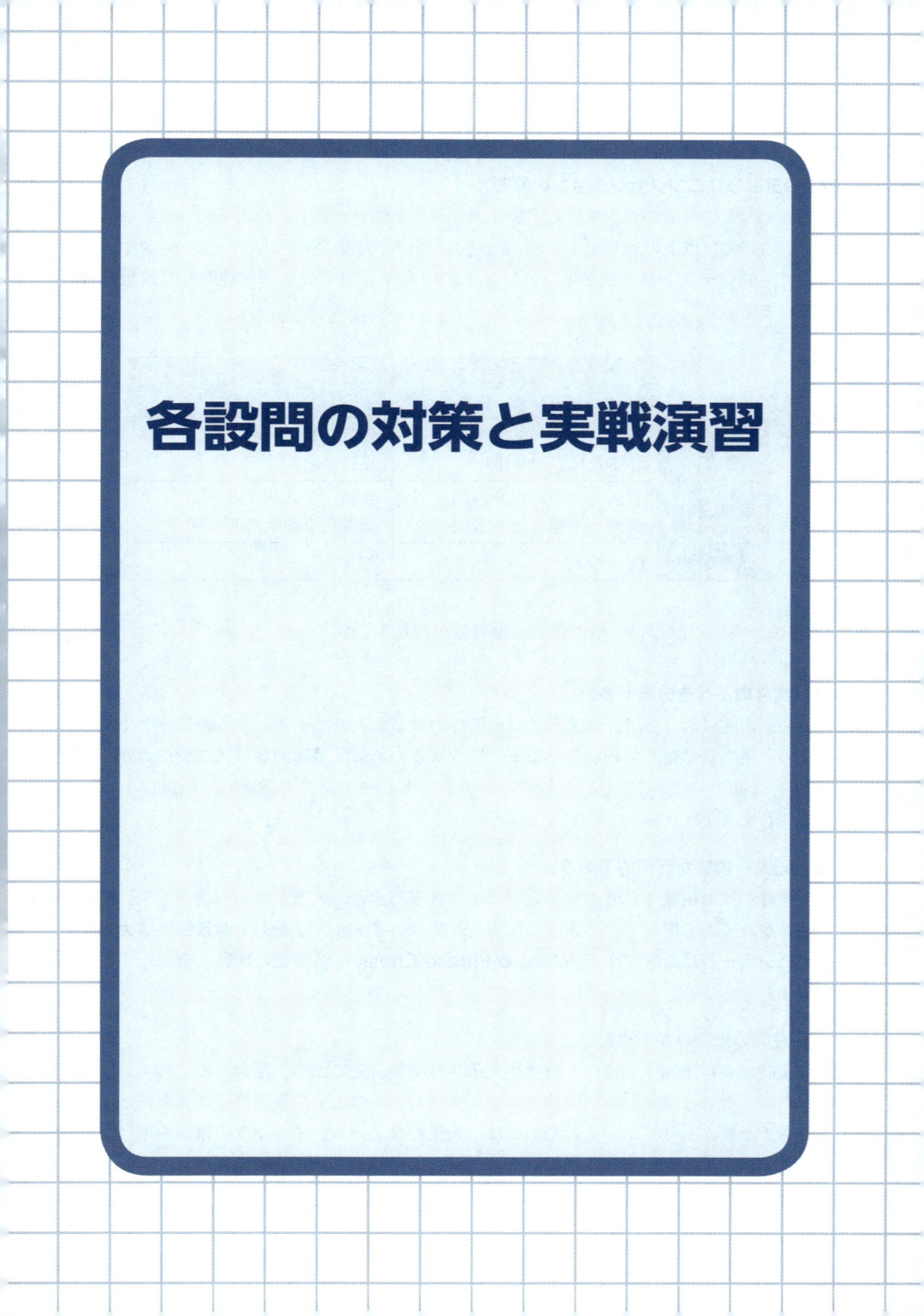

Listening Section

TOEFL リスニングを知る

■ TOEFL リスニングセクションの概要

　北米での大学生活で想定される，アカデミックな内容の会話と講義を聞いて，設問に答えます。詳細は以下の通りです。（本書のp.20以降の内容（解答のエッセンス，集中トレーニング，確認テスト第1回・第2回）は，2019年7月までのテスト時間と問題数に対応しています。）

	2019年7月まで （※本書の内容）	2023年7月以降
問題数	［会話1題＋講義2題］が 2または3セット	会話2題 講義3題
設問数	会話：1題あたり5問 講義：1題あたり6問	会話：1題あたり5問 講義：1題あたり6問
試験時間	60～90分	36分

TOEFL リスニングには，以下のような特徴があります。

（1）聞き取るべき分量が多い。

　会話形式は約3分で，講義形式は約5分の長さがあり，ナチュラルスピードで話されます。集中して難しい内容を細部まで聞き取るために，**基礎的なリスニング力が不可欠**です。p.40～41，112～113 のスキルアップトレーニングも活用し，地道にトレーニングしましょう。

（2）語彙・内容が専門的である。

　講義形式で出題されるのは，大学で学ぶ各専門分野の入門レベルの講義です。特別な知識がなくとも解答できるように配慮されてはいますが，**語彙力・背景知識は大きなアドバンテージ**になります。**Word & Phrase Check** や各問題の内容を復習し，知識を増強しましょう。

（3）設問の先読みができない。

　設問は音声を聞いた後に1問ずつ表示されます。先に設問を把握して，答えを探しながら聞くというリスニングの仕方はできません。そのため，重要情報をきちんとメモしておく必要があります。そのためには，**効果的なノートテイキングの技術**を学ばなければなりません。例題から集中トレーニングまでを通して，**LOGIC NOTE** をノートテイキングの武器にしましょう。

■問題形式

＜会話＞

◆ Office hours：教授のオフィスで行われる，教授と学生の会話。

学生が，アドバイスを求めて教授のオフィスを訪れます。講義形式の問題ほど専門的な内容ではありませんが，教授が特定の学問の内容に踏み込んでアドバイスをする問題もあります。

出題内容の例：
講義内容に関する質問，提出課題に関する質問，履修についての相談，授業の予習・復習

◆ Service encounter：大学職員と学生の会話。

学生が，図書館，事務局，教育助手などに，大学の制度やサービスについて質問します。

出題内容の例：
出願書類に関する質問，課題の締切延長，履修手続き，課外活動について，駐車場の利用手続き，本の返却，寮費の支払い

＜講義＞

◆レクチャー：教授による講義。
◆ディスカッション：教授による講義の中に，学生との質疑応答を含む。

講義のレベルは，専門的な学術分野の入門レベルです。講義の中心となるキーワードが，画面に表示されます。教授は，実際の講義と同様に，主題から脱線したり，言いよどんだり，言い間違いを正したりすることがあります。

出題内容の例：
①人文科学分野：建築学，工業デザイン，都市計画，工芸・美術，音楽，写真，文学・作家，本・新聞・雑誌
②生命科学分野：動植物の絶滅・保護，水生生物，バクテリア・単細胞生物・ウィルス，医学技術，公衆衛生，生理学，生化学，動物行動学，動植物の生息環境，栄養学
③物理科学分野：天候と大気，海洋学，氷河・砂漠・その他極端環境，汚染，エネルギー・環境政策，天文学・宇宙論，光・音の性質，電磁放射，素粒子
④社会科学分野：歴史人類学，歴史言語学，経済，経営・ビジネス，マスコミ，集団の社会行動，子供の発達，教育，近代史

■設問パターン

　TOEFL リスニングセクションの設問は，以下のパターンに分けることができます。それぞれの設問でどのような力が問われているのかを理解することは，対策を行う上で非常に重要です。

●基本的な理解を問う問題
(1) トピック問題：会話や講義のトピックや目的を問う。
　　例）Why does the woman go to the library?
　　　　What does the professor mainly talk about?

(2) 詳細問題：会話や講義の内容の細部について問う。ある内容に当てはまらないものを選ぶ NOT 問題や，答えを複数選択する問題を含む。
　　例）Which of the following is NOT correct about 〜?
　　　　What are possible reasons why …? Choose 2 answers.

●話者の言葉の用い方を問う問題
(3) 発言の意図・機能：会話や講義の一部をもう一度聞き，文脈を踏まえて発言の意図・機能を答える。文字通りの意味やイディオムなどを問うものではない。
　　例）What does the professor mean when she says this?（音声）
　　　　Why does the man say this?（音声）

(4) 話者の態度・意見：会話や講義中の発言から，話者がどのような態度をとっているか，どのような感情，意見を持っているかを問う。会話や講義の一部をもう一度聞く場合もある。
　　例）What is the professor's attitude toward 〜?
　　　　What does the man imply when he says this?（音声）

●情報を統合して答える問題
(5) 推測問題：会話や講義で述べられた情報から，直接述べられていない事柄を推測する問題。
　　例）What can be inferred about 〜?
　　　　What will the professor probably talk about next?

※以下の設問パターンは，主に講義で出題されます。

(6) 構成理解問題：教授が講義をどのように構成しているかを問う。例えば，導入や結論づけ，本論の展開，話題の転換などがどのように行われているかを問うものがある。

例）How does the professor introduce 〜 to the class?
　　Why does the professor discuss 〜 ?

(7) 情報統合問題：述べられた情報同士の関係性を問う問題。情報を表に分類したり，並べ替えたりする問題も含まれる。

例）The professor explains the three stages of how stress progresses.
　　For each example, put a check in the correct box.

	Alarm stage	Resistance stage	Exhaustion stage
(1) A pack of hungry wolves			
(2) A bout of flu around exam week			
(3) A high pitched scratching sound			

■設問の傾向

設問を解く際には，以下のような傾向があることを心に留めておきましょう。

(1) 音声で述べられている内容が，**別の英語表現に言い換えられている**ことがあります。聞き取った内容と同じ意味を表す英文や語句を正確に読み取りましょう。

(2) 不正解の選択肢に，**聞き取った内容と類似した語句や表現**が含まれていることがあります。聞こえてきた言葉を感覚で選ばず，選択肢を細部まで検討しましょう。

(3) 会話や講義中に述べられた情報であっても，問われている設問の答えとして適切ではないという理由で正解ではない場合があります。**必ず設問文に立ち戻って判断**しましょう。全体の一部にしか当てはまらない情報や，確かに述べられているがメインアイディアではない瑣末な情報には注意しましょう。

Listening 会話形式
解答のエッセンス

　ここでは，会話形式の問題について，聞き取り・ノートテイキングの効果的な方法を紹介します。さらに，設問パターンごとに解答のポイントを解説します。実際に例題・演習問題に取り組みながら，TOEFL リスニングの傾向と対策を学んでいきましょう。

聞き取りのポイント
　会話形式の問題には，次の2つのシチュエーションがあります。
- ◆ **Office hours**：教授のオフィスで行われる，教授と学生の会話。
- ◆ **Service encounter**：大学職員と学生の会話。

　両者の共通点として，学生は，教授や大学職員に対して相談したいこと・質問したいことを持っています。これが会話のトピック・目的に当たります。これは，基本的に会話の冒頭で述べられます。そして，教授や大学職員は，学生の質問に答えたり，相談に対するアドバイスをしたりします。この内容が，会話の詳細を問う問題に答える際に必要な情報になります。

　また，会話中の発言から読み取ることができるのは，内容についての情報だけではありません。私たちの日常の会話にも当てはまりますが，発言には話者の意図や，感情・意見が込められています。例えば，話者が「なぜそう思うのか」と言ったとします。この話者は，相手に本当に疑問を抱いているかもしれませんが，相手に反対する気持ちを持っているということも考えられます。このように，発言には言葉通りの意味だけではなく，話者の意図や意見が込められているのです。TOEFL では，こうしたポイントを問う設問が頻出です。事実情報だけでなく，会話の文脈や話者の口調にも必ず意識を向けるようにしましょう。

　最後に，明示的な情報や文脈から，直接述べられていない事柄を推測できることがあります。例えば，「図書館にはあまり人がいませんね」「でも，昼休みには混雑しますよ」という会話があったとします。ここから私たちは，「今は昼休みではない」と判断できます。このように，直接述べられていないことであっても，会話から推測できる事柄を問われることもあります。

　設問では以上のような情報が問われます。こうしたポイントを意識してリスニングに取り組むことが大切です。設問パターンの一覧は，p.18 ～ 19 で確認してください。

ノートテイキングのポイント

　リスニングは情報量が多く，設問を先読みすることもできません。そのため，記憶を補助するためのノートテイキングが非常に重要です。しかし，聞こえてきたことをなんでもメモしていては時間が足りませんし，重要な情報を聞き逃してしまう恐れがあります。そこで，注意すべきことは次の2点です。

(1) トピックを確実に把握し，設問を予想しながらキーワードを書き取ること
(2) 見返して，話の流れ・展開がわかりやすいようにメモすること

　(1) は，トピックや詳細情報を問う設問に答えるのに直接役立ちます。トピックに関連する重要情報について，設問で何が問われるかある程度予想しながら，必要な情報を書き留めておきましょう。(2) は，こうした設問の手がかりになることもありますし，話者の意図・意見や，推測できる情報を問う設問に答えるのにも役立ちます。

　以上を踏まえ，会話形式の代表的な問題に取り組みます。会話の展開を整理することを意識した **LOGIC NOTE** でノートテイキングの練習を重ね，設問に的確に答える力を養いましょう。

例題

　音声を聞き，次のページの空欄に **LOGIC NOTE** を作成しましょう。

Listen to a conversation between a student and a member of the housing office staff.
　　　　　　　　　　　　　　　　　　　　　　　　　　　　　　　　　　CD 1-01

LOGIC NOTE

- 例題は学生と事務員の会話です。それぞれの発言から得られた情報を，左右の枠に分けて書き取ってみましょう。
- 適宜記号や省略語を用いて，簡潔にメモしましょう。例えば，言い換えられた内容は＝で表したり，長い単語は頭文字で表したりすることができます。
- トピックにあたる言葉を[　　]で，話されている内容のメインアイディアを[　　]で囲みましょう。

Student	Office staff member

QUESTIONS　先程の LOGIC NOTE を適宜参照しながら，次の設問に答えましょう。

1 Why does the student go to the office?　　　　　CD 1-02

  Ⓐ To find somebody to share a room with
  Ⓑ To confirm that he was accepted by the college
  Ⓒ To inquire about a student residence
  Ⓓ To figure out the location of a school cafeteria

2 Which of the following statements is mentioned about a kitchen in the school dorm?
　　　　　　　　　　　　　　　　　　　　　　　　　　　　　　　　　● CD 1-03
  Ⓐ Students are permitted to make tea or coffee in a kitchen anytime they want.
  Ⓑ Students are able to refresh themselves in a kitchen.
  Ⓒ Students are expected to share kitchen utensils in a kitchen.
  Ⓓ Students are forbidden to cook in a kitchen after 10 p.m.

3 *Listen again to part of the conversation. Then answer the question.*
　What does the woman imply when she says this: 🎧　　　　● CD 1-04

  Ⓐ The student should try to get better at cooking.
  Ⓑ The student can decide how he wants to get his meals.
  Ⓒ The student needs to make plans as soon as possible.
  Ⓓ The student should apply for a meal plan.

4 Indicate whether each statement below is correct. *Put a check (✓) in the correct boxes.*　　　　　　　　　　　　　　　　　　　　　　　　　● CD 1-05

	Yes	No
(1) Rooms are fully furnished except for beds.		
(2) Students have private bathrooms in each room.		
(3) Students can choose one of two different meal plans.		
(4) All of the rooms have high speed Internet access.		
(5) The student has not been assigned a student ID number yet.		

5 Which of the following statements is correct about dormitory registration?　● CD 1-06

  Ⓐ Students will surely receive a shared room if they apply for it.
  Ⓑ Students without a student ID card must come to the office to register.
  Ⓒ Registration begins one month before the start of the semester.
  Ⓓ Students can register online if they have their ID number.

例題　解答解説

スクリプト・全訳➡p.28

LOGIC NOTE　次の例を参考に，自分の **LOGIC NOTE** を見直します。実際には，単語が省略されていたり途中になっていたりしても，自分で見て意味がわかれば問題ありません。

- 例を見ながらもう一度音声を聞き，聞き逃してしまった情報・メモしておくべき情報を確認しましょう。さらにもう一度音声を聞き，今度は自分の **LOGIC NOTE** にそれらを書き加えましょう。
- 例では，話題が切り替わる部分でメモを区切っています。音声を聞きながら，どの発言をきっかけに話が進展しているかについても意識しましょう。

Student	Office staff member
housing	
	dorm ・single/shared 　→ popular ・desk, shelf, closet, bed ・shower & bath → floor
meal → meal plan	・cafe 5min. ・meal plan 10,15,20 ・kitchen till 10 p.m.
Internet access	each room, high speed
apply ID card 2w before semester not remember budget → **shared**	ID → here ○ card ID# → web ○ no guarantee, taken a month before

左ページの例では基本的には英語を用いていますが，日本語のほうがシンプルに表せる部分には，ところどころ日本語が混じっていてもよいでしょう。また，次のような決まった記号や省略語を用いることで，すばやく効率的にメモを取ることができる上，後で見返した時に混乱せずに済みます。これからの演習を通して，自分なりのノートティキングを確立させていきましょう。

ex)	具体例
○	メリット，正しい（望ましい）もの・こと・要因
×	デメリット，正しくない（望ましくない）もの・こと・要因
=	要するに，イコールの関係
―	関係・関連がある
/	言い換え
,	並列
↑, ↓	増加・ 減少
<, >	より大きい・小さい
#	number
w/, w/o	with, without

? ANSWERS　続いて各設問の解答を確認します。**パターンCheck** では，例題・演習問題ですべての設問パターンを網羅し，解答のポイントを解説しています。苦手な設問がある場合には，ここに戻ってポイントを確認してください。

1

正解　Ⓒ

学生が事務所に行っているのはなぜか。
Ⓐ 部屋を共有する人を見つけるため
Ⓑ 大学に合格したことを確かめるため
Ⓒ 学生寮について尋ねるため
Ⓓ 学校の食堂の場所を知るため

解説　Ⓒ 会話冒頭で学生は I'm looking for an apartment near campus or on campus と述べ，事務員の質問 You mean a school dormitory? に対し，Oh, yeah. と答えている。よって，学生が寮を探しに事務所に行ったことがわかる。 Ⓐ 会話後半で学生は2人部屋を選択すると述べているが，部屋を共有する人を探すために事務所に行ったのではない。 Ⓑ 学生の発言 I'll be a freshman starting next fall や I got an acceptance letter から，入学はすでに確定しているとわかる。 Ⓓ 学生は，Are there any places like a cafeteria near the dorm? と尋ねているが，これは寮について知りたい情報の1つにすぎない。

パターンCheck 1 　トピック問題

1問目には必ず会話のトピック・目的を問う設問が出題される。この設問では，情報を総合的に捉えることが求められ，会話の一部にしか当てはまらない具体的な内容が正解になることはない。会話の全体像を把握することを意識しよう。

冒頭の学生の発言から，学生が何のために尋ねて来たかが把握できることが多いが，会話の流れに沿って **LOGIC NOTE** を作成できれば，自然にその会話で何が話題になっているのかがわかる。会話の流れによっては，話題の中心が学生の当初の目的と変わっていくこともあるので注意しよう。

2

正解　Ⓓ

次のうち，学生寮のキッチンについて述べられているものはどれか。
Ⓐ 学生は，いつでも好きな時に，キッチンで紅茶やコーヒーを入れることが許されている。
Ⓑ 学生は，キッチンで気分転換ができる。
Ⓒ 学生は，キッチン用品を共有することになっている。
Ⓓ 学生は，10時以降キッチンで料理することを禁止されている。

解説　Ⓓ 事務員はキッチンについて you're only allowed to use them until 10 p.m. と述べているので，これが正解。この them は「キッチン」を指す。前文 There's a small kitchen available on every floor of the dorm で，kitchen が単数形で使われているので混乱するかもしれないが，各階にあるすべてのキッチンを想定しているため，後続の文では them で表されている。Ⓐ 10時以降はお湯を沸かすことも禁止なので，「いつでも」紅茶やコーヒーを入れることはできない。Ⓑ 学生の発言 I can use the kitchen for refreshments における，refreshments は「気分転換」ではなく，「軽食」という意味で使われている。Ⓒ キッチン用品に関して，会話では何も述べられていない。

パターンCheck 2 　詳細問題

詳細問題では **LOGIC NOTE** が大きな手がかりになる。詳細といっても重要度の低い瑣末な情報を問われることはない。この会話は「寮探し」がトピックのため，寮生活に関する詳細情報はできるだけメモしておこう。メモをしそびれた場合でも，会話の流れやメイントピックが把握できていれば，解答を予想できたり，消去法で正解を導いたりできることもある。また，誤りの選択肢には，会話に出てきた単語やフレーズが含まれていることが多いので，惑わされないように注意しよう。

3

正解 Ⓑ

会話の一部をもう一度聞いて，質問に答えなさい。(スクリプト・全訳の青下線部参照)
女性の次の発言は何を意味しているか。(参照)
Ⓐ 学生は料理がもっとうまくなるように努力したほうがよい。
Ⓑ 学生はどうやって食事を調達したいかを決めてよい。
Ⓒ 学生はできるだけ早く計画を立てる必要がある。
Ⓓ 学生はミールプランに申し込んだほうがよい。

解説 Ⓑ 該当の事務員の発言は「はい，それはあなた次第です」という意味。これは直前の学生の発言，It seems good that I can use the kitchen for refreshments. But actually, I'm all thumbs when it comes to cooking. So, maybe I'll try a meal plan instead. を受けたものであることを踏まえると，自炊でもミールプランでも，「食事の調達方法は学生が決めてよい」が適切。Ⓐ学生は，「料理が下手だ」と言っているが，これはミールプランを選ぶ理由として述べたにすぎず，事務員はこの内容を受けて「料理の上達はあなた次第です」と言っているわけではない。Ⓒ寮の申し込み自体は早くするように言われているが，この発言の意図には当てはまらない。Ⓓミールプランを勧めることは，「あなた次第です」という発言に矛盾する。

パターンCheck 3 　発言の意図・機能問題

ある発言についての意図・機能を問う設問では，前後の文脈を確認することが重要だ。該当部分の音声が引用されることがほとんどだが，話者は必ずしも文字通りの意味で発言しているとは限らない。話者がなぜその発言をすることになったのか，何のためにそのように言っているのかを引用部分から判断しよう。迷った場合には，会話のメイントピックや **LOGIC NOTE** からわかる会話の流れも適宜参照しよう。

4

正解　Yes　(4)
　　　　 No　 (1)(2)(3)(5)

以下のそれぞれの項目が正しいか示しなさい。正しいボックスにチェックを入れなさい。
(1) 部屋にはベッド以外の家具が完備されている。
(2) それぞれの部屋に専用のシャワーとトイレがある。
(3) 学生は2つのミールプランのうち1つを選ぶことができる。
(4) すべての部屋で高速インターネット接続が可能である。
(5) この学生はまだ学籍番号を付与されていない。

解説　それぞれの詳細情報は，**LOGIC NOTE** を参照するとよい。(1) Both single and shared rooms are ～ not to mention beds とあるので，No。 not to mention beds は，「ベッドは言うまでもなく，もちろん（設置されている）」という意味。(2) There are showers and bathrooms on each wing of every floor. より，シャワーとトイレは各階共用なので，No。(3) There are three options: 10, 15, or 20 meals per week. So, you can choose one of them 〜 より，2つではなく3つから1つを選ぶので，No。(4) Each room is equipped with high speed Internet access より，Yes。(5) 後半の申し込み方法についてのやりとりに注目。学生証はまだ与えられていないが，事務員に Didn't you see your ID number on the letter? と聞かれ，学生は I think I did と答えているので，学籍番号は与えられている。よって，No。

パターンCheck 2 詳細 〜Yes/No 問題〜

複数の文について正誤を答える Yes/No 問題と呼ばれる形式の設問が出題される可能性もある。複数の内容が一度に問われるため通常の設問よりも解答に時間がかかるが，**LOGIC NOTE** を参照しながら落ち着いて答えよう。

5

正解 ⒟

次のうち，寮の申し込みについて正しいものはどれか。
Ⓐ 相部屋を申し込めば，必ず部屋を得ることができる。
Ⓑ 学生証を持っていない学生は，申し込むために事務所に来なければならない。
Ⓒ 申し込みは新学期の1カ月前に始まる。
Ⓓ 学籍番号があれば，オンラインで申し込むことができる。

解説 ⒟ 事務員は If so, you have to visit our website and find "registration". All you have to do is follow instructions for the procedure on the web. と述べている。If so は，学生の返答 I think I did.（学籍番号を見たと思う）を受けている。Ⓐ 相部屋のほうが確保しやすいが，先着順で空きの保証はないと述べられている。Ⓑ 事務員は学生が学生証を持ってないとわかった上で，ウェブでの登録を勧めている。Ⓒ 新学期の1カ月前には空き部屋がなくなるかもしれないと述べられていることから，申し込みはそれ以前に始まることがわかる。

【スクリプト】
Listen to a conversation between a student and a member of the housing office staff.

Student: Hi, uh, excuse me. ₁Where can I find information about housing?
Housing office staff member: Good for you, this is the place. How can I help you?
S: Thanks. Well, I'll be a freshman starting next fall, ₁so I'm looking for an apartment near campus or on campus.
H: You mean a school dormitory?
S: Oh, yeah. That's what I meant. Are there any rooms available in the dorm for the next

semester?

H: Yes. We have two options: a single room or a shared room, what we call double occupancy. As you can guess, single rooms are more popular because they're private. So, they're usually occupied earlier than the others despite the fact that singles are more expensive. ₄₋₍₁₎ Both single and shared rooms are completely furnished with desks, shelves, and closets, not to mention beds. ₄₋₍₂₎ There are showers and bathrooms on each wing of every floor.

S: Sounds nice. What about meals? Are there any places like a cafeteria near the dorm?

H: The school cafeteria is located within a five-minute walk. ₄₋₍₃₎ What's more, you can also purchase a meal plan. There are three options: 10, 15, or 20 meals per week. So, you can choose one of them depending on your lifestyle. Or, another possibility would be to do your own cooking. ₂ There's a small kitchen available on every floor of the dorm, so you can cook and make coffee and tea if you want to. But remember, you're only allowed to use them until 10 p.m. Any time after that, cooking, or even boiling water is prohibited for safety.

S: Got you. ₃ It seems good that I can use the kitchen for refreshments. But actually, I'm all thumbs when it comes to cooking. So, maybe I'll try a meal plan instead.

H: Yeah, it's all up to you. Any more questions?

S: Um, yeah. What about Internet access? I'm not much of a computer person, but I'm sure I'll need Internet access to do research and write papers for classes.

H: Certainly. ₄₋₍₄₎ Each room is equipped with high speed Internet access, so you can enjoy surfing the Net and doing research on your paper.

S: Awesome! I think I've already made up my mind. How can I apply?

H: You can do that here if you have a student ID. Do you have one?

S: Not yet. I got an acceptance letter last month, and it said I can't get a student ID card until two weeks before the semester begins.

H: Oh, I'm sorry. I'm not talking about a card but a number you were assigned. ₄₋₍₅₎ Didn't you see your ID number on the letter?

S: Oh, yeah. I think I did, but I don't remember it.

H: ₅ If so, you have to visit our website and find "registration". All you have to do is follow instructions for the procedure on the web. It's not difficult at all.

S: I hope not. As I said, I'm not a computer person, so I'm afraid I might not be able to figure out how to do it.

H: If you have any questions, don't hesitate to drop by our office. But just remember, if you want a single room, time is limited. Well, right now there are still some single rooms available, but as I told you, sooner or later, they'll be occupied for sure.

S: Ideally, I want to get a single room, of course, but in reality I think I have to compromise, considering my budget. So, I'll go for a shared one.

H: I see. Yeah, shared rooms are less competitive, so you don't have to rush. But please keep in mind that we can't guarantee a space for you. First come, first served, that's

the idea, you know? Sometimes, both types of rooms are taken a month before the semester begins, so please remember that.
S: OK. I'll keep that in mind. Thanks for your advice. It was really helpful.
H: Don't mention it. Have a good day.
S: Same to you.

【全訳】
学生と宿舎管理課の事務員の会話を聞きなさい。

学生　　：こんにちは。すみません。住まいに関する情報はどこで探せますか。
事務員　：はい，ここでいいですよ。ご用件をどうぞ。
学生　　：ありがとうございます。あの，僕は来秋入学する新入生で，キャンパスの近くかキャンパス内で住むところを探しているんです。
事務員　：寮のことですか。
学生　　：はい，そうです。来学期，寮に空き部屋はありますか。
事務員　：はい。部屋には1人部屋と，「2人部屋」と呼ばれる相部屋の2タイプあります。お察しかと思いますが，1人部屋のほうがプライベートな空間なので人気があります。ですから，1人部屋のほうが高いのに，たいてい相部屋よりも早く埋まってしまいます。どちらのタイプも机，棚，クローゼット完備です。もちろんベッドも。シャワーとトイレはそれぞれの棟の各階にあります。
学生　　：よさそうですね。食事はどうですか。寮の近くに食堂みたいな場所はありますか。
事務員　：学校の食堂は，歩いて5分のところにあります。さらに，ミールプランを購入することもできます。週に10食，15食，20食の3タイプありますから，あなたのライフスタイルに合わせて，どれか1つを選べます。もしくは，自炊という方法もあります。寮の各階には小さなキッチンが用意されているので，料理を作ったり，コーヒーや紅茶を入れたりすることができます。ただし，キッチンを使えるのは夜10時までだということを覚えておいてください。10時以降は安全のため，料理はもちろん，お湯を沸かすことさえも禁止されています。
学生　　：わかりました。₃簡単な食事を作るのにキッチンを使えるのはいいですね。でも実は，僕は料理はまったくだめなんです。なので，たぶんミールプランにするでしょうね。
事務員　：まあ，どちらにするかはあなた次第です。他にご質問は？
学生　　：はい。インターネット接続はどうですか。コンピュータはあまり詳しくないですが，授業の調べ物をしたり，レポートを書いたりするのにインターネットは必須ですから。
事務員　：その通りですね。どの部屋も高速のネット接続ができるようになっていますから，ネットサーフィンやレポートのための調べ物もできますよ。
学生　　：素晴らしいですね！　もう決めました。申し込みはどうすればいいですか。
事務員　：学生証を持っていれば，今ここでできますよ。持っていますか。
学生　　：まだ持っていません。先月合格通知をもらいましたが，そこには学期が始まる2週間前までは学生証をもらえないと書いてありました。

事務員：あ，ごめんなさい。カードのことではなく割り振られている学籍番号のことです。合格通知に学籍番号がなかったですか。
学生　：あ，はい，あったと思います。でも番号は覚えていません。
事務員：それでしたら，学生生活課のサイトに行って「登録」を探してください。そこに書いてある登録手順に従うだけです。全然難しくはないですよ。
学生　：だといいんですが，先程申し上げたようにコンピュータは苦手ですから，やり方がわからないのではないかと心配です。
事務員：ご不明な点があれば遠慮なくこの事務所に寄ってください。でも，覚えておいてください。1人部屋をご希望でしたら時間がありません。現在1人部屋にはいくつか空きがありますが，申し上げたように，じきに埋まってしまうことは確実です。
学生　：理想を言えば，もちろん1人部屋にしたいんですが，現実には予算を考えると妥協せざるを得ないですね。ですから相部屋にするつもりです。
事務員：わかりました。相部屋のほうは取りやすいので，そんなに急がなくて大丈夫ですよ。でも，空きの保証はできないことを覚えておいてください。なにぶん先着順なので。どちらの部屋も，学期が始まる1カ月前に埋まってしまう時もありますので，お忘れなく。
学生　：はい。覚えておきます。アドバイスありがとうございます。とても参考になりました。
事務員：どういたしまして。よい1日を。
学生　：よい1日を。

Word & Phrase Check

☐ freshman	（大学・高校の）新入生，1年生	☐ dormitory〔略〕dorm	寄宿舎，寮
☐ shared	共同の，共有の	☐ double occupancy	2人部屋
☐ occupy	〜に（賃借りして）住む，〜（場所）を占める	☐ wing	（建物の）左右に出ている部分
☐ refreshments	軽い飲食物，食事	☐ be equipped with 〜	〜が備わっている
☐ acceptance letter	合格〔採用〕の手紙	☐ registration	登録
☐ drop by 〜	〜に立ち寄る	☐ budget	予算
☐ utensil	キッチン用品		

演習問題

　例題で学んだ考え方を，演習問題を通して実践しましょう。会話を聞き，例題と同様に，空欄に必要な情報をメモします。その後，適宜メモを参照しながら設問に取り組みましょう。本番での解答時間の目安は，設問文を聞く時間を入れると，全体で3～4分程度です。

Listen to a conversation between a student and a librarian.　　🔵 CD 1-07

📝 LOGIC NOTE

Student	Librarian

❓ QUESTIONS

1 Why does the student go to the library?   　　　　　　　　　　　🎧 CD 1-08

　Ⓐ One of his classmates introduces an interesting book to him.
　Ⓑ He wants to figure out how to use the library's online system.
　Ⓒ He wants to find a book recommended by the professor of his class.
　Ⓓ The book that he reserved has been delivered to the library.

2 *Listen again to part of the conversation. Then answer the question.*
What does the student mean when he says this: 🎧　　　　　　🎧 CD 1-09

　Ⓐ He knows that the library has three copies of the book he is looking for.
　Ⓑ He is angry that the librarian is reluctant to help him find a book.
　Ⓒ He regrets that he didn't come to the library earlier.
　Ⓓ He is upset because the library is about to be closed.

3 *Listen again to part of the conversation. Then answer the question.*
What does the librarian mean when she says this: 🎧　　　　🎧 CD 1-10

　Ⓐ She is relieved that the student came to the library before his final test.
　Ⓑ She expresses understanding for the student's circumstances.
　Ⓒ She wishes the university would change its schedule.
　Ⓓ She is giving the student advice for his other tests.

4 What can be inferred about the Inter-College Delivery Service?　🎧 CD 1-11

　Ⓐ Books that are at a nearby library will arrive quickly.
　Ⓑ The student has known of the service for some time.
　Ⓒ Students can order books only from intrastate colleges.
　Ⓓ It can be accessed from anywhere.

5 What can be inferred about the student's future actions? *Choose 2 answers.*
　　　　　　　　　　　　　　　　　　　　　　　　　　　　　🎧 CD 1-12

　Ⓐ He will work on his report next week.
　Ⓑ He will attend his physiology class right away.
　Ⓒ He will register for the workshop later.
　Ⓓ He will return to the library in a few days.

演習問題　解答解説

スクリプト・全訳➡p.37

例題と同様に，**LOGIC NOTE** の例を見ながらもう一度音声を聞きましょう。その後，自分の **LOGIC NOTE** を見直し，初めに聞き取れていなかった情報や，メモしておくべき情報を確認してください。

LOGIC NOTE

Student	Librarian
look for book Physiology	
	Online service
	recently installed, 24/7, off campus ○
how ×	
	3, checked out, 20m ago
	back Thu.
essay, due Mon.	
	no guarantee
	Inter-College Delivery Service
	from US
	time: depend where
work on weekend	→ day after tomorrow
	computer workshop
	= how to, new system
	register: web or here
after the class	

ANSWERS

正解　Ⓒ

　1　トピック

学生が図書館に行ったのはなぜか。
Ⓐ　クラスメイトの1人が，面白い本を学生に紹介したため。
Ⓑ　図書館のオンラインシステムの使い方を理解したいから。
Ⓒ　授業で教授に薦められた本を見つけたいから。
Ⓓ　予約した本が図書館に届いたため。

解説　Ⓒ　学生の最初の発言から，本を探すために図書館に来たことがわかる。また，その本を必要とする理由を The professor recommended the book for the assignment ～ と述べている。よって，これが正解。Ⓐ そのようなことは述べられていない。Ⓑ 学生は，オ

ンライン検索サービスについて I couldn't figure out how to use it と言っているが，その使い方を理解するために図書館に行ったのではない。Ⓓ 司書は大学間配送サービスで本を検索した上で，it should be delivered to our library by the day after tomorrow と述べている。よって，本はまだ届いていないことがわかる。

2

正解 Ⓒ

会話の一部をもう一度聞いて，質問に答えなさい。（スクリプト・全訳の青下線部参照）
学生の次の発言は何を意味しているか。(　　　参照)
Ⓐ 学生は，探している本が図書館に3冊あることを知っている。
Ⓑ 学生は，司書が本を探すのに乗り気でないことに怒っている。
Ⓒ 学生は，もっと早く図書館に来なかったことを後悔している。
Ⓓ 学生は，図書館が閉まりそうなので焦っている。

解説 Ⓒ 司書の発言 however, all of them are currently checked out ～ checked it out just 20 minutes ago を受けていることを踏まえる。学生は20分以上前に来ていれば借りられたかもしれないということを知り，後悔の念を示していると考えられる。Ⓐ 探していた本が図書館に3冊あることは，司書がオンライン検索サービスで検索して得られた情報である。Ⓑ 司書の発言 Then let me double-check for you. から，司書が自ら本の検索を申し出ていることがわかる。Ⓓ 図書館が閉まりそうだという状況は述べられていない。

パターンCheck 4　話者の態度・意見

話者の態度や意見，感情の理由などが問われる設問。話者が，発言の内容にどれくらい確信を持っているかが問われることもある。発言の表面的な内容と，話者の本当の感情や意見が異なることもあるので注意が必要だ。会話の内容と展開，話者の声のトーン（冷静である，興奮しているなど）を総合して判断しよう。

3

正解 Ⓑ　　　　　　　　　　　　　　　　　　　　　　　▶ 4　話者の態度・意見

会話の一部をもう一度聞いて，質問に答えなさい。（スクリプト・全訳の青下線部参照）
司書の次の発言は何を意味しているか。(　　　参照)
Ⓐ 司書は，学生が期末試験前に図書館へ来たことに安心している。
Ⓑ 司書は，学生の状況に理解を示している。
Ⓒ 司書は，大学のスケジュールが変わればよいと思っている。
Ⓓ 司書は，学生の別のテストについてアドバイスを与えている。

解説 Ⓑ 司書は，本が手に入らないとレポートが書けないと焦っている学生に対し，似たような学生が多いと述べている。I understand where you're coming from. は，「言いたいことはわかります」という意味の表現で，そのような学生の状況は理解できるというのがこ

の発言の主旨である。Ⓐ 司書が，学生が来たことに安心していると考えられる発言はない。Ⓒ 大学のスケジュールについての司書の考えは示されていない。Ⓓ 司書は中間・期末試験の前の学生の行動について一般的なコメントはしているが，この学生の別のテストについてのアドバイスはしていない。

4

正解 Ⓐ

大学間配送サービスについてどのようなことが推測できるか。
Ⓐ 近くの図書館にある本は早く届く。
Ⓑ 学生はそのシステムを以前から知っている。
Ⓒ 学生は州内の大学からのみ本を取り寄せることができる。
Ⓓ どこからでもアクセスできる。

解説 Inter-College Delivery Service についての LOGIC NOTE を参照。Ⓐ 司書は，「手に入るまでの時間は場所による」と言っており，近くにある本は早く届くと推測できる。Ⓑ 学生が Aren't there any other ways to get it? と尋ねたのに対し，司書が「実はある」と大学間配送サービスを紹介している。よって，学生はこのサービスを知らなかったと推測できる。Ⓒ 司書の発言に which allows you to borrow books from other colleges located in the United States とあり，本を取り寄せることができるのは州内だけではない。Ⓓ オンライン検索サービスについてはキャンパス外からもアクセス可能だと述べられているが，大学間配送サービスへのアクセス方法については何も述べられていない。

パターンCheck 5 推測問題

この設問パターンでは，会話の中の情報をもとに，直接述べられていない内容を導き出す必要がある。設問4のように会話の内容について問われる場合，会話に出てきた表現が，選択肢では具体的，あるいは抽象的に言い換えられていることがある。常に「つまるところどういうことか」を意識して聞き取るようにしよう。

また，次の設問5のようにその後の展開について問われることもある。話の流れを追うだけでなく，次に何が起きるのかを予測しながら聞く習慣をつけよう。

5

正解 Ⓒ Ⓓ   **5** 推測

学生は今後どのような行動をとると推測できるか。2つ選びなさい。
Ⓐ 学生は来週レポートに取り組む。
Ⓑ 学生はすぐに生理学の授業に出席する。
Ⓒ 後で講習会に登録する。
Ⓓ 数日後，また図書館に来る。

解説 Ⓒ I'll register for it on my own after the class より，授業後に講習会に登録する

であろうことがわかる。 D 司書は「今予約すれば明後日までにここに配送される」と言っている。学生も「お願いします」と言っているので，学生は本が届いた時，図書館に受け取りに来ると考えられる。 A 来週の月曜日が締め切りであり，レポートの作成は今週末の予定である。 B 会話からすぐに次の授業があることがわかるが，学生の次の授業が生理学かどうかはわからない。

【スクリプト】
Listen to a conversation between a student and a librarian.

Student: Excuse me. ₁I'm looking for this book titled *An Introduction to Physiology*, but I can't seem to find it. Could you tell me where it is?

Librarian: Have you tried our online service? It's a very convenient system that we recently installed in our library computers. The system enables you to search for any books we have 24/7. You can also access the system from off campus.

S: I read about it in the campus newspaper, and I thought it was cool so I tried it. But you know, I couldn't figure out how to use it.

L: I see. ₂Then let me double-check for you. Um, OK… here it is. We have three copies; however, all of them are currently checked out. Oh, and as for the last copy, someone checked it out just 20 minutes ago.

S: I knew it! I should have come yesterday!

L: Yeah, but what's done is done. The first copy should be back by next Thursday. Should I put you on the waiting list?

S: Well, to tell the truth, I need the book now since the essay I have to write for my physiology class is due next Monday. ₁The professor recommended the book for the assignment last week. ₃If I can't get the book, I won't be able to write anything, which means I'll have to take the class again next semester! What a hassle! I definitely need that book no matter what! Aren't there any other ways to get it?

L: I understand where you're coming from. Around midterms and finals, a lot of students rush to the library and realize they should have started earlier. Anyway, actually yes, it's possible for you to get the book, but I'm afraid there's no guarantee. We have another system called the "Inter-College Delivery Service." It's also a convenient system, which allows you to borrow books from other colleges located in the United States. ₄How long it takes to get a book depends on where it is, but do you want to give it a try?

S: That sounds awesome! Yeah, please!

L: You're in luck. I found one available in this state. ₅₋₍D₎ If you make a request for it right now, it should be delivered to our library by the day after tomorrow.

S: Cool! Please do that. Thanks to you, I guess I can work on my paper during the weekend. Of course that doesn't mean I can pass the class, but anyway, thanks for all your help. I really appreciate it.

L: No problem. Before you go, let me give you some information about the library computer training workshop that's being planned for next week. You're not the only one having difficulty using the newly installed system —— many other students are also having the same problem. By offering the workshop, we're hoping that students can learn how to use the system more efficiently. If you're interested, you can go online, visit our website, and register for the workshop. Or I can help you to register for it here.

S: You've been great. 5-(C) I guess I should participate in the workshop for my future classes, but since my next class starts in a few minutes I'll register for it on my own after the class. Have a good day and thanks again!

【全訳】
学生と図書館司書の会話を聞きなさい。

学生：すみません。この『生理学入門』という本を探しているのですが，見当たりません。どこにあるか教えていただけますか。

司書：図書館のオンラインサービスは試してみましたか。最近図書館のコンピュータにインストールされた，とても便利なシステムですよ。そのシステムを利用すれば，図書館にあるどんな本も，いつでも検索することができます。そして，キャンパス外からでもこのシステムにアクセスできるんです。

学生：そのシステムのことを大学新聞で読んで，本当にすごいシステムだと思ったので，使ってみたんです。でも，使い方がわかりませんでした。

司書：わかりました。2 では確認させてください。ええと，あった。その本は3冊ありますが，すべて貸出中です。そして，最後の1冊は20分前に誰かが借りてますね。

学生：そんなことだと思った！ 昨日来るべきだった！

司書：そうですね。でも，仕方ありませんよ。最初に貸し出された本は来週の木曜までに返却されるはずです。予約リストに登録しますか。

学生：いや，実を言うと今すぐ必要なんです。生理学の授業のレポートの締め切りが来週の月曜なので，先週，その課題のために教授が推薦したのがこの本なんですよ。3 この本がないと何も書けません。ということは，この授業をまた来学期も取らないといけなくなるんです。ああ，困った！ どうしてもこの本が必要なんです。この本を手に入れる方法は他にないですか。

司書：言いたいことはわかりますよ。中間試験や期末試験の時期は，多くの学生が図書館に押しかけ，もっと早く始めておくべきだった，と思うんです。とにかく，そうですね。入手できる可能性はあります。確証はありませんが。図書館には「大学間配送サービス」という別のシステムがあるんです。これも便利なシステムで，アメリカにある他の大学から本を借りることができるんです。手に入るまでにかかる時間は場所によります。やってみますか。

学生：素晴らしいですね！　ぜひ，お願いします！

司書：あなたはラッキーですね。この州で1冊見つけましたよ。今すぐリクエストすれば，ここに明後日までに配送されます。

学生：すごい！　お願いします。おかげで，週末はレポートに取り掛かることができそうです。もちろんそれで単位が取れるってわけではないですが。とにかく，ありがとうございます。本当に感謝しています。

司書：いえいえ。お帰りになる前に，来週行われる図書館のコンピュータ講習会のお知らせをさせてください。新しくインストールされたシステムの使い方がわからなくて困っているのはあなただけではありません。―― 他の多くの学生も同じ問題を抱えています。ですからこの講習会を開くことで，学生がもっと効率よくこのシステムを使うことができるようになればと我々は考えているんです。興味があるようでしたら，インターネットで我々のウェブサイトに行っていただいて，講習会の登録をすることができます。それか，私がここで登録のお手伝いをすることもできますよ。

学生：いろいろとありがとうございます。今後の授業のために，講習会に参加したほうがいいような気がします。でも，次の授業がまもなく始まりますので，授業が終わってから自分で登録することにします。ではよい1日を。ありがとうございました！

Word & Phrase Check			
☐ Physiology	生理学	☐ 24/7	いつでも（24 hours 7 days a week の略）
☐ off campus	キャンパス外の〔で〕	☐ copy	（本などの）部，冊
☐ check out ~	~を借り出す	☐ due	提出期限がきた
☐ assignment	宿題；割り当て	☐ semester	（2学期制の）学期
☐ midterms	中間試験	☐ finals	期末試験
☐ paper	小論文；(学生の)レポート	☐ workshop	講習会，研修会
☐ pass a class	（講義の）単位を取る	☐ register	登録する

スキルアップトレーニング　Part 1

　例題・演習問題はいかがでしたか。ノートテイキングの仕方や，TOEFLの設問パターンへの理解は深まったでしょうか。この後，集中トレーニングで演習を重ねていきますが，ただ問題をこなすだけでは TOEFL に対応する力はつきません。ここでは，日々の演習1題1題を，最大限自分の力にする方法を紹介しますので，参考にしてください。

（1）同じ問題で，ノートテイキングを繰り返す

　一度解いた問題は答えを覚えているから…と，2周目・3周目の演習をする人は少ないかもしれません。しかし，演習では「設問に正解すること」よりも，「内容を正確に聞き取れること」のほうが重要です。
　一度解いた問題できちんとノートテイキングができなければ，まったく新しい問題でできるはずがありません。重要情報をきちんと理解し，その助けとなるメモを取ることができるようになるまで，解いた後すぐに，一週間後にもう一度など，演習済みの問題を繰り返し利用しましょう。

（2）繰り返し音読する

　音声では，スクリプトの文字がそのまま読まれているわけではありませんね。ある単語が強く読まれたり，弱く読まれたりします。また，前の単語とつながって聞こえる linking や，子音の音が消えてしまう reduction などの音声変化もあります。そのような変化に慣れるには，自分でそのように音読してみることが近道です。

① **聞き取れなかった単語をスクリプトで確認し，聞こえた通りに発音する。**
　聞き取れなかった単語の中には，「何だ，こんな単語だったのか」と思うものもあるでしょう。自分で繰り返し発音することで，知っている単語を確実に音で捉えられるようになりましょう。

② **スクリプトを追いながら，音声に合わせて読む。**
　スクリプトを追いながら読むことで，音声がどのように変化しているのか，自分が思っていた発音とどのように違うのか，ということに気づくことができます。何度か繰り返し，音声と同じスピードで読めるようになることを目指しましょう。

③ **スクリプトを見ずに，音声に続いて読む。（Shadowing）**
　TOEFL のリスニングセクションは，長い場合 90 分間も英語を聞き続けることになるので，集中力が非常に重要です。この方法は，聞こえてきた音にすばやく

正確についていかなければならないので，おのずと集中力の訓練になります。また，詳細にこだわりすぎずに全体像を捉えようとする姿勢が徐々に身についてくるはずです。

　聞き取れなかった音やうまく発音できなかった音がある場合，①②に戻って確認しましょう。Shadowing をする際には，1つ1つの発音に固執しすぎるのではなく，完璧でなくても，とにかく流れてくる音についていくことを目指しましょう。

（3）語彙・表現をチェックする

　会話に出てくる大学生活に関する単語や，講義に出てくる専門的な単語は，知っているのと知らないのでは，全体の理解度が大きく変わってきます。TOEFL のリスニングはスピードが速く，わからない単語で思考が止まってしまうと，その後の聞き取りに影響が出てしまいます。

　本書では各問題の最後に Word & Phrase Check を設け，重要な単語を取りあげていますので，確認するようにしましょう。ただ単語と意味を覚えるというよりは，音読をするうちに，意味と音が自然に頭に入ってくるはずです。

　また，会話形式の例題に出てきた It's all up to you.（それはあなた次第です。）や，演習問題に出てきた I knew it.（そんなことだと思った。）のような表現は，すんなり頭に入ってきたでしょうか。あいづちや慣用的に使われる表現は，設問で直接問われなくとも，話の展開についていく上で知っていると便利です。

　ただ，必ずしも表現集を買って対策をする必要はありません。まずは本書を学習する中で出てくる上記のような表現をきちんとチェックしましょう。その上で，表現集を利用したり，映画やドラマを見たりしてみてもよいでしょう。いずれにしても，「文字で見て理解できる」という状態ではなく，「聞いて理解できる」という状態まで，自分の中に染み込ませることが大切です。

　p.112 〜 113 では，講義でよく使われるディスコース・マーカーも紹介していますので，参考にしてください。

　以上の方法は，リスニングセクションだけでなく，スピーキング・ライティングセクションの Integrated Task にも役立ちます。是非参考にしてください。

Listening 会話形式
集中トレーニング

　ここからは，解答のエッセンスで学んだ考え方を応用し，本番で使える実戦力を身につけましょう。自分で **LOGIC NOTE** を作成し，本番と同様に解答しましょう。1問1問に，設問文を聞く時間を含んだ解答時間の目安がついていますので，これを超えないように注意してください。設問全体で3〜4分を目安としましょう。また，各問題の **LOGIC NOTE** の例を解答解説に掲載していますので，復習に活用してください。

問題 1

Questions **1** – **5**

Listen to a conversation between a student and a member of the office staff.

CD 1-13

Now answer the questions.

1 What is the main topic of this conversation?　　30秒　CD 1-14

　Ⓐ The student's computer skills
　Ⓑ The student's working experience as an office staff member
　Ⓒ A student assistant position available in the engineering department office
　Ⓓ A job opening in the administration office

2 What is true about the qualifications for the job opening?　　50秒　CD 1-15

　Ⓐ A person who has working experience as an engineer
　Ⓑ A person who has good computer skills
　Ⓒ A person who can sit in front of a computer all day
　Ⓓ A person who can work full-time

3 *Listen again to part of the conversation. Then answer the question.*
How does the office staff member feel about the student?   1分   CD 1-16

- Ⓐ He regrets that he has no time to interview the student.
- Ⓑ He wants the student to fill the job vacancy.
- Ⓒ He is hesitant about hiring the student as a student assistant right away.
- Ⓓ He is skeptical about the student's capability of using a computer.

4 Indicate whether each statement below is correct. *Put a check (✓) in the correct boxes.*   1分   CD 1-17

	Yes	No
(1) The person in charge of recruitment answers the student's questions about the available position.		
(2) The office lists only two qualifications on the website in order to avoid discouraging students from applying for the job.		
(3) The student can create a program to enable office staff members to hire new employees.		
(4) The student is accustomed to an office environment since she used to work in a similar setting.		
(5) The office staff member informs the student about the pay and working schedule of the position.		

5 According to the conversation, what will the student probably do tomorrow?
  50秒   CD 1-18

- Ⓐ She will rewrite her résumé to make it more convincing.
- Ⓑ She will have an interview with an office staff member in the engineering department office.
- Ⓒ She will find a certificate of her work experience as a student assistant.
- Ⓓ She will come back to the administration office for an interview.

問題1 解答解説

スクリプト・全訳 ➡ p.47

📝 LOGIC NOTE

Student	Office staff member
administration office **job opening** on web OK	担当× **student assistant** 2 qualifications ① full-time = 12 unit ↑ ② 2.5 GPA
◎ ← engineering, programming 　　ex) アポ system, online 　　→ schedule, オート update	another (ad ×) = **computer skill** 　prepare documents & update website 　×応募↓
◎ engineering office office chores: mail, phone	◎ experience
pay & schedule revise tonight	meet all interview, tomorrow 3 p.m. ask Mike, bring résumé

Questions 1 — 5

1

正解 Ⓓ　　　　　　　　　　　　　　　　　　　▶ **1** トピック

この会話のメイントピックは何か。
- Ⓐ 学生のコンピュータスキル
- Ⓑ 学生の事務員としての実務経験
- Ⓒ 工学部の事務所における学生助手の求人
- Ⓓ 総務課の事務所における求人

解説　Ⓓ 会話冒頭の学生の質問 Is this the administration office? やその後に続く求人に関する細かい質問のやり取りから，学生が総務課事務所での求人情報を聞きに来ていることがわかり，これが正解と言える。Ⓐ Ⓑ 学生が高いコンピュータスキルや事務員としての実務経験を持っていることは，学生が応募資格に適っていることを示すために述べたもので，メイントピックとは言えない。Ⓒ 学生は以前，他大学の工学部事務で働いていたと述べて

いるが，今回は総務課における求人の話なので当てはまらない。

2

正解 Ⓑ　　　　　　　　　　　　　　　　　　　　　▶ 2　詳細

応募資格について正しいものはどれか。
Ⓐ　技師としての実務経験のある人
Ⓑ　コンピュータに精通している人
Ⓒ　コンピュータの前で1日中座っていられる人
Ⓓ　常勤で働ける人

解説　Ⓑ 応募資格に関する LOGIC NOTE 参照。募集中の仕事には，2つの応募資格の他に，広告には載せていない応募資格が1つあり，それが基本レベル以上のコンピュータスキルである。よって，これが正しい。　Ⓐ 技師としての実務経験は，応募資格に含まれていない。　Ⓒ コンピュータの前に1日中座っていられると言ったのは学生であり，応募資格としては挙げられていない。Ⓓ 応募資格として挙げられているのは，常勤で働けるかどうかではなく，全日制の学生かどうかであり，当てはまらない。

3

正解 Ⓑ　　　　　　　　　　　　　　　　　　　　　▶ 4　話者の態度・意見

会話の一部をもう一度聞いて，質問に答えなさい。（スクリプト・全訳の青下線部参照）
事務員は学生に対してどのように感じているか。
Ⓐ　学生と面接する時間がないことを残念に思っている。
Ⓑ　学生に欠員を埋めてもらいたいと思っている。
Ⓒ　学生を学生助手としてすぐに採用することをためらっている。
Ⓓ　学生のコンピュータスキルについて懐疑的である。

解説　Ⓑ 引用された音声から，事務員は，学生が応募資格をすべて満たしていることを認めていることがわかる。また，引用部分のI wish I could 〜（〜できればよいのだが）は，実現不可能なことへの願望を表す表現。つまり，事務員は学生を採用したいと思ってはいるが，その権限がないということを意味している。　ⒶⒸ 事務員は採用担当ではないため，面接をすることも採用の決定を下すこともできない。　Ⓓ 事務員は1つ前の発言で that goes way beyond my knowledge of computers と言っており，学生のコンピュータスキルには何の疑問も抱いていない。

4

正解 Yes （2）（4）
　　　 No　（1）（3）（5）

+2 詳細 ~Yes/No問題~

以下のそれぞれの項目が正しいか示しなさい。正しいボックスにチェックを入れなさい。
(1) 採用担当の事務員が，学生の求人に関する質問に答えている。
(2) 事務所は，学生たちの応募意欲をそがないよう，ウェブサイトに2つしか応募資格を挙げていない。
(3) 学生は，事務員が新たに人を採用できるプログラムを作ることができる。
(4) 学生は，かつて似たような環境で働いていたため，事務環境に慣れている。
(5) 事務員は，求人の出ている職種の給料や勤務日程を学生に教えている。

解説　詳細情報は適宜 LOGIC NOTE を参照。(1)求人を見て事務所を訪れた学生に対して，事務員は冒頭で採用担当の不在を伝えているため，No。(2)応募資格が多すぎると学生たちが圧倒され，応募者が集まらないかもしれないという事務所の懸念と一致するので，Yes。(3)学生が作れると述べているのは，学生と事務員の面会システムであり，採用については触れていないことから，No。(4)学生は実務経験について尋ねられ，工学部事務所で学生助手をしていたことがあると答えているので，Yes。(5)事務員が最後に質問がないか確かめた際に，給料や勤務日程に関する学生の質問に対して答える立場にないと述べているので，No。

5

正解 Ⓓ

5 推測

会話によれば，学生は明日何をすると考えられるか。
Ⓐ 学生は，履歴書をより説得力のあるものにするため書き直す。
Ⓑ 学生は，工学部事務所の事務員と面接をする。
Ⓒ 学生は，学生助手としての実務経験の証明書を見つける。
Ⓓ 学生は，面接を受けに総務課の事務所に戻って来る。

解説　Ⓓ 面接を受けられるのかという学生の質問に対し，事務員は No doubt about it! と答えた後，担当者の明日の予定を確認して面接時間を告げている。よって学生は明日面接を受けに来ることがわかる。Ⓐ 学生は，履歴書を明日ではなく今晩書き直すと言っている。Ⓑ 工学部事務所は学生が以前働いていた場所で，現在応募しようとしているのは総務課の事務所である。Ⓒ 実務経験の証明書について，会話では述べられていない。

【スクリプト】
Listen to a conversation between a student and a member of the office staff.

Student: Hello. ₁ Is this the administration office?
Office staff member: That's right. Is there anything I can do for you?
S: Ah, yes. I'm a transfer student from City College. This morning, ₁ I happened to see an ad for a job opening in this office on the school website. I'd like some information about the job, so can I talk to the person in charge?
O: ₄₋₍₁₎ Sorry, but he's taking the day off. He's coming in tomorrow, though. So for now, I can answer your questions.
S: That would be great. Well, since I didn't have much time to check the website carefully this morning, can you give me a few details about the available position?
O: Sure. All right. At the moment, we have one job opening for a student assistant, and there are two qualifications you have to meet. First of all, you must be a full-time student, which means you must be taking at least 12 units this semester. Secondly, you need to have more than a 2.5 GPA.
S: I don't think I have any problems with those requirements. That means I can apply for the position, doesn't it?
O: Basically, but let me add another qualification which we didn't list on the ad. We're looking for a person who's proficient in computers. The reason why we're hiring a new person is because one of our student assistants is going to graduate this semester. He was in charge of preparing documents for meetings and updating our website. We need a person who can fill that position; that is to say, ₂ you have to have more than just basic computer skills. ₄₋₍₂₎ We didn't put this qualification on the website because we were afraid asking for too many qualifications would be overwhelming and end up reducing the number of applicants.
S: I see what you mean. I'm pretty confident about my computer skills since I'm an engineering major, and I sit in front of a computer all day. So, in addition to the basics, I can handle computer programming. ₄₋₍₃₎ I could develop a system for making appointments with office staff members on the web, for instance. If students can make appointments with office staff members online, it would save them the trouble of coming in here just to make an appointment, right? From an office perspective, it's also very convenient for organizing your schedule. Once students make an appointment with you, the appointment is automatically updated online, and you can check your schedule very easily. Using what I know, I could develop a system like that.
O: Oh, that goes way beyond my knowledge of computers, so you don't have any problems there. Good! ₄₋₍₄₎ Do you have any experience working in an office setting?
S: Yes, I do. Back at City College, I was working as a student assistant in the engineering department office. I was taking care of what we called office chores, like answering

emails and phone calls, and stuff like that. That work experience gave me a great opportunity to become familiar with an office environment. I was able to make use of my knowledge of computers to update the website, which gave me the chance to apply what I had learned in class. So all in all, it was a great experience for me.

O: ₃ Wow, you meet all our expectations. I wish I could make the decision whether to hire you for the position but the thing is, I have no authority on this matter. As I told you before, the person in charge of recruitment is out of the office today. So, let me talk to him about you so that he can ask you things in more detail when interviewing you. Is that OK?

S: Sure! ₅ So, you mean, I can actually have an interview with the person in charge?

O: No doubt about it! Let me check his schedule for tomorrow. Um… how about 3:00 p.m.? He's available from 3:00 to 4:00.

S: No problem at all. I have a class until 2:30, so 3:00 sounds perfect to me.

O: Cool! Do you have any other questions?

S: Um, yeah, I do. ₄₋₍₅₎ Do you know anything about the pay and working schedule?

O: Well, again, I'm not the right person for those questions. You can ask Mike who's going to interview you tomorrow, OK? Oh, and don't forget to bring your résumé when you come for the interview.

S: Oh, résumé! I totally forgot about that! Thank you for reminding me. I'm going to revise it tonight. OK, thanks for the information! That was really helpful!

O: You're welcome. Have a good day!

【全訳】
学生と事務員の会話を聞きなさい。

学生　　：こんにちは。総務課の事務所はこちらですか。
事務員：そうです。どんなご用件ですか。
学生　　：はい。私はシティ大学からの編入生です。今朝たまたま，大学のサイトでこの事務所の求人広告を見ました。その仕事について少し伺いたいのですが，担当の方とお話できますか。
事務員：すみません，あいにく今日は担当者が休みを取っています。明日は来る予定ですが。とりあえず，私がお答えしますよ。
学生　　：お願いします。あの，今朝，サイトをよく見る時間がなかったので，求人の詳細について少し教えていただけますか。
事務員：はい。いいですよ。現在，学生助手の仕事に欠員が1つあって，その仕事に就くための応募資格は2つあります。まずは全日制の学生であること，つまり，今期12単位以上を取っていることが条件です。2つ目はGPAが2.5以上であることです。
学生　　：それらの応募資格についてはまったく問題ないと思います。ということは応募できますよね。

事務員：	基本的にはそうですが，広告に掲載しなかった応募資格を1つ加えさせてください。私たちは，コンピュータに熟練した人を探しています。新しい人を雇う理由は，学生助手の1人が今学期で卒業するからです。彼は会議用の書類作りやウェブサイトの更新を担当していました。こういう仕事をこなせる人を探しています。つまり，基礎レベル以上のコンピュータスキルを持った人でないといけません。ウェブサイトにこの応募資格を書かなかったのは，あまりたくさんの応募資格を出すと重荷になってしまい，応募者が減ってしまうと思ったからです。
学生：	わかりました。コンピュータスキルについてはかなり自信があります。私は工学専攻で，1日中コンピュータの前に座っていますから。ですから基本的なスキルの他に，コンピュータプログラミングもできます。例えば，ウェブ上で事務員の方たちとの面会の予約が取れるシステムを作ることができます。学生たちがオンラインで事務員の方たちと面会の予約を取ることができれば，学生たちは面会の予約を取るためだけにここへ来る必要がなくなりますよね。事務所の側から見ても，スケジュール管理にとても便利なシステムです。学生が面会の予約を取ればオンラインで自動的に更新され，スケジュールを非常に簡単に確認することができます。私が持っている知識を使えば，そんなシステムを作れますよ。
事務員：	それは，私のコンピュータに関する知識をしのいでいますよ。コンピュータスキルについては何ら問題ありませんね。素晴らしいです！　事務所で働いた経験はありますか。
学生：	あります。シティ大学にいた頃，工学部の事務所で学生助手の仕事をしていました。Eメールの返信や電話対応など，いわゆる庶務を担当していました。そこでの経験が事務環境に慣れるいい機会になりました。サイトの更新ではコンピュータの知識を生かすことができ，授業で学んだことを実践するのに役立ちました。そのため，概して，いい経験であったと思います。
事務員：	₃すごいね。君は私たちの要望をすべて満たしていますね。君を採用するかどうか決められたらと思うのですが，私にはこの件に関する権限がないんです。先程言った通り，今日は採用担当者が不在なので，私のほうから彼に君のことを話しておきます。そうすれば，面接の時，彼はもっと詳しいことを君に質問できますからね。それでいいですか。
学生：	わかりました！　では，担当の方に面接していただけるということですね？
事務員：	それは確実です！　彼の明日の予定を確認しますね。ええと，午後3時はどうですか。3時から4時までなら大丈夫です。
学生：	まったく問題ありません。2時30分まで授業があるので，3時だとちょうどいいです。
事務員：	よかった！　他に聞きたいことはありますか。
学生：	ええと，ああ，はい。お給料と勤務日程について何かわかりますか。
事務員：	うーん，その件も私にはお答えできかねますので，明日君に面接をするマイクに聞いてください。あ，それから，面接に来る時に履歴書をお忘れなく。
学生：	あ，履歴書！　すっかり忘れていました！　思い出させてくれてありがとうございます。今晩書き直しておきます。いろいろ教えていただいてありがとうございます！　とても参考になりました！
事務員：	いえいえ。よい1日を！

Word & Phrase Check

☐ transfer student	編入生	☐ ad	広告（advertisement の略）
☐ job opening	求人	☐ person in charge	担当者
☐ qualification	応募資格，資格	☐ full-time	全日制の，常勤の
☐ unit	（学科目の）単位	☐ semester	学期
☐ GPA	学業平均値（各科目の成績の平均値）	☐ appointment	面会，アポイント
☐ office chores	庶務	☐ authority	権限
☐ interview	～（人）に面接をする；面接	☐ résumé	履歴書

Column 留学生活をよりよいものに① 〜ライフスタイル〜

　アメリカやカナダの大学では，試験期間が近づくと，学内の図書館にある study room（自習室）で勉強する学生が増えます。寮に住んでいる学生が多いためか，夜12時を過ぎても図書館で勉強をしている学生もたくさんいます。大学によっては，study room が24時間開いているところもあるので，ルームシェアをしていて夜遅くまで勉強できない人や，自分の部屋では集中できない人はぜひ利用したいところです。

　さて，気になる成績評価ですが，レポートや，その他の課題については，一般的に A 〜 D の4段階にそれぞれ +（プラス）・−（マイナス）をつけて評価されます。そして，最終的な成績は，これも大学や大学院によって多少システムが異なるものの，基本的には上から順に A（90 〜 100点→4ポイント）・B（80 〜 89点→3ポイント）・C（70 〜 79点→2ポイント）・D（60 〜 69点→1ポイント）・F（59点以下・不合格→0ポイント）という形でポイントが設定されます。このポイントを合計し，総単位数で割ったものが GPA（Grade Point Average）です。GPA は，就職やインターンシップの選考はもちろんのこと，大学内のアルバイトや特別なプログラムに応募する際，提出が要求されます。ご存じかもしれませんが，留学をする際にも，TOEFL のスコアだけでなく，高校もしくは大学在学中の GPA が出願条件として求められるので，一定の基準値を満たす必要があります。「留学するためにはまず TOEFL！」と考えがちですが，英語だけでなく，他の科目の勉強にも力を入れるようにしましょう。

　このように，海外の大学では，日頃の学習に重きが置かれているため，平日，学生は授業の予習や課題に追われています。しかし，週末になると勉強のことは一切忘れ，友人と食事に行ったり，買い物に出かけたりと，気分転換をしっかりします。特に試験期間終了後は，クラブに行ったり，ポットラックと呼ばれる，食べ物や飲み物を持ち寄るパーティーを開いたりして，共に試験の疲れをねぎらったりもします。こうしたオンとオフの切り替えのはっきりしたライフスタイルを身につけることも，留学生活を充実させる1つの秘訣と言えるかもしれません。

問題 2

Questions **1** – **5**

Listen to a conversation between a student and a member of the office staff.

● CD 1-19

Now answer the questions.

1 What is the main purpose of the student's visit to the office?　　⌛ 30 秒　● CD 1-20

  Ⓐ To confirm that the study abroad program is really famous
  Ⓑ To make an announcement about the study abroad program
  Ⓒ To gather information about the study abroad program
  Ⓓ To make sure he doesn't have to pay any extra fees when he studies abroad

2 *Listen again to part of the conversation. Then answer the question.*
What does the woman imply when she says this: 🎧　　⌛ 1 分　● CD 1-21

  Ⓐ She tries to warn the student that he should reserve a seat for the orientation meeting.
  Ⓑ She emphasizes that the student has a very clear purpose for his study abroad.
  Ⓒ She wonders who should serve in the international office as a staff member.
  Ⓓ She says that many students like him because of his honesty.

3 What is true about the study abroad program?　　⌛ 50 秒　● CD 1-22

  Ⓐ A number of students can receive financial support from the government.
  Ⓑ Most students are well informed about the program.
  Ⓒ Many students are unable to study abroad due to their lack of qualification.
  Ⓓ About 300 students go to other countries through the program every year.

4 Which statement is NOT true according to the conversation?

- Ⓐ There are no more brochures in the office.
- Ⓑ The student determines to major in Chinese from next semester.
- Ⓒ The office staff member will be at the orientation meeting about the study abroad program.
- Ⓓ An orientation meeting about the study abroad program will take place next week.

5 According to the woman, what can students expect to learn at the orientation meeting? *Choose 2 answers.*

- A The requirements that must be met for studying abroad
- B The costs students can expect to pay when studying abroad
- C The countries that accept students from this university
- D The actual experiences of some students who have studied abroad

問題2　解答解説

スクリプト・全訳 ➡ p.57

📝 LOGIC NOTE

Student	Office staff member
study abroad program	500人 announce to enlighten
China × tuition	save, support 利用した
parents: China ○ born US, fluent × visualize → connect	Italy ← mom ◎ specific, deserve
brochures 2人とも参加	× next week ○ orientation Mon., no register 　qualifications → many give up 　3人 speech

Questions 1 – 5

1

正解 Ⓒ　　　　　　　　　　　　　　　　　　　　▶ 1　トピック

学生が事務所を訪れた主な目的は何か。

Ⓐ 留学プログラムが本当に有名か確かめるため
Ⓑ 留学プログラムの告知をするため
Ⓒ 留学プログラムに関する情報を集めるため
Ⓓ 留学する際に余分な費用を払う必要がないことを確かめるため

解説　Ⓒ 学生は，冒頭で留学プログラムのポスターを見かけたと述べた上で，中国留学に興味があることを明かしている。その後の会話の中でも費用やパンフレットについて尋ねていることから，学生が情報を集めようとしていることがわかる。Ⓐ Ⓓ 共に，会話の中で述べられているが，学生が事務所を訪れた主な目的ではない。Ⓑ 留学プログラムの告知をしているのは学生ではなく，事務所側である。

2

正解 Ⓑ 　　　　　　　　　　　　　　　　　　　　　**3 発言の意図・機能**

会話の一部をもう一度聞いて，質問に答えなさい。（スクリプト・全訳の青下線部参照）
女性の次の発言は何を意味しているか。（　　参照）

- Ⓐ 事務員は，学生はオリエンテーションの出席予約をするべきだと注意を促そうとしている。
- Ⓑ 事務員は，学生が留学に対して非常に明確な目的を持っていることを強調している。
- Ⓒ 事務員は，誰が国際部で事務員として働くべきか考えている。
- Ⓓ 事務員は，その学生が正直なので，多くの学生から好かれていると言っている。

解説 　Ⓑ 引用部分の前で，学生は留学を希望する理由と目的を熱心に語っており，引用部分はこれを受けている。事務員は，他の学生と対比して，この学生の目的意識の明確さを讃えており，該当の発言はそれを強調している。　Ⓐ オリエンテーションについて事務員は No prior registration is required. と述べているので，会話の内容と一致しない。Ⓒ 会話の中でまったく述べられていない。選択肢では，本文中の deserve（〜に値する）と似た発音の serve が用いられている。　Ⓓ to be honest は「正直に言うと」の意味。また，選択肢では like を前置詞ではなく動詞として用いている。似た発音の語や，異なる品詞や意味を持つ単語が使われているので，文脈に合った正確な語句の認識・選択が必要となる。

3

正解 Ⓒ 　　　　　　　　　　　　　　　　　　　　　**2 詳細**

留学プログラムについて正しいものはどれか。

- Ⓐ 多くの学生が，政府から金銭的援助を受けることができる。
- Ⓑ たいていの学生がこのプログラムをよく知っている。
- Ⓒ 多くの学生が資格を満たしていないために留学することができない。
- Ⓓ 毎年約 300 人の学生がプログラムを利用して外国へ行っている。

解説 　Ⓒ 事務員はオリエンテーションがあることを紹介した後に，留学資格を満たせず留学を諦める学生が多いと述べていることから，これが正解となる。　Ⓐ 政府からの金銭的援助については触れられていない。　Ⓑ 事務員は，冒頭でプログラムの告知に関連して，多くの学生が留学プログラムの存在を知らないため，より多くの学生に知らせる必要があると述べている。よって，これは不正解となる。　Ⓓ 事務員は，毎年 300 人ではなく，500 人の学生を世界中に送り出していると言っているので，会話の内容と一致しない。

4

正解 Ⓑ   ▶ 2 詳細

会話によれば，正しくないものはどれか。
Ⓐ 事務所にはもうパンフレットがない。
Ⓑ 学生は来学期から中国語を専攻することにした。
Ⓒ 事務員は，留学プログラムに関するオリエンテーションに出席する。
Ⓓ 留学プログラムに関するオリエンテーションが来週開催される。

解説 Ⓑ 前半の学生の発言から，学生は現在すでに中国語を専攻していることがわかり，会話の内容と一致しない。Ⓐ 学生の質問 Do you have any brochures ～? に対して事務員は，Currently we're running out of literature. と答えており，現在パンフレットは在庫切れであることがわかる。答えは No で始まらないが，run out of ～（～を使い果たす）が否定の意味を表していることに注意しよう。Ⓒ Ⓓ 事務員の発言から，留学プログラムのオリエンテーションが来週の月曜日に開催され，事務員は出席予定だとわかる。

5

正解 A D   ▶ 5 推測

女性によれば，オリエンテーションで学生はどんな情報を得ると推測できるか。2つ選びなさい。
A 留学に必要な要件
B 留学の際，学生が支払うと推測される費用
C この大学の学生を受け入れる国
D 留学経験者数名の体験談

解説 事務員は，オリエンテーションでは留学プログラムに関するより詳細な情報が得られると述べており，その後の発言に注目。A 留学するには多くの要件を満たす必要があり，事前に要件を知っておくことが大切だと述べている。よって，オリエンテーションではその要件について話されると推測できる。D 実際にこのプログラムを利用した留学経験者3名がスピーチをすることになっており，それが留学生活を思い描くのに役立つと述べられている。よって，彼らの体験談が語られると推測できる。B C いずれもオリエンテーションに関する会話の中では述べられていない。

【スクリプト】
Listen to a conversation between a student and a member of the office staff.

Student: Um, excuse me. Is this the international program office?

Office staff member: This is the place. How may I help you?

S: Well, last week, ₁ <u>I saw a poster somewhere on campus saying that our university has one of the biggest study abroad programs in the U.S.</u> Is that true?

O: Yes. Actually, we have a good reputation for that. Every year, we send approximately 500 students all over the world. Sadly, however, a lot of students still don't know about the program. So, that's why we decided to make an announcement about the program to enlighten more students about it. Making posters is one of our campaign activities. I'm delighted you saw the poster and stopped by our office.

S: I'm happy to be here. Since ₄₋₍B₎ <u>I major in Chinese</u> and am enthusiastic about its culture and history, ₁ <u>I was thinking about going to China sometime in the future</u>. Then, you know, I happened to see this poster. It's kind of an exchange program, isn't it? Which means as long as I pay my university tuition, I don't have to pay extra fees to the university that I'll be going to, right? I shouldn't pass up this opportunity.

O: True. That's the good thing about this program. If you study abroad on your own, you're responsible for your own tuition, registration fees, and so on. Believe me, that's no small amount of money. But if you do so through the university program, you can save a lot in addition to getting a lot of support from both our university and the university you'll be going to. Actually, I personally took advantage of this program when I was an undergrad. Speaking from my own experience, I feel confident saying that studying abroad provides you with many pleasant memories and wonderful experiences that money can't buy.

S: Wow, that's great. Which country did you go to?

O: I went to Italy where my mother was originally from. She came to the U.S. when she was 10. So she speaks both English and Italian. She raised me in Italian while my father spoke English to me. Whenever I talked with my mother, I had the feeling of wanting to go to Italy someday. And that came true, you know? I made it to Italy, had some incredible experiences that exceeded my expectations, and ended up working in this office!

S: What a coincidence! I actually have a similar reason for wanting to study abroad. In my case, both my parents are from China. They speak English, of course, but with a strong accent. They always tell me that they had a hard time adjusting to the life and customs of the U.S., especially when they had just arrived. On the other hand, I was born, raised, and educated in the U.S. I've always communicated with my parents in Chinese, so I'm fluent enough in Chinese to do whatever. But I feel like there's something lacking. I don't know exactly what it is. Although I major in Chinese culture and history, I can't visualize China as I'd like to. So, you know, I've been thinking that going to China would probably enable me to trace my origins and make the connection between what I've been studying and the real China. You know what I mean?

O: Sure. I can relate. It's also great that you have a specific purpose for studying abroad. ₂ As a matter of fact, not too many students have a specific reason like yours for studying abroad. Of course, they could eventually have some wonderful experiences and come home satisfied, which is good, you know? Though to be honest, I feel that it's students like you who deserve this opportunity.

S: Thank you for saying that. I'm more into it now that I was able to talk with you. ₁ Do you have any brochures or anything about the program?

O: ₄₋₍ₐ₎ Currently we're running out of literature. New brochures will be delivered early next week. But also, ₄₋₍D₎ next Monday, we're holding an orientation meeting where you'll be able to get more detailed information about the study abroad program. Everyone interested in studying abroad is welcome. No prior registration is required. To study abroad, ₅₋₍ₐ₎ there are many qualifications that you have to meet. ₃ In fact, every year, a number of students have no other choice than to give up their hopes of studying abroad because of their lack of qualification. ₅₋₍ₐ₎ So, it's good to know what those requirements are in advance. ₅₋₍D₎ Plus, three students who actually studied abroad through the program are going to give speeches. I think that'll also help you visualize what studying abroad is like.

S: That sounds great. I can't miss that, can I? Let me mark the date on my calendar. Next Monday. OK, got it. Um, thanks again for your time. I truly appreciate it. I hope to see you soon.

O: Same here. I enjoyed talking with you, too. ₄₋₍C₎ I'll be at the orientation meeting, so see you there.

S: Awesome! Have a good day!

O: You too.

【全訳】
学生と事務員の会話を聞きなさい。

学生　：あの，すみません。国際プログラムの事務所はこちらですか。
事務員：そうですよ。ご用件は？
学生　：あの，先週キャンパスのどこかで，この大学にアメリカでも有数の留学プログラムがあるというポスターを見たんですが，本当ですか。
事務員：ええ。実は，とても評価の高いプログラムなんです。毎年500人ほどの学生を世界中に送り出しています。しかし，残念ながら，多くの学生がまだこのプログラムについて知らないのです。そこで，より多くの学生に留学プログラムについて知ってもらうために告知をすることにしたのです。ポスター制作はそのキャンペーンの一環なんです。ポスターを見て私たちの事務所を訪ねていただいてうれしいです。

学生	：	僕もここに来られてうれしいです。僕の専攻は中国語で，中国文化と歴史を一生懸命勉強しているので，いつか中国に行きたいと思っていたんです。そうしたら，偶然このポスターを見かけたんですよ。これは交換留学プログラムのようなものですよね？　ということは，ここで授業料を納めていれば，向こうの大学でさらに授業料を納める必要はないということですよね？　この好機を逃すべきではないと思いまして。
事務員	：	その通りです。それがこのプログラムのよいところです。私費留学だと，授業料や授業の登録料などは自己負担です。結構な額になりますよ。でも，大学の留学プログラムを利用すれば，こちらの大学と留学先の大学の両方から多くの援助を受けられる上，多くの費用を節約できます。実は私も，学部生時代にこのプログラムを利用したんです。その経験から自信を持って言えるのは，留学すると，お金で買えないたくさんの楽しい思い出やすばらしい経験を手に入れることができるということです。
学生	：	すばらしいことですね。どの国へ行ったんですか。
事務員	：	母の出身地であるイタリアに行きました。彼女は10歳の時にアメリカにやって来たので，英語とイタリア語を話せます。父は私に英語を話しましたが，母はイタリア語で私を育てました。母と話すたびに，いつかイタリアへ行きたいと思っていたので，夢がかなったというわけです。イタリアに行って，思っていた以上にすばらしい経験ができました。そして，最終的には，この事務所に勤めたというわけです！
学生	：	すごい偶然です！　実は僕も，同じような理由で留学を希望しているんです。僕の場合は両親とも中国出身なんです。彼らはもちろん英語を話しますが，なまりが強いんです。両親は，来たばかりの頃は特に，アメリカの生活習慣になかなかなじめなかったといつも言っています。その一方で，僕自身はアメリカで生まれ育ち，教育を受けました。両親とはいつも中国語で話しているので，何をするにも不自由しないくらい話せます。でも，何か足りないものがあるような気がするんです。それが一体何なのかはっきりとはわからないんですけど。中国文化と歴史を専攻していますが，中国の実際の姿を思い浮かべたくても，浮かんでこないんです。だから，中国へ行けばおそらく自分のルーツをたどることができるし，学んだことと実際の中国を結びつけて考えることができるのではないかと思っているんです。おわかりいただけますか。
事務員	：	もちろん，わかります。それに，留学に対しはっきりとした目的を持っているのもすばらしいです。₂実際，あなたのような明確な理由を持って留学する学生は多くありません。もちろん，結果的にはすばらしい体験をし，満足して帰国することになるかもしれません。それもよいですが，正直に言うと，この機会にふさわしいのはあなたのような学生だと私は思います。
学生	：	ありがとうございます。お話しできて，ますます興味がわきました。プログラムに関してパンフレットか何かありますか。
事務員	：	今は在庫を切らしています。新しいパンフレットは来週早々には届くはずです。ですが，来週の月曜日にオリエンテーションを開催するので，そこでもこの留学プログラムのより詳しい情報がわかりますよ。留学に関心のある人は誰でも大歓迎です。事前登録は不要です。留学するためには，満たさなければならない条件がたくさんあります。実際，条件を満たせなくて留学の夢を諦めざるを得ない学生が，毎年大勢います。だから，あらかじめ，どんな条件なのかを知っておくといいですよ。それから，このプログラムを

通して実際に外国へ留学した3人の学生が，スピーチをしてくれることになっています。留学生活がどんなものか思い描くのに，役立つと思いますよ。

学生　：いいですね。必ず行かないといけませんね！　予定表に書き込んでおきます。今度の月曜日。よし。お時間をありがとうございました。本当に感謝しています。またお会いしましょう。

事務員：こちらこそ，お話しできてよかったです。私もオリエンテーションには出ますから，そこでお会いしましょう。

学生　：そうですか！　では，よい1日を！

事務員：あなたも。

Word & Phrase Check			
☐ make an announcement	告知する	☐ enlighten	～に知らせる，教える
☐ stop by ～	～に立ち寄る	☐ tuition	授業料
☐ registration fee	登録料	☐ undergrad	（大学の）学部学生（undergraduate の略）
☐ end up ～	結局～になる	☐ coincidence	偶然
☐ visualize	～を思い浮かべる	☐ specific	明確な，具体的な
☐ deserve	～に値する	☐ brochure	パンフレット
☐ run out of ～	～を使い果たす，切らす	☐ literature	印刷物
☐ orientation meeting	オリエンテーション，説明会	☐ in advance	事前に

Column 留学生活をよりよいものに② 〜交通手段〜

　無事に留学することが決まり，いざ学校に通うとなった時に問題になるのが交通手段。大学キャンパス内の寮や，大学付近で家を見つけることができればよいのですが，大学から離れたところに住まなければならないこともあります。通学は毎日のことなので，自分のライフスタイルに合った交通手段を見つけられるかどうかは，大事な問題ですよね。

　もちろん住む地域にもよりますが，アメリカやカナダの学生たちの交通手段は実にさまざま。車やバスに始まり，電車や自転車，スケートボードやインラインスケートで登校する学生もいます。日本と比べると，キャンパス自体も広大なので，授業の移動に自転車やスケートボードを使う学生も多く見られます。悩みの種になりがちな通学さえも楽しもうというポジティブな気質がうかがえますね。

　留学生としては，時間や費用を考慮して最適な交通手段を選びたいところですが，注意しなければいけないのが電車やバスなどの公共の交通機関。日本の公共交通機関に比べると比較的運賃は安いのですが，「時間に正確でない」という問題があります。そもそも時刻表すら存在しないというケースもあり，1時間以上待たされることもまれにあります。普段，時間に正確な公共交通機関を利用している我々日本人にとっては，なかなか馴染めないかもしれません。

　留学生活を送っていくと，意外なところで，海外と日本の違いに気づかされることがあります。普段は気づかないような日本のよい部分に気づくことができるのも，留学の醍醐味の1つです。

問題3

Questions **1** – **5**

Listen to a conversation between a student and a professor.   ● CD 1-25

Now answer the questions.

1 Why does the student go to see the professor?   ⏳ 30 秒   ● CD 1-26

- Ⓐ To borrow a textbook from him
- Ⓑ To ask some questions about his lecture
- Ⓒ To turn in an essay about baroque architecture
- Ⓓ To get help with an assignment on painting

2 What problem did the student have?   ⏳ 50 秒   ● CD 1-27

- Ⓐ She read the wrong chapters because those were the wrong ones her TA told her to read.
- Ⓑ She can't afford the course textbook.
- Ⓒ She was absent from the class because she lost her textbook.
- Ⓓ She didn't understand the lectures because she bought the wrong reader.

3 According to the conversation, what is trompe-l'œil?   ⏳ 50 秒   ● CD 1-28

- Ⓐ Embellishments applied to columns
- Ⓑ Paintings meant to look deceptively like solid objects
- Ⓒ Scaffolding used to construct domes
- Ⓓ Complex patterns cut into stone

4 According to the professor, what can be inferred about baroque buildings?
Choose 2 answers.

⌛ 1 分 ● CD 1-29

- A They were built exclusively for religious reasons.
- B They were expensive to build.
- C Trompe-l'œil was used only in specific circumstances.
- D The technique of trompe-l'œil was known only to master architects.

5 *Listen again to part of the conversation. Then answer the question.*
Why does the professor say this: 🎧

⌛ 1 分 ● CD 1-30

- Ⓐ To correct the number of pages that he told the student
- Ⓑ To tell the student the correct time that the next class begins
- Ⓒ To make sure the student doesn't read the wrong chapters
- Ⓓ To ask the student whether she has already read the pages

問題3 解答解説

スクリプト・全訳➡p.66

📝 LOGIC NOTE

Student	Professor
architecture **wrong chapter** → my fault × 3rd ○ 4th → trade	TA?
questions トロンプルイユ painting?	deceive, 3D → building 　imitate forms
notice?	バロック complex stone = costly → paint → far, from 1 angle 　ex) dorm
next	→ 120-145

Questions 1 – 5

1

正解　B　　　　　　　　　　　　　　　　　　　　　　　**1　トピック**

学生が教授に会いに行っているのはなぜか。

- Ⓐ　彼に教科書を借りるため
- Ⓑ　彼の講義についていくつか質問をするため
- Ⓒ　バロック建築についてのエッセイを提出するため
- Ⓓ　絵画に関する課題の手助けを得るため

解説　Ⓑ　学生は冒頭で I'm currently taking your history of architecture class and I had some issues with the first couple chapters of the book. と述べており，教授の講義について何か問題を抱えているとわかる。さらに中盤の though I do have a couple of questions about the last couple of lectures から，講義に関して質問するために来たと考えられる。Ⓐ 教科書を借りたいという発言はしていない。ⒸⒹ エッセイや絵画の課題が課されているという発言はない。

64

2

正解 Ⓓ

学生はどのような問題を抱えていたか。
- Ⓐ TA が彼女に誤った章を教えたため，彼女は誤った章を読んだ。
- Ⓑ 彼女は，その授業の教科書を買う余裕がない。
- Ⓒ 彼女は教科書をなくしたので，授業を欠席した。
- Ⓓ 彼女は誤った読本を買ったので，授業が理解できなかった。

解説 Ⓓ 学生は I read the wrong chapters and had trouble keeping up with the lectures. と述べ，その理由を I got the 3rd edition instead of the current 4th edition. としている。よって，読本の誤った版を買ってしまったため，授業についていけなくなったとわかる。 Ⓐ TA が間違った章を教えたかという教授の質問に，It's actually sort of my fault. と答えており，学生自身のミスであることがわかる。Ⓑ 教科書は買ったので，会話の内容に一致しない。Ⓒ 教科書をなくしたとは言っていない。また，授業に出席した上で疑問に感じた部分を質問に来ている。

3

正解 Ⓑ

会話によれば，トロンプルイユとは何か。
- Ⓐ 柱に使われる装飾物
- Ⓑ 立体のように見せかけた絵画
- Ⓒ 丸天井の建設に使われる足場
- Ⓓ 石に刻まれた複雑な模様

解説 Ⓑ 学生がトロンプルイユに言及したのに対し，教授が that would be paintings meant to deceive the viewer into thinking that the subjects depicted are three-dimensional と発言している。よって，3次元に見えるように描かれた絵画だということがわかる。 Ⓐ 高い天井などの平たい，見る人から遠い表面に使われる，という教授の説明に矛盾する。 Ⓒ 足場については言及されていない。 Ⓓ 彫刻ではなく絵画であると説明されているので，会話の内容と一致しない。

4

正解 Ⓑ Ⓒ

教授の発言によれば，バロック建築について何が推測できるか。2つ選びなさい。
- Ⓐ 宗教的理由のためだけに建築された。
- Ⓑ 建てるのに高い費用がかかった。
- Ⓒ トロンプルイユは，ある特殊な環境においてのみ用いられた。
- Ⓓ トロンプルイユの技術は，名建築家だけに知られていた。

解説 Ⓑ 学生の，バロック建築は装飾が多いスタイルだったという発言を受けて，教授は

Right, but that kind of work can get costly. と述べている。 C トロンプルイユは壁のようなところではすぐに気づかれてしまうのではないかという学生の発言に対し，教授は，高い丸天井のように人の目から遠いところで，しかも一方向からしか見えない場所に用いられたと説明している。 A D 宗教的建築物だけに用いられたということや，名建築家だけに限られた技術だということは述べられていない。

5

正解 Ⓒ　　　　　　　　　　　　　　　　　　　　▶ 3　発言の意図・機能

会話の一部をもう一度聞いて，質問に答えなさい。（スクリプト・全訳の青下線部参照）
教授が次のように言っているのはなぜか。（　　参照）
- Ⓐ 学生に伝えたページ数を訂正するため
- Ⓑ 次の授業が始まる正確な時間を学生に伝えるため
- Ⓒ 学生が誤った章を読まないように念を押すため
- Ⓓ 学生がすでにそのページを読んでいるかどうかを尋ねるため

解説　Ⓒ 学生は誤った章を読んでいたことで，授業がよく理解できていなかったことを踏まえる。引用部分のやりとりからも，次回は正しい章を予習してくるように念を押していると判断できる。　Ⓐ 教授が事前にページ数を伝えていたことは述べられておらず，訂正する意図を読み取ることはできない。　Ⓑ 授業の時間については述べられていない。　Ⓓ 教授は次回の授業で扱う箇所を伝えており，すでに読んだかどうかは尋ねていない。

【スクリプト】
Listen to a conversation between a student and a professor.

Student: Hello Professor, could I talk with you for a second?
Professor: Of course, how can I help you?
S: ₁I'm currently taking your history of architecture class and I had some issues with the first couple chapters of the book.
P: Were they too difficult?
S: Well, not really. ₂I read the wrong chapters and had trouble keeping up with the lectures.
P: Did your TA assign you the wrong chapters? I haven't heard anything from any of the other students.
S: ₂It's actually sort of my fault. When I bought the reader from the bookstore, I got the 3rd edition instead of the current 4th edition.
P: Ah, I see. That is unfortunate.
S: Yeah, at first I thought I just didn't read closely enough, but then I saw another student's book and noticed the different cover.
P: Have you purchased the correct version?

S: Yes, the bookstore let me trade in my old version for the correct version without any trouble.
P: That's good. I suppose you shouldn't have any more trouble then.
S: I don't think so, ₁ though I do have a couple of questions about the last couple of lectures.
P: Certainly, what did you want to know?
S: Well, when you were talking about baroque architecture a week ago, you mentioned a technique called "trompe-l'œil."
P: Yes, ₃ that would be paintings meant to deceive the viewer into thinking that the subjects depicted are three-dimensional.
S: Right, but isn't that a painting technique? Were those kind of paintings just displayed in a lot of baroque buildings?
P: Actually, trompe-l'œil was used as an element in many buildings themselves. The paintings weren't meant to be noticed as such though. They were intended to duplicate and imitate architectural forms.
S: What would be an example of that?
P: Well, you remember that baroque architecture has a lot of intricate and complicated stonework, right?
S: Yeah, it was a really ornate style.
P: Right, but ₄₋₍B₎ that kind of work can get costly. It's a lot easier to paint flat surfaces to look like they're ornate stonework.
S: Wouldn't it be really easy to notice that walls had been painted?
P: For something like walls, sure. ₄₋₍C₎ That's why trompe-l'œil was usually reserved for surfaces that were far away from the viewer and would only be viewed from one angle. For example, it was often used on domes. They're usually very far away from viewers on the ground and are only viewed directly from below. Many of these domes were completely smooth hemispheres but were painted so they appeared to be made of complex carved stone.
S: Oh, I see, so it was meant to fill in the gaps for all the elements that couldn't be faked.
P: Exactly. Baroque buildings are big undertakings, so architects found ways to get the same effect with less effort.
S: ₅ OK, that makes a lot of sense.
P: Anything else you wanted to ask?
S: No, I think I'm good. I'll make sure to be ready for the next lecture.
P: Right, it's pages 120 to 145 this time.
S: Yep, I double-checked with my new version and I've got it right this time.
P: I certainly hope so. See you in class.
S: See you in class. Thanks again!

【全訳】
学生と教授の会話を聞きなさい。

学生　：こんにちは，教授。ちょっとお話しさせていただけますか。
教授　：もちろん，どういったことかな？
学生　：現在，先生の建築史の授業をとっているんですが，本の最初の数章で問題がありまして。
教授　：難しすぎたかな？
学生　：いえ，そういうことではなくて。私は誤った章を読んでしまっていて，講義についていけなかったんです。
教授　：君のTAが間違った章を指定したのかい？　他の学生からは何も聞いていないが。
学生　：というより私のミスなんです。書店で読本を買った時に，現在の４版ではなく，３版を買ってしまいました。
教授　：ああ，なるほど。それは残念だったね。
学生　：ええ，最初は自分がしっかり読んでいないだけだと思ったんですが，他の生徒の本を見て，表紙が違っているのに気づきました。
教授　：正しい版はもう買ったのかい。
学生　：ええ，無事に書店で古い版を正しい版に交換してもらいました。
教授　：それはよかった。それでは，もう問題はないはずだね。
学生　：いえ，それが，ここ数回の講義に関していくつか質問があるんです。
教授　：いいよ，何を知りたいのかな？
学生　：ええと，１週間前，バロック建築について語っていらした時，トロンプルイユという技術についてお話しされていました。
教授　：ああ，それは，描かれた対象物が３次元であるかのように見る者を欺くことを意図した絵画のことだ。
学生　：そうですね，でもそれは絵画の技術なのでは？　そういう種類の絵画が，たくさんのバロック建築物の中に展示されていただけではないのですか。
教授　：実は，トロンプルイユは，多くの建物それ自体の要素として用いられたんだ。その絵はただ絵画として見られるために描かれたわけではない。建築の形を複製し，まねようとして描かれたものだ。
学生　：どんな例がありますか。
教授　：そうだな，バロック建築は込み入って複雑な石細工を有していたのは覚えているよね。
学生　：ええ，本当に装飾が多いスタイルでした。
教授　：その通り，だがそういうものは高くつく。石造りの装飾に見えるように，平たい表面に絵を描いたほうがずっと簡単だ。
学生　：壁に絵が描かれていると簡単に気づかれてしまうのではないでしょうか。
教授　：壁のようなものはそうだね。だからトロンプルイユはたいてい見る人から遠くの表面に使われていて，一方向からのみ見えるようにできている。例えば，丸天井によく用いられたんだ。地面にいる見物人からはたいていかなり離れているし，下からまっすぐ見上げるしかない。こうした丸天井の多くは完璧になめらかな半球体だが，絵が描かれているので，複雑に彫刻が施された石でできているように見えた。

学生	:	なるほど。だから，ごまかすことのできないあらゆる要素とのギャップを埋める役割だったんですね。
教授	:	まさにそうだね。バロックの建物は大仕事だから，建築家たちは少ない努力で同じ成果を得る方法を見つけたわけだ。
学生	:	5 わかりました，それで納得です。
教授	:	他に何か聞きたいことは？
学生	:	いえ，大丈夫です。次の講義のための準備をしておきます。
教授	:	そうだ，今度は 120 ページから 145 ページだよ。
学生	:	はい，新版で再確認して，今度は正しく理解しました。
教授	:	そうあってほしいね。授業で会おう。
学生	:	では授業で。本当にありがとうございました。

Word & Phrase Check

☐ architecture	建築，建築学	☐ chapter	章
☐ keep up with 〜	〜に遅れずについていく	☐ TA	教育助手（Teaching Assistant の略）
☐ assign	〜を割り当てる	☐ edition	（本などの）版
☐ deceive	〜をだます	☐ duplicate	〜を複製する
☐ imitate	〜を模倣する	☐ ornate	細かい彫刻が施された，華麗な
☐ hemisphere	半球	☐ make a sense	道理にかなう，意味がわかる
☐ double-check	〜を再確認する		

問題 4

Questions 1 – 5

Listen to a conversation between a student and a professor. CD 1-31

Now answer the questions.

1 Why does the student go to see the professor?   30 秒 CD 1-32

Ⓐ To change his major to game design
Ⓑ To discuss an alternative to an assignment
Ⓒ To ask for help with some homework
Ⓓ To reschedule the final exam

2 How is the student unlike most other students taking the same class?

  50 秒 CD 1-33

Ⓐ He is a transfer from another school.
Ⓑ He is taking the class for a second time.
Ⓒ He is taking the course online.
Ⓓ He is not in the computer science program.

3 What does the student want to do for the final project? *Choose 2 answers*.

  1 分 CD 1-34

A Create a game design document
B Make a portfolio of illustrations
C Collaborate with another student
D Build on the work of a previous project

4 What is the professor's initial concern about the student's idea?

⏳ 50秒　🔘 CD 1-35

- Ⓐ The student does not adequately understand the course material.
- Ⓑ The student is attempting something he won't be able to do.
- Ⓒ The student is reusing material from a previous assignment.
- Ⓓ The student won't be able to complete the assignment on time.

5 *Listen again to part of the conversation. Then answer the question.*
What does the professor imply when she says this: 🎧　⏳ 1分　🔘 CD 1-36

- Ⓐ The student's project should not focus more on his own studies than on the course.
- Ⓑ The course is looking to attract more students who have similar education backgrounds as the student.
- Ⓒ The student will need a considerable amount of time to produce an appropriate number of illustrations.
- Ⓓ The course has been helpful for the student because he is in the Arts Program.

| 問題 4 | 解答解説 |

スクリプト・全訳 ➡ p.74

LOGIC NOTE

Student	Professor
tech ×	final project not programmer → alternative
outline → full design document → 3 times, イラスト → interface, animation 　software at lab	enough work? × just art ○ amount
→ pitch, slideshow	プレゼン → check later

Questions 1 – 5

1

正解　Ⓑ　　　　　　　　　　　　　　　　▶ 1 　トピック

学生が教授に会いに行っているのはなぜか。
- Ⓐ 専攻をゲームデザインに変えるため
- **Ⓑ 課題の代替案を話し合うため**
- Ⓒ 宿題の手伝いを頼むため
- Ⓓ 最終試験の日程を変更するため

解説　Ⓑ 教授の最初の発言 you're here for your final project consultation, right? から，学生は最終プロジェクトの相談で来たことがわかる。その後の会話から学生はプログラミングを学習していないことがわかり，we'll have to find an alternative project for you から，代わりの課題を話し合うために来たことがわかる。Ⓐ 学生はグラフィック専攻であると述べているが，専攻を変えるという話はしていない。ⒸⒹ いずれも言及されていない。

2

正解 Ⓓ　　　　　　　　　　　　　　　　　　　　　　　**2 詳細**

この学生は，同じ授業をとっている他の大部分の学生とどのように違うか。
- Ⓐ 他の学校からの編入生である。
- Ⓑ その授業をとるのは二度目である。
- Ⓒ 講座をオンラインでとっている。
- Ⓓ コンピュータサイエンス科に所属していない。

解説 Ⓓ 会話の前半で教授は，the fact that you're not a programmer is the reason for this consultation と述べている。中盤でも，教授の You are in the Art Program, right? に対し，学生自身が Yes, I'm specializing in graphic design. と述べている。ⒶⒸいずれも言及されていない。Ⓑ 学生はこの授業の初期に取り組んだ課題をもとにすると述べているが，同じ授業を二度受けているという内容は述べられていない。

3

正解 ＡＤ　　　　　　　　　　　　　　　　　　　　　　　**2 詳細**

最終プロジェクトに学生は何をしたいと思っているか。2つ選びなさい。
- Ａ ゲームのデザインドキュメントを制作する
- Ｂ イラストのポートフォリオを作る
- Ｃ 他の学生と協働する
- Ｄ 以前のプロジェクトの作品に基づいて進める

解説 ＡＤ 学生は中盤で，以前ゲームのデザインドキュメントのラフを作ったことに触れ，I was wondering if I could flesh that out into a full scale design document for the final project. と述べている。したがって，以前取り組んだ作品に基づき，ゲームのデザインドキュメントを制作しようと考えていることがわかる。Ｂ イラストはデザインドキュメントに取り入れる要素にすぎない。Ｃ 他の学生との協働については言及されていない。

4

正解 Ⓒ　　　　　　　　　　　　　　　　　　　　　　　**4 話者の意見・態度**

学生の考えに対する教授の最初の懸念は何か。
- Ⓐ 学生が講座の題材を十分に理解していない。
- Ⓑ 学生はできそうにないことをやろうとしている。
- Ⓒ 学生は前の課題の素材を再使用しようとしている。
- Ⓓ 学生は時間通りに課題を完成させることができない。

解説 Ⓒ 教授は学生の詳しい説明を聞く前に，since you'd be expanding on previous work, we would need to make sure you're doing enough work to count as a final project と述べている。つまり，同じ素材を再使用することで，作業量が軽くなってしまうことを懸念している。Ⓐ 学生は授業について技術面の話は理解が難しいと述べているが，

講座の題材が理解できていないという話や，教授がそれを懸念している発言はない。Ⓑ Ⓓ いずれも言及されていない。

5

正解 Ⓐ　　　　　　　　　　　　　　　　　　　　　　▶ 4　話者の意見・態度

会話の一部をもう一度聞いて，質問に答えなさい。（スクリプト・全訳の青下線部参照）
教授の次の発言は何を暗示しているか。（　　参照）

Ⓐ 学生のプロジェクトが，この講座よりも学生自身の研究に焦点を当てたものになるべきではない。
Ⓑ この講座は，この学生と類似した教育背景を持つ学生たちをより多く引きつけることを目指している。
Ⓒ 学生は，相当数のイラストレーションを制作するためにかなり時間を要するだろう。
Ⓓ 学生はアート科に所属しているので，教授の講座は役に立っているだろう。

解説 Ⓐ 教授が指導しているのはコンピュータサイエンス科の講座であり，学生のほとんどは，最終プロジェクトのために小さなゲームの試作品を制作しているという文脈を踏まえる。引用部分では学生がアート科であることを確認しており，該当の発言はプロジェクトがアートに偏ったものになることを危惧してのものだと考えられる。Ⓑ 引用部分ではコンピュータサイエンス科以外の学生を引きつけるという話はされていない。Ⓒ イラスト制作にかかる時間を心配しているのではない。Ⓓ 引用部分では，講座が役に立つだろうという主旨の発言はしていない。

【スクリプト】
Listen to a conversation between a student and a professor.

Student: Hello, Professor Vanaman.
Professor: Ah, Jamie, ₁you're here for your final project consultation, right?
S: Yes, am I on time?
P: Of course, please have a seat. Are you enjoying the class so far?
S: Very much, thank you. Sometimes I feel a bit out of my depth when we get into the technical aspects of game creation, but I'm really enjoying the discussions about theory and design.
P: I'm glad to hear that. When we started opening the class to students outside the Computer Science Program, we hoped the material wouldn't be too technical for students who aren't learning programming.
S: It's been challenging, but I've gotten a lot from the material.
P: That's good to know. ₂So, the fact that you're not a programmer is the reason for this consultation. As you know, most of the students are producing small game prototypes for their final projects. Since it would be a bit much to expect you to learn to program

from scratch, ₁ we'll have to find an alternative project for you.
S: ₃ Well, for a project earlier in the semester, I made that rough outline for a game design document. I was wondering if I could flesh that out into a full scale design document for the final project.
P: ₄ Hmm, since you'd be expanding on previous work, we would need to make sure you're doing enough work to count as a final project.
S: Of course. I figure I would make the document have about three times as much content as the outline with a lot more illustrations and diagrams.
P: ₅ That sounds like it might be acceptable. You're in the Arts Program, right? I would want to make sure the document isn't just a lot of concept art and drawings.
S: Yes, I'm specializing in graphic design. I figure I'll spend a lot of time developing the user interface.
P: Good, that would be a much better demonstration of course concepts.
S: Yeah, absolutely. I might even make an animation that shows transitions between menus and how certain elements animate and change based on user input. I could probably use some of the animation and editing software at the computer lab.
P: Alright, that sounds like it would constitute an appropriate amount of work on your part. Now, the project also incorporates a presentation where the students demonstrate their prototype.
S: Yeah, I was figuring I'd present my project as if it was a pitch to a company. I figure it would be boring if I went through the whole design document in front of the class, so I'd create a slideshow and present it as if I was looking for investors or a publisher.
P: That sounds like a good idea. Alright, I'm definitely prepared to accept this plan as an alternative final project. I might check in with you later to see your progress and make sure the project is an acceptable scope.
S: That sounds great. Thanks a lot, Professor Vanaman.
P: You're welcome, Jamie.

【全訳】

学生と教授の会話を聞きなさい。

学生 ： こんにちは，ヴァナマン教授。
教授 ： ああ，ジェイミー，あなたは最終プロジェクトの相談で来たのね？
学生 ： ええ，時間通りでしょうか。
教授 ： もちろん，おかけなさい。これまで授業は楽しんでいる？
学生 ： はい，とても。ありがとうございます。時々ゲーム制作の技術的側面の話になると，少し理解できないと感じることがありますが，理論とデザインについての議論に関してはとても楽しんでいます。
教授 ： それを聞いてうれしいわ。コンピュータサイエンス科以外の学生に対して授業を公開し

教授 ： 始めた時，プログラミングを学んでいない学生にとって題材があまりテクニカルになりすぎないといいなと思っていたの。
学生 ： 難しかったですが，私はその題材から多くを学びました。
教授 ： それはよかった。それで，あなたがプログラマーではないということでこの相談をするんだけど。あなたも知っている通り，ほとんどの学生は，最終プロジェクトのために小さなゲームの試作品を制作しています。プログラムのやり方をゼロから覚えてもらうのは負担が大きいから，あなたには代わりのプロジェクトを探さなくてはならないの。
学生 ： それですが，私は今学期の初めの頃のプロジェクトとして，ゲームのデザインドキュメントのラフを作りました。最終プロジェクトでは，それに肉付けして完成形のデザインドキュメントにできるのではないかと思っているんです。
教授 ： うーん，以前の作品を膨らませるのなら，確実に最終プロジェクトとみなせるだけの作業をしてもらわないとならないわね。
学生 ： もちろんです。ラフの約3倍の規模で，ずっと多くのイラストや図解を入れたものになるだろうと考えています。
教授 ： ₅それなら許容範囲といえそうね。あなたはアートプログラム科だったわね？ コンセプチュアルアートやスケッチばかりのドキュメントにならないようにしてね。
学生 ： ええ，私はグラフィックデザイン専攻です。ユーザー・インターフェースの開発に時間を注ぎたいと思っています。
教授 ： いいわね，それなら講座の概念をよりよく表すものになるでしょう。
学生 ： ええ，絶対にそうなると思います。メニュー間の移動や，ユーザーの入力に基づいて特定の要素がどのように動き，変化するかを示す動画も作ろうかと思っています。コンピュータ室で，動画作成や編集のためのソフトウェアを使えるでしょうから。
教授 ： わかりました。それなら，十分な作業量になりそうね。さて，プロジェクトには，学生たちがそれぞれの試作品を実演してみせるプレゼンテーションが含まれているわね。
学生 ： はい，私はプロジェクトを企業への売り込みのように見せようかと考えています。クラスの皆の前でデザインドキュメントを全部さらって見せても退屈だろうと思いますので，スライドショーを作り，投資家や出版社を探しているかのようにプレゼンするつもりです。
教授 ： それはよさそうね。わかったわ，このプランを最終プロジェクトの代わりとみなしてもいいでしょう。また後であなたに連絡して進行具合を見せてもらい，プロジェクトが望ましい範囲なのを確かめましょう。
学生 ： 助かります。ありがとうございます，ヴァナマン教授。
教授 ： どういたしまして，ジェイミー。

Word & Phrase Check

☐ consultation	相談	☐ out of *one's* depth	理解できない
☐ prototype	試作品，プロトタイプ	☐ alternative	代わりのもの，代案
☐ rough outline	概要，あらすじ，ラフ	☐ diagram	図解，略図
☐ user interface	（コンピューターなどの）インターフェース	☐ computer lab	コンピューター室
☐ pitch	売り込み，宣伝	☐ progress	進捗

Listening 講義形式
解答のエッセンス

　ここでは，講義形式の問題について解説します。解答のためのノートテイキングの仕方と，各設問パターンの傾向と対策を学びましょう。

聞き取りのポイント
　講義の内容は，大学で学ぶことが想定されるさまざまな学術分野の，入門レベルの講義です。入門レベルとは言っても専門的な話題であるため，難易度は高いです。形式としては，次の２つのパターンがあります。
　◆**レクチャー**：教授の講義の一部。教授が一人で話す。
　◆**ディスカッション**：教授の講義に，学生との質疑応答が入る。

　聞き取りの際は，まず**講義のトピック**を明確に把握しましょう。最初のナレーションと画面の表示で学術分野が判明します。また，講義の途中で画面にキーワードが表示されます。多くの場合，冒頭でトピックの導入があり，トピックを語る上で重要なメインアイディアや，説明にあたっての前提が説明されます。

　設問では，**詳細情報**や**推測できる情報**についてももちろん問われますが，TOEFLでは**講義全体の構成**や，**教授の意図や意見・態度**について問われることが特徴的です。
　講義は基本的に，トピックの導入→詳細説明という流れになっています。教授はより詳細にわかりやすく説明するために，補足情報を加えたり，具体的な事例を挙げたりします。これらはメインアイディアを支えるサポートアイディアと言えます。また，詳細説明は，ある概念と別の概念が対比されていたり，原因→結果の順に話されたり，さまざまな構造をとります。**教授がその講義全体をどのように構成しているのかを俯瞰して捉える必要があります**。なお，教授の話はメイントピックから脱線することもあり，そこから問題が出題されることもあります。
　さらに，全体の構成以外にも，教授は学生への説明を効果的にするためにさまざまな手法を用います。例えば，抽象的な概念を説明するために具体例を提示したり，Aを強調するためにBと比較したりといったことが考えられます。また，客観的事実だけでなく，自身の意見を述べることもあります。**教授はなぜその話をしているのか**，という点にも注目することが大切です。

　設問では以上のようなポイントが問われます。常に全体の構成を意識しながら聞き取りをしましょう。設問パターンの一覧はp.18～19で確認してください。

ノートテイキングのポイント

　以上のことを踏まえて，講義のノートテイキングのポイントを押さえましょう。講義は，情報量が多い上に，なじみのない専門語句が重要なキーワードになります。また，講義の1カ所だけでなく全体を総合して答える必要がある問題も多いことから，リスニングをしながら情報を整理していくことが重要です。会話と同様に設問を先読みすることもできませんから，以下の点に注意し，**LOGIC NOTE** でノートテイキングの技術を磨きましょう。

(1) トピックや表示されるキーワードの定義を押さえること
(2) 話題の転換点を押さえること ＋ 次の展開を予測すること
(3) メインアイディアとサポートアイディアを区別すること

　(1) は講義の内容を理解するのに必須のポイントです。必要に応じてメモをとりましょう。もし聞き取れないことがあっても，説明されていく中で理解できることもあります。つづりがわからない場合はカタカナでもかまわないので，聞き取れた情報をメモしましょう。
　全体の構成を捉えるには，(2) が非常に重要です。ディスコースマーカーや教授の問いかけは典型的な話題の切り替えポイントです。構成や教授の意図に注意して聞いていると，次の展開がある程度予測できます。すると，次のメインアイディアや詳細情報もつかみやすくなります。
　最後に，教授は情報を平坦に伝えているのではなく，メインアイディアを伝えるために，補足情報や具体例を示します。(3) の区別を明確にしながら，講義の骨格を捉えます。そのために，ディスコースマーカーや切り替えのポイントに気づく力を身につけていきましょう。

例題

　以上のことを，ノートテイキングの練習を通して身につけていきます。音声を聞き，内容を次のページの空欄に整理しましょう。p.25 で紹介した記号や省略語を用いましょう。

Listen to part of a lecture in a sociology class.　　　CD 1-37

standardization

reliability

validity

LOGIC NOTE

- トピック，メインアイディアとサポートアイディア（具体例や詳細情報）を整理しながら，必要な情報をメモしましょう。講義の構成を意識し，書くスペースを区別したり，矢印や記号も用いたりすると効果的です。P.25 も参考にしてください。
- 設問の解答に移る前に，トピックを □ で，メインアイディアを □ で囲みましょう。

QUESTIONS 先程の LOGIC NOTE を参照しながら，次の設問に答えましょう。

1 What does the professor mainly talk about? 　　　　　CD 1-38

　Ⓐ Various examples of current research on prejudice
　Ⓑ Two types of validity which are indispensable for ideal research
　Ⓒ Three criteria which enhance objectivity of social research
　Ⓓ Social research on the relationship between class and health

2 What can be inferred about subjectivity or objectivity in social research? 　　● CD 1-39

Ⓐ The professor underestimates those who indicate the importance of an objective view.
Ⓑ It is very difficult to eliminate all kinds of prejudices, opinions, or biases when conducting social research.
Ⓒ The professor insists that a subjective view be treated as the highest priority in social research.
Ⓓ It is common for researchers to put emphasis on prejudices, opinions, or biases.

3 Which of the following statements is mentioned as an example of standardized research? 　　● CD 1-40

Ⓐ A survey about how children in a certain economic class are obedient to their parents
Ⓑ Recent research on accounts kept by professionals in healthcare
Ⓒ A questionnaire about healthcare targeting people in higher social classes
Ⓓ Research on the relationship between obese children and how rich their families are

4 What is stated in this lecture with regard to reliable research? 　　● CD 1-41

Ⓐ Changes over time can be observed because of its repeatability.
Ⓑ It needs to have two subcategories.
Ⓒ There are two positive aspects in reliable research.
Ⓓ The word "reliable" has a specific meaning in sociology.

5 What are introduced as examples to explain construct and ecological validity? *Choose 2 answers.* 　　● CD 1-42

A A questionnaire for a national census
B The state of mental health of war veterans
C Intelligence quotient tests
D A group of professionals in healthcare

6 How does the professor organize the lecture? 　　● CD 1-43

Ⓐ By indicating common problems in subjective research
Ⓑ By defining the criteria for objective research using examples
Ⓒ By discussing the priority of criteria for objective research
Ⓓ By comparing subjective and objective research

| 例題 | 解答解説 | ●社会学 |

キーワード　　標準化　　信頼性　　妥当性　　　　　スクリプト・全訳➡p.87

LOGIC NOTE　次の例を参考に，自分の **LOGIC NOTE** を見直しましょう。単語が省略されていたり途中になっていたりしても構いません。

- 例を見ながらもう一度音声を聞き，全体の構成と，聞き漏らした情報がないかを確認しましょう。左の欄に，メインアイディアが切り替わるポイントとなる発言が示されていますので，参考にしてください。
- 続いて，自分の **LOGIC NOTE** を見ながらもう一度音声を聞き，メモしておくべきだった情報を書き加えます。

sociology research 　systematic 　subjective　　　　→ **objective** 　　　　　　　　　× prejudice ← ideal 　　　　　　　　　→ **3 criteria**	・Research is basically just... ・in other words,... ・However, there are...
standardization　ex) × accounts ・**concept** = label　ex) class ・**indicator** = device 　ex) obesity – income	・Let's first take a look at...
reliability　　repeated 　○ change over time ex) health　war vet.	・Now for the second criteria...
validity specific meaning data – conclusion ← how accurate ・**construction** = illustrate 　ex) IQ test　× score high ・**ecological** = everyday lives 　ex) census　careless → × authentic	・Now, on to the final criteria... ・The two types of validity... ・The focus of the former is... ・Now the focus of the latter,...

解答のエッセンス｜講義

ANSWERS
続いて各設問の解答を確認します。 パターンCheck では，各設問パターンに取り組む際のポイントを学びましょう。

1

正解 Ⓒ

教授は主に何について話しているか。
- Ⓐ 偏見に関する最近の調査のさまざまな例
- Ⓑ 理想的な調査に不可欠な2種類の妥当性
- Ⓒ 社会調査の客観性を高める3つの基準
- Ⓓ 階級と健康の関係に関する社会調査

解説 Ⓒ 教授は冒頭で I'd like to ~ talk about research as it relates to sociology と述べ，さらに However, there are certain criteria that can be followed when conducting social research in order to keep it as objective as possible と述べている。その後この3つの基準についての説明が続くことから，これが正解。Ⓐ 偏見については，冒頭で主観的・客観的知識の違いを説明するために言及しているにすぎず，調査例についても述べていない。Ⓑ 教授は妥当性を含めて3つの基準を扱っているので，講義全体のトピックの一部にしか当てはまらない。Ⓓ 階級と健康の関係は，3つの基準のうちの1つ，標準化の具体例にすぎない。

パターンCheck 1　トピック問題

講義のトピックを問う問題は，必ず1問目に出題される。トピックは教授が導入部で提示することが多い。ただし，必ずしも冒頭で明らかにされる場合ばかりではなく，例題のように，トピックを導入するために，前提となる内容が先に説明されることもある。また，はっきりとは明示されず，展開の中で暗に示されていることもあるので，講義全体で何がメイントピックになっているのか，最初のナレーションや画面に表示されるキーワードも手がかりに正確に把握しよう。

正解の選択肢は，抽象的な言葉に言い換えられていることもある。また，講義の一部にしか当てはまらない断片的な情報ではなく，全体の内容を包含しているかどうかを判断しよう。

2

正解 Ⓑ

社会調査における主観性と客観性について，推測できることは何か。
- Ⓐ 教授は，客観的視点の重要性を指摘する人々を過小評価している。
- Ⓑ 社会調査を行う際に，あらゆる偏見や意見，先入観を取り払うことは非常に難しい。
- Ⓒ 教授は，社会調査では，主観的視点が最優先項目として扱われるべきだと主張している。
- Ⓓ 研究者が，偏見や意見，先入観を重んじることはよくある。

解説 Ⓑ 教授は社会調査の客観性を保つことの必要性と同時に、その難しさに言及している。I'm talking about the ideal here や this is easier said than done という発言から、「客観的知識とは偏見や意見、先入観から解き放たれたものである」というのは理想であり、実際にはそれらを取り除くことは難しいと推測できる。Ⓐ 教授は、客観的視点を過小評価はしていない。Ⓒ 社会調査の目的は主観的視点から客観的視点に移行することであるという発言に矛盾する。Ⓓ 研究者が偏見や意見、先入観を重視するという話はされていない。

パターンCheck 5 　推測問題

直接述べられていない内容を推測する問題。教授が直接述べていない結論を推測したり、いくつかの詳細情報を論理的に結びつけて結論を導き出したりする必要がある。正解の選択肢はほとんどの場合、講義で使われた言葉が言い換えられて表現されているので、同義語や類義語を結びつけたり、抽象的な表現の意味を読み解いたりする力を養おう。また、講義中に述べられた複数の事実や発言の流れに基づいて推測できる場合もあるので、展開に沿ってメモしておくと役に立つ。

3

正解 Ⓓ

次のうち、標準化された調査の例として挙げられているものはどれか。
Ⓐ ある特定の経済階級における、子供の親に対する従順度についての調査
Ⓑ 医療関係専門職の人々によってつけられた日報に関する最近の調査
Ⓒ 高い社会階級に属する人々を対象とした健康に関するアンケート
Ⓓ 子供の肥満とその家庭の経済力との関係に関する調査

解説 1つ目の基準「標準化」について問われているので、LOGIC NOTE の2段目を参照。Ⓓ A recent study conducted in the U.K. found ～ the two subcategories of standardization : concepts and indicators. より、この調査は、概念と指標を含む標準化された社会調査だとわかる。Ⓐ 子供の従順度（obedience）に関する話はされていない。Ⓑ 医療関係専門職の人々による日報は、標準化された調査とは対照的な例として言及されている。Ⓒ そのようなアンケートについては述べられていない。

パターンCheck 2 　詳細問題

メインアイディアについての詳細情報が問われる問題。講義では基本的に、冒頭で提示されたメインアイディアについて、詳細説明・具体例が説明される。講義全体の構成を意識して **LOGIC NOTE** を作成することで、必要な情報をすばやく見つけることができる。不正解の選択肢にも、講義に出てきた言葉が含まれていることがあるので、安易に選ばないよう注意しよう。また、瑣末な情報を問われることはあまりないので、迷った時はメインアイディアと最も整合性があると思われる選択肢を選ぼう。なお、複数の文の正誤を問う Yes / No 問題が出題される可能性もある。

4

正解 Ⓐ

信頼できる調査について，この講義で述べられているものはどれか。

- Ⓐ 繰り返し行えるため，経年変化が観察できる。
- Ⓑ 2つの下位階層を含む必要がある。
- Ⓒ 信頼できる調査には2つの利点がある。
- Ⓓ "reliable"という単語には，社会学特有の意味がある。

解説 2つ目の基準「信頼性」について問われているので，LOGIC NOTE の3段目を参照する。Ⓐ Research is considered reliable if it can be repeated. と Incidentally, a positive aspect of repeatable research is that we can keep tabs on how things change as time passes. という2つの発言に注目。「繰り返し行うことができるとその調査は信頼性がある」という情報と，「繰り返し行える調査は経年変化を追える」という情報を統合すると，「信頼性がある調査は経年変化を追える」という結論が引き出せる。 Ⓑ 標準化について述べられた内容。Ⓒ 利点としては「経年による変化を確認できる」ことしか述べられていない。Ⓓ 社会学特有の意味があると述べられているのは "reliable" ではなく "valid" という単語。

パターンCheck 7 情報統合問題

　講義で述べられた2つ以上の情報を論理的に結びつける設問。学術的な講義を理解するには，別々に述べられた情報同士の関係性に注目する必要がある。具体的には，ある情報が別の情報に対して並列関係にあるのか，あるいは因果関係，比較・対立関係にあるのかなどを意識しながら聞くことが大切だ。情報統合問題では，講義全体の構成とはまた違った角度で情報を整理する能力が問われる。情報を項目別に分類したり，並べ替えたりする問題も出題されることがある。メモをとる際は，講義に出てくる専門用語とその定義，それらの関係が理解しやすいように矢印やその他の記号も活用しよう。

5

正解 ⒶⒸ　　　**2 詳細**

構成概念妥当性と生態学的妥当性の例として，何が挙げられているか。2つ選びなさい。

- Ⓐ 国勢調査のアンケート
- Ⓑ 退役軍人の心の健康状態
- Ⓒ IQテスト
- Ⓓ 医療関係専門職の人々

解説 3つ目の基準「妥当性」について問われているので，LOGIC NOTE の4段目を参照する。Ⓐ 生態学的妥当性（調査対象の実態を表しているかどうか）が欠けている例として，対象者が急いで答えた場合の国勢調査のアンケートが挙げられている。Ⓒ 構成概念妥当性（検

証の目的を明らかにしているかどうか）が欠けている例として，ある集団が高得点を出す傾向が指摘されている IQ テストが挙げられている。 B 退役軍人の心の健康状態は，信頼性がある調査の例。 D 医療関係専門職は，標準化の必要性を説明するために出された例。

6

正解 B

教授は講義をどのように構成しているか。
- Ⓐ 主観的な調査に共通する問題を指摘することによって
- Ⓑ **客観的な調査のための基準を，具体例を用いて定義することによって**
- Ⓒ 客観的な調査のための基準の優先度を論じることによって
- Ⓓ 主観的な調査と客観的な調査を比較することによって

解説 LOGIC NOTE をもとにこの講義の構成を確認する。Ⓑ 冒頭で「社会調査において客観性を保つための3つの基準」というトピックを提示した後，3つの基準（標準化，信頼性，妥当性）がどのようなものかを，それぞれ具体例を示しながら説明している。したがってこれが正解。Ⓐ 教授はイントロダクションで主観的視点に否定的な立場を示しているが，主観的な調査に共通する問題については何も述べていない。Ⓒ 基準の優先度については何も述べられていない。Ⓓ 主観的な調査と客観的な調査の比較はしていない。

パターンCheck 6 構成理解問題

設問6は典型的な構成理解問題で，教授がどのように講義全体を構成しているかが問われている。情報が対比されたり，時系列で述べられたり，単純な説明から複雑な説明へ展開したりといった構成も考えられる。メモの全体像も手がかりにして判断しよう。

また，ある発言が講義の中でどのような役割を果たしているのかが問われる場合もある。教授の話がそれまでの話から外れた時は，それが単なる脱線なのか，比較対象や例を持ち出しているのか，話題を変えようとしているのかなど，教授がその話題を持ち出した意図を見極める必要がある。情報統合問題などと同様，情報同士の関係性や論理的なつながりを把握してメモしておくと手がかりになる。

【スクリプト】
Listen to part of a lecture in a sociology class.

Professor: OK. Since I gave you an introduction to sociology the last time we met, ₁ I'd like to continue along those lines today and talk about research as it relates to sociology.

　Research is basically just the systematic process of gathering information. The purpose of any social research, or any research for that matter, is to try to gain thorough knowledge of a problem; in other words, going from a subjective view of something to an objective one.

　₂ As a matter of fact, subjective knowledge involves individual preferences, values, or opinions, which makes it unsuitable for drawing accurate conclusions. Objective knowledge, on the other hand, is free from any kind of prejudices, opinions, or biases. Well, I'm talking about the ideal here; ask any researcher and he or she will tell you "this is easier said than done." Also, due to the fact that social research does not involve lab experiments as in the physical sciences, there is a certain amount of doubt as to how accurate the results can be. ₁ However, there are certain criteria that can be followed when conducting social research in order to keep it as objective as possible. Specifically, there are three criteria: standardization, reliability, and validity.

　Let's first take a look at standardization. If you were to ask a group of professionals working, say, in healthcare, to keep an account of a day at work, their accounts would probably differ because people are usually subjective about what is important and what is not. In order to avoid this type of bias, sociologists must conform to a certain standard —— hence the word "standardization" —— when collecting data. Concepts and indicators figure prominently in standardizing the collected data. Concepts are the labels we give to aspects of society that have things in common. An example of a concept is the class —— a group of people who are in a similar economic situation within society. Indicators, on the other hand, are the devices —— rulers or scales, if you will —— that allow sociologists to measure statistical relationships as accurately as possible. ₃,₆ A recent study conducted in the U.K. found a direct correlation between obesity among children and their family income, that is to say, their social class. This can be regarded as standardized research since it encompasses the two subcategories of standardization: concepts and indicators.

　Now for the second criteria, reliability. ₄ Research is considered reliable if it can be repeated. Let's suppose you were a researcher and obtained some kind of unusual result in your research. In order to prove that the result was what it was, either you or someone else needs to repeat the same research. In such a case, the methods used for the research must naturally be the same as those used the first time around; otherwise, the research cannot be considered reliable. ₄ Incidentally, a positive aspect of repeatable research is that we can keep tabs on how things change as time passes.

₆Study the state of mental health of war veterans, for example, when they return home. Repeating the study five years later should reveal some interesting facts as to its change.

Now, on to the final criteria, validity. The word "valid" as it relates to social research has a more specific meaning than the commonly accepted definition of the word. Validity in sociological terms refers to the relationship between data and the conclusions we can draw from it; in other words, how accurately a researcher can draw certain conclusions from a certain set of data. Actually, there are various types of validity, and importance is placed on different types depending on the field. The ones I'm going to talk about now are particularly important for social research as sociology deals with people and how they actually live in this world. The two types of validity I want to bring to your attention at this point are construct validity and ecological validity.

₅,₆ The focus of the former is whether data collected from research illustrates what it is meant to illustrate. A perfect example of this is the intelligence quotient test, or the IQ test for short. Critics of the test have posed doubts as to the test's validity, claiming that data collected from administering the test is inaccurate because children from a certain economic class or ethnic group tend to score higher on the test.

₅,₆ Now the focus of the latter, ecological validity, is whether research results actually represent what goes on in people's everyday lives. If someone answering a questionnaire for a national census does so carelessly, say, because he or she is in a rush, the data collected from the survey can't be considered authentic and, therefore lacks ecological validity. In order to meet the criterion of ecological validity, research should be done in close contact with the research subjects in real life situations over a considerable period of time.

【全訳】
社会学の講義の一部を聞きなさい。

教授：では始めましょう。前回は社会学の概論について話しました。今日は引き続き，社会学に関する調査について話します。

　調査というのは基本的に，情報収集の体系的な工程です。社会調査，ついでに言えばどんな調査でも，その調査の目的は，ある問題について完全な知識を得ようとすることです。言い換えれば，主観的視点から客観的視点に移行することが目的なのです。

　実際，主観的知識には，個人の嗜好，価値観，意見が含まれます。これらは正確な結論を導くのにふさわしくありません。一方，客観的知識には，先入観や個人の意見，偏見が含まれません。まあ，今言っているのは理想なんです。誰でも研究者に聞いてごらんなさい。「それは，言うは易く行うは難し」と答えるでしょう。また，社会調査には物理科学のような室内実験がないので，調査結果の正確性には，ある程度の疑わしさがあります。しかしながら，社会調査を行うにあたりできる限り客観性を保つために守られる一定の基準が

あります。具体的には、標準化、信頼性、妥当性の3つの基準です。

　ではまず、標準化から見ていきましょう。専門職の、例えば、医療関係専門職の人々の一群に日報をつけるよう依頼すると、おそらく内容の異なった日報が出てくるでしょう。というのは、何が大事であるかそうでないかについて人々はたいてい主観的だからです。このような偏見を避けるため、社会学者はデータを収集する際、ある標準に従わなければなりません。そのため、これは「標準化」と呼ばれます。集積されたデータを標準化する際に極めて重要な役割を果たすのが、概念と指標です。概念とは、共通点のある社会の諸相につけるラベルです。概念の一例には、社会の中で似たような経済状態にある人々の集団を指す階級があります。一方、指標というのは、言うなれば定規や秤のような道具であり、それを使えば、社会学者は統計的関係をできる限り正確に測ることができます。英国で最近行われた調査では、児童の肥満と世帯収入、つまり彼らの社会的な階級との間には直接的な相関関係があることがわかりました。これは、標準化された調査だと見なすことができます。なぜなら、この調査は、標準化の2つの下位区分である概念と指標を含んでいるからです。

　では次に、2つ目の基準である信頼性について。調査は、繰り返し行えれば、信頼性があると見なされます。例えば、君たちが研究者で、調査において予想外の結果が得られたとしましょう。その結果が本当に正しいものかどうかを実証するために、君たちか、もしくは別の人が同じ調査を繰り返す必要があります。この場合、調査方法は当然、最初に行われた調査で使われた方法と同じでなければなりません。そうでなければ、その調査に信頼性があるとは見なされません。ちなみに、繰り返し行うことができる調査の利点は、時間の経過と共に物事の変化を定期的に確認できることです。例えば、退役軍人が帰郷する時の心の健康状態を調べるとします。5年後にその調査を繰り返せば、状態の変化について、興味深い事実が浮かび上がってくるはずです。

　では、最後の基準である妥当性について。社会調査における「妥当」という言葉には、一般的に受け入れられている定義より、もっと特有の意味があります。社会学用語としての妥当性とは、データとそこから引き出し得る結論との関係を意味しています。つまり、研究者がある一連のデータからどのくらい正確にある結論を引き出せるか、ということです。実は妥当性にもいろいろなタイプがあり、分野によってそれぞれのタイプの重要性が異なります。これからお話する妥当性は、社会学が人々やその生活の実態を扱うがゆえに、社会調査では特に重要となります。ここで、皆さんに注目していただきたい2つの重要な妥当性は、構成概念妥当性と生態学的妥当性です。

　前者は、社会調査から得られたデータが、検証しようとしていることを明らかにしているかどうかに主眼が置かれます。知能指数テスト、略してIQテストはまさにその好例です。テストに批判的な人たちはこのテストの妥当性に疑問を提示しています。特定の経済的階級もしくは民族出身の児童がこのテストで高得点を出す傾向があるので、IQテストの実施により集められたデータは正確でないと言うのです。

　さて、後者の生態学的妥当性は、調査結果が人々の日常生活の実態を本当に反映しているかどうかに主眼が置かれます。国勢調査に回答する人が、例えば、急いでいていい加減な回答をしたら、その調査から集められたデータに信憑性があるとは見なされず、生態学的妥当性に欠けるということになります。生態学的妥当性の基準を満たすために、調査は

しかるべき時間をかけ，調査対象の実生活に密着して行われなければなりません。

Word & Phrase Check			
☐ sociology	社会学	☐ 履 criteria 単 criterion	標準，基準，尺度
☐ standardization	標準化	☐ validity	妥当性，正当性
☐ indicator	指標	☐ statistical	統計（上）の
☐ correlation	相関関係	☐ obesity	肥満
☐ encompass	〜を含有する	☐ intelligence quotient	知能指数
☐ national census	国勢調査	☐ authentic	信頼できる

演習問題 1

例題で学んだ考え方を，演習問題を通して実践してみましょう。講義を聞き，例題と同じく空欄に **LOGIC NOTE** を作成してください。その後，**LOGIC NOTE** を見ながら設問に取り組みます。設問には，設問文を聞く時間も含めて，4〜5分を目安に答えましょう。

Listen to part of a lecture in a botany class.　　　CD 1-44

- chlorophyll
- anthocyanin

LOGIC NOTE

❓ QUESTIONS

1 What is the lecture mainly about? ● CD 1-45

Ⓐ A correlation between chlorophyll and anthocyanin
Ⓑ An efficient method of changing leaf color
Ⓒ An influence of weather on autumnal leaf color
Ⓓ An explanation about how leaves transform nutrient elements into a form of energy

2 How does the professor treat seasons in the lecture? ● CD 1-46

Ⓐ He emphasizes that seasons are the main factor of annual color change of autumn foliage.
Ⓑ He eliminates the possibility that seasons cause a change in the color of autumn foliage every year.
Ⓒ He presumes that seasons affect annual color change of autumn foliage under certain conditions.
Ⓓ He emphasizes that seasons have the same effect as weather on the process of color change of autumn foliage.

3 According to the lecture, which is true about the relationship between chlorophyll and anthocyanin? ● CD 1-47

Ⓐ Chlorophyll is a component of leaves, and it changes to anthocyanin in autumn.
Ⓑ Chlorophyll is an important source of energy for organisms, and it produces anthocyanin.
Ⓒ Chlorophyll produces the key substance that produces anthocyanins.
Ⓓ The amount of chlorophyll in leaves has a direct influence on the amount of anthocyanins produced.

4 *Listen again to part of the lecture. Then answer the question.*
Why does the professor say what he says? ● CD 1-48

- Ⓐ To remind students of the importance of the lecture's theme
- Ⓑ To make sure that students are still interested in the lecture's theme
- Ⓒ To summarize the lecture so far and raise an entirely new point
- Ⓓ To summarize the premise for the explanation and attract students to the main topic

5 Which is correct as an effect of weather on anthocyanin in the growing season of trees? ● CD 1-49

- Ⓐ The high humidity causes a decrease in anthocyanin production.
- Ⓑ Certain temperatures can help to produce high-quality anthocyanins.
- Ⓒ Adequate precipitation and temperatures allow leaves to produce more anthocyanins.
- Ⓓ The more it rains, the more anthocyanins leaves produce.

6 Indicate whether each statement below is correct. *Put a check (✓) in the correct boxes.* ● CD 1-50

	Yes	No
(1) The relationship between foliage and rainfall has been thoroughly explained.		
(2) The professor is suspicious about a theory that extremely high temperature during the growing season prevents leaves from changing color.		
(3) In general, scientists agree that the best environment to produce a lot of anthocyanins is sunny fall days and cool nights.		
(4) The professor gives cloudy skies and a killing frost as examples of weather conditions harmful to anthocyanin production.		
(5) The professor defines autumn foliage at the end of the lecture.		

演習問題1　解答解説　　　　　　　　　　　　　　　　　●植物学

キーワード　　葉緑素　　アントシアニン　　　　　　スクリプト・全訳➡p.98

　例題と同様に，自分の **LOGIC NOTE** を見直しましょう。より省略されたシンプルなもので構いませんが，初めに聞き取れていなかった情報や，メモしておくべき情報を確認してください。また，右の欄で話題が切り替わるポイントも押さえましょう。

📝LOGIC NOTE

autumn foliage 　◯ weather ⟷ × season 　→ why color change?	・I'd like to examine today... ・In order to recognize...
chlorophyll　green, photosynthesis 　↓　　　　solar **glucose**　　= energy source 　　　　summer: produce, accumulate 　↓ depend on amount **anthocyanin**　only autumn	・OK, then let me explain... ・So, let me draw your attention... ・Simply put, anthocyanin...
weather　rainfall, temperature 　　　× much → disease 　　　× not enough → leaves ↓ → glucose ↓	・So you may want to know...
heat, rain　various 　ex) rain ↓ :　◯ ⟷ × 　　　too hot: delay, diminish agree: ◯ sunny days, cool nights × overcast, frost weather = variable	・In addition, scientists have various opinions... ・Though their opinions differ... ・Besides rainfall and temperatures... ・As we've seen,...

❓ ANSWERS

1

正解 Ⓒ 　　　　　　　　　　　　　　　　　　　　　　　　　▶ 1　トピック

この講義は主に何についてか。
- Ⓐ 葉緑素とアントシアニンの相互関係
- Ⓑ 葉の色を変える効率的な方法
- Ⓒ 気候が紅葉に及ぼす影響
- Ⓓ 葉がどのように栄養素をエネルギーに変換するかについての説明

解説 Ⓒ 教授は講義の冒頭で I'd like to examine today how weather causes the color of autumn foliage to vary from year to year. と述べている。そして，紅葉が起こる仕組みを説明した上で，気候が紅葉にどのような影響を与えるかを論じている。 Ⓐ 葉緑素とアントシアニンについては講義の前半で詳しく説明されているが，これはメインアイディアの前提として述べられているのであり，両者の関係はトピックではない。Ⓑ Ⓓ 葉の色を変える効率的な方法も，栄養素をエネルギーに変換する過程については，講義の中で説明されていない。

2

正解 Ⓑ 　　　　　　　　　　　　　　　　　　　　　　　　　▶ 6　構成理解

教授は講義の中で季節をどのように扱っているか。
- Ⓐ 彼は，季節は紅葉の色彩が毎年変化する主要因であると強調している。
- Ⓑ 彼は，季節が紅葉の色彩が毎年変化する原因である可能性を排除している。
- Ⓒ 彼は，季節が紅葉の色彩の毎年の変化に一定の条件の下で影響すると仮定している。
- Ⓓ 彼は，季節が紅葉の色彩の変化過程に気候と同じ影響を及ぼすことを強調している。

解説 LOGIC NOTE の１段目参照。Ⓑ 季節については冒頭で，constants（定数）であり，variable（変数）からは除外されると述べている。つまり，季節は年による紅葉の色彩の違いを引き起こす要因としては排除されるということである。 Ⓐ 先の説明から，季節が紅葉の主な要素であるとは言えない。Ⓒ「一定の条件」についての言及はなく，先の説明より誤り。 Ⓓ 先の説明通り，季節と気候は対比されており，紅葉の過程に同じ効果を与えるとは言えない。

3

正解 Ⓒ 　　　　　　　　　　　　　　　　　　　　　　　　　▶ 7　情報統合

講義によれば，次のうち，葉緑素とアントシアニンの関係について正しいものはどれか。
- Ⓐ 葉緑素は葉の構成要素の１つで，秋にアントシアニンに変化する。
- Ⓑ 葉緑素は生物の重要なエネルギー源で，アントシアニンを生成する。
- Ⓒ 葉緑素はアントシアニンを生成する重要な物質を生成する。
- Ⓓ 葉の中の葉緑素の量は，生成されるアントシアニンの量に直接影響を与える。

解説 LOGIC NOTE の２段目を参照。２つの情報を統合して判断する。Ⓒ まず，chlorophyll captures 〜 to produce another key player called glucose より，葉緑素がブドウ糖を生成することがわかる。さらに，Anthocyanins are chemicals which are produced by glucose 〜 より，ブドウ糖がアントシアニンを生成することがわかる。したがって，ブドウ糖を「重要な物質」と表現したこれが正解。Ⓐ Ⓑ 葉緑素がアントシアニンに変化したり，直接アントシアニンを生成したりするのではない。また，葉緑素はエネルギー源ではない。Ⓓ アントシアニンの生成量に影響を与えるのはブドウ糖の量である。ブドウ糖は葉緑素によって作られるが，その量は気候に左右される。よって，葉緑素の量が直接アントシアニンの生成量に直接影響を与えることにはならない。

4

正解 Ⓓ

講義の一部をもう一度聞いて，質問に答えなさい。（スクリプト・全訳の青下線部参照）
教授が次のように述べているのはなぜか。（　　参照）
Ⓐ 学生に講義のテーマの重要性を思い出させるため
Ⓑ 学生が依然として講義のテーマに興味を持っていることを確認するため
Ⓒ これまでの講義をまとめ，まったく新しい議論を持ち出すため
Ⓓ 説明のための前提をまとめ，メイントピックに注意を向けさせるため

解説 Ⓓ 引用部分の Simply put と So you may want to know という２つのディスコースマーカーに注目。前者はアントシアニンの働きについての説明をまとめる役割，後者は気候がアントシアニン生成にどのように作用するかという講義のメイントピックに移ることを示す役割をしている。教授は，冒頭で明示したトピックを改めて示し，ここから本題に入るということを強調しているので，これが正解。Ⓐ 講義のトピックの重要性については述べていない。Ⓑ 引用部分の前半の意図を言い表していない。また，興味を持っているかどうかを確かめるというより，学生をトピックに引きつけようとする意図がある。Ⓒ 発言の前半はトピックにつながる前提情報の要約で，後半はトピックの導入である。したがってまったく新しい議論に移るのではない。

パターンCheck 3 発言の意図・機能問題

引用された発言に込められた言外の意味や，講義の展開の中で果たす役割が問われる。発言が果たす役割としては，トピックや結論の導入，メインアイディアからサポートアイディアへの橋渡し，次のメインアイディアに移るきっかけ，例示，単なる脱線，ジョークなどさまざまなパターンが考えられる。脱線について問われることもある。ディスコースマーカーを手がかりとし，教授の発言がトピックや前後の発言とどのようにつながっているのかを意識しながら聞くとよい。判断に迷う場合，**LOGIC NOTE** からわかる講義の展開も参照しよう。

5

正解 Ⓒ　　　　　　　　　　　　　　　　　　　　　**7 情報統合**

木の成長期において、気候がアントシアニンに及ぼす影響と考えられているものはどれか。
- Ⓐ 高い湿度は、アントシアニンの生成を減少させる。
- Ⓑ ある特定の気温は、上質なアントシアニンの生成を助ける。
- Ⓒ 適度な降水量と気温は、葉により多くのアントシアニンを生成させる。
- Ⓓ 雨が降れば降るほど、葉はより多くのアントシアニンを生成する。

解説 Ⓒ いくつかの情報を統合して判断する。まず、It is considered that rainfall and temperatures during the growing season of trees are the major factors. These affect how much glucose leaves retain, and accordingly how much anthocyanin is produced when fall comes. より、アントシアニンの生成量は、成長期の降水量と気温に左右されることがわかる。さらに直後の Too much rain may cause diseases and pests 〜 以降から、適度な降水量と気温がブドウ糖の生成に必要であることがわかる。ブドウ糖が多く生成されれば、アントシアニンも多く生成されるので、これが正解。ⒶⒷ 湿度やアントシアニンの質については講義の中で述べられていない。Ⓓ 降水量が多すぎるとむしろ害になると述べられている。

6

正解 Yes（3）（4）　　　　　　　　　　　**+2 詳細 〜Yes/No 問題〜**
　　　 No （1）（2）（5）

以下のそれぞれの項目が正しいか示しなさい。正しいボックスにチェックを入れなさい。
（1）紅葉と降雨の関係については完全に解明されている。
（2）教授は、成長期における極度に高い気温は葉が色を変化させるのを防げるという説に、疑問を抱いている。
（3）概して、科学者は多量のアントシアニンを生成するのに最適な環境は、晴れた秋の日の日中と冷え込む夜だということに同意している。
（4）教授は、アントシアニン生成に悪影響を及ぼす気象条件の例として曇り空と枯らし霜を挙げている。
（5）教授は講義の最後に紅葉を定義している。

解説 LOGIC NOTE の4段目を参照。(1)教授は scientists have various opinions 〜 と述べており、完全に解明されているとは言えないので、No。(2)後半で科学者たちのさまざまな見解について述べているが、教授はどの見解に対しても疑問を呈してはいないので、No。(3) scientists generally agree that bright, sunny fall days and cool nights are the perfect weather conditions 〜 と、Such conditions are what stimulate the most anthocyanin production より、Yes。(4)教授は降水量と気温の説明に続いて、曇り空と枯らし霜を色彩に悪影響を及ぼす要因として挙げているので、Yes。(5)教授は講義の最後に、紅葉の色彩が毎年変化する要因は気候であると結論づけているが、紅葉自体の定義はしていないので、No。

【スクリプト】
Listen to part of a lecture in a botany class.

Professor: Have you ever wondered why the autumn foliage of one year looks radically different from another year? ₁ I'd like to examine today how weather causes the color of autumn foliage to vary from year to year. ₂ We know that seasons are constants —— that's to say they occur each year without fail —— which rules them out as the variable that causes the difference in autumn leaf coloration from one year to the next. So, how exactly does weather affect fall foliage? In order to recognize the weather's effect on this scenario, we need to understand why leaves change color in the first place.

OK, let me explain about a chemical called chlorophyll since it is one of the key players in autumn leaf coloration. Chlorophyll is responsible for the green color in leaves and is considered an essential agent in photosynthesis. ₃ In the process of photosynthesis, you know, chlorophyll captures solar rays and uses the solar energy to produce another key player called glucose. Glucose is a simple sugar and is an important energy source in living organisms, as you may know. During the growing season in summer, glucose is produced through photosynthesis and gradually accumulates in leaves, which leads to the important stage of autumn leaf coloration, anthocyanin production. Anthocyanins are the main players in autumn leaf coloration since they are the source of the red color of fall foliage. ₃ Anthocyanins are chemicals which are produced by glucose only during autumn. So, let me draw your attention to this. As you may have noticed, the amount of anthocyanins produced during autumn actually depends on how much glucose is produced and trapped in the leaves during the growing season in summer. And the amount of glucose produced during the growing season is, needless to say, affected by the weather of that year. ₄ Simply put, anthocyanin production in leaves is the key to revealing what is most important in making fall leaves the color they are.

So you may want to know what effect weather has on anthocyanin production. ₅ It is considered that rainfall and temperatures during the growing season of trees are the major factors. These affect how much glucose leaves retain, and accordingly how much anthocyanin is produced when fall comes. Too much rain may cause diseases and pests that are detrimental to the leaf canopy, while not enough rain could mean fewer leaves and decreased glucose production. A growing season with favorable precipitation and temperatures usually drives trees to produce more leaves and results in an ideal autumn display.

In addition, ₆₋₍₁₎ scientists have various opinions as to the degree of influence summer heat and rainfall have on fall foliage. Some specialists have stated that less rainfall in the final stage of the growing season leads to the best color display, while others have suggested the complete opposite! ₆₋₍₂₎ Furthermore, some other experts say that excessively high temperatures during the growing season will delay the onset of leaf coloration as well as diminish it. Though their opinions differ concerning the influence of summer heat and rainfall, 6-(3) scientists generally agree that bright, sunny fall days and cool nights are the perfect weather conditions for producing the most beautiful color displays. This is because glucose is produced in abundance by the leaves during the day and it is trapped during the cool nights. 6-(3) Such conditions are what stimulate the most anthocyanin production which then leads to the most profuse and vivid red hues in autumn leaves. 6-(4) Besides rainfall and temperatures, there are some other weather-related factors such as overcast skies and a killing frost that have negative effects on fall foliage. 6-(5) As we've seen, weather is ultimately the variable that ensures the autumn leaf palette will change from year to year.

【全訳】
植物学の講義の一部を聞きなさい。

教授：ある年の紅葉が，他の年とは著しく異なる様相を見せるのはなぜだろうと思ったことはありますか。今日は，気候が紅葉の色合いを年によって変化させる仕組みを考えてみたいと思います。季節は定数，つまり，毎年必ずやってくるものなので，年による紅葉の色彩の違いを引き起こす変数としては除外します。では，気候はどのように紅葉に影響を与えるのでしょう。気候がこのシナリオに与える影響を知るためには，そもそも葉はなぜ色を変えるのかを先に理解しておく必要があります。

　　　はい，では，葉緑素と呼ばれる化学物質について説明しましょう。葉緑素は紅葉の中心的存在の1つなので。葉緑素は，葉の緑色のもとになっているもので，光合成の主要な作因と考えられています。光合成の過程において，ご存じの通り，葉緑素は太陽光線を吸収し，その太陽エネルギーを使って，ブドウ糖と呼ばれるまた別の中心的存在を作り出します。知っているかもしれませんが，ブドウ糖は単糖で，有機生物の重要なエネルギー源です。夏の成長期に，ブドウ糖は光合成を通して生成され，徐々に葉の中に蓄積されます。これが，紅葉の重要な段階であるアントシアニンの生成へとつながるのです。アントシアニンは，紅葉の主役です。なぜなら，紅葉の赤色の源だからです。アントシアニンはブドウ糖によって，秋にのみ生成される化学物質です。ここで注目してください。もう気づいているかもしれませんが，秋に生成されるアントシアニンの量は，実際のところ，夏の成長期の間にどれだけのブドウ糖が生成され，葉の中に蓄えられたかで決まるのです。そして，言うまでもありませんが，成長期に生成されるブドウ糖の量は，その年の気候の影響を受けます。4 つまり端的に言うと，葉の中のアントシアニンの生成が，秋の葉の色を作り出すのに最も重要なものを明らかにする鍵なのです。

　　　さて，皆さん，気候がアントシアニン生成にどのような影響を与えるか知りたいですよね。樹木の成長期の降雨と気温が，大きな要素であると考えられているんです。これらは，葉が貯えるブドウ糖の量や，それに応じて秋になってどれだけのアントシアニンが作られるかに影響を与えます。雨量が多すぎると林冠に悪影響を与える病気や害虫が発生しますが，雨量が足りなければ葉の数が少なくなり，ブドウ糖の生成も減少します。成長期に適度な

降水量と気温が保たれれば，樹木はたくさんの葉をつけることができ，その結果，理想的な紅葉となるのです。
　さらに科学者たちは，夏の暑さと雨量が紅葉に与える影響の度合いについて，さまざまな意見をもっています。成長期の最後の時期に降水量が少ないと紅葉が最も美しくなると言う専門家もいますが，それとは正反対のことを主張する専門家もいるんです！　また，他の専門家は，成長期において気温が異常に高すぎると，葉の色づきが乏しくなるだけでなく，紅葉の始まりが遅くなると言います。夏の暑さと雨量の影響に関してはさまざまな意見がありますが，よく晴れた秋の日中と冷え込む夜が，最も美しい紅葉を作り出す最適な気象条件であることについては，大方の科学者の意見が一致しています。これは，日中，葉によって大量にブドウ糖が作られ，気温の低い夜に蓄えられるからです。このような条件こそが，アントシアニンの生成を最も促進させ，あふれんばかりの，目の覚めるような紅葉の赤の色をもたらすのです。降水量と気温の他にも，気候に関連した他の要因がいくつかあります。例えば曇り空や枯らし霜などは紅葉に悪影響を与えます。以上からわかるように，気候こそ，紅葉の色彩を毎年必ず変化させる変数なのです。

Word & Phrase Check

☐ botany	植物学	☐ foliage	葉，群葉
☐ constant	不変なもの，定数	☐ variable	変数
☐ chlorophyll	葉緑素，クロロフィル	☐ agent	作因，媒介，作用物質
☐ photosynthesis	光合成	☐ glucose	グルコース，ブドウ糖
☐ simple sugar	単糖類	☐ anthocyanin	アントシアニン
☐ pest	害虫	☐ detrimental	有害な
☐ precipitation	降水，降水量	☐ hue	色合い
☐ overcast	雲で覆われた	☐ frost	霜

演習問題2

次の問題は，学生との質疑応答が入ったディスカッション形式ですが，取り組み方はレクチャー形式と変わりません。例題・演習問題1と同様に解答しましょう。

Listen to part of a lecture in a physics class. ● CD 1-51

Special Theory of Relativity

🖉 LOGIC NOTE

QUESTIONS

1 What is the main topic of the lecture?   ● CD 1-52

- Ⓐ A thought experiment on lightning bolts
- Ⓑ An explanation about Einstein's concept of time
- Ⓒ Albert Einstein's friendship with Michele Besso
- Ⓓ An unrevealed fact about Einstein's character

2 Why does the professor introduce an example of a train?   ● CD 1-53

- Ⓐ To make use of the students' existing knowledge about trains
- Ⓑ To lead the students to comprehending what Einstein proposed
- Ⓒ To offer the students a different approach to Einstein's assertion
- Ⓓ To draw a new conclusion for the concept of time

3 What does the professor state as a premise of the thought experiment?

● CD 1-54

- Ⓐ That an observer has to see the lightning from inside the moving train
- Ⓑ That lightning strikes two different points of the moving train
- Ⓒ That an observer must stand on the ground when he or she sees the lightning
- Ⓓ That the speed of light never changes regardless of an observer's position

4 Which of the following statements are correct interpretations of Einstein's theory? *Choose 2 answers.*   ● CD 1-55

- A The faster a train goes, the more difficult it is for people to perceive time properly.
- B The position of an observer can affect the concept of time.
- C Perception of time depends on an observer's physical condition.
- D Two events cannot be considered absolutely simultaneous.

5 *Listen again to part of the lecture. Then answer the question.*
   Why does the professor quote this : 🎧   ● CD 1-56

   Ⓐ To show his agreement with the science writer that Einstein's paper is too easy
   Ⓑ To condemn Einstein's assertion as too complicated to understand
   Ⓒ To encourage the students to improve their writing skills
   Ⓓ To criticize many scientists who needlessly make things complicated

6 What can be inferred from the lecture?   ● CD 1-57

   Ⓐ The professor had talked about Einstein in the previous lesson.
   Ⓑ The students struggle to understand the Theory of Relativity even after the professor's explanation.
   Ⓒ The professor believes a good paper is created through collaboration with others.
   Ⓓ One of the students wants to be able to write papers that explain significant ideas simply.

演習問題 2　解答解説　　　　　　　　　　　　　　　　　　　　　●物理学

キーワード　　特殊相対性理論　　　　　　　　　　　　スクリプト・全訳 ➡ p.108

📝 LOGIC NOTE

Besso, Einstein Special Theory of Relativity = concept of time × define	・Let's begin with a brief review... ・OK, let me ask you guys...
2 events　× simultaneous 　ex) moving train, light constant observer position 　　　　train → 　　A　　M　　B 　　☆↗　　　　↖☆ time = relative	・Could you be a little more... ・Let me explain by describing... ・But what about observers in different locations?
○ simple　× complex　Dennis → dream	・Don't you think this is...

❓ ANSWERS

1

正解　Ⓑ　　　　　　　　　　　　　　　　　　　　▶ 1 トピック

講義のメイントピックは何か。
- Ⓐ　稲妻についての思考実験
- Ⓑ　アインシュタインによる時間の概念についての説明
- Ⓒ　アルベルト・アインシュタインのミシェル・ベッソとの友情
- Ⓓ　アインシュタインの性格について明らかにされていない事実

解説　Ⓑ 教授は冒頭で，前回の授業の内容の確認として，アインシュタインが特殊相対性理論を発表した経緯について触れた後，学生との質疑応答を交えながら，アインシュタインの時間の概念について具体的に説明している。 Ⓐ 稲妻についての思考実験は，アインシュタインの主張をわかりやすく説明するための例として取り上げられているだけで，メイントピックとは言えない。 Ⓒ ベッソについては冒頭で導入として触れられているだけで，2人の友情がメイントピックではない。 Ⓓ アインシュタインの性格については触れられていない。

2

正解 Ⓑ　　　　　　　　　　　　　　　　　▶ 6　構成理解

教授が電車の例を示したのはなぜか。
- Ⓐ 学生の電車に関する既存知識を最大限に活かすため
- Ⓑ 学生にアインシュタインの主張を理解させるため
- Ⓒ 学生にアインシュタインの主張についての異なる見方を示すため
- Ⓓ 時間の概念について新しい結論を導くため

解説　Ⓑ アインシュタインの "Time cannot be absolutely defined, ～" という発言を引用した教授に対し、学生が Could you be a little more specific, Professor? と述べている。それに教授は Let me explain by describing the thought experiment Einstein used to clarify this point. It involves a moving train. と答えているので、学生の理解を助けるために電車の例を取り上げたことがわかる。Ⓐ Ⓒ 電車に関する学生の既存の知識や、アインシュタインの主張についての異なる見方に関しては言及されていない。Ⓓ 学生と教授のやりとりから、教授はアインシュタインの主張を具体的に説明しようとしているのであり、新しい結論を導こうとしているのではないとわかる。

3

正解 Ⓓ　　　　　　　　　　　　　　　　　▶ 2　詳細

教授は思考実験の前提として何を述べているか。
- Ⓐ 観察者は、動いている電車の中から雷を観察しなければならないということ
- Ⓑ 雷は動いている電車の2つの異なった地点に落ちるということ
- Ⓒ 観察者は、雷を観察する時に、地面に立たなければいけないということ
- Ⓓ 光の速度は観察者の場所に関わらず一定であるということ

解説　LOGIC NOTE の2段目を参照。Ⓓ 教授は、thought experiment の説明に入る前に、And remember that light travels at a constant speed at all times. と述べている。よって、観察者がどこにいても光の速度は一定であるということを前提に説明がなされるとわかる。Ⓐ Ⓒ 観察者のいる場所は、M地点、動く電車の中と、任意の想定により説明されており、特定の場所にいなければならないとは述べられていない。Ⓑ 雷は線路の土手に落ちると述べられているので、講義の内容と一致しない。

4

正解 ⒷⒹ　　　　　　　　　　　　　　　　▶ 2　詳細

次のうち、アインシュタインの理論の正しい解釈はどれか。2つ選びなさい。
- Ⓐ 電車が早く動くほど、人は時間を正確に認識するのが難しくなる。
- Ⓑ 観察者の位置は時間の概念に影響を与える。
- Ⓒ 時間の感じ方は観察者の体調に依存する。
- Ⓓ 2つの事象が完全に同時に起こっているとみなすことは不可能である。

解説 B 教授はアインシュタインの理論を例証する思考実験について説明し、学生の Depending on the position you are in, you perceive time differently. に対して In other words, the concept of time is relative to each observer's position. と結論づけている。D アインシュタインの思考実験から得られる結論部分で、この内容が述べられている。A C 電車の速度や、人の体調と時間の感じ方との関連性については述べられていない。

5

正解 D

講義の一部をもう一度聞いて、質問に答えなさい。（スクリプト・全訳の青下線部参照）
教授が次のように引用したのはなぜか。（　　参照）

- Ⓐ アインシュタインの論文が簡単すぎるということについて、科学作家に賛同していることを示すため
- Ⓑ アインシュタインの主張は、複雑すぎて理解できないと非難するため
- Ⓒ 学生に作文のスキルを改善するよう勧めるため
- Ⓓ 不必要に物事を複雑にする多くの科学者を批判するため

解説 D デニス・オーヴァーバイの引用文は、アインシュタインの論文の簡潔さを称賛するものである。引用部分と、引用の直後の発言 It's my dream that I will write a paper like that myself someday. から、教授はアインシュタインの簡潔さを模範と考え、不必要に物事を複雑にする科学者を批判していることが読み取れる。A 教授は、アインシュタインの論文が高校生にも読めるほど簡潔に書かれていると述べているが、簡単すぎるとは述べていない。B Don't you think this is a radical but very simple idea? より、教授はアインシュタインの主張が複雑だとは考えていないことがわかる。C 学生の作文のスキルについては、話題にされていない。

パターンCheck 4 話者の態度・意見問題

話者の感情・態度・意見などが問われる。言葉の裏側にある話者の意見や主張をつかむには、まずは話者の声に注目しよう。声のトーンや話し方から、疑問を感じている・納得しているといった気持ちや、冷静である・興奮しているといった状態を読み取ることができる。また、話している内容に対して確信を持って断言している、あるいは発言にあまり自信がないといったことも推測することができる。

また、このパターンでは講義の音声の一部が引用されるとは限らないので、リスニングの際には講義のトピックとそれに対する教授の立場を明確に把握することが非常に重要である。

6

正解 Ⓐ

> **5 推測**

講義で示唆されていることは何か。

- Ⓐ 教授は，前回の授業でアインシュタインについて話した。
- Ⓑ 学生たちは教授の説明を聞いた後でさえ，相対性理論を理解するのに苦労している。
- Ⓒ 教授は，よい論文は他の人たちとの共同作業によって作られると信じている。
- Ⓓ 学生の1人は，重要な考えを簡単に説明する論文を書けるようになりたいと思っている。

解説 Ⓐ 教授は冒頭で，前回の授業の復習から始めると述べ，アインシュタインの発見について学生に尋ねている。また，As you will recall や I hope you guys remember that. などの表現からも，すでにアイシュタインについて話したと推測できる。 Ⓑ 教授の説明を聞いた後，学生の1人は Oh, I see. You will then see ～ と答えている。別の学生も Amazing! Depending on the position you are in, you perceive time differently. と述べていることから，学生たちは説明をよく理解できたことが読み取れる。 Ⓒ 他人との共同作業で作られた論文がよいという言及はない。 Ⓓ このような論文が書けるようになりたいと述べたのは教授であり，学生ではない。

【スクリプト】
Listen to part of a lecture in a physics class.

Professor: ₆ Let's begin with a brief review of the last class before we go into today's topic. As you will recall, it was while he was talking to his best friend Michele Besso that Albert Einstein suddenly came up with the key to a problem which later helped him develop his Special Theory of Relativity. Only five weeks after he had this important conversation with his friend, he sent to *Annalen der Physik* his most famous paper, "On the Electrodynamics of Moving Bodies," in which he cited nobody's work, but wrote a simple acknowledgement at the end, which read "Let me note that my friend and colleague M. Besso steadfastly stood by me in my work on the problem discussed here, and that I am indebted to him for several valuable suggestions." ₆ I hope you guys remember that. ₁ OK, let me ask you guys, then, what did Einstein suddenly understand while he was talking to Besso?

Student 1: A totally new analysis of the concept of time.

P: Good. Adding to what Jessica just said, Einstein states, "Time cannot be absolutely defined, and there is an inseparable relation between time and signal velocity."

Student 2: ₂ Could you be a little more specific, Professor?

P: Sure, John. What Einstein is saying is that there are no two events that can be considered truly simultaneous. Let me explain by describing the thought experiment Einstein used to clarify this point. It involves a moving train. ₃ And remember that light travels at a constant speed at all times. Now, imagine that lightning bolts strike the embankment of a train track in two distant places, A and B, and that we want to say these two events happened simultaneously. How, I mean, under what circumstances do you think we can do that?

S1: Well, isn't it easy? We should just determine the exact times of the two events. If we find no time lag between them, then we can declare they are simultaneous. It's as simple as that.

P: I see what you mean. But, you're ignoring one important factor, Jessica —— the position of the observer. What you're saying would stand only if the observer was standing exactly halfway between A and B, and the light from each point reached the observer at the exact same time. So, yes, for that observer, it would seem that the two events occurred simultaneously. But what about observers in different locations? Remember I mentioned before that this thought experiment involves a moving train, which implies an observer on the train is in a different position from the one that we just talked about. OK, let's take a closer look. Suppose you are now on a train that is moving very fast. How, then, will you perceive these two events? Einstein used a drawing to illustrate the idea. A long train moving from left to right travels parallel to an embankment. The midpoint of the embankment is marked M, with point A to its left, and point B to its right. Imagine lightning strikes at points A and B simultaneously for the observer standing at the midpoint M. Imagine also that you are inside the train and pass the observer at exactly this moment. Notice that at this very instant, you'll be moving closer to point B as the light signals are traveling. That means you will be positioned slightly to the right by the time the light signals arrive. Now, what does that mean?

S2: Oh, I see. You will then see the light from point B before the light from point A, since you're moving closer to point B and away from point A.

P: Yes. ₄₋₍D₎ <u>That means the two events are not simultaneous for the observer on the train, even though they are perceived to be simultaneous from the viewpoint of the observer standing at point M. So two events cannot be considered as "absolutely" or "really" simultaneous!</u>

S1: Amazing! Depending on the position you are in, you perceive time differently.

P: ₄₋₍B₎ <u>In other words, the concept of time is relative to each observer's position.</u> From this, we can also say, "There is no absolute time." Don't you think this is a radical but very simple idea? In fact, Einstein's explanation in his paper "On the Electrodynamics of Moving Bodies" is so good that even high school students can read it. ₅ <u>As you probably know, there are so many scientists in the world who are good at making simple things seem unnecessarily complex, but Einstein was certainly not one of them. On this note, I want to quote what science writer Dennis Overbye wrote about this paper by Einstein. "The whole paper is a testament to the power of simple language to convey deep and powerfully disturbing ideas." It's my dream that I will write a paper like that myself someday.</u>

【全訳】
物理学の講義の一部を聞きなさい。

教授： 今日の話題に入る前に，ざっと前回の授業の復習から始めよう。覚えていると思うが，アルベルト・アインシュタインが，後に「特殊相対性理論」を打ち立てるのに役立つある問題の解決の鍵を突然思いついたのは，彼が親友であるミシェル・ベッソと話をしている最中だった。友人とこの重要な会話をしてからたった5週間後，彼は『物理学年報』に『動体の電気力学について』という彼の最も著名な論文を送った。その中で彼は誰の研究も引用しなかったが，最後に簡単な謝辞を記した。そこには「私の友人であり同僚でもあるM・ベッソが，この論文で議論された問題に関する私の研究においてしっかりと私を支えてくれたことと，彼のいくつかの貴重な示唆について，私が感謝をしていることを書き添えます」とあった。みんな覚えているといいんだが。では君たちに質問しよう。アインシュタインはベッソと話している間に，何を突然理解したのかな？

学生1： 時間の概念についての，まったく新しい分析です。

教授： よろしい。ジェシカが今言ったことに付け加えると，アインシュタインは「時間を絶対的に定義することはできず，時間と信号速度の間には密接な関係がある」と述べている。

学生2： 教授，もう少し具体的にお願いできますか。

教授： もちろん，ジョン。アインシュタインが言っているのは，まったく同時だと考えられる2つの事象は存在しないということだ。アインシュタインがこの点を解明するために使った思考実験を述べることで説明してみよう。動いている列車が関わってくるよ。そして，光はいつも一定の速度で進むことを覚えておいて。さあ，稲妻が線路の土手の離れたA地点とB地点に落ちるとしよう。そして，この2つの事象が同時に起きたと言いたいとしよう。どのように，つまり，どんな条件下で私たちはそのように言うことができると思うかな。

学生1： 簡単じゃないですか。私たちは，その2つの事象の正確な時間を測定すればいいだけです。それらの間に時間差が認められないなら，それらは同時に起きていると断言できます。そのくらい単純なことです。

教授： 君の言いたいことはわかる。でも君は重要な要因を1つ無視しているよ，ジェシカ。それは観察者の位置だ。君が言っていることは，観察者がA地点とB地点のまさに中間地点に立っていて，それぞれの地点からの光がまさに同時にその人のところへ到達する場合にのみ成り立つだろう。だから，そう，その観察者にとっては，2つの事象は同時に起きたように見えるだろう。でもね，別の地点にいる観察者についてはどうなるだろうか。　さっきこの思考実験に動いている列車が関わってくると言ったことを思い出して。それは，列車に乗っている観察者は，私たちがまさに今話した観察者とは違う位置にいることを示唆している。よし，もっと詳しく見てみよう。君たちは今，非常に速いスピードで走っている列車に乗っているとしよう。では，君たちにはこの2つの事象がどのように見えるだろうか。アインシュタインはこの考えを説明するために1枚のスケッチを使ったんだ。左から右へ移動している長い列車が，土手と平行に走っている。土手の中間地点はMと印をつけられ，その左にA地点，その右にB地点がある。雷が，中間地点Mに立っている観察者にとって，AとBに同時に落ちたとしよう。また，電車の中の

　　　　君たちは，ちょうどその瞬間に，その観察者を通り過ぎているとしよう。まさにこの瞬間，光信号が進んでいる間に，君たちはB地点へ近づいていることに気がつこう。それはつまり，君たちは光信号が到着するまでに，少し右へ位置が動いているということだ。さて，これは何を意味しているのか。

学生2： ああ，わかりました。そうすると，A地点からの光の前に，B地点からの光が見えます。というのは，B地点に近づきつつあり，A地点から離れつつあるからです。

教授： そう。それはつまり，M地点に立っている観察者の視点からは2つの事象が同時だと感じられても，列車に乗っている観察者にとっては，同時ではないということだ。だから，2つの事象は「絶対的に」，あるいは「真に」同時だとは考えられない。

学生1： すごい！　どこにいるかによって時間が異なって感じられるんですね。

教授： 言い換えれば，時間の概念はそれぞれの観察者の位置と相対的だということだ。ここから，私たちは「絶対的な時間というものは存在しない」と言うこともできる。これは突拍子もないけれど，とても単純な発想だと思わないかい？　事実，アインシュタインの論文『動体の電気力学について』の中での説明は，高校生でも読むことができるほどわかりやすいものだ。₅ <u>たぶん知っていると思うけれど，世界には，簡単なことをむやみに複雑に見せるのが得意な科学者も多いが，アインシュタインは間違いなくその類の人ではなかった。このことに関して，私は科学作家のデニス・オーヴァーバイがアインシュタインのこの論文について書いたことを引用したい。『論文全体が，奥深く，強烈に心をかき乱すような発想を伝えるシンプルな言葉の力を証明している。』</u> いつか自分でそのような論文を書くというのが私の夢なんだがね。

Word & Phrase Check

☐ physics	物理学	☐ special theory of relativity	特殊相対性理論
☐ moving body	運動体	☐ electrodynamics	電気力学
☐ acknowledgement	（著者が協力者に）謝意を述べる短い文	☐ steadfastly	しっかりと，断固として
☐ be indebted to ~	~に恩義を感じる	☐ velocity	速度
☐ simultaneous	同時に起こる	☐ thought experiment	思考実験（仮説に対して行う仮想の実験）
☐ constant	一定の，不変の	☐ parallel	平行して
☐ relative	相対的な	☐ absolute	絶対的な
☐ testament	証，証明するもの	☐ premise	前提
☐ interpretation	解釈		

スキルアップトレーニング　Part 2

　講義形式の例題・演習問題はいかがでしたか。専門的で長い音声を聞かなければならないため，会話形式とは異なる対策が必要です。以下を参考に演習を積みましょう。

（1）ディスコースマーカーに注目

　ディスコースマーカーは言葉の標識ですから，教授が何を伝えようとしているのか，講義がどのように進んでいくのかを把握する大きなヒントになります。
　ディスコースマーカーといえば，however や on the other hand などがよく知られていますが，教授の発言に注目すると，実にさまざまなディスコースマーカーを見つけることができます。以下に本書に出てくるものをいくつか紹介します。

＜話題提示・転換＞

Let me explain[introduce] ～．	～を説明［紹介］させてください。
Let's take a look at ～．	～を見てみましょう。
Let's move on to ～．	～の話に移りましょう。
going back to ～	～に話を戻すと
as you may have noticed	お気づきかもしれませんが
as you will recall	覚えていると思いますが

＜例示＞

Let's suppose ～．	～と想定してみましょう。
Imagine that ～．	～と想像してみてください。
specifically	具体的に言うと

＜言い換え＞

put another way / put differently	別の言い方をすれば
to make a long story short	かいつまんで言えば
simply put	簡単に言えば，簡潔にまとめると

＜結論＞

as we have seen	ここまで見てきたように
Now you know ～．	さて，～がわかったでしょう。

これらは，1つ1つ覚えるというよりは，スクリプトを音読する中で自然と身につけていくのが効果的です。そうすることで，スピーキングやライティングセクションで，自分が話したり書いたりする際の論理構成にも，大いに役立ちます。音読についてはp.40〜41を参考にしてください。

（2）語彙力・背景知識を身につけよう

　TOEFLのリスニングが難しいと言われているのは，スピードが速い，リスニングの時間が長いといったことに加え，講義の内容が専門的であるためです。設問に答えるための情報は講義の中できちんと説明されるとは言え，各分野の語彙や知識がある程度身についていないと，聞き取りに苦労することになります。

　例えば，講義の最初で画面とナレーションによって学問分野が示されますが，以下の単語を見たり聞いたりして，瞬時に理解できるでしょうか。それによって講義の心構えができるだけでも，その後の聞き取りが随分違います。

Anthropology	人類学	Astronomy	天文学
Biochemistry	生化学	Cosmology	宇宙論
Ethnology	民族学	Ecology	生態学
Geography	地理学	Geology	地質学
Physics	物理学	Philosophy	哲学
Psychology	心理学	Physiology	生理学

　語彙力や背景知識は，TOEFLの全セクションにおいて重要になってきます。別途単語集で語彙の対策をすることも効果的ですが，まずは登場したものを確実に覚えていくようにしましょう。「取り組んだ問題から学べるものを，すべて学び切る」という姿勢が大切です。本書では各問題の最後に Word & Phrase Check を設けていますので，語彙の習得に是非活用してください。

Listening 講義形式
集中トレーニング

ここからは，解答のエッセンスで学習した考え方を応用し，実戦力を身につけましょう。**LOGIC NOTE** の作成から設問への解答まで，本番同様に取り組みましょう。1問1問に，設問文を聞く時間を含んだ解答時間の目安が示されています。これを超えないように注意し，設問全体で4〜5分を目安としましょう。

問題 1

Questions 1 – 6

Listen to part of a lecture in a physical education class. 　　CD 1-58

YMCA

Now answer the questions.

1 What is the lecture mainly about? 　　30秒　CD 1-59

Ⓐ A complete history of basketball
Ⓑ Anecdotes about the life of James Naismith
Ⓒ The dawn of a popular sport
Ⓓ The spread of basketball in the U.S.

2 Why did Dr. Gulick ask his students to invent a new indoor sport? 　　50秒　CD 1-60

Ⓐ Students were inclined to get obese due to lack of exercise during the winter season.
Ⓑ He was swamped with administrative duties as a superintendent of a physical education department.
Ⓒ He stipulated that to invent a new indoor sport would be one of the requirements for his students to graduate.
Ⓓ There was no suitable sports for students to play inside the gymnasium in winter.

3 What were the conditions for the assignment that Dr. Gulick gave his students?
Choose 2 answers.

- A To allow many students to participate at once
- B To have two teams competing for points
- C To be similar to an existing sport
- D To involve plenty of physical effort

4 *Listen again to part of the lecture. Then answer the question.*
What does the professor imply when she says this:

- A She implies the name of the sport used to be "peach basket."
- B She thinks there is no use telling the students where the name of the new game comes from.
- C She assumes every student is familiar with the fact that the name of the new game is derived from its goal.
- D She makes fun of the idea which is to use two peach baskets as goals for the new game.

5 What does the professor say about the spread of basketball?

- A As basketball increased in popularity, the rules of the game gradually became simplified.
- B The school newspaper of the YMCA carried many critical articles about basketball to stop its nationwide spread.
- C It took several years for many schools to start introducing basketball into their classes.
- D Those students from other countries who studied at the YMCA contributed to the spread of the sport in their other countries.

6 What will the professor talk about next?

- A The reasons basketball spread quickly throughout the world
- B The process by which basketball developed from its original form
- C The life of the individual who created basketball
- D The history of basketball's inclusion as an Olympic sport

問題1 解答解説　　　　　　　　　　　　　　　●体育学

スクリプト・全訳➡p.119

キーワード　キリスト教青年会（Young Men's Christian Association）

✏ LOGIC NOTE

basketball, origin YMCA, Naismith	・I'd like to give you a lecture today…
invent Dr. Gulick gym ← winter × outdoors 　① many, at one time 　② physically challenging ・existed game, 2 teams, goal ・Duck 〜 : small rock → larger ・peach basket → name ・13 rules	・OK, let's get started. The person responsible for inventing… ・The reason for this was… ・Therefore, the game had to… ・He then decided to invent a new game based to some extent on…
YMCA : local, other countries, newspaper → quickly **spread** **Olympic**　Berlin, 1936 3 years, passed away	・It is said that… ・In my opinion, this can be… ・As you may know,…
how evolved	・Now that you know…

Questions 1 – 6

1

正解　Ⓒ　　　　　　　　　　　　　　　　　　　　　▶ 1 トピック

この講義は主に何についてか。
- Ⓐ　バスケットボール全史
- Ⓑ　ジェームズ・ネイスミスの生涯に関する逸話
- Ⓒ　人気スポーツの誕生
- Ⓓ　アメリカにおけるバスケットボールの普及

解説　Ⓒ　冒頭の教授の発言から，バスケットボールの起源が講義のトピックであるとわかる。またその直後に，バスケットボールはアメリカで最も有名かつ愛されているスポーツの１つ

であると述べられているので，これが正解。Ⓐ バスケットボールの歴史すべてが語られているわけではない。講義の最後に，続いて現在のバスケットボールに進化した過程を説明すると述べられている。Ⓑ 講義ではネイスミスについて述べられているが，彼の生涯の逸話は語られていない。Ⓓ 講義の後半で，バスケットボールの普及について述べられているが，メイントピックとは言えない。

2

正解 Ⓓ

> **2 詳細**

ギューリック博士が学生に新しい屋内スポーツを考案するよう求めたのはなぜか。
Ⓐ 冬の間，学生が運動不足で太る傾向にあったため。
Ⓑ ギューリック博士は，体育学部の最高責任者として管理業務で忙しかったため。
Ⓒ ギューリック博士は，新しい屋内スポーツの考案を，学生の卒業要件の1つとしたため。
Ⓓ 冬の間，学生が体育館で行うのに適したスポーツがなかったため。

解説 Ⓓ 序盤の教授の発言から，雪や凍えるような寒さのため，冬の間は屋外でスポーツができなかったことが，課題の背景にあることがわかる。よって，これが正解。Ⓐ 教授は，冬の間学生が運動できないとは話しているが，これが原因で太る傾向にあったとは述べていない。Ⓑ ギューリック博士が管理業務で忙しかったとは述べられていない。Ⓒ 新しい屋内スポーツの考案は課題として学生に出されたが，卒業要件であるとは述べられていない。

3

正解 ＡＤ

> **2 詳細**

ギューリック博士が学生に出した課題の条件は何か。2つ選びなさい。
Ａ 多くの学生が一度に行えること
Ｂ 2チームで点数を競うこと
Ｃ 既存のスポーツと似ていること
Ｄ 身体的な負荷が大きいこと

解説 LOGIC NOTE の2段目を参照。Ａ the game had to involve many students at one time より，これが正解。Ｄ 教授は，春の屋外スポーツシーズンまで学生の体力を最高の状態に保てるよう，体力的に challenging であることを条件に挙げているので，正しいといえる。Ｂ これは，ネイスミスの発案であって，教授が学生に出した課題の条件ではない。Ｃ 教授は，そのような条件は出していない。いくらか既存のゲームに根差したスポーツを作るというのは，ネイスミスの発想である。

4

正解 ⓒ　　　　　　　　　　　　　　　　▶ 4 話者の態度・意見

講義の一部をもう一度聞いて，質問に答えなさい。（スクリプト・全訳の青下線部参照）
教授が次のように述べているのはなぜか。（■■参照）

- Ⓐ 教授は，そのスポーツの名前が以前は「ピーチ・バスケット」だったと示唆している。
- Ⓑ 教授は，学生にその新しい競技の名前の由来を伝えるのは無駄なことだと思っている。
- Ⓒ 教授は，新しい競技の名前がそのゴールに由来することをすべての学生が知っていると推測している。
- Ⓓ 教授は，２つの桃のかごをその新しい競技のゴールに使うというアイディアを軽んじている。

解説　Ⓒ 教授は，新しい競技のゴールは桃のかごに決まったと説明した後，「言うまでもなく」それがゲームの名前の由来であると述べている。これは，新しい競技の名前がそのゴールであるバスケットに由来することに学生が気づいているという教授の推測に基づくものなので，これが正解となる。Ⓐ そのようなことは述べられていない。Ⓑ It goes without saying that ～（～は言うまでもない）を誤って解釈した選択肢。Ⓓ 教授は，このアイディアを軽んじてはいない。

5

正解 Ⓓ　　　　　　　　　　　　　　　　▶ 2 詳細

教授はバスケットボールの普及について，何と言っているか。

- Ⓐ バスケットボールは人気が上がるにつれて，ルールが徐々に単純化した。
- Ⓑ YMCA の学内新聞は，バスケットボールの全国的な普及に歯止めをかけるために，バスケットボールに関する批判的記事を多く載せた。
- Ⓒ バスケットボールが多くの学校の授業に取り入れられるまでに数年かかった。
- Ⓓ YMCA で勉強していた他国出身の学生たちは，自国でのバスケットボールの普及に貢献した。

解説　LOGIC NOTE の３段目を参照。Ⓓ 終盤の教授の発言から，他国出身の学生たちの存在が，国外におけるバスケットボール普及の１つの要因であると教授が考えていることがわかる。よって，これが正解となる。Ⓐ バスケットボールのルールが単純化したことは述べられていない。Ⓑ 教授の発言から，YMCA の新聞にバスケットボールのルールが掲載されたことにより，アメリカ国内でバスケットボールが広く普及したことがわかるので，講義の内容と一致しない。Ⓒ そのようなことは述べられていない。

6

正解 Ⓑ　　　　　　　　　　　　　　　　　　　　　　　　▶ 5　推測

教授は次に，何について話すか。

Ⓐ バスケットボールが急速に世界中に普及した理由
Ⓑ 元々の形からバスケットボールが進化した過程
Ⓒ バスケットボールを考案した人の人生
Ⓓ バスケットボールがオリンピック競技になった経緯

解説　Ⓑ 教授の最後の発言から，この後に，バスケットボールがネイスミスが考えた形から今日の形へどのように進化したかという点に話を進めることがわかるため，これが正解である。Ⓐ この内容については講義の中ですでに説明されている。ⒸⒹ バスケットボールはベルリンオリンピックでオリンピック競技となったこと，ネイスミスはその後に亡くなったことが講義の中ですでに述べられている。教授の最後の発言から，この後はゲームの進化についての話が展開されると推測できる。

【スクリプト】
Listen to part of a lecture in a physical education class.

Professor: Good day, class. Because the gym has been under construction since last week, ₁ I'd like to give you a lecture today on basketball. I'm not talking about the rules, which I'm sure you're already somewhat familiar with, but about how the game originated. OK, let's get started. The person responsible for inventing the sport, ₁ which is one of the most famous and beloved sports in the U.S., was a teacher by the name of James Naismith. Originally from Almonte, Canada, Naismith invented the game while he was a part-time P.E. instructor at the International YMCA Training School in Springfield, Massachusetts. Alongside his duties as an instructor, Naismith himself was taking a training course for teachers taught by Dr. Luther Gulick, the superintendent of a physical education department at the same school. Dr. Gulick gave his students an assignment which was to invent a game that could be played in the gym after the fall outdoor sports season. ₂ The reason for this was because the winter snow and freezing temperatures in many cities in North America, including Springfield, precluded many sports from being played outside. ₃₋₍A₎ Therefore, the game had to involve many students at one time, and ₃₋₍D₎ be physically challenging enough to keep the students in top physical condition until the beginning of the spring outdoor sports season.

　　Naismith started tackling the project with having his students play various forms of games such as tag and battle-ball in the gym, but to no avail. He then decided to invent a new game based to some extent on those that already existed. He thought having two teams and scoring points by making goals would motivate students and be fun for them, as was already the case in popular outdoor games such as football, soccer, and rugby. He also remembered a game he used to play as a child called Duck on a Rock. Has anyone ever played it before? The game requires excellent shooting skills because you have to hold a small rock in your hand, take aim at a large rock placed on an even larger rock and try to knock it down. OK, like this, a new game started slowly to form inside Naismith's head. Oh, and as for the ball of the game, Naismith thought a soccer ball would be good for it. Furthermore, he borrowed the concept of Jump Ball from rugby to put the ball into play, but decided that only one player from each team should vie for the ball. ₄ And what do you think he settled on for goals? Two peach baskets! It goes without saying that that's where the game got its name. Naismith then drew up 13 rules that would guarantee the safety of the players, keep them on their toes as athletes, and nurture sportsmanship.

It is said that his students weren't exactly enthusiastic when Naismith explained the rules to them, but their attitude changed quickly after the first toss-up. It was exciting for the players as well as the spectators who I think were fortunate to be able to witness the birth of a new sport. You can imagine how it must've been for them to watch a completely new game, right? As I mentioned earlier, all this was happening at the International YMCA Training School, and the students there introduced the game to their local YMCAs when they went home during the holidays. And the rules of the game were published in YMCA newspapers throughout North America, which contributed to the spread of the game in the U.S. ₅ Speaking of which, students at the school were not only from around the U.S. and Canada, but other foreign countries as well, so they took the new sport back with them when they returned to their home countries. In my opinion, this can be one of the reasons why the game spread not only in the U.S. but also all over the world in such a short time.

As you may know, basketball was first recognized as an official Olympic sport at the Berlin Games in 1936. Naismith passed away three years after seeing basketball played as an Olympic sport.

Now that you know how basketball was invented, ₆ let's move on to how Naismith's version of the game evolved into the basketball of today.

【全訳】
体育学の講義の一部を聞きなさい。

教授：皆さん，こんにちは。先週から体育館が工事に入っているので，今日はバスケットボールについて話そうと思います。バスケットボールのルールではありません。ルールについてはもうある程度知っていると思いますから，このゲームがどのように生まれたのかについて話します。では始めましょう。アメリカにおいて最も有名で，誰からも愛されているスポーツの1つであるバスケットボールを考案したのは，ジェームズ・ネイスミスという先生です。ネイスミスはカナダのアルモンテ出身で，米国マサチューセッツ州のスプリングフィールドにある国際 YMCA 訓練校で非常勤の体育教師をしている時に，その競技を考案しました。教師としての職務と並行して，ネイスミス自身も，ルーサー・ギューリック博士による教師のための研修授業を受けていました。ルーサー・ギューリック博士というのは，同校の体育学部の最高責任者でした。ギューリック博士は学生たちに課題を与えましたが，それは秋の屋外スポーツシーズンの後，体育館でできるスポーツを作り上げることでした。これには理由があって，スプリングフィールドを含む北米の多くの町では，冬の雪や，凍えるような寒さのため，屋外でスポーツができなかったのです。そのため，その競技は多くの学生が一度に参加できて，春の屋外スポーツシーズンが始まるまで彼らの体力を最高の状態に保てるよう，身体的に負荷の大きなものでなければなりませんでした。

ネイスミスは，その研究課題に取り組み始めた頃，鬼ごっこやバトル・ボールなど体育館でさまざまなゲームを学生たちにさせましたが，すべて無駄に終わりました。彼はその後，既存の競技をある程度参考にしながら，新しい競技を考案することに決めました。2つのチームで，ゴールを入れて点を競えば，すでに人気のあるフットボールやサッカー，ラグビーなどの屋外競技のように学生たちはやる気を起こし，楽しめるだろうと考えたのです。彼はまた，子供の頃によく遊んでいたダック・オン・ア・ロックと呼ばれるゲームを思い出しました。遊んだことのある人はいますか。そのゲームには優れたシュートの技術が必要なのです。小さな石を手に持って，大きな石がさらに大きな石の上に置いてあるので，それを狙って打ち落とさなければならないのです。さて，このようにして，新しい競技がネイスミスの頭の中で徐々に形作られていきました。あ，それから競技のボールに関してですが，ネイスミスはサッカーボールがふさわしいと考えました。さらに，試合にボールを投入するためのジャンプ・ボールは，ラグビーからアイディアを拝借したのですが，各チームの1人ずつのみでボールを奪い合うことに決めました。₄それから，何をゴールにしたと思いますか。2つの桃のかごです！　言うまでもなく，これが競技の名前の由来です。その後ネイスミスは，選手の安全を確保し，彼らがアスリートとして気を引き締めてスポーツマン精神を育てられるように13条のルールを作りました。

ネイスミスがルールを説明した時，学生たちはあまり乗り気ではなかったそうですが，最初のトス・アップの直後，彼らの態度は変わったそうです。選手にとっても観客にとってもワクワクするものだったでしょう。この時の観客は新しいスポーツの誕生を目撃できて幸運だったと思います。まったく新しい競技を見るということが彼らにとってどういうことだったか想像できますよね？　先程も話しましたが，これらはすべて国際 YMCA 訓練校での話で，学生らは休暇で帰省した際，この競技を地元の YMCA に紹介しました。

また，競技のルールは YMCA の新聞で北米中に発表されました。そのおかげもあって競技は全米に広まったのです。ちなみに，ここの学生はアメリカやカナダ周辺だけではなく，他の国からも来ていたので，彼らは帰国する際にこの新しいスポーツを出身国に持ち帰りました。思うに，この競技が非常に短い間に，アメリカ国内だけでなく世界中にも広がった理由の1つは，そこにあるのでしょう。

　ご存じの通り，バスケットボールは 1936 年のベルリンオリンピックで，正式なオリンピック種目として初めて認められました。ネイスミスは，バスケットボールがオリンピック競技として行われた3年後に亡くなりました。

　さあ，これでバスケットボールがどのように考案されたのかわかったでしょうから，続いてネイスミス版のゲームが，今日のバスケットボールへとどのように進化したのかという話に移りましょう。

Word & Phrase Check			
☐ physical education	体育	☐ gym	体育館
☐ under construction	工事中で	☐ duty	職務
☐ superintendent	最高責任者	☐ preclude	～を不可能にする
☐ tackle	～に取り組む	☐ tag	鬼ごっこ
☐ to no avail	役に立たずに	☐ vie for ～	～を奪い合う
☐ keep ～ on one's toes	～の緊張感を保つ	☐ evolve	進化する
☐ be swamped with ～	～で忙殺される	☐ stipulate	～を規定する

留学生活をよりよいものに③
～本屋～

　無事に履修登録を済ませたら，次は授業で使う教科書を購入しなければなりません。教科書は，学内の本屋や講堂などで販売されていますが，分厚くて値段が高い教科書もあるため，オンラインで中古の教科書を探したり，大学の掲示板を通じて教科書を買ったりする学生も多くいます。教科書への愛着はあまりないようで，学期が終わると，多くの学生が教科書を本屋やオンライン上で売ってしまいます。中古品として売るために，教科書に書き込みをしないよう気をつけている学生もいるようです。

　学内の本屋には，教科書や一般書に加え，コンピュータや雑貨など，いろいろなものが置いてあり，1日中見ていても飽きないほどです。日本の大学でも，学校名の入ったグッズが売られていますが，アメリカの大学は品揃えが豊富！　それぞれの大学に，マスコットやスクールカラーがあり，バリエーションも充実しています。Tシャツやブランケット，タオルはもちろん，ショットグラスやバインダーなどグッズの種類は実にさまざま。日本ではあまり見かけませんが，スクールオリジナルのTシャツやフードつきのトレーナー（アメリカでは hoodie と呼ばれることが多いようです）などを，キャンパス内で身につけている学生をたくさん見かけます。不思議なもので，そうしたスクールグッズを実際に身につけると，自分がその大学の一員であることを実感できるような気がします。お土産として友人や家族にプレゼントすると喜ばれるかもしれませんね。

問題 2

Questions **1** – **6**

Listen to part of a lecture in a medical science class.　　　CD 2-01

dementia

Alzheimer's disease

cerebrovascular dementia

Now answer the questions.

1 What is the lecture mainly about?　　　30 秒　CD 2-02

- Ⓐ The illness that is characterized by impairment of intellectual function
- Ⓑ Cognitive dysfunction that is caused by progression of aging
- Ⓒ Medical treatment of the deterioration of cognitive function
- Ⓓ Characteristics and problems of an aging society

2 What does the professor refer to as the decisive difference between dementia and other kinds of cognitive dysfunction?　　50 秒　CD 2-03

- Ⓐ Whether a patient has difficulty in living everyday life
- Ⓑ Whether a patient is older than 65 or not
- Ⓒ Whether the entire brain is damaged or not
- Ⓓ Whether communication with others is possible or not

3 Which of the following statements is NOT given by the professor as a symptom that should be differentiated from dementia?

Ⓐ Intellectual disability
Ⓑ Depression
Ⓒ Disorientation
Ⓓ Decline of cognitive function

4 Which of the following statements is correct with regard to the two categories of dementia symptoms?

Ⓐ Core symptoms cause greater hindrance to social life than peripheral symptoms.
Ⓑ Memory dysfunction is one of the most important core symptoms for diagnosing dementia.
Ⓒ It is rare for a patient to have no peripheral symptoms.
Ⓓ One of the peripheral symptoms of dementia is difficulty in making plans.

5 What can be inferred about the two typical types of dementia?

Ⓐ None of them can be effectively prevented.
Ⓑ The process in which symptoms progress is about the same.
Ⓒ Both are more prevalent in women.
Ⓓ The main causes of onset are believed to be different.

6 Which of the following statements are true about the treatment of dementia?
Choose 2 answers.

Ⓐ Drugs for diabetes are effective for the treatment of a specific type of dementia.
Ⓑ No useful medication has been developed to cure cerebrovascular dementia so far.
Ⓒ In the treatment of Alzheimer's disease, treatment is withheld until the disease becomes stable.
Ⓓ Treatment of Alzheimer's disease aims to slow down the development of the disease.

問題2　解答解説　　　　　　　　　　　　　　　　　　　　　　　●医学

スクリプト・全訳 ➡ p.129

キーワード　　認知症　　アルツハイマー型認知症　　脳血管性認知症

📝 LOGIC NOTE

dementia 　decline, intellectual function 　　× memory, judge 　　× independent 　　⟷ × cognitive function 　increase with age	・Today, I'd like to talk to you about... ・What is particulary important is... ・Next, I'd like to introduce... ・At the same time, however,...
symptoms ① core — all 　・memory　× new 　・disorientation ② peripheral — none, multiple 　anxiety, depression...	・Let's move on... ・When it comes to core symptoms... ・As for peripheral symptoms ...
2 types 　　　**Alzheimer**　　　　**cerebrovascular** 　　　women, slow　　　　men, acute 　　　total, personality treat:　ドネペジル　　　antiplatelet agents 　　　delay, ○ early　　　高血圧, diabetes	・Now let's take a closer look at... ・First, Alzheimer's disease... ・Next, the two types also differ... ・There are also differences... ・What's more, another...

集中トレーニング｜講義｜問題 2

Questions 1 – 6

1

正解 Ⓐ　　　　　　　　　　　　　　　　　　　　　▶ 1　トピック

講義は主に何についてか。

- Ⓐ　知的機能障害を特徴とする病気
- Ⓑ　老化の進行によって起きる認知機能障害
- Ⓒ　認知機能低下の治療法
- Ⓓ　高齢化社会の特徴と問題点

解説　Ⓐ 教授は講義冒頭で，継続的な知的機能の低下と定義される認知症について話すと述べているため，これが正解と言える。　Ⓑ 教授は，認知症と区別しなければならない症状の 1 つとして，老化によって起きる認知機能障害を挙げている。講義のトピックは認知症だと冒頭で明確に述べられていることから，これはメイントピックではないとわかる。　Ⓒ 治療法については講義の最後に触れられているが，アルツハイマー型認知症と脳血管性認知症の違いの 1 つとして挙げられており，メイントピックとは言えない。　Ⓓ 高齢化社会の特徴や問題点は，講義の中で触れられていない。

2

正解 Ⓐ　　　　　　　　　　　　　　　　　　　　　▶ 2　詳細

教授は，認知症とその他の種類の認知機能障害の決定的な違いを何だと言及しているか。

- Ⓐ　患者が日常生活を送るのに支障をきたすかどうか
- Ⓑ　患者が 65 歳以上かどうか
- Ⓒ　脳全体が損傷を受けているかどうか
- Ⓓ　他者とのコミュニケーションが可能かどうか

解説　Ⓐ 導入部の発言 What is particularly important in defining dementia is ～ と，いくつかの症状を紹介した後の As I mentioned before, dementia leads to ～ から考える。自立した社会の一員として生活を営むこと，つまり日常生活を送ることに支障をきたすという点が，他の記憶障害との重要な違いであるとわかる。　Ⓑ 教授は認知症と診断される確率は年齢と共に上がると述べているが，認知症とその他の認知機能障害の違いを判断する際，年齢が基準とはならない。　ⒸⒹ 脳全体が損傷を受けているかどうか，他者とのコミュニケーションが可能かどうかについては，講義の中で述べられていない。

3

正解 Ⓒ　　　　　　　　　　　　　　　　　　　　　▶ 2　詳細

次のうち，教授が認知症と区別すべき症状として挙げたものと一致しないのはどれか。

- Ⓐ　知的障害
- Ⓑ　うつ病
- Ⓒ　見当識障害
- Ⓓ　認知機能の低下

解説 Ⓒ 教授は，認知症の症状について説明する際，誰にでも起こる認知症の中核症状として，時間や場所，人に関する認識がなくなる「見当識障害」を挙げているため，これが正解。
Ⓐ Ⓑ Ⓓ 教授は，認知症と区別すべき症状をいくつか紹介すると述べた上で，「知的障害」，「うつ病」，「認知機能の低下」を挙げている。よってこれらは当てはまらないと言える。

4

正解 Ⓑ　　　　　　　　　　　　　　　　　　　　　　　　　▶ 2 詳細

次のうち，認知症の症状の2つの分類について正しいのはどれか。
Ⓐ 中核症状は，周辺症状よりも社会生活に大きな支障をきたす。
Ⓑ 記憶障害は，認知症を診断する上で最も重要な中核症状である。
Ⓒ 患者に周辺症状がまったくないことはまれである。
Ⓓ 認知症の周辺症状の1つは，計画を立てることができないことである。

解説 Ⓑ 教授は，When it comes to core symptons, ～ の部分で認知症の診断に最も重要な中核症状として記憶障害を挙げており，講義の内容と一致する。 Ⓐ いずれかの症状がより大きな支障となるということは述べられていない。 Ⓒ 教授は，周辺症状をまったく発症しない患者もいると述べているため，不適切。 Ⓓ 教授は，計画を立てることができなくなるのは，中核症状の1つであると述べている。

5

正解 Ⓓ　　　　　　　　　　　　　　　　　　　　　　　　　▶ 5 推測

認知症の典型的な2つのタイプについて何が推測できるか。
Ⓐ どちらも効果的に予防することはできない。
Ⓑ 症状の進行の仕方はほとんど同じである。
Ⓒ どちらも女性の方がかかりやすい。
Ⓓ 発症の主な原因は異なると考えられている。

解説 Ⓓ 教授は脳血管性認知症の原因は脳梗塞であると述べ，それに応じた治療法を紹介している。さらに，教授の発言から，2つのタイプの認知症は，かかりやすい患者の性別，症状の特徴と進行具合などが異なっていることがわかる。アルツハイマー型認知症の原因ははっきりと述べられていないが，これらから，主な発症の原因が異なると推測できる。 Ⓐ 教授の発言から，抗血小板薬で血小板の凝集を抑え，脳梗塞の発症を防止することにより，脳血管性認知症の予防が可能であると述べられている。 Ⓑ 教授の発言より，症状の進行はまったく異なる。 Ⓒ アルツハイマー型認知症は女性に多いが，脳血管型認知症は男性に多いと述べられている。

6

正解 A D　　　　　　　　　　　　　　　　　　　　　▶ 2 詳細

次のうち，認知症の治療について正しいのはどれか。2つ選びなさい。
A 糖尿病の薬は，特定のタイプの認知症の治療に有効である。
B 今のところ，脳血管性認知症の治療に有効な薬は開発されていない。
C アルツハイマー型認知症の治療では，病気が安定するまで治療は控える。
D アルツハイマー型認知症の治療は，病気の進行を遅らせるのが目的である。

解説　LOGIC NOTE の3段目を参照。教授は講義の最後で治療方法について説明している。
A 糖尿病の治療にも用いられる薬が，脳血管性認知症の治療に有効だと述べられている。
D アルツハイマー型認知症には塩酸ドネペジルを用いるが，これは初期に処方することで進行を遅らせる効果があると述べている。B 教授は，脳血管性認知症には抗血小板薬の処方が有効だと述べている。C 教授は，薬の処方は初期段階で行うことが重要だと述べている。

【スクリプト】
Listen to part of a lecture in a medical science class.

Professor: ₁ Today, I'd like to talk to you about dementia. First of all, I want you to understand what dementia is. Dementia is defined as the continual decline of intellectual function that once developed normally. This decline is accompanied by several disabling symptoms such as memory dysfunction, deterioration of judgment, and disorientation, which lead to the sufferer having difficulty in living as an independent member of society. ₂ What is particularly important in defining dementia is this "difficulty in living as an independent member of society." Please make note of this.

Next, I'd like to introduce some conditions that should be differentiated from dementia. These include ₃-₍B₎ depression and ₃-₍D₎ the decline of cognitive function which accompanies aging, and ₃-₍A₎ intellectual disability which is inadequate mental development since birth. People especially tend to confuse dementia with the decline of cognitive function which accompanies aging. ₂ As I mentioned before, dementia leads to difficulty in living as an independent member of society, whereas for the most part, age-related memory dysfunction does not.

At the same time, however, statistics show that the chances of getting dementia increase with age. So, let's take a look at the percentage of the elderly who are diagnosed as having dementia. Approximately 1.5% of 65 to 69 year-olds, 3.6% of 70 to 74 year-olds, 7.1% of 75 to 79 year-olds, 14.6% of 80 to 84 year-olds, and 27.3% of those 85 or older become affected. From these kinds of statistics, we can predict that the percentage of elderly people who have dementia will increase if the aging of society continues.

Let's move on and examine the symptoms of dementia, then. These symptoms are divided into two categories: core symptoms, which are shared by all those who suffer from dementia, and peripheral symptoms, which vary from sufferer to sufferer. ₄ When it comes to core symptoms, memory dysfunction is extremely important in diagnosing dementia. Even though memory dysfunction occurs, old memories tend to be retained. On the other hand, the ability to remember new experiences tends to decline. Conditions like these would include, for example, forgetting that one had eaten, or who one had met. ₃₋₍c₎ Other than memory dysfunction, core symptoms encompass disorientation, which entails loss of awareness of time, place, and people, and deterioration of judgment, which includes conditions such as being unable to make plans and think abstractly. As for peripheral symptoms as opposed to core symptoms, they include anxiety, depression, excitability, wandering, insomnia, persecution mania, and delusions. Some may have none of these peripheral symptoms, whereas others may have multiple symptoms.

Now, let's take a closer look at two typical types of dementia: Alzheimer's disease and cerebrovascular dementia. You probably often hear these names. But, how do you think these two types differ from one another? First, the former is more prevalent in women, and the latter is more prevalent in men. Next, the two types also differ in the process in which dementia progresses. While the progression of Alzheimer's disease is slow and gradual, like climbing a slope, the onset of cerebrovascular dementia is acute and its progression is in spurts, like climbing stairs.

There are also differences between the two types in the characteristics of symptoms. Total dementia and personality disintegration can be observed in Alzheimer's disease. On the other hand, as can be seen in lacunar dementia, sufferers of cerebrovascular dementia may still hold on to some things they remember well but also have other memories or events they do not remember at all.

What's more, another difference can be found in the way these two types of dementia are treated. A drug called donepezil hydrochloride is currently being used to treat Alzheimer's disease. ₆₋₍D₎ This is because the drug is effective in delaying the progression of Alzheimer dementia, and therefore it's important to administer this drug from the early stages of the disease. On the other hand, ₅ since the main cause of cerebrovascular dementia is cerebral infarction, ₆₋₍A₎ it is important to administer at an early stage drugs such as antiplatelet agents, which are used to treat high blood pressure and diabetes. This is considered effective in keeping blood platelets from clumping together which, in turn, will prevent another cerebral infarction and recurrence.

【全訳】
医学の講義の一部を聞きなさい。

教授： 今日は認知症についてお話ししましょう。まず，皆さんに認知症とは何かということを理解していただきたいと思います。認知症とは，かつては正常に発達した知的機能の継続的な低下と定義されます。この低下には，記憶障害，判断力の低下，見当識障害など，障害を引き起こす複数の症状が伴うので，認知症にかかった人は，自立した社会の一員として生活を営むことが難しくなります。認知症を定義する上で特に重要なのが，この「自立した社会の一員として生活することの難しさ」です。覚えておいてください。

　さて，次に認知症と区別すべき病態をいくつか紹介しましょう。これらの病態には，うつ病や加齢に伴う認知機能の低下，さらに，生まれつき精神の発達が不十分な知的障害などがあります。特に，認知症は加齢に伴う認知機能の低下と混同される傾向にあります。先程も言った通り，認知症は自立した社会の一員として生活することに支障をきたしますが，年齢に関する記憶障害はほぼ支障をきたしません。

　しかし同時に，認知症になる可能性は，高齢になるにつれて増加するという統計があります。では，認知症であると診断された高齢者の割合を見てみましょう。65歳から69歳では約1.5%，70歳から74歳では約3.6%，75歳から79歳では約7.1%，80歳から84歳では約14.6%，さらに，85歳以上になると約27.3%が認知症になっています。このような統計から，今後も高齢化が進めば，認知症になる高齢者の割合がさらに高くなることが予想できます。

　では続いて，認知症の症状を見てみましょう。認知症の症状は，認知症患者全員に共通して見られる中核症状と，患者によって異なる周辺症状の2つの種類に分けられます。中核症状の場合，認知症と診断する上で記憶障害が非常に重要です。記憶障害が起きても，古い記憶は保たれる傾向にあります。一方で，新しく経験したことを記憶する能力は低下する傾向にあります。このような症状としては，例えば，食事をしたことや誰に会ったのかを忘れてしまうことがあります。記憶障害の他には，時間や場所，人を認識できなくなる見当識障害や，計画を立てることや抽象的に考えることができなくなるなどの状態を含む判断力の低下も，中核症状に含まれます。中核症状に対して，周辺症状には不安，うつ病，興奮，徘徊，不眠，被害妄想，妄想などがあります。これらの周辺症状をまったく発症しない患者もいますし，複数発症する患者もいるのです。

　次に，認知症の2つの典型的なタイプについて詳しく見ていきましょう。アルツハイマー型認知症と，脳血管性認知症です。皆さんも名前はよく聞くと思いますが，両者はどのように異なると思いますか。まず，前者は女性に多く，後者は男性に多い傾向があります。次に，認知症が進行する過程においても2つのタイプは異なります。アルツハイマー型認知症は坂を上るようにゆるやかに少しずつ進行するのに対し，脳血管性認知症の発症は急性で，階段を上るように急激に進行していくのです。

　2つのタイプの間では症状の特徴にも違いが見られます。アルツハイマー型認知症では，全般性認知症や人格の崩壊が認められるのです。一方で，脳血管性認知症の患者はまだら認知症に見られるように，よく記憶していることがいくつかあっても，他の思い出や出来事はまったく覚えていないということがあるのです。

さらに，もう1つの違いは，これら2種類の認知症の治療法にあります。アルツハイマー型認知症の治療には現在，塩酸ドネペジルという薬が使われています。それは，この薬がアルツハイマー型認知症の進行を抑えるのに効果的だからです。そのため，病気の早期段階からこの薬を投与することが重要なのです。一方，脳血管性認知症は主に脳梗塞が原因となって引き起こされるため，高血圧や糖尿病の治療に使われる抗血小板薬などの薬を早期から投与することが大切です。この薬は，血小板の凝集を抑えるのにも効果的で，それにより脳梗塞の発症および再発を防止すると考えられているのです。

Word & Phrase Check

☐ disabling	障害を引き起こす	☐ dysfunction	機能障害
☐ deterioration	低下，悪化	☐ disorientation	見当識障害
☐ depression	うつ病	☐ cognitive function	認知機能
☐ intellectual disability	知的障害	☐ statistics	統計
☐ peripheral	周辺部の	☐ encompass	〜を含む
☐ entail	〜を伴う	☐ wandering	徘徊，放浪
☐ insomnia	不眠	☐ persecution mania	被害妄想
☐ cerebrovascular	脳血管の	☐ prevalent in 〜	〜に多い，蔓延している
☐ progression	進行	☐ onset	発症
☐ acute	急性の	☐ in spurts	猛烈に
☐ disintegration	崩壊	☐ lacunar dementia	まだら認知症
☐ donepezil hydrochloride	塩酸ドネペジル	☐ cerebral infarction	脳梗塞
☐ antiplatelet agents	抗血小板薬	☐ diabetes	糖尿病
☐ blood platelet	血小板	☐ clump	凝集する
☐ recurrence	再発		

Column 留学生活をよりよいものに④ 〜日常生活〜

　留学生活を充実させるのは、キャンパスで過ごす時間だけではありません。留学の限られた期間、海外生活を思いきり楽しみたいですよね。

　海外生活の不安要素の1つに、食事がよく挙げられます。自炊ができる人はよいのですが、そうでない人にとってはまさに死活問題！　定期試験やレポートの締め切りなどが重なり忙しくなると、ついついジャンクフードが多くなってしまっています。手軽に利用できるので便利ではありますが、栄養が偏ってしまうのもまた事実です。しかも、ジャンクフードばかりではやはり飽きてしまいますよね。イタリアンやメキシカン、チャイニーズなど、さまざまな種類のレストランやお店を試してみましょう。日本食が恋しくなってきた時は、日系のスーパーマーケットや日本食レストランに行ってみるのもよいですね。食事は生活の基礎となる部分ですので、栄養価の高いものをとるように心がけ、健康な体を維持して留学生活を乗り切りましょう。

　海外での生活にも慣れ、大学での勉強も軌道に乗ってくると、次第に時間に余裕が出てくるようになります。すると、外に出かけたり旅行に行ったりしたくなるのですが、当然のことながらお金がかかります。ただでさえ授業料や生活費に多くの費用がかかっているのに、遊びに行くお金までは…という人もいるかもしれません。しかし、せっかくの留学の機会ですから、思いきって考え方を変えてみてもよいかもしれません。海外の文化に直接触れ、自らの視野を広げることは非常に大切です。そしてそのためにはやはり、外に出て行かなければなりません！

　そこでおすすめなのが、アルバイトです。留学先の国の制度や保有しているビザの種類にもよりますが、キャンパス内でのアルバイトは許可されているケースが多いです。本業である勉強との両立を考えると、それほど多くのお金を稼ぐことはできませんが、息抜きをするのに十分な金額は貯めることができるでしょう。そして、お金のこと以上に、英語を使って働いたという経験は大きな自信につながるので、就職活動の時などのアピールポイントにもなります！　いろいろなことにチャレンジして、留学生活をより充実したものにしてください。

問題 3

Questions **1** – **6**

Listen to part of a lecture in a biology class. 　　　　　　　　　　　　● CD 2-08

duplication

proofreading

mutation

Now answer the questions.

1 What does the professor mainly talk about?　　　⧖ 30 秒　● CD 2-09

- Ⓐ Basic functions of DNA in the formation of cell tissue
- Ⓑ State-of-the-art medical technology that entails no risk factors
- Ⓒ The characteristic symptoms of gene-related diseases
- Ⓓ A promising treatment method that is still developing

2 Which of the following is correct about DNA mutation and gene therapy?

⧖ 50 秒　● CD 2-10

- Ⓐ Gene therapy is effective in restoring lost functions and stopping the progression of disease.
- Ⓑ If there is mutation in the DNA, in most cases the symptoms include dizziness and headaches.
- Ⓒ Gene therapy is a treatment method that restores mutated DNA to its normal state.
- Ⓓ Sickle cells formed by DNA mutation are smaller than normal red blood cells.

3 Which of the following does the professor NOT mention as specific types of gene therapy?　　　⧖ 50 秒　● CD 2-11

- Ⓐ Eliminating a certain portion of DNA
- Ⓑ Transcribing genetic information in DNA
- Ⓒ Putting normal genes into a cell and activating them
- Ⓓ Connecting a particular gene sequence to an abnormal one

4 What are the two possible risk factors involved in the gene therapy that the professor introduces? *Choose 2 answers.*

- A Viruses used as a vector might go back to a pathogenic state.
- B Viruses used as a vector must be cold viruses.
- C Genes used for therapy might strengthen the growth of abnormal genes.
- D Genes used for therapy might adversely affect cells and organs when misplaced.

5 What opinion does the professor have regarding gene therapy?

- Ⓐ Treatments still in the development stage will likely be put to practical use in a few years.
- Ⓑ In undertaking treatment, one should consider the effectiveness and side effects.
- Ⓒ There are enough data prepared to avoid the risks associated with gene therapy.
- Ⓓ Ethical issues involving gene therapy should be resolved as soon as possible.

6 Which is true about the structure of the lecture?

- Ⓐ The professor is discussing which gene therapy method is safest by explaining the risks.
- Ⓑ The professor mainly describes the therapy methods that he is involved in researching.
- Ⓒ The professor illustrates the workings of DNA so as to clearly explain gene therapy.
- Ⓓ The professor structures the lecture to dispel myths about gene therapy.

問題3　解答解説　　　　　　　　　　　　　　　　　　　　　　　　　●生物学

スクリプト・全訳➡p.139

キーワード　複製　校正　突然変異

LOGIC NOTE

gene therapy DNA: 2 roles 　　duplication (clone) → error → proofreading 　　→ fail → mutation = life-threatening 　　　　　　　　　　　　　　ex) stickle cell anemia	・One of those methods, which happens to be the topic... ・I'd like to begin by...
reverse, repair DNA × lost　○ stop 3 types　① place normal 　　　　　② bind sequences 　　　　　③ cut away	・So do you now understand what DNA does? ・At this point in time,...
risks 2 factors　① virus as vectors → pathogenic 　　　　　② into other cells → cancer still developmental ← data, ethical issues	・Lastly, I'd like to explain... ・OK, then, let me introduce... ・As you might have noticed...

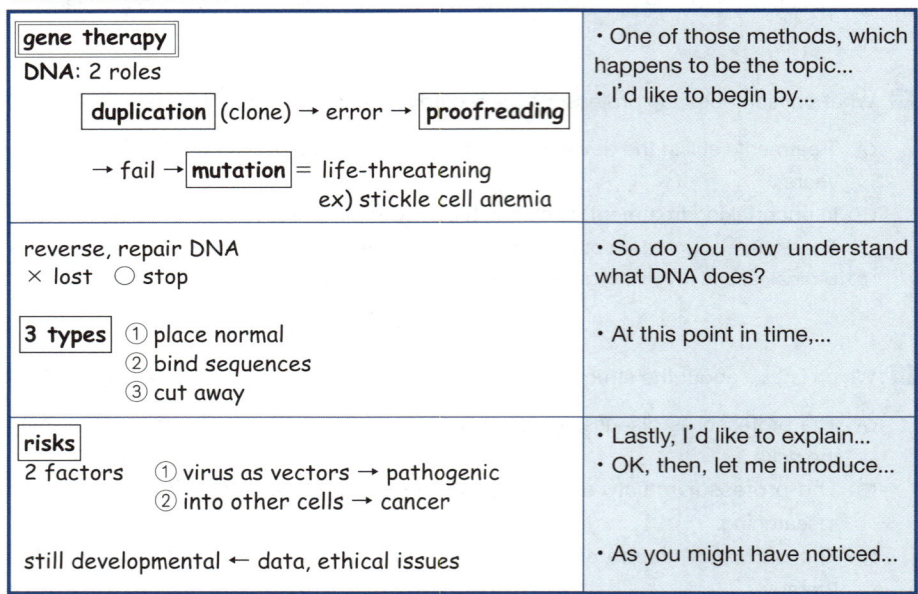

Questions 1 – 6

1

正解　Ⓓ　　　　　　　　　　　　　　　　　　　　　　　　　1　トピック

教授は何について主に話しているか。
Ⓐ　細胞組織の形成における DNA の基本的な役割
Ⓑ　リスク要因を伴わない最先端の医療技術
Ⓒ　遺伝子に関連する病気の特徴的な症状
Ⓓ　現在開発中の，将来有望な治療法

解説　Ⓓ 教授は講義の冒頭で，One of those method, which happens to be the topic of today's lecture, is gene therapy と述べている。さらに，この治療には期待が持てること，および，この方法は今なお開発段階にあることが講義中で述べられているため，これが正解である。Ⓐ Ⓑ 細胞組織の形成における DNA の役割や，リスク要因を伴わない最先端の医療技術については述べられていない。Ⓒ 教授は，遺伝子に突然変異が起きた時に生

じる病気の例として、鎌状赤血球貧血症を挙げ、その特徴的な症状に触れているが、講義のメイントピックとは言えない。

2

正解 Ⓒ　　　　　　　　　　　　　　　　　　　　　　　▶ 2　詳細

次のうち、DNA の突然変異と遺伝子治療について、正しいものはどれか。
- Ⓐ 遺伝子治療は失われた機能を回復し、病気の進行を止めるのに有効である。
- Ⓑ DNA に突然変異がある場合、たいてい、めまいや頭痛の症状が出る。
- Ⓒ 遺伝子治療は、突然変異が起きた DNA を正常な状態に回復する治療法である。
- Ⓓ DNA の突然変異によって作られた鎌状細胞は、正常な赤血球よりも小さい。

解説　Ⓒ 教授は DNA の働きについて説明した後、それを逆行して DNA を治療するのが遺伝子治療であると述べ、In other words, that means restoring the mutated DNA to its normal state. とまとめている。よって、これが正解。Ⓐ 教授は、遺伝子治療で失われた機能の回復はできないと述べている。Ⓑ 教授は、鎌状赤血球貧血症に特によくある症状としてめまいや頭痛を挙げているが、鎌状赤血球貧血症は突然変異の一例であり、たいていの場合とは言えない。Ⓓ 教授は、鎌状細胞はもろく、血液中で壊れて赤血球数の減少につながると述べているが、大きさについては触れていない。

3

正解 Ⓑ　　　　　　　　　　　　　　　　　　　　　　　▶ 2　詳細

次のうち、具体的な遺伝子治療として教授が挙げていないものはどれか。
- Ⓐ DNA の特定の部位を取り除く
- Ⓑ DNA の遺伝子情報を複写する
- Ⓒ 細胞内に正常な遺伝子を入れ、活性化させる
- Ⓓ 特定の遺伝子配列を異常のある配列に結合する

解説　Ⓑ 教授は、DNA の遺伝子情報を複写する治療法があるとは述べていない。Ⓐ 教授は、遺伝子治療の具体的な種類の3つ目にDNAの特定部位の切除を挙げている。Ⓒ 教授は1つ目に、突然変異が起きた遺伝子はそのままにして、正常な遺伝子を細胞に加えて働かせる方法を説明している。Ⓓ 教授は2つ目の方法として、特定の遺伝子配列と異常な遺伝子配列の結合により、遺伝子の異常な働きを止める方法を挙げている。

4

正解 A D　　　　　　　　　　　　　　　　　　　　　　　**▶ 2　詳細**

教授が紹介している，遺伝子治療に伴うと考えられる２つのリスク要因とは何か。
２つ選びなさい。

- A　ベクターとして用いられるウイルスは，病原性のある状態に戻るかもしれない。
- B　ベクターとして用いられるウイルスは，風邪のウイルスでなければならない。
- C　治療用遺伝子は，異常遺伝子の成長を強化するかもしれない。
- D　治療用遺伝子は，置き間違えられると，細胞や器官の機能に悪影響を与えるかもしれない。

解説　A 教授が，ベクターとして利用されたウイルスが病原性のある状態に戻ることがあると説明した，１つ目のリスク要因と一致する。D 教授は２つ目のリスク要因として，治療用遺伝子が対象外の細胞に導入された場合，細胞や器官への悪影響やガンになる可能性を挙げているため，これと一致する。B 教授は，ベクターとして用いられるウイルスの一例として風邪のウイルスを挙げており，風邪のウイルスでなければならないとは述べていない。C 治療用遺伝子が異常遺伝子の成長を強化するとは述べられていない。

5

正解 B　　　　　　　　　　　　　　　　　　　　　　**▶ 4　話者の態度・意見**

教授は，遺伝子治療に対してどんな意見を持っているか。

- A　現在開発段階にある治療法は，数年で実用化されるだろう。
- B　治療を行う際には，有効性と副作用を考慮しなければならない。
- C　遺伝子治療に付随するリスクを回避するための，十分なデータが準備されている。
- D　遺伝子治療に関する倫理問題は，早急に解決しなければならない。

解説　B 教授は，遺伝子治療の効果を説明するとともに，副作用のリスクを熟考する必要があると述べている。よってこれが正解である。A 教授は，講義の最後に，この治療法はまだ開発段階にあると話しているが，数年で実用化されるとは述べていない。C 遺伝子治療のリスクを回避するのに十分なデータが収集されたとは述べられていない。D 遺伝子治療の倫理問題が未解決である点には触れているが，解決を急ぐべきだとは述べていない。

6

正解 C　　　　　　　　　　　　　　　　　　　　　　　**▶ 6　構成理解**

講義の構成について正しいものはどれか。

- A　教授は，リスクを説明することで，どの遺伝子治療が最も安全なのか議論している。
- B　教授は，主に自らが研究に携わっている治療法について説明している。
- C　教授は，遺伝子治療をわかりやすく説明するため，DNAの働きを明らかにしている。
- D　教授は，遺伝子治療の神話を払拭できるように講義を組み立てている。

解説　LOGIC NOTE から読み取れる講義の展開も手がかりにしよう。 C 教授は，講義の初

めに，複製と校正というDNAの働きを挙げ，これらが遺伝子治療を理解するための鍵であるとして２つの働きについて説明している。よって，これが正解である。Ⓐ教授は，遺伝子治療のリスクやその要因については詳しく説明しているが，どの治療法が最も安全であるかについては話していない。Ⓑ教授自らがいずれかの治療法に関わっているという話はしていない。Ⓓそのような話はされていない。

【スクリプト】
Listen to part of a lecture in a biology class.

Professor: Rapid advances are being made in medicine in recent years, and there are now ways to treat diseases that were unheard of in the past. ₁ One of those methods, which happens to be the topic of today's lecture, is gene therapy.

As many of you may know, ₆ a gene consists of a long strand of DNA, and this DNA has many roles. I'd like to begin by explaining two of those roles, called duplication and proofreading, since they are the key to understanding gene therapy. As its name implies, duplication means that the exact same DNA is replicated; in other words, it produces a clone of itself. During the process of duplication, however, there is the possibility that information contained in the DNA could be erroneously passed on. In such cases, the DNA uses its proofreading ability to correct the wrong information.

Although DNA normally possesses this proofreading ability, there is the rare instance in which it fails. When this happens, there occurs a kind of change to the DNA, which is called a mutation. Small though the mutation may be, it could be life-threatening if it occurs in a location that is essential to sustain life. An example of this is sickle cell anemia. Because the sickle-shaped red blood cell is weak, it breaks down in the blood leading to a decrease in the number of red blood cells. Specific symptoms of this disease include dizziness and headaches.

So, do you now understand what DNA does? As I just explained, ₂ a mutation which has occurred to the DNA can cause disease in our bodies, but if we reversed the process and repaired the DNA, it would make us healthy, and that is just what gene therapy does. In other words, that means restoring the mutated DNA to its normal state. Although gene therapy is not considered suitable for restoring bodily functions that have already been lost, ₁ it is thought to be extremely effective in stopping the progression of the symptoms of disease, and there is much expectation for this therapy.

At this point in time, there are three specific types of gene therapy. ₃₋₍C₎ The first one entails leaving the mutated genes alone, but placing normal genes inside a cell and activating them. ₃₋₍D₎ The second type involves stopping gene abnormality by binding a specific gene sequence to the abnormal gene sequence. ₃₋₍A₎ The final type is a so-called gene operation, as it involves cutting away a particular portion of the DNA.

Lastly, I'd like to explain the risks involved in gene therapy. As a matter of fact, it is no simple task to manually place a gene inside a diseased cell from the outside. ₅ For this reason, it is necessary to weigh the risk of side effects during and after treatment. Is this sinking in?

OK, then, let me introduce two of some possible risk factors that are related to gene therapy. Viruses are used as vectors in gene therapy, and the effect of these viruses must be considered. Oh, by the way, a vector here is a virus used to transport genes in gene therapy. Just keep that in mind. Though remote, ₄₋₍A₎ there is the possibility that a virus used as a vector could return to a pathogenic state. However, viruses with weak pathogenic properties, like a cold virus, are usually used in gene therapy, so no serious consequences are foreseen in the event that the inherent pathogenic properties of a virus surface.

₄₋₍D₎ The second risk factor is the possible case in which genes meant for therapy are introduced into cells other than the ones they were meant to target. In such cases, there is the possibility that the function of those cells, and the organs to which they belong, would be adversely affected, or worse, that they would become cancerous. Genes used for therapy, however, are normal cells that carry out their innate function, so basically, the risk factor is thought to be low.

As you might have noticed, the risk factors I just mentioned today are considered unlikely to develop into serious problems. ₁ But at this point in time, gene therapy is still considered to be in the developmental stage, because sufficient data to make the therapy more effective has yet to be collected, and ethical issues involving this therapy have not been solved yet.

【全訳】
生物学の講義の一部を聞きなさい。

教授：近年の医療の進歩は目覚ましく，今ではこれまで聞かなかったような治療方法もあります。その1つが，今日の講義のトピックでもある，遺伝子治療です。

　皆さんの多くが知っている通り，遺伝子はDNAの長いらせん構造から成っていますが，このDNAには多くの働きがあります。それらの働きの中でも，複製と校正と呼ばれる2つについて説明することから始めたいと思います。遺伝子治療を理解する上で鍵となる働きですからね。複製とは，その名の通りまったく同じDNAが生み出されることを意味します。要するに，DNAが自身のクローンを作るのです。しかし，この複製の過程において，DNAに含まれる情報が間違って伝えられる可能性があるのです。このような場合には，DNAは校正という能力を使って，その間違って伝えられた情報を訂正します。

　DNAは通常，この校正能力を持ち合わせているのですが，ごくまれにその能力がうまく働かないことがあります。そうすると，DNAに突然変異と呼ばれるある種の変化が生じるのです。たとえ小さな突然変異であっても，それが生命維持に極めて重要な場所に起こると，生命が脅かされる可能性があります。このような例としては，鎌状赤血球貧血症が挙げられます。鎌状の赤血球はもろいため，血液中で壊れ，赤血球の数の減少につながるのです。この病気の具体的な症状としては，めまいや頭痛が挙げられます。

　さあ，これでDNAがどのように働くか理解できましたか。今説明したように，DNAに起きる突然変異は我々の体に病気を引き起こしますが，この過程を逆行させて，そのDNAを治療すれば健康になるでしょう。これが遺伝子治療なのです。要するに，突然変異が起きたDNAを正常な状態に戻すということです。遺伝子治療は，すでに失われた身体機能を回復することには適さないのですが，病状の進行を停止させるのには非常に有効であると考えられており，この治療法に大きな期待が寄せられています。

　現段階で，遺伝子治療には3つの具体的な種類があります。1つ目は，突然変異が起きた遺伝子はそのままにして，正常な遺伝子を細胞の中に加えて働かせる方法です。2つ目は，特定の遺伝子配列を異常な遺伝子配列に結合させることにより，遺伝子の異常な働きを止める方法です。最後は，DNAの特定の部位を切り取る方法で，いわば遺伝子の手術のようなものです。

　最後に，遺伝子治療に伴うリスクについて説明しておきましょう。実際，外部から疾患のある細胞へ人為的に遺伝子を入れるのは，簡単なことではありません。そのため，治療中と治療後の副作用のリスクを十分に考慮する必要があります。わかりますか。

　では，遺伝子治療に関連するリスク要因を2つ紹介しましょう。遺伝子治療では，ウイルスがベクターとして用いられるので，ウイルスの作用を考えなければなりません。ああ，ちなみに，ここでのベクターとは，遺伝子治療の際に遺伝子を運ぶのに用いられるウイルスのことです。覚えておいてくださいね。ごくまれではあるのですが，ベクターとして用いられたウイルスが本来の病原性を持つ状態に戻る可能性があります。しかし，遺伝子治療には，通常病原性が弱い風邪などのウイルスが使用されるので，ウイルスの本来の病原性が現れた場合でも，大事には至らないと考えられています。

　2つ目のリスク要因は，治療用遺伝子が治療対象でない細胞に導入されてしまうケース

が起こり得ることです。このような場合，こうした細胞や細胞が属する器官の機能に悪影響が生じたり，さらに悪い場合には，細胞や器官がガンになったりする可能性があります。しかし，治療用遺伝子には本来の機能を果たす正常な遺伝子を用いるので，基本的にはこのリスク要因は低いと考えられます。

　気づいたかもしれませんが，今日私が挙げたリスク要因はいずれも大きな問題には発展しないと考えられてはいます。しかし現在，治療をより効果的なものにするのに十分なデータはまだ収集されていないという点と，遺伝子治療に伴う倫理的な問題がまだ解決されていないという点から，遺伝子治療はまだ開発段階にあると考えられているのです。

Word & Phrase Check

☐ duplication	複製	☐ proofreading	校正
☐ replicate	〜を複製する	☐ erroneously	間違って
☐ mutation	突然変異	☐ sickle cell anemia	鎌状赤血球貧血症
☐ dizziness	めまい	☐ abnormality	異常
☐ gene sequence	遺伝子配列	☐ sink in	十分理解される，染み込む
☐ vector	遺伝子運搬因子，ベクター	☐ remote	とても起こりそうにない，かけ離れた
☐ pathogenic	病原性の	☐ property	性質
☐ inherent	本来の	☐ organ	器官
☐ adversely	悪く，不都合に	☐ cancerous	ガン性の
☐ innate	生来の	☐ dispel	〜を払拭する

Column 授業攻略法① 〜予習〜

　住居や食事など，生活面での不安も留学前にはあるかもしれませんが，やはり勉強面で不安を抱えている人は多いようです。「英語だけの授業についていけるのか」，「先生やクラスメートに意見を求められたらどうしよう…」など，いろいろと心配になりますよね。

　授業についていく最大の秘訣は，やはり「予習」です。教授は，毎回の授業でreading assignment を出すので，それらをしっかりと予習していけば，教授が何を言っているかさっぱりわからない，ということにはなりません。もちろん話がそれる時もありますが，基本的に教授は reading assignment の内容について講義やディスカッションを進めていきます。

　留学初期は特に，予習に膨大な時間がかかることを覚えておいてください。よく，単語を1語1語引いていては時間がないので，重要な単語だけ辞書を引くようにと言いますが，留学初期の段階では，どれが重要な単語でどれが重要でないかの判断がつかず，予習に時間がかかってしまうものです。それでも，予習を欠かさずに続けていくと，授業や教科書の中で頻繁に使われる単語や専門用語が次第にわかってくるようになります。すると，予習をしていても重要な箇所とそうでない箇所の判断ができるようになってくるので，より短時間で多くの予習をこなすことができるようになります。

　その分，レポートやプレゼンテーションなど，その他の課題にかける時間が多くはなるのですが…，まずは予習の習慣を身につけることからです！

問題 4

Questions **1** – **6**

Listen to part of a lecture in a linguistics class. 　　　　　　　　　　　　○ CD 2-15

pragmatics

implicature

quantity, quality, relation, manner

Now answer the questions.

1 What is the main topic of this lecture?　　　　　　　　　⌛ 30 秒　○ CD 2-16

- Ⓐ The decisive difference between semantics and pragmatics
- Ⓑ Analysis of a conversation between a husband and wife
- Ⓒ A field of linguistics that examines utterances in relation to their context
- Ⓓ Rules that speakers are expected to follow when having a conversation

2 What is important for utterance interpretation in pragmatics?　⌛ 50 秒　○ CD 2-17

- Ⓐ A good relationship between a speaker and listener as that of the couple in the example
- Ⓑ The listener's ability to disregard the speaker's implied message
- Ⓒ A variety of information which is hidden behind the utterance
- Ⓓ A meaning of a linguistic expression taken out of context

3 Why does the professor refer to the code model?　　　　⌛ 50 秒　○ CD 2-18

- Ⓐ It is the most widely accepted model of how the listener interprets a message given by the speaker.
- Ⓑ An utterance can be encoded into digital information on the computer thanks to revolutionary technology.
- Ⓒ Grice is regarded as one of the strongest proponents of the code model.
- Ⓓ It can function as a stepping stone for the students in understanding Grice's theory.

4 Which of the following statements is correct about the "cooperative principle"?

　　Ⓐ The listener is expected to cooperate with the speaker because conversation is a cooperative effort.
　　Ⓑ An ambiguous utterance can still follow this principle through inferred meaning.
　　Ⓒ This principle means the speaker should not tell a lie.
　　Ⓓ In most utterances, the maxim of manner is the most important of the four maxims.

5 Which of the following statements is correct about the inferential model?

　　Ⓐ It was announced during a lecture at Harvard University in the late 1970s.
　　Ⓑ It was revolutionary, but some of the elements within it were ambiguous.
　　Ⓒ It was celebrated for its clear definition of the differences between semantics and pragmatics.
　　Ⓓ It was too ahead of its time to be accepted by the people of the era.

6 What will the professor probably talk about next?

　　Ⓐ Criticisms of Grice's code model
　　Ⓑ Examples of an utterance which violates the cooperative principles
　　Ⓒ How implicature is inferred in conversation
　　Ⓓ A further developed theory in the field of pragmatics

問題4 解答解説　　　　　　　　　　　　　　　　　　　　　　●言語学

スクリプト・全訳 ➡ p.149

キーワード　　語用論　　含意　　量，質，関連性，様態

📝 LOGIC NOTE

semantics ←→ pragmatics context　×　　　○	・I'd like to continue along those lines today ...
interpret 　ex) going to work 　　└ hidden meaning ← infer = implicature	・OK. So let's look more closely... ・In this way, the diverse information...
Grice code model → 1967　inferential model	・Like this, the study of utterance interpretation...
cooperative principle 4 maxims: quantity 　　　　　quality - truth 　　　　　relation 　　　　　manner - succinctly	・Grice further proposed the "cooperative principle"...
× definition　ex) relation → relevance theory 1970s	・However, there were problems with...

Questions 1 – 6

1

正解　Ⓒ　　　　　　　　　　　　　　　　　　　　▶ 1 トピック

この講義のメイントピックは何か。
- Ⓐ 意味論と語用論の決定的な違い
- Ⓑ 夫婦間のある会話についての分析
- **Ⓒ コンテクストと関連づけて，発話を分析する言語学のある分野**
- Ⓓ 会話の際，話し手が順守すると期待される原則

解説　Ⓒ　冒頭の教授の発言から，語用論が講義のトピックであることがわかる。また，その後の説明から，語用論はコンテクストを考慮して発話解釈を行うものだとわかる。よって，

これが正解。Ⓐ 講義の始めに意味論と語用論の相違点が述べられているが、語用論を説明するための比較であり、メイントピックではない。Ⓑ 夫婦の会話は、発話解釈の具体例にすぎない。Ⓓ 話し手が順守するよう期待される「協調の原則」は、グライスの理論の要素の1つであり、講義のメイントピックではない。

2

正解 Ⓒ 　　　　　　　　　　　　　　　　　　　　　　　　　▶ 2 詳細

語用論において発話解釈のために重要なのは何か。
- Ⓐ 例に挙げた夫婦のような、話し手と聞き手の間の良好な関係
- Ⓑ 話し手が暗示したメッセージを無視する聞き手の能力
- Ⓒ 発話の裏に隠されたさまざまな情報
- Ⓓ コンテクストから切り離された言語表現の意味

解説 Ⓒ 教授は夫婦の会話を例に、発話の解釈には表現そのものだけではなく発話に含まれているさまざまな情報が重要だと述べている。Ⓐ 教授は、話し手と聞き手の関係については触れていない。Ⓑ 発話解釈では、話し手の意図を把握することが重要であると述べられているので、講義の内容と一致しない。Ⓓ コンテクストを考慮せずに言語表現そのものの意味を取り扱うのは、語用論ではなく意味論においてである。

3

正解 Ⓓ 　　　　　　　　　　　　　　　　　　　　　　　　　▶ 6 構成理解

教授がコードモデルに言及しているのはなぜか。
- Ⓐ 聞き手が話し手によって与えられたメッセージをどのように解釈するかについて、最も広く容認されているモデルであるため。
- Ⓑ 革新的な技術のおかげで、発話をコンピュータ上でデジタル情報にコード化できるため。
- Ⓒ グライスが、コードモデルの強力な提唱者の1人だとみなされているため。
- Ⓓ コードモデルは、学生がグライスの理論を理解するための足がかりとなるため。

解説 Ⓓ 教授はグライスの理論以前に一般的に認められていたコードモデルに言及した後、このモデルと比較しながらグライスの推論モデルを紹介している。よって、教授は学生のグライスの理論についての理解を促す目的で、コードモデルに言及したと考えられる。Ⓐ コードモデルが広く受け入れられていたのは、グライスが1967年にハーバード大学で講義する以前のことであると述べられているため、不適切。Ⓑ 発話をコンピューターでコード化するという話は述べられていない。Ⓒ グライスはコードモデルに代わる推論モデルを提唱しているので、誤り。

4

正解　Ⓑ　　　　　　　　　　　　　　　　　　　　　　　　　2　詳細

次のうち，「協調の原理」について正しいのはどれか。
- Ⓐ　会話は協調的な活動なので，聞き手は話し手に協力することが求められる。
- Ⓑ　曖昧な発話でも，推測される意味を通じてこの原理に従うことがあり得る。
- Ⓒ　この原理は，話し手は嘘をついてはならないというものである。
- Ⓓ　ほとんどの発話において，様態の公理が4つの公理の中で最も重要である。

解説　Ⓑ 教授は，夫婦の会話を例に，一見曖昧な発話も「含意」によって正しく理解され得るため，協調の原理にのっとっていると述べている。 Ⓐ 協調の原理には量，質，関係性，様態の4つの公理があるが，いずれも話し手が守るべきものであり，聞き手が話し手に協力することは含まれていない。 Ⓒ 協調の原理の1つである質の公理のみについて述べた内容である。 Ⓓ 4つの公理の中で特にどの公理が重要かは述べられていない。

5

正解　Ⓑ　　　　　　　　　　　　　　　　　　　　　　　　　2　詳細

次のうち，推論モデルについて正しいものはどれか。
- Ⓐ　1970年代後半，ハーバード大学の講義で発表された。
- Ⓑ　革命的であったが，そのモデルの中のいくつかの要素は不明瞭であった。
- Ⓒ　意味論と語用論の違いを明確に定義していたため，称賛された。
- Ⓓ　当時の人々に受け入れられるには時代の先を行きすぎていた。

解説　Ⓑ 教授は，グライスの理論は革命的ではあったが，定義や説明が不十分であるなどの問題があり，特に関係性の公理では「関係のある」の定義が曖昧であったと述べている。 Ⓐ グライスが推論モデルを発表したハーバード大学での講義は1967年に行われており，1970年代後半は発展型と言われる「関係性理論」が出てきた時期である。 Ⓒ 意味論と語用論の違いは，講義の冒頭で教授が学生に説明したもので，推論モデルにおいて両者の違いが定義されたとは述べられていない。 Ⓓ 当時の人々の反応については述べられていない。

6

正解　Ⓓ　　　　　　　　　　　　　　　　　　　　　　　　　5　推測

教授は，次に何について話すと考えられるか。
- Ⓐ　グライスのコードモデルについての批判
- Ⓑ　協調の原理に反している発話の例
- Ⓒ　会話の中で含意がどのように推測されるかということ
- Ⓓ　語用論におけるさらに発展した理論

解説　Ⓓ 教授は，講義の最後でグライスの理論の発展型として関係性理論を紹介し，続いてこの理論を取り上げると述べている。 Ⓐ グライスが提唱したのはコードモデルではなく推論モデルである。 Ⓑ 協調の原理に反している発話の例について話すとは述べられていない。

ⓒ 会話の中で含意がどのように推測されるかについては，すでに講義の中で例を用いて説明されている。

【スクリプト】
Listen to part of a lecture in a linguistics class.

Professor: I talked about semantics during our last class. ₁ I'd like to continue along those lines today and cover pragmatics, which is also a branch of linguistics. As is the case with semantics, pragmatics is also a field of study dealing with the meaning of words. However, as I explained to you in my last lecture, you know, semantics does not take into consideration the context in which an expression is used but deals with the meaning of the linguistic expression itself. ₁ Pragmatics, on the other hand, takes the context in which a specific linguistic expression or an utterance is made, and deals with the mechanism of utterance interpretation. In other words, the decisive difference between the two fields is whether or not the context is taken into consideration.

 OK. So let's look more closely into utterance interpretation, an object of pragmatics. As a man is leaving his house, his wife asks him, "Are you going to work?" Let's say the man's answer to that question is: "Do you think I put on a suit and carry a briefcase to go to an amusement park?" It's obvious that this man is not asking his wife whether he is going to an amusement park, isn't it? That means, behind his utterance, there is a hidden intent, an implied meaning of "There is no place but work for a person wearing a suit and carrying a briefcase to go to." Therefore, the wife can understand without any problem whatsoever that her husband is going to work although the husband doesn't clearly state that he is "going to work." ₂ In this way, the diverse information contained in an utterance becomes important when interpreting the utterance. In the terminology of pragmatics, this is called "implicature." It means that in a conversation, the listener does not simply grasp the meaning of the expressions themselves, but infers the speaker's intended meaning by referring to the context of his words.

 Like this, the study of utterance interpretation is the central theme of pragmatics, and the pioneer who developed the pragmatics model is, you guessed it, H. P. Grice. Let me see... that would be, yes, in 1967. ₃ Grice unveiled a revolutionary theory when giving a lecture at Harvard. Until then, the "code model" was a generally accepted theory, in which the speaker encodes a thought in an utterance, and the listener decodes the speaker's thought content and reconstructs it. However, Grice suggested that the listener does not simply interpret and reconstruct the speaker's utterance, but instead he or she constructs a hypothesis of the speaker's transferred intent and infers what is thought to be the most appropriate intent. Grice named this the "inferential model." According to him, an utterance is something like a clue provided by the speaker so that it will be easier for the listener to construct a hypothesis about the speaker's intent.

Grice further proposed the "cooperative principle" as an element for advancing a conversation efficiently. This principle proposes that speakers are expected to comply with general rules when conversing because conversation is a cooperative effort. These general rules can be broken down into four maxims. They are the maxims of quantity, quality, relation, and manner. You can probably imagine what these four maxims mean, but let me explain them briefly. The maxim of quantity has to do with the amount of information contained in a conversation. To follow this maxim, speakers should not include more information than is necessary when having a conversation with others. The next one is the maxim of quality, which proposes that speakers speak the truth. As for the maxim of relation, this proposes that speakers should not talk about what is not relevant to the conversation. And finally, the maxim of manner states speakers avoid ambiguous utterances and speak succinctly.

What do you think about these maxims? Do you think you are always following them when conversing? Probably not, wouldn't you say? OK, let's think again about the couple I mentioned earlier. The wife asks, "Are you going to work?" to which the husband answers, "Do you think I put on a suit and carry a briefcase to go to an amusement park?" At first glance this would seem to go against the cooperative principle, particularly the maxim of manner, because the husband responds to his wife's question with a question. In other words, he doesn't seem to be giving his answer to the wife's question. In reality, however, we can say that this conversation is in line with the cooperative principle. The reason for this is that the wife infers the unspoken meaning included in the husband's utterance, right? ₄ Thanks to the implicature I talked about earlier, the seemingly ambiguous utterance made by the husband has an unspoken meaning and in fact, can be interpreted as answering "YES." Therefore, it still follows the cooperative principle.

₅ Points like these made Grice's inferential model a truly revolutionary one. However, there were problems with the cooperative principle and the four maxims, such as some not having clear definitions and sufficient explanation. Specifically, for example, the words "to have relation" in the maxim of relation are vague and ill-defined. With this difficult issue as background, the relevance theory was born in the late 1970s, the theory which could be reckoned as an evolved version of Grice's theory. ₆ OK, so let's continue on and examine the relevance theory.

【全訳】
言語学の講義の一部を聞きなさい。

教授：前回の授業では，意味論について話しました。今日はそれに引き続き，語用論を取り扱いたいと思います。語用論も同様に，言語学の1つの分野です。意味論と同じく，語用論は言葉の意味を取り扱う研究分野です。しかし，前回の授業で説明した通り，意味論では，表現が使用されるコンテクストを考慮せず，ある言語表現そのものの意味を取り扱います。一方，語用論では，ある言語表現，または発話がなされたコンテクストを考慮し，その発話解釈のメカニズムを取り扱います。つまり，2つの分野の決定的な違いは，コンテクストを考慮するか否かにあります。

　いいですね。では語用論の研究対象である，発話解釈についてより詳しく見ていきましょう。ある男性が家を出ようとすると，妻が彼に「仕事に行くの？」と聞きました。その質問に対する男性の答えが，「背広を着てかばんを持って，遊園地に行くと思うかい？」だったとしましょう。この男性が，自分が遊園地に行くかどうかを妻に聞いているのではない，ということは明らかですよね？　つまり，彼の発話の裏には，「背広を着てかばんを持っていれば，仕事以外に行くところはない」という隠された意図，暗示された意味があります。それゆえ，男性が明確に「仕事に行く」と言っていないにもかかわらず，妻は何の問題もなく，夫は仕事に行くのだと理解することができるのです。このように，発話を解釈する際には，その発話に含まれるさまざまな情報が重要になります。これを語用論の専門用語で，「含意」と言います。つまり，会話において，聞き手は単に表現そのものの意味を把握するのではなく，話し手の言葉のコンテクストを参考にし，話し手の意図した意味を推測するのです。

　このように，発話解釈の研究は語用論の中心課題で，その語用論モデルを開発した先駆者は，そう，H. P. グライスです。あれは確か，そう1967年ですね。ハーバード大学で講義をした際，グライスは革命的な理論を発表しました。それまでは，「コードモデル」というのが一般的に容認されていた理論で，それによると，話し手は発話内の考えをコード化して，聞き手はその話し手の思考内容を解読し，復元するということでした。しかしグライスは，聞き手は単に話し手の発話を解釈し復元するのではなく，話し手によって伝達された意図に対する仮説を立てて，最も適切な意図と思われるものを推測すると説きました。グライスはこれを「推論モデル」と名づけました。彼によれば，発話というものは，聞き手が話し手の意図について仮説を立てやすいように，話し手が提供した手がかりのようなものなのです。

　さらにグライスは，会話を効率的に進めるための要素として「協調の原理」を提唱しました。この原理は，会話のやり取りは協調的な活動であるため，話し手は会話の際に原則を順守することを期待されるというものです。この原則は4つの公理に分かれています。量の公理，質の公理，関連性の公理，そして様態の公理です。これら4つの公理の意味は大体想像がつくかもしれませんが，簡単に説明しましょう。量の公理は，会話に含まれる情報量に関係しています。この公理を守るためには，話し手は，他者と会話をする際に，必要以上の情報を盛り込むべきではありません。次に質の公理ですが，これは，話し手は真実を語れというものです。関連性の公理について，これは，話し手は会話に関係ないこ

とは話すなというものですね。最後に，様態の公理は，話し手は不明瞭な発話を避け，簡潔に話せというものです。

　これらの公理について皆さんはどう思いますか。会話をする際，これらを常に守っていると思いますか。おそらくそうでもないと思うのではないでしょうか。では，先程話した夫婦の例をもう一度考えてみましょう。妻は「仕事に行くの？」と問いかけ，夫は「背広を着てかばんを持って，遊園地に行くと思うかい？」と答えていますね。一見，これは協調の原理，特に様態の公理に反しているように思えるでしょう。夫が妻の質問に対して質問で答えているからです。つまり，夫は妻の質問に対して答えを述べているようには見えません。しかし，実は，この会話も協調の原理にのっとっているということができるのです。なぜかというと，妻は，夫の発話に含まれる言外の意味を推測していますよね。先程話した含意のおかげで，夫のこの一見曖昧な発話は，言外の意味を持ち，そして，実際には，YES と答えていると解釈できます。そのため，依然として協調の原理にのっとっているのです。

　こうした点において，グライスの推論モデルは実に革命的なものでした。しかし，協調の原理やその４つの公理には，明確に定義されていないものや説明不足のものがあるなどの問題点がありました。具体的に言うと，例えば，特に関係性の公理では「関係のある」という言葉に対する定義が曖昧ではっきりしていません。この問題点を背景に，1970年代後半には，グライスの理論の発展型とも考えられる理論，関連性理論が出てきます。では続いて，その関連性理論について見ていくことにしましょう。

Word & Phrase Check

☐ semantics	意味論	☐ pragmatics	語用論
☐ context	コンテクスト，文脈，（文中の言葉の）前後関係	☐ utterance	発話
☐ intent	意図	☐ whatsoever	少しの〜もない
☐ terminology	専門用語	☐ implicature	含意
☐ grasp	〜を把握する，理解する	☐ unveil	〜を明らかにする，発表する
☐ encode	〜をコード化する	☐ decode	〜を解読する
☐ reconstruct	〜を復元する	☐ hypothesis	仮説
☐ inferential	推論による	☐ principle	原理
☐ comply with 〜	〜を順守する	☐ maxim	公理
☐ ambiguous	多義的な，不明瞭な	☐ succinctly	簡潔に
☐ vague	曖昧な，漠然とした	☐ ill-defined	明確に定義されていない，はっきりしない
☐ be reckon as 〜	〜と考えられる，みなされる	☐ proponent	提案者，擁護者

Column 授業攻略法②　～ディスカッション～

　アメリカをはじめとする英語圏の大学と日本の大学の比較でよく挙げられるのが，「自分の意見を求められる」ということ。日本の大学で意見を求められないわけではありませんが，海外の大学において意見を求められることが多いのは事実です。その理由は，ディスカッションを通じて他者の意見を聞くことにより，自分の考えに誤りがあることに気づいたり，1つの物事への多角的なアプローチが可能になったりすると考えられているからです。

　ディスカッションは重要だと頭ではわかっていても，授業中に突然意見を求められると，なかなか自分の意見を言えなかったりします。"Well..., I agree." や "I think it's a good idea." くらいは言えても，他の学生たちが次から次へと意見を交す様子にますます萎縮してしまうなんてことも。確かに多くの学生が意見を活発に交わしはしますが，1つ注意しなければいけないことがあります。それは，必ずしもすべての学生の意見や発言が的を射ているわけではないということ。よく聞いてみると，すでに述べられたことだったり，まったく関係のないことだったりする場合もあるかもしれません。だから，というわけではありませんが，自分の意見や考えを述べるのに，失敗を恐れる必要はないのです！

　初めのうちは英語にも不安があるかもしれません。そういう場合は，「1回の授業につき，1回は発言しよう」と自分で決め，予習の段階で質問や意見を考えておくと，スムーズに発言ができます。そして，自分の意見はなるべく早めに言うというのもディスカッションを攻略する秘訣です。自分の意見に自信が持てず，発言しようか迷っていたら，別の学生がまったく同じ内容の発言をして，教授に Good point! と褒められている姿は見たくありませんよね。予め用意しておいた意見はなるべく早めに言ってしまう。そうすれば，気持ちも楽になって，その後の授業にも身が入るというものです。

問題 5

Questions **1** – **6**

Listen to part of a lecture in a biology class.　　　　　　　　　　　CD 2-22

`grizzly`

Now answer the questions.

1 What is the lecture mainly about?　　　　　　　　　　　30 秒　CD 2-23

 Ⓐ The professor's research on a subspecies of the brown bear family in California
 Ⓑ A biological comparison between grizzly bears in the U.S. and in Canada
 Ⓒ An ecological description of grizzly bears in the North American continent
 Ⓓ An effort to conserve grizzly bear's habitat

2 *Listen again to part of the lecture. Then answer the question.*
Why does the professor mention a car?　　　　　　　　1 分　CD 2-24

 Ⓐ To clearly convey the size of grizzly bears
 Ⓑ To show that grizzlies sometimes appear in cities
 Ⓒ To explain that grizzlies are being threatened by automobiles
 Ⓓ To emphasize a physical characteristic of grizzlies

3 What does the professor mention about grizzly bears' eating habits?

　　　　　　　　　　　　　　　　　　　　　　　　　　50 秒　CD 2-25

 Ⓐ Grizzly bears in North America are herbivorous through all seasons.
 Ⓑ Grizzly bears populating Canada and Alaska prefer food that contains fat.
 Ⓒ Grizzly bears in Northwest America feed on fish during summer.
 Ⓓ Grizzly bears in Canada and Alaska eat plants more than those in the northwestern U.S.

4 According to the lecture, which of the following statements is true?

Ⓐ Grizzly bears are unable to desist from urination during hibernation.
Ⓑ Male grizzly bears store foods in caves and crevices in order to prepare for hibernation.
Ⓒ Female grizzly bears deliver their babies during hibernation every two years.
Ⓓ Grizzly bears prefer to live at high altitudes during hibernation due to the temperature.

5 What can be inferred about the professor's opinion about grizzly bears?

Ⓐ Grizzly bears are endangered because they recently climb down mountains in search of food.
Ⓑ The actual situation that grizzly bears are confronted with needs to be investigated to preserve the species.
Ⓒ No more research on grizzly bears is needed since their ecology has already been completely revealed.
Ⓓ Human beings are regarded as a risk factor for the extinction of grizzly bears due to the disturbance they cause to grizzly bears' lives.

6 Indicate whether each statement below is correct. *Put a check (✓) in the correct boxes.*

	Yes	No
(1) Grizzly bears are believed to live for an average of 30 years.		
(2) The professor says that grizzly bears with their cubs often assault humans when they meet them by chance.		
(3) The number of grizzly bears living in the world is estimated to be 30,000 to 50,000.		
(4) The Kodiak grizzly is ranked as the largest among all carnivorous mammals.		
(5) Grizzly bears are at risk because there are no laws or regulations to protect them.		

問題5　解答解説　　　　　　　　　　　　　　　　　　　　　　　　　　●生物学

スクリプト・全訳 ➡ p.159

キーワード　　グリズリー

✏️ LOGIC NOTE

grizzly brown bear family	・The subject of today's lecture is...
physical 　400-1500 pounds, 24 /h, 25 years typical 　attack humans △	・I'd like to start out by talking about...
biogeographical 　habitat: western north → Canada, Alaska 　　　　　　30,000 - 50,000 　diet: コディアック, largest 　　　　plants & animals 　　　　Canada, Alaska: fish ＞ US: plants	・Now, let's examine their habitat... ・All right, let's move on to the grizzlies' substance.
hibernation 　den: high, protected 　birth biennially, recycle	・What do you think happens...
endangered 　safe haven ← laws 　　× killed by cars, trains ← human	・Now that you've become more familiar with grizzlies...

Questions 1 – 6

1

正解　Ⓒ　　　　　　　　　　　　　　　　　　　　　　　　▶ **1**　トピック

　この講義は主に何についてか。
　Ⓐ　カリフォルニアに生息するヒグマの亜種に関する教授の研究
　Ⓑ　アメリカとカナダに生息するグリズリーに関する生物学的な比較
　Ⓒ　北米大陸に生息するグリズリーの生態的な説明
　Ⓓ　グリズリーの生息地を保護する取り組み

解説　Ⓒ　冒頭の教授の発言から，グリズリーが講義のトピックであることがわかる。さらに，講義全体を通して北米大陸のグリズリーについて，体格や分布，食糧など主に生態について説明されているので，これが正解。Ⓐ　カリフォルニアのグリズリーは絶滅したと述べられ

156

ているので，当てはまらない。 Ⓑ 講義の中盤で，アメリカ北西部のグリズリーとカナダやアラスカのグリズリーの体格の違いに触れているが，メイントピックとは言えない。 Ⓓ 講義の最後にグリズリーの保護区域について述べているが，生息地を保護する取り組みについては述べていない。

2

正解 Ⓓ   **3 発言の意図・機能**

講義の一部をもう一度聞いて，質問に答えなさい。（スクリプト・全訳の青下線部参照）
教授が自動車について述べたのはなぜか。
- Ⓐ グリズリーの大きさを明確に伝えるため
- Ⓑ グリズリーが時々都市に現れることを示すため
- Ⓒ グリズリーが自動車の危険にさらされていることを説明するため
- Ⓓ グリズリーの身体的特徴を強調するため

解説 Ⓓ 教授は，グリズリーは極めて機敏で時速 24 マイル以上の速さで走ることができると話し，その比較対象として as fast as a car in city traffic と述べている。つまり，走るのが速いという特徴を強調するために自動車の速さと比較している。 Ⓐ グリズリーの体格について述べてはいるが，自動車との大きさの比較はされていない。 Ⓑ 都市に現れるとは述べられていない。 Ⓒ グリズリーが自動車や列車の危険にさらされているという話は講義の最後においてされているが，この部分の教授の発言の意図としては不適切。

3

正解 Ⓑ   **2 詳細**

教授はグリズリーの食習慣について何を挙げているか。
- Ⓐ 北アメリカのグリズリーは四季を通じて草食である。
- Ⓑ カナダとアラスカに生息するグリズリーは脂肪を含む食べ物を好む。
- Ⓒ アメリカ北西部のグリズリーは夏の間，魚を常食とする。
- Ⓓ カナダやアラスカにいるグリズリーは，アメリカ北西部のグリズリーよりも多く植物を食べる。

解説 Ⓑ diet に関する LOGIC NOTE を参照。教授の発言 The Canadian and Alaskan grizzly usually feasts on fish ~ から，カナダとアラスカに生息するグリズリーは脂肪を含む魚を主食としていることがわかる。 Ⓐ 教授はグリズリーが雑食であると述べているので，講義の内容と一致しない。 Ⓒ アメリカ北西部のグリズリーは，げっし類や植物を主に食べると述べられている。 Ⓓ 先の説明より，カナダやアラスカに生息するグリズリーは魚を主食とし，アメリカ北西部に生息するグリズリーは植物を主食としていることがわかるため，この説明は逆である。

4

正解 Ⓒ   ▶ 2 詳細

講義によれば，次のうち，正しいものはどれか。
Ⓐ グリズリーは冬眠している間，排尿を我慢することができない。
Ⓑ オスのグリズリーは冬眠に備えるため，食糧を洞穴や岩の割れ目に蓄える。
Ⓒ メスのグリズリーは2年ごとに，冬眠している間に出産する。
Ⓓ グリズリーは冬眠している間，気温を理由に高地に住むことを好む。

解説 Ⓒ What do you think happens during hibernation, then? 以降に注目。教授の発言 it is during this winter hibernation that female grizzlies give birth ～ と一致するため，正しい。biennially は「2年ごとに」という意味。Ⓐ 教授の発言から，グリズリーは，冬眠中は排尿しなくなることがわかるので，講義の内容と一致しない。Ⓑ オスのグリズリーが洞穴などに食糧を保存するとは述べられていない。Ⓓ グリズリーが隠れ家として標高の高い場所を好むのは，他の肉食動物から身を守るためであると述べられており，気温については触れられていない。

5

正解 Ⓓ   ▶ 4 話者の態度・意見

グリズリーに対し，教授はどのような意見を持っていると推測できるか。
Ⓐ グリズリーは，最近食糧を求めて山を下りてくるため，絶滅の危機に瀕している。
Ⓑ グリズリーを保護するためには，彼らが直面している現状を調査する必要がある。
Ⓒ グリズリーの生態はすでに完全に明かされているので，これ以上研究の必要がない。
Ⓓ 人間はグリズリーの生活環境を害しているため，グリズリー絶滅の危険因子とみなされている。

解説 Ⓓ 講義の最後で，教授はグリズリーが絶滅の危機に瀕している状況を述べている。it's safe to claim that the greatest danger to the grizzly population is humans; ～ という最後の発言の内容と一致するため，これが正解となる。Ⓐ 教授は，グリズリーが絶滅の危機に瀕していると述べてはいるが，その原因が食糧を求めて山を下りてくることだとは述べていない。Ⓑ 講義の中で，グリズリーが直面する現状を調査すべきだとは述べられていない。Ⓒ グリズリーの生態がすでに完全に明かされているとは述べられていない。

6

正解 Yes （3）（4）   ▶ 2 詳細 ～Yes/No 問題～
　　　　 No （1）（2）（5）

以下のそれぞれの項目が正しいか示しなさい。正しいボックスにチェックを入れなさい。
（1）グリズリーの平均寿命は 30 歳だと考えられている。
（2）教授は，子連れのグリズリーは思いがけず出会った人間をよく襲撃すると言っている。
（3）世界に生息するグリズリーの数は 30,000 から 50,000 頭だと見られている。
（4）コディアック島のグリズリーは肉食哺乳類の中で最も大きいと格付けされている。

(5) グリズリーを保護するための法律や規制がまったくないため、グリズリーは危険な状態にある。

解説　(1) グリズリーは 30 歳まで生きることは可能であるが、平均寿命は 25 歳くらいであると述べられているため、No。(2) 子連れのグリズリーは思いがけず出会った人を襲うと言われていたが、実際は few and far between（とてもまれだ）と述べられていることから、No。(3) 生態に関する説明の内容と一致するので、Yes。(4) 食糧に関する説明の内容と一致するので、Yes。(5) 講義後半部で、グリズリーには国立公園に保護区域があり、法令により保護されていると述べられていることから、講義の内容と一致しないので、No。

【スクリプト】
Listen to part of a lecture in a biology class.

Professor: Hello, everyone. ₁ <u>The subject of today's lecture is the grizzly bear. I'd like to start out by talking about their physical and biogeographical characteristics.</u> The grizzly is considered to be part of the brown bear family. They are commonly brown in color though their fur is often grizzled with silver-colored tips, which is the origin of their name. ₂ <u>Grizzlies start their lives as cubs weighing around 14 ounces. And when they become adults, they weigh between 400 and 1,500 pounds. Interestingly enough, however, they are extremely agile and have been timed running at over 24 miles per hour. If you think about it, that makes them about as fast as a car in city traffic</u> — that's pretty amazing, wouldn't you say? By wintertime, however, a grizzly will gain up to 400 pounds of fat and become very sluggish. ₆₋₍₁₎ <u>When it comes to lifespan, they can live to be up to 30 years of age in the wild, but 25 years is more typical.</u> As far as behavior is concerned, these giants prefer to remain by themselves, but at feeding time they do gather together. They are nocturnal animals that hunt primarily at night. ₆₋₍₂₎ <u>Grizzlies have been known to attack humans, particularly if there is a surprise encounter between a human and a mother with her cubs. However, such incidences are few and far between.</u>

　Now, let's examine their habitat and life in the wild from a biogeographical perspective. ₁ <u>At one time the grizzly's territory consisted mainly of western North America, including California. Now grizzlies wander remote areas of Canada and Alaska.</u> In fact, almost all of the North American grizzly population roams there. ₆₋₍₃₎ <u>The total population is estimated to be between 30,000 and 50,000.</u>

　All right, let's move on to the grizzlies' sustenance. So what's their diet like? Although ₆₋₍₄₎ <u>the Kodiak grizzly is the largest meat-eating mammal in the world,</u> typically the grizzly diet consists of both plants and animals. They can be voracious predators of other large animals including deer, elk, moose, bison, and even black bears. ₃ <u>The Canadian and Alaskan grizzly usually feasts on fish such as bass,</u>

salmon, and trout, while the grizzly bears in the northwestern U.S. typically graze on grasses, roots, and tree bark, along with various rodents. Due mainly to the difference in the fat-content of its diet, the grizzly bears in Canada and Alaska are bigger than their American northwest counterparts. During the summer salmon spawning season in Alaska, dozens of them may congregate to gorge on the fish at this time, storing up fats that will sustain them through the long winter hibernation.

What do you think happens during hibernation, then? Though a grizzly's winter slumber isn't as deep as some other animals, they do take a considerable rest. How, then, do grizzlies go about choosing where to sleep through the winter? The grizzlies choose a "den" —— a hidden home mammals find for themselves in the wild —— at high elevation levels and in a protected spot like a cave, crevice, or hollow log, which are well protected from other predators. It is in this den that they like to spend the winter months sleeping, and ₄ it is during this winter hibernation that female grizzlies give birth biennially to one to four cubs, but often twins. Being able to desist from urination and partially recycle their body waste during hibernation is a fascinating aspect of the grizzly's body. It's also interesting that in some years when food is plentiful, the grizzly will not hibernate at all.

Now that you've become more familiar with grizzlies after taking a look at them from a physical, behavioral, and biogeographical perspective, I'd like to present them in a different light, which leads us to today's conclusion. Unfortunately, there are signs that the grizzly is endangered. As you may know, the grizzly is the California state animal and the California flag proudly shows the bear as a symbol of the state's wilderness. But ironically, the grizzly is extinct in that state. This implies that if the grizzly becomes extinct nationwide, America would lose one of its most valued national symbols of the wild. ₆₋₍₅₎ Although the grizzly is accorded safe haven in the national parks of North America and is protected by laws and regulations, the grizzly is not always out of harm's way in these parks. They are regularly killed by automobiles and trains as they scavenge in the national parks! Considering this point, ₅ it's safe to claim that the greatest danger to the grizzly population is humans; both by unrestricted road access and by human encroachment on their habitat.

集中トレーニング｜講義｜問題5

【全訳】
生物学の講義の一部を聞きなさい。

教授：皆さん，こんにちは。今日の講義のテーマはグリズリーです。まずは彼らの身体的特徴と生物地理学的特徴の話から始めたいと思います。グリズリーはヒグマの亜種と考えられています。グリズリーは，たいてい茶色をしていますが，毛皮はしばしば，その名の起源になった灰色で，毛先に銀色が混じっています。₂ グリズリーは体重14オンス程度の子熊として生まれます。そして大人になると，体重は400ポンドから1,500ポンドになります。しかし，大変興味深いことに，彼らは極めて機敏で，時速24マイル以上で走ることが記録されています。考えてみると，それは都市の道路を走る自動車と同じぐらいの速さですね。かなり驚くべきことだと思いませんか。しかし冬が来るまでに，グリズリーの体脂肪は最大400ポンドまで増え，動きがとても鈍くなります。寿命については，野生で30歳まで生きることができますが，標準的な寿命は25歳です。習性はと言うと，この大型動物は群れないことを好みますが，えさを食べる時には集団を形成します。彼らは主として夜間に狩りを行う夜行性の動物です。グリズリーは人間を襲うと考えられてきました。特に子連れの母グマが人間に突然出くわした場合です。しかし，このようなケースはとてもまれです。

では，生物地理学の観点から，彼らの生息地と野生での生活ぶりを見てみましょう。かつて，グリズリーの生息地は主に，カリフォルニアを含む北米西部にありました。今ではグリズリーはカナダやアラスカといった離れた地域でも歩き回っています。事実，北米種のグリズリーのほとんどすべてがそこで生息しています。全頭数は推定30,000頭から50,000頭とされています。

では，グリズリーの食べ物に話を進めましょう。彼らはどんなものを食糧にしているのでしょう。コディアック島のグリズリーは世界最大の肉食哺乳類ですが，グリズリーの食糧は一般的に，植物と動物の両方から成っています。彼らは，シカ，ヘラジカ，ムース，バイソンやクロクマをも含む大型動物を旺盛に食べる肉食動物でもあります。カナダとアラスカのグリズリーは通常，バスやサケ，マスのような魚を食べますが，アメリカ北西部のグリズリーは，さまざまな種類のげっし類の他，主に草や根，樹皮を食べます。食糧に含まれる脂肪分の違いが主な原因で，カナダやアラスカのグリズリーはアメリカ北西部のグリズリーよりも大きいのです。アラスカではサケが夏の産卵期を迎えている間に，何十頭ものグリズリーが魚を目いっぱい食べるために群れをなすこともあり，長い冬眠の間，体を維持するための脂肪を蓄えます。

では，冬眠中にはどんなことが起こると思いますか。グリズリーの冬の眠りは他の動物ほど深くはありませんが，彼らはたっぷりと休息を取ります。では，グリズリーはどうやって，冬の間の寝床を選ぶのでしょう。グリズリーは「デン」，つまり，哺乳類が原野に自力で見つける隠れ家を選びます。それは標高の高い位置にあり，洞穴や地面の割れ目，空洞のできた丸太のような隠れやすい場所で，他の肉食動物からうまく守られているところなのです。彼らはこの「デン」の中で冬期を寝て過ごすのを好みます。そしてメスのグリズリーは2年に一度，冬眠している間に1頭から4頭の子熊を出産します。多くの場合は双子です。冬眠の間，彼らが排尿をやめ，体の老廃物をある程度再利用できることは，グリズリーの体の非常に興味深い特徴です。また，食糧が豊富な年にはグリズリーがまったく冬眠し

ないというのもおもしろいですね。

　さて，身体，行動，生物地理学の観点からグリズリーを見て，皆さんは彼らについてより詳しくなったと思うので，違った角度から彼らを見て今日の結論へ進みたいと思います。残念ながら，グリズリーには絶滅の兆候があります。ご存じのように，グリズリーはカリフォルニア州のシンボルの動物であり，カリフォルニアの州旗には誇らしげに，州の大自然の象徴としてグリズリーが描かれています。しかし，皮肉なことに，グリズリーは州内では絶滅しているのです。これは，もし全米のグリズリーが絶滅してしまえば，アメリカは最も貴重な大自然の象徴を失うことを意味しています。グリズリーは北米の国立公園に保護区域を与えられており，法令で守られてはいますが，その公園の中においてグリズリーが常に安全というわけではありません。国立公園の中でえさをあさっている時に，自動車や列車に轢かれて死ぬことがよくあるんですよ！　このことを考えると，グリズリーの個体数に対する最大の脅威は，無節操に道路を作り，彼らの生息地に侵入する人間であると言えるでしょう。

Word & Phrase Check

☐ biogeographical	生物地理学的な	☐ grizzled	灰色の
☐ agile	機敏な	☐ sluggish	のろい，緩やかな
☐ nocturnal	夜行性の	☐ roam	歩き回る
☐ sustenance	食物	☐ mammal	哺乳類
☐ voracious	大食いの	☐ predator	肉食動物
☐ feast on ～	～を満喫する	☐ graze on ～	～を食べる
☐ rodent	げっし動物（ネズミ・リス・ビーバーなど）	☐ counterpart	よく似た物・人，同等物，対になるもの
☐ spawning season	産卵期	☐ congregate	集まる
☐ gorge on ～	～を貪り食う	☐ hibernation	冬眠
☐ crevice	（地面や岩の）裂け目	☐ hollow	（木の幹・岩などの）うろ
☐ biennially	2年ごとに	☐ desist from ～	～をやめる
☐ urination	排尿	☐ accord	～を与える
☐ safe haven	保護区域	☐ scavenge	～をあさる
☐ encroachment	侵入		

Column 授業攻略法③ 〜プレゼンテーション〜

　p.153 で取り上げたディスカッションと並び，英語圏の大学ではプレゼンテーションの機会が多く用意されています。授業の内容や規模によって，1人でやることもあれば，グループでやることもあったりと，その形式はさまざま。多くの場合，成績評価の一部に加えられるので，たとえグループの発表でも手を抜くことはできません。人前で話すことが好きな人や得意な人はよいのですが，やはり大勢の人の前で話をするのは緊張しますよね。

　プレゼンテーション攻略のポイントとは何でしょう？　それは普段の授業同様，予習です。つまり事前の準備ですね。プレゼンテーションが成功するか否かは，どれだけ入念に準備をすることができたかにかかっていると言っても過言ではありません。発表する内容について，クラスの誰よりも教科書を読み込んで，どんな質問をされても答えられるようにしておきましょう。その上で，どういう手順で伝えればよりよく理解してもらえるかを考えます。歴史的，文化的な背景を説明したり，発表テーマについての質問を投げかけたりと，方法はいくらでもあるので，目的にあったものを吟味して選びましょう。こうした事前の準備がしっかりできていれば，自分に自信がついて，発表への不安も薄れていきます。

　また，audience（聴衆）に見せる資料も大切です。パワーポイントや映像などを効果的に使うことで，audience の注意を引きつけることができ，プロフェッショナルな雰囲気を作り出すこともできます。しかし，これらはあくまでテクニックであって，発表するのはあなた自身であるということを忘れないでください。プレゼンテーションで大事なのは，audience を楽しませることです。そんな余裕はないという人にお勧めなのが，発表の冒頭で audience を「笑わせる」ということ。大爆笑を誘うようなジョークを言う必要はありません。最近の起きた出来事や共通の話題などを，初めの挨拶に一言つけ加えてみましょう。audience の中で，1人でも2人でも笑っている人を見ると，不思議とリラックスするものです。そうすれば，あとは準備してきたものを思いっきり披露するだけ！　audience と一緒に，限られた時間を素敵なものにしましょう。

問題 6

Questions **1** – **6**

Listen to part of a lecture in a business class.   ● CD 2-29

bounded rationality

satisfice

Now answer the questions.

1 What is the purpose of this lecture?   ⏳ 30 秒   ● CD 2-30

Ⓐ To show that Herbert Simon was active in a variety of fields
Ⓑ To point out the problems with Herbert Simon's theory
Ⓒ To teach students ways to shop more economically
Ⓓ To introduce an influential theory of decision-making

2 Which of the following statements is NOT mentioned in the lecture as the steps of rational decision-making?   ⏳ 50 秒   ● CD 2-31

Ⓐ A decision maker sets goals to be achieved as a consequence of a selected action.
Ⓑ A decision maker makes a comparison of the likely results of all the alternatives.
Ⓒ A decision maker figures out the results that each available choice causes.
Ⓓ A decision maker recognizes all options from which he or she makes a decision.

3 Which of the following statements is a correct explanation of the theory of "bounded rationality"?   ⏳ 50 秒   ● CD 2-32

Ⓐ Decision-making is considered rational when all available choices are taken into consideration.
Ⓑ Completely rational decisions are not feasible because one cannot take all

possibilities into consideration.
- Ⓒ Accurate estimation of the results of decisions is possible because any decisions have a limited number of consequences.
- Ⓓ Decision-making has to be purely rational because a decision maker is responsible for maximizing benefits.

4 Why does the professor refer to "the shirt analogy"?

- Ⓐ To illustrate how difficult it is to satisfice when making a decision
- Ⓑ To show how rational decisions are made so as to maximize one's interest
- Ⓒ To demonstrate the way satisficing occurs with bounded rationality
- Ⓓ To explain that the first option often becomes a correct decision

5 Indicate whether each statement below is correct. *Put a check (✓) in the correct boxes.*

	Yes	No
(1) Simon completed his doctoral dissertation on artificial intelligence when he was a student at the University of Chicago.		
(2) The professor explains how Simon arrived at his main tasks for research.		
(3) Simon pointed out the trend that people are more likely to be an "administrative man" than an "economic man."		
(4) Simon blended "satisfy" and "sacrifice" and invented the word "satisfice."		
(5) Simon received the Nobel Memorial Prize in Economics for his seminal research in organizational decision-making.		

6 According to information from the lecture, why did Simon study artificial intelligence?

- Ⓐ He thought the computer industry would dominate the world economy.
- Ⓑ He thought humans would be heavily dependent on computers in making decisions.
- Ⓒ He thought computers were superior to human brains in making rational decisions.
- Ⓓ He thought computer simulations would help provide clearer understanding of the human thinking process.

問題6　解答解説　　　　　　　　　　　　　　　　　　　　　　●経営学

スクリプト・全訳➡p.169

キーワード　　限定合理性　　最小限の必要条件を満たす

📝 LOGIC NOTE

decision-making Simon　Uni. CHI → CA　dissertation (1943)	・Today, we will talk about... ・First of all, I'd like to start off...
3 steps: ① all the **alternatives** 　　　　　② possible **consequences** 　　　　　③ **comparison**	・Before looking into Simon's claim, let me briefly explain...
bounded rationality ⟷ purely **satisfice** = satisfy + suffice × all-knowing "economic man" ○ "administrative man" → Nobel Prize	・Then, what is Simon's claim? ・That is to say, decision makers have only bounded rationality... ・Simon explained the implications of this approach...
artificial intelligence human thinking process ← computer simulations	・By the way, Simon is not only famous for...

Questions 1 – 6

1

正解　Ⓓ　　　　　　　　　　　　　　　　　　　　　　▶ 1　トピック

この講義の目的は何か。

Ⓐ　ハーバート・サイモンがあらゆる分野で活躍したことを示すこと
Ⓑ　ハーバート・サイモンの理論の問題点を指摘すること
Ⓒ　より経済的な買い物の仕方を学生に教えること
Ⓓ　影響力のある意思決定の理論を紹介すること

解説 Ⓓ 冒頭の教授の発言から,意思決定についての講義であることがわかる。また,サイモンは意思決定プロセスの発展における先駆者であり,彼の理論が影響力を持っていることを読み取ることができるので,これが正解。Ⓐ 教授は講義の最後にサイモンがさまざまな分野で活躍したことに触れているが,これが講義の目的とは言えない。Ⓑ サイモンの理論の問題点は指摘されていない。Ⓒ 買い物の例は,従来の意思決定プロセスに異を唱える「限定合理性」という新しい見解を説明するための事例であって,講義の目的とは言えない。

2

正解 Ⓐ   ▶ 2 詳細

次のうち,合理的な意思決定の段階として講義で述べられていないものはどれか。
Ⓐ 意思決定者は,選択された行為の結果として達成すべき目標を設定する。
Ⓑ 意思決定者は,すべての選択肢について起こり得る結果を比較する。
Ⓒ 意思決定者は,それぞれの可能な選択が引き起こす結果を考え出す。
Ⓓ 意思決定者は,決断の対象となるすべての選択肢を認識する。

解説 LOGIC NOTE の2段目を参照。Ⓐ これは,講義で述べられている意思決定のプロセスには当てはまらない。Ⓑ Ⓒ Ⓓ 教授は,合理的な意思決定の作業には3段階あると述べている。それぞれ,comparison of accuracy and efficiency of these consequences(結果の比較),identification of possible consequences of each choice(結果の識別),identification of all the alternatives(選択肢の識別)に当てはまるため,これらは正しいと言える。

3

正解 Ⓑ   ▶ 2 詳細

次のうち,「限定合理性」の理論について正しい説明はどれか。
Ⓐ すべての利用可能な選択肢を考慮に入れた時,意思決定は合理的であると考えられる。
Ⓑ すべての可能性を考慮に入れることはできないので,完全に合理的な決定は不可能である。
Ⓒ どんな決定も限られた数の結果しかもたらさないので,決定の結果を正確に予測することが可能である。
Ⓓ 意思決定者は利益を最大化する責任があるので,意思決定は純粋に合理的でなければならない。

解説 Ⓑ 教授は,現代社会において完全に合理的な決定をするために,個人がすべての情報を集めて検討することはできないと述べている。よって,これが正解である。Ⓐ 教授の発言より,サイモンはすべての選択肢を考慮に入れるのは不可能だと考えていたことがわかる。よって,講義の内容と一致しない。Ⓒ Ⓓ どんな決定も限られた数の結果しかもたらさないことや,意思決定者は利益を最大化する責任があることは,講義の中で述べられていない。

4

正解 Ⓒ　　　　　　　　　　　　　　　　　▶ 6 構成理解

教授が「シャツのたとえ」に言及しているのはなぜか。
- Ⓐ 意思決定の際に，最小限の必要条件を満たすことがどれほど難しいかを例証するため
- Ⓑ 利益を最大化するために，合理的な決定がどのようになされるのかを示すため
- Ⓒ 最小限の必要条件を満たす行動が，限定合理性によってどのように起こるかを説明するため
- Ⓓ 最初の選択肢が正しい決定となることがよくあることを説明するため

解説　Ⓒ 教授は，ショッピングモールにあるシャツをすべて比較することができないことを例に挙げ，人々は限定合理性により「最小限の必要条件を満たす」ことを説明している。よって，これが正解となる。　Ⓐ 教授は，最小限の必要条件を満たすことの難しさについては述べていない。　Ⓑ 教授の発言から，意思決定者は「限定合理性」しか持てず，利益を最大化するのではなく，最小限の必要条件を満たすよう意志決定するしかないと考えていることがわかる。　Ⓓ 教授は，最初に入った店のシャツをその場で買うこともあると述べているが，最初の選択肢が正しいことが多いとは述べていない。

5

正解 Yes（2）（5）　　　　　　　　　　▶ 2 詳細〜Yes/No 問題
　　　 No　（1）（3）（4）

以下のそれぞれの項目が正しいか示しなさい。正しいボックスにチェックを入れなさい。
(1) サイモンは，シカゴ大学在学中に人工知能についての博士論文を完成させた。
(2) 教授は，サイモンが研究の主要課題にどのようにしてたどり着いたかを説明している。
(3) サイモンは，人々は「経済人」よりも「経営人」の傾向を持つこと指摘した。
(4) サイモンは，「満足させる」と「犠牲にする」を混ぜて，「最低限度の条件を満たす」という言葉を創り出した。
(5) サイモンは，組織的意思決定に関する影響力の大きな調査に対してノーベル経済学賞を受賞した。

解説　(1) 教授は，サイモンの博士論文は，組織的意思決定についてであり，また論文を完成させたのは，カリフォルニア大学バークレー校にいた時だと述べているので，No。(2) 教授は冒頭のサイモンの略歴を紹介し，this is how he reached the topic "decision-making" と述べているため，Yes。(3) 教授は，サイモンが「経済人」という発想を否定し，代わりに「経営人」という考えを採用したと述べている。人々がいずれかの傾向を持ちやすいとは述べられていないので，No。(4) サイモンが混成した語は satisfy（満足させる）と suffice（事足りる）であり，sacrifice（犠牲にする）ではないので，No。(5) 経済組織における意思決定プロセスについての先駆的調査でノーベル経済学賞を受賞したと述べており，この内容と一致するので，Yes。

6

正解 Ⓓ

講義の情報によれば、サイモンが人工知能を研究したのはなぜか。
- Ⓐ 彼は、コンピュータ産業は世界経済を支配するだろうと考えた。
- Ⓑ 彼は、人間は意思決定において、コンピュータに大きく依存するだろうと考えた。
- Ⓒ 彼は、コンピュータは人間の脳よりも合理的な決定において優れていると考えた。
- Ⓓ 彼は、コンピュータによるシミュレーションは人間の思考プロセスをよりはっきりと理解するのに役立つだろうと考えた。

解説 LOGIC NOTE の4段目を参照。Ⓓ 講義の終盤に、サイモンがコンピュータでのシミュレーションを用いることによって、人間の思考プロセスをより効果的に研究できると考えていたと述べられている。よって、これが正しいと言える。Ⓐ コンピュータ産業については触れられていない。Ⓑ Ⓒ 意思決定において人間がコンピュータに依存することや、コンピュータが人間の脳よりも合理的な決定において優れているということは、述べられていない。

【スクリプト】

Listen to part of a lecture in a business class.

Professor: ₁ Today, we will talk about decision-making. First of all, I'd like to start off by talking about Herbert Simon, who was a professor at Carnegie Mellon University, because he is such an important person and was a pioneer in the development of the decision-making process.

  Simon was born in Milwaukee, Wisconsin in 1916, and he received his education in public schools there until he entered the University of Chicago, where he received both his B.A. and Ph.D. His university studies under Henry Schultz, an econometrician and mathematical economist, enabled him to discover ₅₋₍₁₎ the field of organizational decision-making, which later became the subject of his doctoral dissertation. From 1939, Simon spent three years at the University of California, Berkeley, where he worked as a research assistant and a director of Administrative Measurement Studies. It was also during that time that he worked on his dissertation, which he eventually completed in 1943. To make a long story short, ₅₋₍₂₎ this is how he reached the topic "decision-making."

  OK, let's talk about decision-making then. We all know that decision-making is important, right? For us individuals, there are many circumstances in which we make decisions such as choosing a job or a school and buying a house, and the list could go on and on. Also for organizations, of course, effective decision-making is always necessary, like choice of investments, ways of improving products, and so forth. Thus, every individual and every organization has to select a course of action among several alternatives. Therefore, Simon's pioneering research into the decision-making process within economic organizations has been considered enormously influential, and it has brought revolutionary changes in microeconomics.

Before looking into Simon's claim, let me briefly explain what kinds of tasks are involved in making a decision. The process of rational decision-making can be divided into three steps: ₂₋₍D₎ identification of all the alternatives, ₂₋₍C₎ identification of possible consequences of each choice, and ₂₋₍B₎ comparison of accuracy and efficiency of these consequences. Let's suppose you go to a shopping mall to buy a shirt. The first thing you do is to identify all alternatives: so you go inside each shop and check what's in there. Then you consider the consequences of each alternative, or in this case, each shirt: say, what kinds of pants and jackets it would go with, on what days and occasions you could wear it, and, of course, its price. And finally, you compare the consequences of each choice. It's pretty simple, isn't it?

Then, what is Simon's claim? What's special about it? Prior to Simon's work, classical economic theory had it that economic behavior must be rational and decisions needed to be made by using all the available information to achieve the optimum result. That seems to make sense, doesn't it? Of course, you may want to buy a shirt that best fits your ideals, right? However, Simon challenged this view by suggesting an alternative view of human decision-making, which is called "bounded rationality." He pointed out that organizational decisions are often not as rational as decision makers wish. ₃ According to him, in modern society, it is impossible for individuals to collect and deal with all the information that is required to make purely rational decisions. For instance, decision makers cannot know all the choices available to them and they also cannot be sure about the future outcome of their decisions whether they like it or not. Taking this point into consideration, Simon suggested, rather, that they can only attempt to make good-enough decisions, or decisions that lead to either reasonable or acceptable outcomes. This less ambitious view of decision-making is Simon's theory of "bounded rationality." That is to say, decision makers have only bounded rationality with which they select a course of action not to "maximize" their interest but to "satisfice." ₅₋₍₄₎ Oh, actually, the word "satisfice" was coined by Simon himself by combining "satisfy" and "suffice." ₄ Let me instantiate the word by referring to the shirt analogy again. You can easily imagine that it is almost impossible for you to compare all of hundreds of kinds of shirts in the shopping mall and find the very best one. In fact, you might buy one in the first shop you go to if you really like it, without knowing all other choices in other shops. Thus, you satisfy yourself with this sufficiently good shirt. The result is what's called "satisficing."

Simon explained the implications of this approach in his book *Administrative Behavior*. ₅₋₍₃₎ He denied the concept of an all-knowing "economic man" who can make decisions that result in the biggest benefit, but he instead adopted the idea of "administrative man" who satisfices by choosing a course of action that is sufficiently good or satisfactory. ₅₋₍₅₎ Simon's pioneering research into the decision-making process within economic organizations brought him the Nobel Memorial Prize in Economics in 1978.

By the way, Simon is not only famous for his contribution to the development of the decision-making process, but is also recognized in a wide variety of fields other than economics and business. He is known as, among other things, a political scientist, a cognitive psychologist, and a computer scientist. Particularly, he was a pioneer in the field of artificial intelligence. In fact, Simon is considered as one of the first researchers who successfully proved that "machines can think." ₆ This was natural for him, because he thought he would be able to study the mechanisms of the human thinking process more effectively through computer simulations. Thus, his interest in problem solving including decision-making led him to the development of artificial intelligence. I think he is the man who was engaged in thinking about thinking more than anybody in the world has ever been.

【全訳】
経営学の講義の一部を聞きなさい。

教授：今日は，意思決定について話しましょう。まずは，カーネギー・メロン大学で教授をしていたハーバート・サイモンの話から始めたいと思います。ハーバート・サイモンは大変重要な人物で，意思決定プロセスの発展における先駆者ですからね。

　　　サイモンは，1916年にウィスコンシン州のミルウォーキーで生まれ，シカゴ大学に入学するまでは，地元の公立学校で教育を受けました。シカゴ大学では文学士号と博士号を両方取得しています。彼は大学在学中，計量経済学者で数学経済学者のヘンリー・シュルツの下で勉強したことによって，組織的意思決定という分野を開発するに至り，後に，この分野は彼の博士論文の主題となりました。サイモンは1939年から3年間をカリフォルニア大学バークレー校で過ごし，そこで研究助手および管理測定学の指導者として働きました。博士論文に取り組んでいたのもこの頃で，1943年にようやく完成させました。かいつまんで言えば，彼はこのようにして「意思決定」というトピックにたどり着いたのです。

　　　さて，では意思決定について話しましょう。意思決定が重要だということは誰でも知っていますよね。私たち個人にとって，仕事や学校の選択をしたり，家を買ったりと，意思決定が必要な状況はたくさんあり，挙げていったらきりがありません。また，組織に関しても，もちろん，投資の選択や製品改良の方法など，効果的な意思決定が常に必要になります。そうすると，各個人や組織は，複数の選択肢の中から1つの行動方針を選ばなければならないということになります。そのため，経済組織内での意思決定プロセスに関するサイモンの先駆的な調査は，非常に大きな影響力を持つとみなされ，ミクロ経済学に革命的な変化をもたらしました。

　　　サイモンの主張を見ていく前に，意思決定にはどのような作業が含まれるかを簡単に説

明しておきましょう。合理的な意思決定プロセスというのは，3つの段階に分けられます。すべての選択肢の識別，それぞれの選択肢を選んだ際に起こり得る結果の識別，そしてこれらの結果の精度と効率の比較です。例えば，シャツを買いにショッピングモールへ行ったとしましょう。まず初めにするのは，すべての選択肢を識別することなので，各店の中に入って品揃えを見ます。それから，それぞれの選択肢の結果を考えます。まあこの場合では，それぞれのシャツを選んだ結果についてですね。例えば，どんなパンツやジャケットに合うか，どんな日，どんな機会に着るのか，そしてもちろん値段もですね。そして最後に，それぞれの結果を比較します。かなり単純ですよね。

　では，サイモンの主張とは何でしょう。彼の主張の何が特別なのでしょう。サイモンの研究以前の伝統的な経済理論では，経済行為は合理的なものでなければならず，意思決定は最適な結果を得るために入手可能なすべての情報を用いてなされる必要があると主張していたのです。これは道理にかなっているように思えますよね。もちろん，最もあなたの理想にかなうシャツを買いたいですよね。しかし，サイモンは，「限定合理性」という人間の意思決定についての新しい見解を提唱することで，この従来の見解に挑戦したのです。彼は，組織的決定は，しばしば意思決定者が望むほどには合理的になされないと指摘しました。彼によれば，現代社会では，個人が純粋に合理的な決定をするのに必要な情報をすべて集めて処理するというのは不可能だということです。例えば意思決定者は，入手可能な選択肢のすべてを知ることはできませんし，好むと好まざるとにかかわらず彼らの決定が将来どんな結果をもたらすかを確実に知ることもできないのです。この点を考慮に入れて，サイモンはむしろ次のように示唆しました。意思決定者は，十分によい決定か，妥当な，あるいは許容範囲の結果につながる決定をしようと試みることしかできない，ということです。この意思決定についての野心を抑えた見解が，サイモンの理論である「限定合理性」です。つまり，意思決定者は，限定された合理性しか持っておらず，彼らは利益を「最大化する」のではなく，「最小限の必要条件を満たす」行動方針しか選べないということですね。ああ，実は，「satisfice（最小限の必要条件を満たす）」という言葉は，サイモン自身が「satisfy（満足させる）」と「suffice（事足りる）」という語をつなげて創り出したんですよ。もう一度シャツの例を使ってこの言葉を説明しましょう。ショッピングモール中にある何百種ものシャツをすべて比べて，最高のシャツを見つけるなんて不可能に近いということは，簡単に想像できますよね。事実，最初に入ったお店で本当に気に入ったシャツを見つければ，他の店にある他のすべての選択肢を知ることなく，そのシャツを買うでしょうから。このように，人々は十分によいシャツで満足しているのです。この結果がいわゆる「最小限の必要条件を満たすよう行動する」ということですね。

　サイモンは『経営行動』という著書の中で，このアプローチの意味合いについて説明しました。彼は，最大の利益をもたらす決定をすることができる，全知の「経済人」という発想を否定し，代わりに「経営人」という考えを採用しました。これは，十分によい，あるいは満足のいく行動方針を選択することで最小限の必要条件を満たす人のことです。サイモンは，経済組織における意思決定プロセスについての先駆的な調査で，1978年にノーベル経済学賞を受賞しています。

　ちなみに，サイモンは意思決定プロセスの発展に貢献したことで有名なだけでなく，経済やビジネス以外のさまざまな分野でも広く認識されています。中でも政治学者，認知心

理学者，コンピュータ科学者として特に知られているのです。特に，人工知能の分野において彼は先駆者でした。事実，サイモンは「機械は思考できる」ことを証明するのに初めて成功した研究者の1人とされています。彼にとってこれは当然なことでした。というのも，彼はコンピュータでのシミュレーションを用いることによって，人間の思考プロセスのメカニズムをより効果的に研究できるだろうと考えていたからです。このようにして，意思決定を含めた問題解決に対するサイモンの興味は，彼を人工知能の開発へと導いていきました。彼は世界中の誰よりも，思考について考えることに従事した人だと思います。

Word & Phrase Check

☐ decision-making	意思決定	☐ B.A.	文学士号（Bachelor of Arts）
☐ Ph.D.	博士号（Doctor of Philosophy）	☐ econometrician	計量経済学者
☐ dissertation	論文	☐ research assistant	研究助手
☐ alternative	選択肢	☐ influential	影響力のある
☐ microeconomics	ミクロ経済学	☐ identification	識別
☐ have it that...	…と主張する	☐ optimum	最適の，最善の
☐ coin	～（新しい言葉）を作る	☐ suffice	十分である，足りる
☐ instantiate	～を事例を挙げて説明する	☐ analogy	たとえ
☐ political scientist	政治学者	☐ cognitive psychologist	認知心理学者
☐ computer scientist	コンピュータ科学者	☐ artificial intelligence	人工知能
☐ feasible	実行できる，可能な	☐ seminal	影響力の強い

問題 7

Questions **1** – **6**

Listen to part of a lecture in a chemistry class.　　　　　　　　　　◯ CD 2-36

chromatography

Tswett

adsorption

Now answer the questions.

1 What does the professor mainly talk about?　　　　　⧖ 30 秒　◯ CD 2-37

　Ⓐ Cautions to be exercised when conducting chemical experiments
　Ⓑ A process of purifying chemical substances of unwanted components
　Ⓒ The life story of a famous and influential chemist
　Ⓓ Solutions to problems encountered in a chemical experiment

2 According to the lecture, why do chemists conduct the separation of chemical substances?　　　　　⧖ 50 秒　◯ CD 2-38

　Ⓐ Reaction products extracted through experiments may not be completely pure.
　Ⓑ They are obliged to conduct it in all their experiments.
　Ⓒ It is the most economical method for conducting chemical experiments.
　Ⓓ Chemical substances which include impurities might trigger a hazardous reaction.

3 *Listen again to part of the lecture. Then answer the question.*
Why does the professor say this: 🎧　　　　　⧖ 1 分　◯ CD 2-39

　Ⓐ To make sure if the students understand the experimental procedures
　Ⓑ To check the students' understanding of the result of the experiment that he explains
　Ⓒ To prepare the students for the complex experimental procedures to be described
　Ⓓ To have the students take notes on the process of the experiment

4 How does the professor introduce Tswett's experiment to the class?

⏳ 50 秒　💿 CD 2-40

- Ⓐ He gives a lively description of the procedure that Tswett actually followed.
- Ⓑ He contrasts Tswett's experiment with other kinds of chemical experiments.
- Ⓒ He first explains the background theories of Tswett's experiment and then describes the whole process.
- Ⓓ He puts a primary focus on the results of Tswett's experiment without explaining the process he took.

5 Indicate whether each statement below is correct. *Put a check (✓) in the correct boxes.*

⏳ 1 分　💿 CD 2-41

	Yes	No
(1) Chromatography is the only technique for extracting pure chemical substances desired for specific purposes.		
(2) The green pigment has a property called absorption and can absorb calcium carbonate.		
(3) Different solvent solutions are used depending on the purpose of the experiment.		
(4) The procedures of chromatography have not been dramatically altered since Tswett's experiment.		
(5) The word "chromatography" is composed of two Greek words that each mean "color" and "picture."		

6 What can be inferred about the professor's feelings toward Tswett?

⏳ 50 秒　💿 CD 2-42

- Ⓐ The professor thinks Tswett's discovery is not worth any attention because he couldn't receive a Nobel Prize.
- Ⓑ The professor admires Tswett for his great findings and significant contribution to the development of various scientific fields.
- Ⓒ The professor feels sorry for Tswett and angry at the scientists who won a Nobel Prize by taking advantage of Tswett's findings.
- Ⓓ The professor feels sympathy for Tswett because he was already dead when he was awarded a Nobel Prize.

| 問題7 解答解説 | ●化学 |

スクリプト・全訳 ➡ p.179

キーワード　クロマトグラフィー　ツウェット　吸着

📝 LOGIC NOTE

separation △ 100% pure → weed out byproducts	・Let's discuss today …
chromatography Tswett green pigment → extracted	・Chromatography is... ・Let me explain what the method is like...
adsorption onto $CaCO_3$ $CaCO_3$ + alcohol 　+ solvent 　　→ separated into 5 not readily adsorb = first flow	・After this, Tswett continued... ・OK, everyone, exercise your imagination... ・A little while later,... ・But how did this separation...
various, not change, diverse fields	・In addition to... ・Interestingly, however,... ・Therefore, chromatography...
・1906 → 30 years, reassess, × alive 　others Nobel Prize ・chroma + graphos	・By the way, Tswett announced the results... ・Oh, and incidentally,....

Questions 1 – 6

1

　　正解　Ⓑ　　　　　　　　　　　　　　　　　　　▶ 1 トピック

教授は何について主に話しているか。
- Ⓐ 化学実験を行う際に注意すべき点
- **Ⓑ 化学物質から不要な成分を取り除く過程**
- Ⓒ 有名で影響力のある化学者の伝記
- Ⓓ 化学実験を行う上で直面する問題に対する解決策

解説 Ⓑ 冒頭の教授の発言から，化学物質の分離の方法がトピックであるとわかり，その後，特にクロマトグラフィーという方法を詳細に説明している。よって，これが正解である。 Ⓐ 講義では，化学実験を行う工程は詳しく説明されているが，その際の注意点がメイントピックではない。 Ⓒ 教授は，有名で影響力のある化学者としてツウェットを紹介しているが，彼の伝記が講義のメイントピックではない。 Ⓓ 講義の中で述べられている solution（溶液）を誤って「解決」と解釈した選択肢である。

2

正解 Ⓐ　　　　　　　　　　　　　　　　　　　　　　▶ 2 ▶ 詳細

講義によれば，化学者が化学物質の分離を行うのはなぜか。
Ⓐ 実験で抽出された反応生成物が完全に純粋ではない可能性があるため。
Ⓑ すべての実験において，化学者は化学物質の分離が義務づけられているため。
Ⓒ 化学物質の分離が，化学実験の最も経済的な方法であるため。
Ⓓ 不純物を含む化学物質は，危険な反応を引き起こす可能性があるため。

解説 Ⓐ 導入部の For this reason, a purification process becomes necessary 〜 の前後に注目。教授は，100 パーセント純粋な反応生成物を抽出する保証はなく，純粋な物質だけを抽出するために分離が必要だと述べているので，これが正解。 Ⓑ 化学物質の分離が義務づけられているという話はされていない。 Ⓒ 最も経済的な方法であるということについてはまったく触れられていない。 Ⓓ 教授は，不純物を含む物質が，危険な化学反応を引き起こすとは述べていない。

3

正解 Ⓒ　　　　　　　　　　　　　　　　　　　　　▶ 3 ▶ 発言の意図・機能

講義の一部をもう一度聞いて，質問に答えなさい。（スクリプト・全訳の青下線部参照）
教授が次のように述べたのはなぜか。（　　　参照）
Ⓐ 学生が，実験工程を理解したかどうか確かめるため
Ⓑ 教授が説明した実験結果についての学生の理解を確認するため
Ⓒ これから説明される複雑な実験工程に備えて，学生に心構えをさせるため
Ⓓ 実験の工程について，学生にノートを取らせるため

解説 Ⓒ 教授は，学生に想像力を働かせるように十分に促してから，ツウェットの実験工程について詳しく説明し始めている。ここから，該当の発言は，複雑な実験工程を説明するにあたって，前もって学生たちの注意を喚起し，心構えをさせるためのものであると考えられる。 ⒶⒷ 教授は，実験工程や実験結果については，引用箇所の後で説明しているので，当てはまらない。 Ⓓ 教授は，ノートを取ることについて講義の中では触れていない。

4

正解 Ⓐ　　　　　　　　　　　　　　　　　　▶ 6　構成理解

教授は学生にツウェットの実験をどのように紹介しているか。
- Ⓐ　教授は，ツウェットが実際にとった工程を，生き生きと説明している。
- Ⓑ　教授は，ツウェットの実験を他の種類の化学実験と対比している。
- Ⓒ　教授は，ツウェットの実験の背景にある理論をまず説明し，それから全体の工程を説明している。
- Ⓓ　教授は，ツウェットの実験の工程については説明せず，主に結果に焦点を当てている。

解説　Ⓐ 教授は実験方法を紹介する際，Let me explain what the method is like by describing the actual experiment that Tswett conducted. と述べている。また，後で学生が実験を行う時にイメージしやすいように，実験の状況を詳しく描写している。よって，これが正解。 Ⓑ 教授は講義の中で，他の化学実験との比較はしていないので，これは当てはまらない。 Ⓒ 実験の背景にある理論については，実験工程の説明の前には述べれていない。 Ⓓ 教授は，ツウェットの実験の工程について詳しく説明しているため，講義の内容と一致しない。

5

正解　Yes　(3)(4)　　　　　　　　　　　▶ 2　詳細 ～Yes/No 問題～
　　　　　No　 (1)(2)(5)

以下のそれぞれの項目が正しいか示しなさい。正しいボックスにチェックを入れなさい。
(1) クロマトグラフィーは，特定の目的に必要な，純粋な化学物質を抽出する唯一の方法である。
(2) 緑色の色素には吸収と呼ばれる特性があり，炭酸カルシウムを吸収することができる。
(3) 実験の目的に応じて，異なる溶媒溶液が使われる。
(4) ツウェットの実験以来，クロマトグラフィーの工程は劇的には変化していない。
(5)「クロマトグラフィー」という単語は，「色」と「絵」を意味する2つのギリシア語の単語から成る。

解説　(1) 教授は，さまざまな分離・精製方法があると述べているため，講義の内容と一致しないので，No。(2) 講義の中で緑色の色素の特性として述べられている adsorption（吸着）と，absorption（吸収）を混同した選択肢であり，No。(3) 実験の説明の最後に，この抽象方法にはさまざまな物質を用いることができ，溶媒溶液も実験によって異なると述べられている。よって，Yes。(4) 実験の説明の最後に，分離の基本的な考え方は変わっていないと述べられているので，Yes。(5) 教授は，クロマトグラフィーという単語は「chroma（色）」と「graphos（記録）」という意味を持つギリシア語の単語で構成されていると述べているので，No。

6

正解 Ⓑ　　　　　　　　　　　　　　**4　話者の態度・意見**

教授はツウェットに対してどのような感情を抱いていると推測できるか。

Ⓐ 教授は，ツウェットはノーベル賞を受賞できなかったので彼の発見は注目に値しないと思っている。
Ⓑ 教授は，ツウェットの偉大な発見と，多くの科学分野の発展に対する多大な貢献を称賛している。
Ⓒ 教授は，ツウェットを気の毒に思っており，ツウェットの発見を利用してノーベル賞を受賞した科学者に対して怒っている。
Ⓓ 教授は，ツウェットがノーベル賞受賞時に，すでに亡くなっていたので同情している。

解説 Ⓑ 教授の，クロマトグラフィーは生物学や医学にも不可欠な技術である，という発言や，ツウェットはクロマトグラフィーの第一発見者，命名者として永遠に記憶されるべき科学者である，という発言から，これが正解と言える。Ⓐ 教授はツウェットについて，ノーベル賞は逃したが，クロマトグラフィーの第一発見者として記憶されるべきだと述べている。Ⓒ 教授はツウェットの発見を利用してノーベル賞を受賞した科学者について言及しているが，怒りの感情は表していない。Ⓓ ツウェットはノーベル賞を受賞していない。

【スクリプト】

Listen to part of a lecture in a chemistry class.

Professor: ₁ Let's discuss today the methods for the separation of chemical substances or components. It really isn't complicated at all. Let's say you conduct an experiment where you create a chemical reaction by heating a solution in which there are chemical substances, and then extract the reaction products. It would be ideal to be able to extract 100% pure reaction products with no impurities whatsoever, and chemists are always striving for this end. ₂ Unfortunately, however, there is no guarantee that the desired 100% pure reaction products will be extracted. For example, there are instances like reactants being left over, or undesirable chemical substances, or byproducts, in other words, resulting during a chemical reaction. For this reason, a purification process becomes necessary in order to weed out byproducts and extract only the desired pure chemical substances. ₅₋₍₁₎ In fact, there are various methods of separating byproducts or impure chemical substances and refining them, ₁ but today I'd like to talk about chromatography in particular.

　　Chromatography is a separation process discovered by a Russian botanist named Mikhail Tswett who was an instructor at Warsaw University about 100 years ago. ₄ Let me explain what the method is like by describing the actual experiment that Tswett conducted. I suppose this will probably make it easier for you to imagine the experiment you are going to conduct later. OK, um, since Tswett was interested in chlorophyll, which is one of the substances contained in leaves and gives leaves their green pigment, he boiled the leaves in alcohol. Then guess what happened! The pigment left the leaves and was transferred to the solution in which it was placed! In other words, this meant that the chlorophyll —— the substance giving the leaves their green pigment —— was extracted into the alcohol, right?

After this, Tswett continued to conduct his experiment. What's important to understand the next procedure is that 5-(2) <u>the substance of the green pigment has a property of adsorbing onto calcium carbonate, $CaCO_3$.</u> This property is called adsorption. Just think of adsorption as the process by which a chemical component becomes chemically and/or physically deposited on the surface of a solid. 3 <u>OK, everyone, exercise your imagination and try to picture the procedures Tswett took! He filled a vertical glass tube with calcium carbonate, and poured about 1 milliliter of concentrated green alcohol solution into it. Tswett then poured a solvent solution called petroleum ether into the top of the glass tube, and extracted the chemical slowly, drop by drop, from the bottom of the tube.</u> A little while later, was Tswett surprised! What he thought was a single green pigment had, in fact, separated into several substances which had adsorbed onto the inside of the glass tube. There was a yellowish green band, a greenish blue band, and three bands of yellow of different concentrations. Again, he found that what he thought was one green substance was actually a mixture of five chemical substances! Can you picture this? But how did this separation take place, you ask? Good question. The reason for the separation is that among the chemical components there are those that readily adsorb onto calcium carbonate and those that do not. That is to say, the chemical components that do not readily adsorb onto the calcium carbonate are the first to flow toward the bottom of the glass tube. So, the basic concept behind chromatography is using the degree of ease with which substances adsorb onto calcium carbonate in order to separate chemical components.

In addition to calcium carbonate, many other substances are used today in this extraction method. 5-(3) <u>And naturally, various solvent solutions are poured into the glass tube depending on the experiment.</u> Interestingly, however, 5-(4) <u>the basic idea of separating chemical components has not changed much from when Tswett conducted his experiment.</u> Therefore, 6 <u>chromatography, which extracts pure components by separating compounds, is currently an indispensable method used not only in chemistry, but also in diverse scientific fields such as biology and medicine.</u>

By the way, Tswett announced the results of his experiment in 1906, but unfortunately, it did not receive any attention at that time. It was not until 30 years later when other scientists announced similar experiment results that the world finally recognized Tswett's important contribution. It was at this point that Tswett was reassessed as the pioneer of chromatography. Unfortunately, Tswett was no longer alive at that time, and the scientists who presented the results of their work using chromatography went on to receive a Nobel Prize. Oh, and incidentally, 5-(5) <u>Tswett put the Greek word for color, "chroma" and the word for writing, "graphos" together and came up with the name "chromatography" for his technique.</u> Did you know that? 6<u>Although he was not able to receive a Nobel Prize, Tswett is a scientist who should always be remembered as the one who discovered and named the technique, chromatography.</u> So, it can be said that the modern technology used in the separation and purification of chemical substances is the result of Tswett's work as a pioneer in this type of experiment. Now, let's move on to actually conducting this experiment.

【全訳】
化学の講義の一部を聞きなさい。

教授：今日は，化学物質あるいは化学成分を分離する方法について話しましょう。まったく複雑なことではありません。化学物質の入った溶液を温めて化学反応を起こす実験を行い，反応生成物を抽出するとしましょう。不純物がまったく混じっていない100パーセント純粋な反応生成物が抽出できれば理想的ですし，化学者はいつもこれを目標として努力しています。しかし残念ながら，求められている100パーセント純粋な反応生成物を抽出できるという保証はありません。例えば，反応物が残ったり，化学反応中に望ましくない化学物質，すなわち副生成物ができてしまう場合があります。そのため，副生成物を取り除き，求められている純粋な化学物質だけを抽出するために，精製工程が必要になるのです。実際，副生成物あるいは不純な化学物質を分離し，精製するための方法はいくつかありますが，今日はとりわけクロマトグラフィーについて話したいと思います。

　クロマトグラフィーは，今から100年ほど前，ワルシャワ大学の講師だったミハイル・ツウェットというロシア人植物学者によって発見された分離工程です。ツウェットが実際に行った実験を描写して，その方法がどんなものなのか説明しましょう。おそらくそのほうが，皆さんが後ほど行う実験のイメージがしやすくなると思います。いいですか，ツウェットはクロロフィルという，葉に含まれる物質の1つで，葉に緑色の色素を与えている物質に興味を持っていたので，葉をアルコールで煮ました。するとどうでしょう！　色素は葉から離れ，溶液に移ったのです！　要するに，葉に緑色の色素を与えている物質であるクロロフィルが，アルコール内に抽出されたわけですね。

　この後，ツウェットはさらに実験を続けました。次の工程を理解する上で大切なのが，この緑色の色素が炭酸カルシウム，$CaCO_3$ に吸着する性質を持っているということです。この性質を吸着と言います。吸着というのは，化学成分が固体の表面に化学的あるいは物理的に付着する作用だと考えてください。3<u>それでは皆さん，想像力を発揮して，ツウェットが行った工程を思い浮かべてみてください！</u>　彼は，垂直に立てたガラス管に炭酸カルシウムを詰め，それに，濃縮した緑色のアルコール溶液を1ミリリットルほど垂らしました。続いてツウェットは，ガラス管の上から石油エーテルと呼ばれる溶媒溶液を入れ，その化学物をガラス管の下部から1滴ずつゆっくりと抽出していったのです。しばらくして，

ツウェットは驚きました！　彼が１つの緑色の色素だと考えていたものは，何と，複数の物質に分かれ，ガラス管の中に付着していたのです。それは，黄色っぽい緑色の部分，緑っぽい青色の部分，それから色の濃さが異なる３つの黄色の部分でした。繰り返して言うと，彼が１つだと考えていた緑色の物質が，実は５種類の化学物質が混ざったものであることがわかったのです！　想像できていますか。でも，どうしてこのように分離されたのかって？　いい質問ですね。分離が生じた理由は，化学成分の中に，炭酸カルシウムに吸着しやすいものと吸着しにくいものがあるからなんです。つまり，炭酸カルシウムに吸着しにくい化学成分から先に，ガラス管の下のほうに流れていくことになるんです。ですから，クロマトグラフィーの基本的な考え方は，化学成分を分離するために炭酸カルシウムへの吸着のしやすさの度合いを利用するということなんです。

　炭酸カルシウムに加えて，今日ではその他の多くの物質がこの抽出方法に使われています。ですからもちろん，ガラス管に流す溶媒溶液も実験によってさまざまです。でもおもしろいことに，化学成分を分離するという基本的な考え方は，ツウェットが実験を行った頃からあまり変わっていません。そのため，化合物を分離して純粋な成分を抽出するクロマトグラフィーは，現在，化学の分野だけではなく，生物学や医学などさまざまな科学分野において必要不可欠な方法となっています。

　ところで，ツウェットは1906年にこの実験結果を発表したのですが，残念ながら当時はまったく注目されませんでした。ようやく世界的にツウェットの重要な貢献が認められたのは，その約30年後に，別の科学者たちが同じような実験の成果を発表してからでした。ツウェットはこの時になって，クロマトグラフィーの先駆者として再評価されたのです。残念ながらその時彼はすでにこの世を去っており，クロマトグラフィーを利用した研究結果を報告した科学者たちがノーベル賞を受賞することになりました。ああ，ちなみに，ツウェットはギリシア語で色を意味する"chroma"と，記録を意味する"graphos"という２つの単語を合成して，この技術を「クロマトグラフィー」と名づけました。知っていましたか。ツウェットはノーベル賞を受賞することはできませんでしたが，クロマトグラフィーの第一発見者として，また命名者として，永遠に記憶されるべき科学者なのです。ですから，現代の化学物質の分離と精製の技術は，このような実験の先駆者としてのツウェットの功績の賜物と言うことができますね。では，続いて，実際にこの実験をしてみましょう。

Word & Phrase Check

☐ separation	分離	☐ chemical substance	化学物質
☐ chemical reaction	化学反応	☐ solution	溶液
☐ extract	〜を抽出する	☐ reaction product	反応生成物
☐ impurities	不純物	☐ reactant	反応物
☐ purification	精製	☐ weed out 〜	〜を取り除く
☐ botanist	植物学者	☐ chlorophyll	クロロフィル
☐ pigment	色素	☐ property	性質
☐ calcium carbonate	炭酸カルシウム（$CaCO_3$）	☐ adsorption	吸着
☐ chemical component	化学成分	☐ deposit	〜を沈殿〔堆積〕させる
☐ solvent solution	溶媒溶液	☐ petroleum ether	石油エーテル
☐ readily	すぐに，容易に	☐ indispensable	欠くことのできない
☐ reassess	〜を再評価する		

問題 8

Questions **1** – **6**

Listen to part of a lecture in a film class.

● CD 2-43

| narrative |
| documentary |
| animation |
| experimental |

Now answer the questions.

1 Why does the professor hold this lecture? ⏳ 30 秒 ● CD 2-44

- Ⓐ To analyze some films from a viewpoint of film history
- Ⓑ To encourage the students to come up with a new category of film
- Ⓒ To break down the students' stereotypes about movies
- Ⓓ To introduce major classifications of filmmaking styles

2 What does the professor mention about narrative films? ⏳ 50 秒 ● CD 2-45

- Ⓐ Telling a story is the reason for the popularity of narrative films.
- Ⓑ Movies with complex storylines are more popular.
- Ⓒ The movie *Magnolia* is a good example of a linear story.
- Ⓓ There are more narrative films than other types of movies in cinematic history.

3 Why does the professor raise the two examples of documentary film?

⏳ 50 秒 ● CD 2-46

- Ⓐ To eliminate the ambiguity of the definition of the word, "documentary"
- Ⓑ To indicate varying degrees of manipulation in documentary films
- Ⓒ To introduce famous documentary filmmakers for the students' better understanding
- Ⓓ To illustrate exceptional documentary films that manipulate stories to a large extent

4 According to the professor, which of the following is true about animation films?

 Ⓐ It is the most widely recognized type of film.
 Ⓑ The Lumière brothers were pioneers of animation films.
 Ⓒ The gap between each frame of an animation film should be small and regular.
 Ⓓ Animators are required to deepen their knowledge of computer graphics.

5 What is NOT true about experimental filmmaking?

 Ⓐ Experimental films contribute to increasing the possibility of filmmaking techniques.
 Ⓑ Experimental movies are made using conventional filmmaking techniques.
 Ⓒ The boundaries between film categories are obscured by experimental filmmaking.
 Ⓓ Invisible things such as dreams and thoughts are dealt with in experimental movies.

6 Which of the following statements are correct about the categories of films explained in the lecture? *Choose 2 answers.*

 Ⓐ The main categories can be further divided into smaller groups.
 Ⓑ The professor gives specific examples of each type of film.
 Ⓒ The professor describes the four types of films in the order they developed.
 Ⓓ Many films combine elements of multiple types of films in a single film.

| 問題8 解答解説 | ・映画学 |

スクリプト・全訳 ➡ p.189

キーワード　物語　ドキュメンタリー　アニメーション　実験的な

LOGIC NOTE

films 4 styles, combine 2 ↑	・Films are frequently categorized into...
narrative telling a story ・**straightforward** ex) Jaws ・**complex** ex) Magnolia	・Can anyone guess what the most recognizable type of film is?
Documentary real life Lumière brothers 差: **degree of manipulation** 　　ex) The Thin Blue Line 〜 Belfast Maine	・Now, can anyone tell me about documentary films? ・And now we come to a very controversial and important part...
animation illusion of movement materials, still photos change: **small & regular**	・Now, let's talk about animation.
Experimental ・**graphic** 　= explores technical limits ・**internal reality** 　= abstract 　→ catch-all term, rejects tradition	・And what about experimental films? ・Simultaneously, however,...

Questions 1 - 6

1

正解　Ⓓ　　　　　　　　　　　　　　　　　　　　　　▶ **1** トピック

教授がこの講義を行うのはなぜか。

- Ⓐ 映画史の観点から数本の映画を分析するため
- Ⓑ 学生に新しい映画の分類を考え出すよう働きかけるため
- Ⓒ 学生の映画に対する固定概念を打破するため
- Ⓓ 映画製作スタイルの主要な分類を紹介するため

解説 Ⓓ 冒頭の教授の発言より，映画の製作スタイルは４つに分類できることがわかる。また，その後の講義はこの分類に沿って説明が展開されていくことから，これが正解となる。Ⓐ 講義の中では，各分類の作品や監督の具体例が挙げられているが，映画史を語ることが目的ではない。Ⓑ 教授は，学生に新しい映画の分類を考え出すように働きかける発言はしていない。Ⓒ 講義の中で，映画に対する固定概念については述べられていない。

2

正解 Ⓐ   　　　　　　　　　　　　　　　　　　　　　　　▶ 2　詳細

教授は物語の映画について何と述べているか。
Ⓐ ストーリーを語ることが，物語映画の人気の理由である。
Ⓑ あらすじが複雑な映画のほうが，人気がある。
Ⓒ 映画『マグノリア』は直線的な話の好例である。
Ⓓ 映画史上，物語映画はその他の種類の映画よりも数多く存在している。

解説 Ⓐ 教授は物語映画の魅力について学生の意見を聞いた後，but simply put, a narrative film tells a story. と述べているので，これが正解である。Ⓑ 教授は，物語の映画にはあらすじがわかりやすいものと複雑なものがあると述べているが，人気についての比較はしていない。Ⓒ 『マグノリア』は複雑なストーリーの例として挙げられているので，不適切。Ⓓ 物語映画は最も人気があると述べられているが，映画史における作品の総数については述べられていない。

3

正解 Ⓑ   　　　　　　　　　　　　　　　　　　　　　　　▶ 6　構成理解

教授が２本のドキュメンタリー映画の例を挙げたのはなぜか。
Ⓐ 「ドキュメンタリー」という言葉の定義の曖昧さを取り除くため
Ⓑ ドキュメンタリー映画における操作のさまざまな度合いを示唆するため
Ⓒ 学生がよりよく理解できるように，有名なドキュメンタリー映画製作者を紹介するため
Ⓓ ストーリーに大きく操作を加えた例外的なドキュメンタリー映画を説明するため

解説 Ⓑ 教授は，ドキュメンタリー映画の製作にはある程度の操作が伴うと述べた後，学生がイメージしやすいように，その度合いの低いものと高いものの例として，２本の映画を挙げている。よって，これが正解となる。Ⓐ 教授は，「ドキュメンタリー」という単語の定義が曖昧だという内容は述べていない。Ⓒ 教授が映画の例を挙げたのは，ドキュメンタリー映画製作者を紹介するためではない。Ⓓ 教授は，この２本が例外的なドキュメンタリー映画であるとは述べていない。

4

正解 Ⓒ 　　　　　　　　　　　　　　　　　　　　　▶ 2 詳細

教授によれば，次のうち，アニメーション映画について正しいものはどれか。
- Ⓐ 最も広く認識されている種類である。
- Ⓑ リュミエール兄弟はアニメーション映画の先駆けである。
- Ⓒ アニメーション映画における各画像の間隔は小さく規則的であるべきだ。
- Ⓓ アニメーション製作者にはコンピュータグラフィックスの知識を深めることが要求されている。

解説　Ⓒ アニメーション映画に関する説明の最後に述べられている，If the increments of change are small enough and regular enough, ～ に注目。動きをもっともらしく見せるために，画像の間隔は小さく規則的であるほうがよいので，これが正しい。　Ⓐ 教授は，最も広く認識されているのは「物語」の映画だと述べているため，当てはまらない。Ⓑ リュミエール兄弟が先駆けとなったのは，「ドキュメンタリー」の映画である。Ⓓ 講義の中で，映画製作者がコンピュータグラフィックスの知識を深めるべきだとは述べられていない。

5

正解 Ⓑ 　　　　　　　　　　　　　　　　　　　　　▶ 2 詳細

実験映画の制作について正しくないものはどれか。
- Ⓐ 実験映画は，映画製作技術の可能性の向上に貢献している。
- Ⓑ 実験映画は従来の映画製作技術を用いて作られている。
- Ⓒ 映画の分類の境界線は，実験映画の制作によってわかりにくくなっている。
- Ⓓ 実験映画の中では，夢や思考といった目に見えないものが扱われる。

解説　LOGIC NOTE の5段目を参照。Ⓑ 教授は実験映画について，従来の映画製作技術を拒むものであると述べているため，講義の内容と一致しない。Ⓐ 講義の中で教授は，実験映画は「映画製作の技術的限界を探っている」と述べていることから，講義の内容と一致する。Ⓒ 教授は，実験映画は映画のジャンルの境界線をぼかしていると述べており，この内容と一致する。Ⓓ internal reality を扱うタイプに関する教授の発言から，講義の内容と一致する。

6

正解 ＡＤ 　　　　　　　　　　　　　　　　　　　　　▶ 2 詳細

次のうち，講義で説明された映画の分類について正しいものはどれか。2つ選びなさい。
- Ａ 主だった分類は，さらに細かいグループに分けることができる。
- Ｂ 教授は映画の各種類について具体例を挙げている。
- Ｃ 教授は映画の4つの種類について，それらが発展した順に説明している。
- Ｄ 多くの映画では，1本の映画に，複数の映画の種類の要素が混ざっている。

解説　Ａ 教授は，物語映画であれば直線的なものと複雑な流れを持つもの，実験映画であれば視覚的要素を扱うものと内的現実を扱うものなど，さらに細かく分けたグループについて

説明をしている。D 教授は講義の冒頭で，実際には多くの映画が2つから3つの要素を併せ持っていると述べている。また，最後の部分では，実験映画は他の分類にも当てはまると述べている。B 教授はすべての種類について具体例を挙げているわけではないので，正しいとは言えない。C 講義では，教授は映画のそれぞれの種類が発展した順については触れていない。

【スクリプト】
Listen to part of a lecture in a film class.

Professor: ₁ Films are frequently categorized into one of four general styles: narrative, documentary, animation or experimental. ₆₋₍D₎ Many films actually combine elements of two or more of these groups but can be described broadly by one of these terms. Can anyone guess what the most recognizable type of film is?

Student 1: Um, narrative?

P: Exactly. And why do you think so?

S1: Because almost every theatrically released motion picture falls into that group, I guess.

P: OK. And what makes a narrative film so appealing?

Student 2: Because of the famous actors and directors?

P: Well, not quite, but yes, star power and celebrity help. What else?

S1: Um, maybe because they're written well?

P: You both brought up good points, ₂ but simply put, a narrative film tells a story. It is scripted and usually has a plot line with a beginning, middle and end, although the action may not unfold on screen in a linear fashion. ₆₋₍A₎ Broadly speaking, there are two ways of telling a story; the story is told either in a straightforward way as in Steven Spielberg's *Jaws*, or in a very complex way like Paul Thomas Anderson's *Magnolia*. In the first example, the story unfolds in a linear, chronological order between the small number of characters. In the second, in contrast, we jump between many different characters with many different subplots and stories, so the viewer is forced to mentally create and complete this jigsaw of a narrative. In any case, a narrative film tells a story featuring characters whose actions advance the plot. Now, can anyone tell me about documentary films?

S2: Documentaries are films that depict "real life."

P: Yes. A documentary filmmaker uses the world around him, situations and people that actually exist as source material. Can anyone name me one of the first filmmakers to pioneer this type of film?

S2: Michael Moore?

P: Well, he certainly is one of the most popular and well-known documentary filmmakers. But really, among the very earliest filmmakers were France's Lumière brothers, who began making documentaries in the 1890s. Their films presented everyday occurrences such as a train pulling out of a station or workers leaving a factory at the end of the day. And now we come to a very controversial and important part of documentary films. In its most basic sense, a documentary is a film in which the filmmaker allows the action or events to unfold naturally with minimal interference. However, this definition breaks down when the filmmaker turns his camera from one subject to another or makes a cut. The very process involved in making a film requires that the artist manipulate the subject material to some extent. The difference in documentary styles is then, often a matter of the degree of manipulation the filmmaker chooses to impose. ₃, ₆₋₍ₐ₎ <u>Documentary films can range from works like Errol Morris' *The Thin Blue Line*, in which much of the action is actually staged, to Frederick Wiseman's *Belfast Maine*, in which he manipulates his subjects in a subtler way through the editing structure he imposes on his footage.</u> Now, let's talk about animation. What makes animation so different and so unique?

S2: They're movies like um not acted by real-life people, but um drawn or made using computer graphics.

P: Good. But more specifically, animation is a type of filmmaking that creates the illusion of movement where none actually exists. ₆₋₍ₐ₎ <u>Animators work with many different materials and with a wide variety of stylistic approaches. Drawings, objects, clay, puppets or other materials are manipulated in front of the camera.</u> A single frame of film is exposed before replacing one piece of artwork with another that is slightly different or before moving the material or object into a slightly different position. Like a live action sequence, an animated sequence consists of a series of still photographs, each of which represents a progression from the previous one. ₄ <u>If the increments of change are small enough and regular enough, a convincing illusion of motion will result.</u>

S1: And what about experimental films?

P: Ha ha. OK, generally speaking, ₆₋₍ₐ₎ <u>experimental films can be categorized into two groups,</u> one dealing with graphic elements and the other with internal reality. When it comes to the first group, graphic elements, an experimental film is concerned with the play of light and shadow, color or movement. ₅₋₍ₐ₎ <u>So, it can be said that an experimental film explores the technical limits of the filmmaking process itself</u> with questions like, "what happens when you edit together a series of single-frame shots or shoot a film that is one continuous shot?" On the other hand, an experimental film categorized into the second group, internal reality, deals with images from the filmmaker's subconscious. In other words, ₅₋₍D₎ <u>"internal reality" is things that are more abstract and that aren't always visible, like dreams or thoughts.</u> Thus, the two categories are really important when talking about experimental films. ₆₋₍D₎ <u>Simultaneously, however, experimental filmmaking is indeed the broadest and least easily defined category in terms of cinematic style. It seems to be a catch-all</u>

term for any films such as narrative, documentary, and animation. ₅₋₍C₎ Therefore, it is said that experimental films blur the boundaries of the usual categories and reject the traditional filmmaking techniques, putting a value on new, unusual approaches.

【全訳】
映画学の講義の一部を聞きなさい。

教授　：映画はしばしば，基本的な4つのスタイルのいずれかに分類されます。物語，ドキュメンタリー，アニメーション，そして実験的なタイプです。多くの映画は，実際にはこれらのグループのうち2つかそれ以上の要素を併せ持っていますが，大まかにはこれらのうちの1つによって説明できます。最も広く認識されている映画のタイプはどのようなものか，誰かわかりますか。

学生1：物語ではないですか。

教授　：その通りです。ではそれはなぜだと思いますか。

学生1：映画館で公開されるほとんどの映画が，そのグループに該当するからだと思います。

教授　：そうですね。ではなぜ物語映画がそんなに魅力的なんでしょうか。

学生2：有名な俳優や監督のおかげではないでしょうか。

教授　：完全にとは言えませんが，まあそうですね。スターの力や名声は助けにはなります。他には何があるでしょうか。

学生1：うーんよく書けているからではないですか。

教授　：君たちは2人ともよい指摘をしてくれましたが，単純に言えば，物語映画というものはストーリーを語るものだからなんです。仮にスクリーン上では行動が直線的に展開しなくても，物語には脚本があり，たいてい始まりと中盤と結末を持つ1つの筋があります。大まかに言うと，ストーリーの語り方には2通りあります。スティーブン・スピルバーグの『ジョーズ』のようにわかりやすく語られているものと，ポール・トーマス・アンダーソンの『マグノリア』のように，とても複雑な流れで語られているものです。1つ目の例では，ストーリーは少人数の登場人物たちの間で，直線的に時系列通りに展開します。2つ目の場合は，反対に，多くの異なるわき筋やストーリーを持つ大勢の登場人物の間で話が行ったり来たりするので，観客は頭の中で物語のジグソーパズルを作って，完成させるしかないのです。いずれにせよ物語映画というのは，筋を展開させる登場人物たちを描いて1つのストーリーを語るものなんです。さて次は，ドキュメンタリー映画についてわかる人はいますか。

学生2：ドキュメンタリー映画とは，「現実の生活」を描写する映画です。

教授　：そうです。ドキュメンタリー映画製作者は彼自身をとりまく世界，現実に存在する状況や人々を原資料として使います。誰か，このタイプの映画の先駆者を1人挙げてくれませんか。

学生2：マイケル・ムーアですか。

教授　：なるほど，彼は確かに最も人気があって有名なドキュメンタリー映画製作者の1人ですね。ですが，実は最も初期の映画製作者というと，1890年代にドキュメンタリー映画を作り

始めた，フランスのリュミエール兄弟たちなのです。彼らの作品群は，例えば，汽車が駅から出て行くところや，労働者たちが1日の終わりに工場から帰って行くところなど，日々の出来事を映していました。そして，私たちはここで，ドキュメンタリー映画に関して実に論議を呼ぶ，重要なところにきています。最も基本的な意味でのドキュメンタリーというのは，映画製作者が，行動や出来事を，最小限の干渉の下で自然に展開させるものなんです。ですが，映画製作者がカメラをある対象物から他の対象物へ切り返したり，カットを入れたりした瞬間に，この定義は成立しなくなるのです。映画を製作する過程そのものには，製作者が対象となる素材をある程度操作することが必要となります。そうなると，ドキュメンタリーの表現形式の違いというのは，その映画製作者が作品に施そうとする操作の度合いの問題であることが多いというわけです。ドキュメンタリー映画と言うと，多くの行動が実は演じられているエロール・モーリスの『ザ・シン・ブルー・ライン』のような作品から，フレデリック・ワイズマンが，彼の映像に施した編集構造を通して，より巧妙な手法で題材を操った『メイン州ベルファスト』のような作品まであります。では，次はアニメーションについて話しましょう。どうしてアニメーションはあんなに特別で独特なんでしょうか。

学生2：アニメーション映画っていうのは，生身の人間によって演じられるのではなくて，絵に描かれたものやコンピュータグラフィックスで作られたものですね。

教授：そうですね。ですがもっと詳しく言うと，アニメーションとは，現実には何も存在しないところに，動きの幻影を創り出す種類の映画製作なんです。アニメーション製作者たちは，さまざまな素材や多様な様式的アプローチを使って仕事をします。絵，物体，粘土，人形やその他の素材がカメラの前で操られるのです。1つの絵が他のわずかに違う絵に置き換えられる前に，あるいは素材なり物体をわずかに違う位置に動かす前に，1コマ分のフィルムが露光されます。一連の生き生きとした動きの連続のように，アニメーション化された一続きの場面は一連の静止画面群でできていて，それぞれの画面は前のコマから進んでいるわけです。その変化の度合いが十分に小さく十分に等間隔であれば，もっともらしい動きの幻影ができあがるということです。

学生1：では，実験映画についてはどうなんですか。

教授：はは，うん，一般的に言えば，実験映画は2つのグループに分けられます。視覚的な要素を扱うものと，内的現実を扱うものです。1つ目の視覚的な要素を扱うグループについて言えば，実験映画では光と影，色彩や動きを操ることに関係しています。だから実験映画というのは，「一連の1コマの画面をいっぺんにまとめて編集したら，もしくは1つの連続したカットの映画を撮影したらどうなるか」なんていう疑問と共に，映画製作そのものの技術的限界を探るものとも言えるでしょう。一方で，2つ目の内的現実を扱うグループに分類される実験映画というのは，映画製作者の潜在意識から生まれる映像を題材としています。つまり，「内的現実」というのはより抽象的で，目に見えるものとは限らない，夢や思考のようなもののことなんです。このように，実験映画について話す際，この2つの分類はとても重要です。しかし同時に，実験映画は，映画形式という観点からすると実は最も幅広く，一番定義しにくい種類なのです。「実験的」というのは，物語映画やドキュメンタリー映画，アニメーション映画など，どんな映画にも当てはまる包括的な用語のようです。だから実験映画というのは通常の分類の境界線をぼやかす

し，新しく一風変わったアプローチを重んじて，伝統的な映画製作技術を拒絶するんです。

Word & Phrase Check

☐ recognizable	認識できる	☐ theatrically	劇場用に
☐ release	〜を公開する	☐ fall into 〜	〜に当てはまる
☐ celebrity	著名人，有名人	☐ script	〜の脚本を書く
☐ plot	筋，構想	☐ unfold	展開する
☐ linear	直線の	☐ chronological	年代順の
☐ subplot	わき筋	☐ depict	〜を描く
☐ interference	干渉	☐ range from A to B	A から B にわたる
☐ manipulate	〜を操作する	☐ subtle	微妙な
☐ footage	映像	☐ expose	〜（フィルム）を露光する，焼き付ける
☐ sequence	ひと続きのもの	☐ still	静止した
☐ increment	増分，区切り	☐ internal	内的な
☐ blur	〜をぼんやりさせる		

問題 9

Questions **1** – **6**

Listen to part of a lecture in a literature class. 　　　　　　　　● CD 2-50

| feminist theory |

Now answer the questions.

1　What is the main topic of this lecture?　　　　　30 秒　● CD 2-51

Ⓐ The relationship between Little Red Riding Hood and the wolf
Ⓑ Feminist theory and the fairy tale
Ⓒ The transition of the meaning of folk tales
Ⓓ Women's roles in *Snow White*

2　What is stated in this lecture about the origin of the fairy tale?　50 秒　● CD 2-52

Ⓐ Critics in the 16th, 17th and 18th centuries wrote fairy tales based on oral stories.
Ⓑ The development of publishing enabled farmers to transcribe the stories inherited from their ancestors.
Ⓒ Writers modified the ideology of folk tales to make it more appropriate for their society.
Ⓓ People in aristocratic and bourgeois society made up stories from scratch.

3　How is the "feminist theory" dealt with in the field of literature?　50 秒　● CD 2-53

Ⓐ It is criticized for its biased view of female characters in the fairy tale.
Ⓑ It is considered a milestone in the history of the study of fairy tales.
Ⓒ It is helpful to reveal the fact that female characters used to be stronger than male ones.
Ⓓ It is used to analyze female characters' personalities and roles in the fairy tale.

4 Why does the professor refer to *Little Red Riding Hood*? 🕐 50 秒 ● CD 2-54

  Ⓐ To highlight the issues raised by feminist theory
  Ⓑ To show the differences between the ideas in each story
  Ⓒ To explain the background of the origins of feminist theory
  Ⓓ To describe society at the time fairy tales were created

5 What can be inferred from the lecture? *Choose 2 answers.* 🕐 1 分 ● CD 2-55

  A The use of feminism in literary interpretation developed around the same time as that of Marxism.
  B Fairy tales and folk tales cannot easily be distinguished from one another.
  C Progress in publishing technology spurred the development of fairy tales.
  D There is a large movement in feminism to reject old fairy tales.

6 What can be inferred about the two books that will be dealt with in the next class? 🕐 50 秒 ● CD 2-56

  Ⓐ The conflict between male and female characters is completely resolved.
  Ⓑ Male characters lose their power and are depicted as relatively submissive.
  Ⓒ The plot of each story becomes more modern and complicated.
  Ⓓ Female characters are independent and have their voices.

問題9 解答解説 ・文学

スクリプト・全訳➡p.199

キーワード　　フェミニズム論

📝 LOGIC NOTE

fairy tales　　　　**folk tales** 　literal　　　　←　　　oral 　fit class　　16〜18C 　　　　　　　publishing	・In the last class, we talked about what a fairy tale is.
feminist theory 　20C — colonialism, Marxism 　female　　　　　　　　　↔　　　male 　　**passive, helpless, traditional**　　active 　ex) LRRH (Little Red Riding Hood) 　　　SW (Snow White)	・But today, I'd like to introduce one of the important criticisms...
gender equality　← ideology 　women: suppressed 　　　　↓ 　　　stronger — retell ex) 2 books	・However, now, as you know, society has changed... ・Accordingly, some writers are now...

Questions 1 – 6

1

正解 Ⓑ　　　　　　　　　　　　　　　　　　　　▶ **1** トピック

この講義のメイントピックは何か。
Ⓐ 赤ずきんとオオカミの関係
Ⓑ フェミニズム論とおとぎ話
Ⓒ 民話の意義の変遷
Ⓓ 『白雪姫』における女性の役割

解説　Ⓑ 教授は，冒頭でおとぎ話を定義した上で，その重要な批評としてフェミニズム論を講義全体にわたって取りあげているため，これがメイントピックと言える。Ⓐ 赤ずきんとオオカミの関係は登場人物の男女の具体例であり，講義のメイントピックとしては扱われていない。Ⓒ 民話の意義については講義の中で述べられていない。Ⓓ 講義後半で女性の役割について述べられているが，これは『白雪姫』のみではなく，おとぎ話全般について当てはまるものである。

2

正解 Ⓒ

> 2 詳細

おとぎ話の起源について，この講義では何と述べられているか。
- Ⓐ 16世紀，17世紀，18世紀の批評家たちは，口承文学を元におとぎ話を書いた。
- Ⓑ 出版技術の発達により，農民が祖先から受け継いできた物語を書き表せるようになった。
- Ⓒ 作家たちは，民話に見られる思想を，彼らの社会にふさわしいものに修正した。
- Ⓓ 貴族階級や中産階級に属する人々が，ゼロから物語を作り上げた。

解説 Ⓒ 教授が序盤で，民話がおとぎ話に変化した過程について述べている内容と一致するので，これが正解。 Ⓐ 16世紀，17世紀，18世紀にかけて口承文学をおとぎ話に書き直したのは，批評家ではなく貴族や中産階級の作家たちである。 Ⓑ 出版技術の発達により，農民ではなく貴族や中産階級の作家が自分たちの思想に合うようにおとぎ話を書き換えた。 Ⓓ おとぎ話は，貴族や中産階級の作家が民話を元に書いたもので，ゼロから書き起こしたものではない。 from scratch で「最初から，ゼロから」の意味。

3

正解 Ⓓ

> 2 詳細

「フェミニズム論」は，文学の分野においてどのように扱われているか。
- Ⓐ おとぎ話に登場する女性への偏向した見解が原因で，批判されている。
- Ⓑ おとぎ話研究の歴史において，重要な段階と考えられている。
- Ⓒ 女性の登場人物は，かつて男性よりも強かったという事実を明らかにするのに役立っている。
- Ⓓ おとぎ話における女性の登場人物の性格や役割を分析するのに使われる。

解説 Ⓓ 教授の発言 in the field of literature, the feminist theory is used to study ~ 以降の内容と一致するので，これが正解となる。 Ⓐ フェミニズム論が，おとぎ話における女性の登場人物に対し偏った見方をとっているということは述べられていない。 Ⓑ フェミニズム論のおとぎ話研究の歴史における重要性は説明されていない。 Ⓒ 女性の登場人物がかつて男性の登場人物よりも強かったとは述べられていない。

4

正解 Ⓐ

> 6 構成理解

なぜ教授は「赤ずきん」に言及しているのか。
- Ⓐ フェミニズム論が提起した問題を強調するため
- Ⓑ それぞれの物語の考え方の違いを示すため
- Ⓒ フェミニズム論の始まりの背景を説明するため
- Ⓓ おとぎ話が作られた頃の社会を描くため

解説 Ⓐ 教授は，フェミニズム論についてより詳しい説明を求める学生に対し，実際の作品を見たほうがわかりやすいと述べ，「赤ずきん」の登場人物の男女を比べてみるように促して

いる。よって，これが正解と言える。Ⓑ 講義では，それぞれの物語の違いについては述べられていない。Ⓒ「赤ずきん」に関する部分では，フェミニズム論の始まりの背景については述べられていない。Ⓓ そのようなことを意図した発言はない。

5

正解 ＡＣ　　　　　　　　　　　　　　　　　　　　　　　5 推測

講義から推測できることは何か。2つ選びなさい。
- Ⓐ 文学の解釈にフェミニズム論が用いられるようになったのは，マルクス主義と同じ時期である。
- Ⓑ おとぎ話と民話を互いに区別することは容易でない。
- Ⓒ 出版技術の進歩により，おとぎ話の発展に弾みがついた。
- Ⓓ フェミニズム論には，古いおとぎ話を拒絶する大規模な動きがある。

解説　Ⓐ 20世紀後半に始まった，文学を分析する新しい手法として，フェミニズム論とマルクス主義は，植民地主義と共に挙げられている。Ⓒ 貴族や中産階級の作家は，出版技術の発達と共に民話を書き直し，自分たちの思想に合うおとぎ話を作ったと述べられている。Ⓑ 講義の始めに，昔から伝わる口承文学が民話，この民話を元に貴族や中産階級の作家が書き直したものがおとぎ話であると明確に区別されている。Ⓓ そのようなことは述べられていない。

6

正解 Ⓓ　　　　　　　　　　　　　　　　　　　　　　　5 推測

次回の授業で扱われる2冊の本について，何が推測できるか。
- Ⓐ 男性の登場人物と女性の登場人物の間に起きた争いが，完全に解決される。
- Ⓑ 男性の登場人物が力を失い，比較的従順に描かれている。
- Ⓒ 物語の筋がより現代的かつ複雑になっている。
- Ⓓ 女性の登場人物が，独立心が強く自分の意見を持っている。

解説　Ⓓ 教授は，社会の変化に伴って女性が力を持つようになったことで，物語を語り直す動きがあると述べ，その例として2冊の本を紹介している。今まで受動的で，主体性を持たなかった女性が力をつけるということは，すなわち，能動的になり主体性を持つようになると推測できるので，これが正解となる。Ⓐ 男性の登場人物と女性の登場人物の間に争いが起きるとは述べられていない。Ⓑ 男性の登場人物が力を失い，従順になるとは述べられていない。Ⓒ 物語の筋がより現代的かつ複雑になるとは述べられていない。

【スクリプト】
Listen to part of a lecture in a literature class.

Professor: ₁ In the last class, we talked about what a fairy tale is. Originally, there was folk tales. Since ancient times, people have inherited oral stories from their ancestors, which are folk tales. Then in the 16th, 17th, and 18th centuries, these oral stories had gradually become more literal. ₅₋₍C₎ With the development of publishing, ₂ aristocratic and bourgeois writers rewrote folk tales into fairy tales so that the ideology of the stories would fit that of their own classes. Therefore, the term "fairy tale" can be defined as a sophisticated and, in a sense, distorted version of folk tales. OK, then, can you name some famous fairy tales?

Student 1: Well, *Little Red Riding Hood, Snow White, Cinderella*…

P: Uh-huh, of course everyone knows these stories, right? They're beloved both by parents and children all over the world. ₁ But today, I'd like to introduce one of the important criticisms of them. Are you guys familiar with the term "feminist theory" as it relates to the study of literature?

Student 2: I think… it's a way of looking at literature from a woman's point of view.

P: Good. ₅₋₍A₎ In the last half of the 20th century, critics began searching for new ways of looking at literature in order to "deconstruct" the existing interpretation of literature. Among these ways are feminism, colonialism, Marxism, and so on. ₃ In the field of literature, the feminist theory is used to study, for example, how female characters or roles are depicted, or how female characters are silenced, compared to male characters.

S1: ₄ Umm, could you give us more details?

P: Well, perhaps it would be easier if you looked at an actual text. Everyone knows *Little Red Riding Hood*, don't they? What do you think when you compare the female characters and male characters, including the wolf as a male?

S2: Throughout the story it seems that the female characters, Little Red Riding Hood and her grandmother, don't do anything to save themselves. It's the woodsman that saves their lives.

S1: Female characters are… I don't know how to put this, but they're really passive, while the male characters, the wolf and the woodsman, are active. I mean they initiate more actions that move the story forward.

P: You have a good point. As you just mentioned, the female characters in *Little Red Riding Hood* are too helpless when facing the wolf, and are just devoured by him, only to be saved by another male character. The female characters are weak and submissive compared to the male characters. OK then, let's go on to the next example. Based on this feminist interpretation of *Little Red Riding Hood*, what do you think about *Snow White*?

S1: Snow White is also passive, and can't wake up until the prince comes up and kisses her.

S2: I recall that she's saved by the seven dwarfs, lives with them, and stays home and does household chores. It seems to me that she is kind of forced to play a really typical and traditional female role in the seven dwarfs' house.

P: Very good. Now you can see what's lacking in a fairy tale: gender equality. Female characters are not subjective, and the story's point of view is often stereotypical or prejudiced. Can you think of reasons for this?

S1: Perhaps it relates to the fact that the ideology of the 16th, 17th, and 18th centuries is reflected in the fairy tale, as you described at the beginning of this lecture.

P: Exactly. Back then, society was very patriarchal, and female voices were suppressed. [6] <u>Hence in a fairy tale, female characters are weak and dependent on male characters, which leads to the loss of female independence. However, now, as you know, society has changed, and women are becoming more and more powerful. Accordingly, some writers are now retelling fairy tales from a more feminine viewpoint. In the next class, we will look at the two books: *Snow White in New York* by Fiona French, and *Kissing the Witch* by Emma Donoghue, and consider how the ideology of these stories has changed.</u>

【全訳】
文学の講義の一部を聞きなさい。

教授　：前回の授業では，おとぎ話とは何かについて話しましたね。もともと民話というものがありました。古代より，人々が祖先から受け継いできた口承文学，それが民話です。そして16, 17, 18世紀になると，それらの口承文学が徐々に文字化されていきました。出版技術が発達すると，貴族や中産階級の作家たちは，物語に描かれている思想が自分たちの階級の思想と合うように，民話をおとぎ話に書き換えたのです。そのため，「おとぎ話」という言葉は，洗練された，またある意味では民話の変形版と定義することができます。では，いくつか有名なおとぎ話を挙げられますか。

学生1：そうですね，『赤ずきん』，『白雪姫』，『シンデレラ』…。

教授　：もちろん皆さんはこれらの話を知っていますよね。これらのおとぎ話は大人にも子どもにも，世界中で愛されています。しかし今日は，これらに対する重要な批評を紹介しましょう。皆さんは，文学研究における「フェミニズム論」という用語を知っていますか。

学生2：ストーリーを女性の視点から見ること…だと思います。

教授　：そうです。20世紀後半，批評家たちは，文学の既存の解釈を「脱構築」するために，新たな方法を求め始めました。その中にはフェミニズム，植民地主義，マルクス主義などがありました。文学の分野におけるフェミニズム論は，例えば，男性の登場人物に比べて，どのように女性の登場人物やその役割が描かれているか，また，どのように女性の登場人物が沈黙させられているかを研究するのに用いられます。

学生1：うーん，もっと詳しく説明していただけますか。

教授	まあ，実際の作品を見てみたほうがわかりやすいでしょう。皆さん，『赤ずきん』を知っていますね。オオカミを男性の登場人物と考えるとして，女性の登場人物と男性の登場人物を比べてどう思いますか。
学生2	物語中ずっと，女性の登場人物である赤ずきんとおばあさんは，自分たちの身を守るために何もしませんね。彼女たちを救うのは猟師です。
学生1	女性の登場人物は…何と言ったらいいかわかりませんが，とても受動的です。一方で，男性の登場人物，オオカミと猟師は能動的です。つまり，物語を先へ進める行動をより多く起こしているのは彼ら男性の登場人物ですね。
教授	いい指摘ですね。今言ってくれたように，『赤ずきん』に出てくる女性の登場人物はオオカミに対してとても無力で，ただ食べられてしまい，結果，別の男性の登場人物によって救われるだけなのです。女性の登場人物は，男性の登場人物に比べて，弱くて従順ですね。はい，では，次の例に移りましょう。『赤ずきん』でのこのフェミニスト的解釈を踏まえると，『白雪姫』をどう考えますか。
学生1	白雪姫もまた受動的で，王子様がやってきてキスをするまで，目覚めることができません。
学生2	白雪姫は7人の小人に助けられ，一緒に住み，家で家事をしていたのを覚えています。7人の小人の家で，白雪姫はとても典型的かつ伝統的な女性の役割を演じさせられていると思います。
教授	大変よくできました。もう，おとぎ話に何が欠けているかわかりましたね。ジェンダーの平等です。女性の登場人物は主体的ではなく，物語の視点はしばしば固定観念にとらわれたものであったり，偏見が入っていたりしています。この原因がわかりますか。
学生1	おそらく，授業の始めにご説明されたように，16，17，18世紀の思想がおとぎ話に反映されているということに関係していると思います。
教授	その通りです。当時，社会は男性に支配されており，女性の声は抑圧されていました。したがって，おとぎ話の女性の登場人物は弱く，男性の登場人物に依存してしまっており，結果的に彼女たちの主体性も失われているのです。しかし，今や社会は変化し，女性はどんどん強くなってきています。それに伴い，現在，女性の視点から，おとぎ話を書き直している作家がいるのです。次回の授業では，フィオナ・フレンチの『ニューヨークの白雪姫』と，エマ・ドノヒューの『魔女に恋して』という2つの物語を読んで，これらの物語の思想がどのように変化しているかを考えましょう。

Word & Phrase Check

☐ inherit	〜を受け継ぐ	☐ oral story	口承文学
☐ ancestor	祖先	☐ literal	文字の
☐ aristocratic	貴族の	☐ bourgeois	中産階級の
☐ ideology	思想	☐ sophisticated	洗練された
☐ distorted version	変形版	☐ deconstruct	〜を脱構築する
☐ interpretation	解釈	☐ colonialism	植民地主義
☐ Marxism	マルクス主義	☐ woodsman	猟師，木こり
☐ initiate	〜を始める	☐ devour	〜をむさぼり食う
☐ submissive	従順な	☐ household chores	家事
☐ subjective	主体的な	☐ stereotypical	型通りの
☐ prejudiced	偏見のある	☐ patriarchal	家父長の
☐ suppress	〜を抑圧する		

Column 授業攻略法④ 〜レポート〜

　成績の評価で大きな比重を占めるのが，レポートです。中には試験一発勝負の授業もありますが，多くの場合はレポートの提出が求められます。驚かれるかもしれませんが，アメリカの大学では，留学生だけでなく英語を母語とする学生も，English というクラスを履修し，正しい英語の文章の書き方を学ぶことになっています。このことからも，レポートがとても重要な位置づけをされていることがわかりますね。

　ではレポートをうまく書くにはどうすればいいのでしょう。授業中，意見を活発に述べて教授に褒められている人でも，レポートの評価があまりよくなかったり，再提出になったりすることがあります。それは，レポートが，内容の充実度や論理性，全体の構成，さらには文法の正確性などを基準に総合的に評価されるものだからです。どんなに内容が優れていても，全体の構成や文法に誤りがあると，評価は下がってしまいます。では，そのポイントを具体的に見てみましょう。

　まず内容についてですが，これは，毎回の reading assignment をしっかりとこなし，レポートの課題についての前提知識を十分に蓄えることが重要です。そして，授業中のディスカッションや教授の説明を通して，それらの知識に自分なりの意見を加えていきます。それがレポートの内容になります。では構成はどうでしょう。文章を構成する力は，なるべく多くの本を読み，どういった論理展開がより説得力を持つのかを考えることで身につきます。1冊や2冊の読書では足りません。多くの本を読むことによって初めて自分の体に浸透してくるものなのです。

　最後に文法。これも全体の構成同様，本を読むことによって養われていきます。もちろん，ワークブックを使った細かい文法学習も必要ですが，実際に読み書きを重ねていかないことには，そうした学習も効果を発揮しません。レポートを書く能力，つまりライティング力は自然に身につくものではないので，一定の時間と練習が必要になります。伸び悩んで辛い時もあるかもしれません。そんな時は，自分が昔書いたものを読み返してみてください。自分が成長したことを実感できるはずです。

問題 10

Questions **1** – **6**

Listen to part of a lecture in an astronomy class. ● CD 2-57

| moons / the Moon |
| planetesimal |
| axis |

Now answer the questions.

1 What does the professor mainly talk about? ⏳ 30 秒 ● CD 2-58

 Ⓐ The process by which the Moon was formed
 Ⓑ Various planets in the solar system
 Ⓒ Volcanic activity happening on planets
 Ⓓ Celestial objects that circulate around planets

2 According to the professor, which of the following statements about Jupiter and its natural satellites is true? ⏳ 50 秒 ● CD 2-59

 Ⓐ It has been proved that living creatures exist on Io.
 Ⓑ Volcanoes on Io are active because of the tidal force of Jupiter.
 Ⓒ Jupiter has four natural satellites in total.
 Ⓓ Jupiter's rotation on its axis is stable owing to its natural satellites.

3 *Listen again to part of the lecture. Then answer the question.*
What does the professor mean when she says this : 🎧 ⏳ 1 分 ● CD 2-60

 Ⓐ She feels sad that the Earth's Moon is different from other natural satellites in the universe.
 Ⓑ She wants to apologize for deceiving the students by asking a question that is impossible to answer correctly.
 Ⓒ She admits to the students that she gave an explanation from a classical point of view.
 Ⓓ She wants to avoid confusing the students by referring to the natural satellites of other planets as moons.

4 What is the most convincing theory the professor mentions as to the origin of the Earth's Moon? ⧗ 50秒 ● CD 2-61

Ⓐ It was formed by the Earth's mantle which flowed out when a big protoplanet crashed into the Earth.
Ⓑ It was made from planetesimals that were not amassed to form the Earth.
Ⓒ It was created by giant energy that was caused when Mars collided with the primitive Earth.
Ⓓ It was formed under the influence of the gravitational pull of the Earth.

5 Indicate whether each statement below is correct. *Put a check (✓) in the correct boxes.* ⧗ 1分 ● CD 2-62

	Yes	No
(1) The two celestial objects that move around Mars were discovered by Galileo.		
(2) Volcanic activity can be observed on all the natural satellites that orbit Jupiter.		
(3) The orbit of a natural satellite that was grasped by a planet's gravity tends not to be round.		
(4) The substance that comprises the Earth's mantle and the components of the Moon are alike.		
(5) Halley's Comet comes so close to the Earth that their orbits are influenced by each other.		

6 *Listen again to part of the lecture. Then answer the question.* 🎧
Which is the most suitable reason to explain why they are thankful for the Moon? ⧗ 1分 ● CD 2-63

Ⓐ The climate is stable enough for them to enjoy a beautiful view of the Moon.
Ⓑ The Moon plays an important role in the stability of the Earth's revolution.
Ⓒ The Moon has enabled civilization on Earth to develop.
Ⓓ The presence of the Moon has enabled astronomy to develop.

問題10　解答解説　　　　　　　　　　　　　　　　　　　　●天文学

スクリプト・全訳 ➡ p.209

キーワード　　[衛星／月]　[微惑星]　[軸]

📝 LOGIC NOTE

moons = **natural satellites** 　Earth — the Moon 　Mars — 2	・Today, we will start off by...
Jupiter — 60 　ex) Io: volcano ← gravity, tidal force	・Then, how many natural satellites...
how formed? ① **planetesimals** → planet の残り：perfect ② captured by gravity: uneven the Moon: neither **protoplanet** ← mantle similar ×② ← great mass　ex) Halley's Comet	・By the way, do you know how natural satellites are formed? ・Now, which category does the Moon,...
no Moon? E(Earth) rotation — M(Moon) revolution → axis stable → ○ climate → civilization	・By the way, what do you think would happen...

Questions **1** – **6**

1

> **1** トピック

正解　Ⓓ

教授は主に何について話しているか。
Ⓐ　地球の「月」が形成された過程
Ⓑ　太陽系にあるさまざまな惑星
Ⓒ　惑星で起きている火山活動
Ⓓ　惑星の周りを回っている天体

解説　Ⓓ 冒頭で教授は，Today, we will start off by talking about moons. と述べ，その後，具体例を挙げながら衛星について説明している。また，冒頭の教授の発言 a moon refers to a celestial object that orbits a planet から，衛星が惑星の周りを回っている天体であることがわかるので，これが正解となる。Ⓐ 講義後半で，地球の「月」がどのように形成されたかについて説明されているが，講義のメイントピックとは言えない。Ⓑ 火星・木星・地球について述べられてはいるが，講義のメイントピックではない。Ⓒ 木星の衛星であるイオについての説明の中で火山活動に触れられているが，メイントピックとは言えない。

2

正解 Ⓑ 　　　　　　　　　　　　　　　　　　　　　　　▶ 2　詳細

教授によれば，次のうち，木星とその衛星について正しいのはどれか。
- Ⓐ イオには，生物が存在するということが証明されている。
- Ⓑ **イオにある火山は，木星の潮汐力によって活動している。**
- Ⓒ 木星は合計で4つの衛星を持つ。
- Ⓓ 木星の自転軸での自転は，衛星のおかげで安定している。

解説　Ⓑ LOGIC NOTE の2段目を参照。教授は，木星の潮汐力がイオの火山活動に影響を与えていると述べており，講義の内容と一致する。　Ⓐ 教授は，イオに火山活動があることから生物の存在が推測されると述べているが，あくまで推測（speculation）であり，生物の存在が実際に証明されたとは述べていない。　Ⓒ 教授は，木星は合計60の衛星を持つと述べている。Ⓓ 教授が，衛星のおかげで自転軸を中心とする自転が安定していると述べているのは，木星ではなく地球である。

3

正解 Ⓓ 　　　　　　　　　　　　　　　　　　　　　　　▶ 3　発言の意図・機能

講義の一部をもう一度聞いて，質問に答えなさい。（スクリプト・全訳の青下線部参照）
次の教授の発言は何を意味しているか。（　　　参照）
- Ⓐ 教授は，地球の「月」が宇宙にある他の衛星と異なることを悲しいと思っている。
- Ⓑ 教授は，正確に答えることができない質問をして学生をだましたことを謝りたいと思っている。
- Ⓒ 教授は学生に対して，古典的な視点で説明したことを認めている。
- Ⓓ **教授は，他の惑星の衛星を月と呼ぶことで，学生を混乱させたくないと思っている。**

解説　Ⓓ 該当部分では，教授が other moons を natural satellites と言い換えている。これは，学生が理解しやすいように地球の月 (the Moon) と他の惑星の衛星 (moons) を区別しようとしたためなので，これが正解となる。　Ⓐ I'm sorry という表現を，「悲しい」，「残念だ」という意味に誤って解釈した選択肢。　Ⓑ 教授は Sorry! That was a tricky question. と述べているが，繰り返し読まれる箇所は，この教授の発言について言及したものではない。　Ⓒ 教授はそのようなことは述べていない。

4

正解 Ⓐ

地球の月の起源について，教授が挙げている最も説得力のある理論はどれか。
- Ⓐ 月は，大きな原始惑星が地球に衝突した際にあふれ出した，地球のマントルによって形成された。
- Ⓑ 月は，地球を形成するために集積されなかった微惑星から形成された。
- Ⓒ 月は，火星が原始地球と衝突した際に生じた莫大なエネルギーによって形成された。
- Ⓓ 月は，地球の重力の影響を受けて形成された。

解説 Ⓐ 教授の発言から，火星くらいの大きさの原始惑星が地球に衝突した際，地球のマントルがその上にあふれ出したことで月が形成されたという説が，現在最も広く受け入れられていることがわかる。Ⓑ 月は微惑星から形成されたという学生の発言を，教授は否定している。Ⓒ 講義では，火星が地球に衝突したとは述べられていない。Ⓓ 教授は，地球の重力では月を捕獲できないと述べていることから，講義の内容と一致しない。

5

正解 Yes （3）（4）
　　　　No　（1）（2）（5）

以下のそれぞれの項目が正しいか示しなさい。正しいボックスにチェックを入れなさい。
(1) 火星の周りを回る2つの天体は，ガリレオによって発見された。
(2) 木星の周りを回るすべての衛星において，火山活動が観測されている。
(3) 惑星の重力によって捕らえられた衛星の軌道は，丸くならない傾向にある。
(4) 地球のマントルを形成する物質と，月の構成成分は似ている。
(5) ハレー彗星は，地球にかなり接近するので，それぞれの軌道は互いに大きく影響を受ける。

解説 (1) ガリレオが発見したのは火星の衛星ではなく，木星の周りを回る4つの衛星なので，No。(2) 教授の発言から，太陽系で火山活動が見られる衛星はイオしかないと考えられていることがわかるので，No。(3) 衛星の形成に関する教授の発言から，講義の内容と一致するので，Yes。(4) 教授の発言から，講義の内容と一致するので，Yes。(5) 教授は，ハレー彗星は地球の近くを通過するが，軌道が大きく影響を受けることはないと述べているので，No。

6

正解 Ⓒ

講義の一部をもう一度聞いて，質問に答えなさい。（スクリプト・全訳の青下線部参照）
彼らが月に感謝する最も適切な理由はどれか。
- Ⓐ 気候が安定しているおかげで，美しい月の姿を楽しめるから。
- Ⓑ 月は地球の公転の安定において，重要な役割を果たしているから。
- Ⓒ 月のおかげで，地球の文明は発展したから。
- Ⓓ 月の存在のおかげで，天文学は発展したから。

解説 ⓒ 学生の最後の発言は，文明の発展には安定した気候が欠かせないという教授の説明を受けたもので，この条件を作り出した月に対し感謝したいということを意味している。Ⓐ 学生は，月を見るたびに感謝すると言っているが，安定した気候のおかげで美しい月が見られるからという理由ではない。Ⓑ 教授は，地球と月が互いに引っ張り合う引力のおかげで地球の自転軸が安定していると述べているが，地球の公転については述べていない。Ⓓ 天文学の発展については述べられていない。

【スクリプト】

Listen to part of a lecture in an astronomy class.

Professor: ₁Today, we will start off by talking about moons.
Student 1: Umm, Professor, what do you mean by "moons," not the Moon?
P: Ha ha! I expected somebody would raise that question. It's very natural that you got confused since we tend to think that there is only one Moon. ₁ In the field of astronomy, however, a moon refers to a celestial object that orbits a planet. So, in fact, the Earth has its moon, which I believe is what most of you call the Moon. At the same time, however, other planets have moons as well. For instance, Mars has two moons: Phobos and Deimos. So, yes, this is confusing. To avoid further confusion, therefore, I'd like to use another term, "natural satellite" instead of the term "moon," OK? ₅₋₍₁₎ Then, how many natural satellites do you think Jupiter has?
Student 2: Didn't Galileo discover four natural satellites? Io, Europa, Callisto… I can't remember the name of the fourth one.
P: It's Ganymede. I'm impressed that you know those names, though. Actually, Jupiter has about 60 natural satellites in all, and ₅₋₍₂₎ when it comes to Io, it is regarded as the only natural satellite in the solar system which has volcanic activity. Whereas the heat source of the Earth's volcanoes is radioactive elements contained in rock, Io's volcanoes are powered by a different source. What do you think that is?
S1: Io is one of Jupiter's natural satellites so it can't be the Sun, I guess. Is it collision energy from asteroids?
P: No, no. It has something to do with Jupiter's gravity. ₂ Jupiter's mass is 318 times larger than that of the Earth, and the planet's tidal force affects the volcanic activity on Io. Tides are phenomena that occur as a result of our Moon's attraction, right? The same force is at work in creating heat within Io's crust, and this is what causes Io's volcanic activity. If there is volcanic activity, that means the weather is warm, which has led to speculation that there is life on Io. By the way, do you know how natural satellites are formed?
S1: I've heard that some natural satellites are by-products of planets, while others come from elsewhere and are captured by a planet's gravity into its orbit.

P: Precisely! Before planets became as big as they are now, they were smaller bodies called planetesimals. These planetesimals collided with each other to form planets such as Earth and Jupiter. It is believed that the planetesimals that didn't come together to form a planet got together and eventually became a natural satellite. Many of these natural satellites orbit their planets in near-perfect circles. ₅₋₍₃₎ On the other hand, natural satellites that were captured later by a planet's gravity often have uneven orbits. Now, which category does the Moon, I mean, our Moon, fall under?

S2: Well, its orbit is practically circular, so was it formed as a result of planetesimal accumulation?

P: ₃ Sorry! That was a tricky question. In fact, our Moon falls under neither one of the two categories. Research has revealed that our Moon differs greatly from other moons. I'm sorry, I mean natural satellites. For example, the ratio of our Moon's mass to the Earth is abnormally great. Also, the interior of a planet comprises a core and the mantle that surrounds it; however, the chemical compositions of the Earth's and Moon's cores are different. If the Earth and the Moon were made from the accumulation of planetesimals, as they are for other planets and their natural satellites, then their structures and the substances they contain would be similar, right?

S2: Absolutely. So, how was our Moon made?

P: ₄ Currently, the widely accepted theory is that our Moon was made from a protoplanet hitting the Earth with a giant impact. It is said that a protoplanet about the size of Mars collided with the primitive Earth, upon which the Earth's mantle spilled out, creating the Moon. As a matter of fact, ₅₋₍₄₎ the substance of which our Moon is made is very similar to that of the Earth's mantle and not of its core. If only for that reason, this theory is convincing.

S1: Why couldn't the Moon have simply been captured by the Earth's gravity?

P: As I mentioned before, the Moon's mass is so great that the Earth's gravity could not capture and absorb the kinetic energy of a Moon coming from elsewhere. ₅₋₍₅₎ Take Halley's Comet, for example. Though this small comet passes close to the Earth, the Earth's orbit isn't greatly affected by the comet, is it?

S1: I see. It seems rational that our Moon resulted from a great impact.

P: Yeah. By the way, what do you think would happen to the Earth if there were no Moon?

S2: The Earth's rotation on its axis would become unstable?

P: That's right. Did you know that the rotation cycle of the Earth and the revolution cycle of the Moon are synchronized? That's why we can only see one side of the Moon. In other words, the Earth and the Moon gravitationally pull each other and stabilize each other's movements. Because of this mutual gravitational pull, the Earth's rotation axis is stable. And thanks to this stable axis, we can live in a stable climate that doesn't vary greatly from year to year. Having a stable climate is extremely important for civilization because it takes an incredible amount of time for civilization to develop. ₆If you think about it, it's not an overstatement to say that we are alive today because of the Moon. Is this making sense?

S1: You bet! From now on, I'll be thankful every time I look up at the Moon.

【全訳】
天文学の講義の一部を聞きなさい。

教授　　：今日はまず，月（moons）についての話から始めましょう。

学生1：教授，月 (the Moon) ではなく，「月（moons）」とはどういうことですか。

教授　　：はは！　誰かがその質問をしてくれると思っていました。月は1つしかないと考えがちなので，混乱するのも無理はありませんね。でも，天文学の分野では，月とは惑星の周りを回っている天体のことを指すんです。だから実際，地球には地球の月があります。皆さんはそれを月（the Moon）と呼んでいますよね。ですがそれと同時に，他の惑星にも月があります。例えば，火星にはフォボスとダイモスという2つの月があります。だから，ややこしいのです。したがって，これ以上の混乱を避けるために，「月」という用語の代わりに「衛星」という別の用語を使いたいと思います。いいですね？　では，木星にはいくつの衛星があると思いますか。

学生2：ガリレオが4個の衛星を発見したんですよね。イオ，エウロパ，カリスト…，4つ目の名前が思い出せません。

教授　　：ガニメデですね。でもそれらを知っているなんてすばらしいです。実は木星には全部で約60個もの衛星があるんです。しかもイオに関しては，太陽系で唯一火山活動が行われている衛星だと考えられています。地球の火山活動の熱源は岩石に含まれている放射性元素なんですが，イオの火山活動の源は違います。それは何だと思いますか。

学生1：イオは木星の衛星だから太陽ってことはないですよね。小惑星の衝突エネルギーですか。

教授　　：いやいや。木星の重力が影響しています。木星の質量は地球の質量の318倍もあって，その潮汐力がイオの火山活動に影響しているんです。潮汐とは，月の引力の結果として起こる現象ですよね。それと同じ力がイオの地殻での発熱にも働いていて，それがイオの火山活動を引き起こしているんです。火山活動が起きていれば気候も暖かいということになるから，イオには生物がいるのではないかとも言われています。ところで，衛星というのはどのようにして形成されるか知っていますか。

学生1：惑星の副産物としてできる衛星と，他から飛んできたものが惑星の重力によって衛星軌道上に捕らえられるものがあるって聞いたことがあります。

教授　　：その通り！　惑星が現在の大きさになる前は，微惑星と呼ばれる小さなかたまりでした。それらがぶつかり合うことで地球や木星といった惑星が形成されました。惑星を形成するために蓄積されなかった微惑星が一緒になって，衛星になったと考えられています。このような衛星は，惑星の周りをほぼ正確な円軌道を描いて回るものが多いのです。一方，惑星の重力によって後々捕らえられた衛星は，歪んだ軌道を持つことが多くなります。では，月（the Moon），つまりわれわれの月はどちらの部類に入ると思いますか。

学生2 ： えーっと，月の軌道はほぼ円形だから，微惑星の集積によって形成されたんですか。
教授 ： 3ごめんね！ いじわるな質問でした。実は，月はどちらの部類にも入らないんです。研究によって，われわれの月というのは他の月と大きく異なることがわかってきました。失礼，今のは衛星のことを言っています。例えば，地球に対する月の質量の比率は異常なまでに大きいのです。また，惑星の内部はコア部分とその周りのマントル部分でできていますが，地球と月のコア部分における化学組成は異なっているんです。地球と月が，他の惑星と衛星のように，微惑星の集積でできたとするならば，それらの構造も含まれる物質も似ているはずですよね。
学生2 ： もちろん。では，我々の月はどうやってできたんですか。
教授 ： 現在広く受け入れられている学説では，我々の月は巨大な衝撃と共に地球に衝突した原始惑星からできたということです。火星ほどの大きさの原始惑星が原始地球に衝突して，その原始惑星の上に地球のマントルがあふれ出し，月が形成されたと言われています。実際のところ，我々の月を構成する物質は，地球のコア部分ではなく，マントル部分の物質と非常によく似ているんです。それだけでも，この説には説得力があります。
学生1 ： どうして月は，単に地球の重力によって捕獲されたことにはならないのですか。
教授 ： 先程話した通り，月の質量があまりにも大きいから，地球の重力では，外から飛んできた月の運動エネルギーを捕獲し，吸収することはできないのです。ハレー彗星を例にとってみましょう。この小さな彗星は地球の近くを通りますが，地球の軌道は彗星に大きく影響されることはないでしょう？
学生1 ： なるほど。月は巨大衝突でできたと考えるのが理にかなっているようですね。
教授 ： ええ。ところで，もし月がなかったら，地球に何が起こると思いますか。
学生2 ： 地球の地軸上の自転が不安定になるんですよね。
教授 ： そうです。地球の自転周期と月の公転周期が一致しているのは知っていましたか。だから，いつも月の1つの側面しか見えないんです。つまり，地球と月は引力で引き合いながらお互いの運動を安定させているわけです。この相互に引っ張り合う引力のおかげで，地球の自転軸が安定しているんです。そして，この安定した地軸のおかげで，私たちは毎年それほど変わらない安定した気候の中で生活することができるんですよ。文明が発展するためには膨大な時間がかかるので，気候が安定していることは，文明にとって非常に大切なんです。6そう考えると，私たちが今生きているのは，月のおかげと言っても過言ではないということがわかりますか。
学生1 ： もちろん！ これからは，月を見上げるたびに感謝するようにします。

Word & Phrase Check

☐ astronomy	天文学	☐ confused	混乱した
☐ celestial object	天体	☐ orbit	軌道を周回する；軌道
☐ natural satellite	衛星	☐ volcano	火山
☐ radioactive	放射性の	☐ element	元素
☐ collision	衝突	☐ asteroid	小惑星
☐ gravity	重力	☐ mass	質量
☐ attraction	引力	☐ crust	地殻
☐ speculation	推測	☐ by-product	副産物
☐ planetesimal	微惑星体	☐ collide with ~	~と衝突する
☐ uneven	むらのある	☐ accumulation	集積
☐ comprise	~を構成する	☐ chemical composition	化学組成
☐ protoplanet	原始惑星	☐ primitive	原始の
☐ kinetic energy	運動エネルギー	☐ Halley's Comet	ハレー彗星
☐ rotation	自転	☐ revolution	公転
☐ synchronize	~を合わせる	☐ stabilize	~を安定させる
☐ axis	軸	☐ overstatement	誇張した言葉

問題 11

Questions 1 – 6

Listen to part of a lecture in a clinical psychology class.   ● CD 2-64

causality

synchronicity

Now answer the questions.

1 What is the gist of the lecture?   ⏳ 30 秒   ● CD 2-65

Ⓐ The professor describes an example of a young woman whose fiancé passed away.
Ⓑ The professor explains the concept of causality and synchronicity by raising examples.
Ⓒ The professor illustrates how a therapist should treat a patient.
Ⓓ The professor compares the responsibility of a physician and a therapist.

2 What does the professor mention about causality?   ⏳ 50 秒   ● CD 2-66

Ⓐ It is a new principle established by C. G. Jung.
Ⓑ It can be applied to any type of psychotherapy.
Ⓒ It can be used to comfort a patient who is receiving psychotherapy.
Ⓓ It is a concept in modern science that explains "how" something occurred.

3 *Listen again to part of the lecture. Then answer the question.*
Why does the professor give the example of a dream?

 Ⓐ To deny phenomena which don't have a rational explanation
 Ⓑ To make the lecture more convincing by speaking from his experience
 Ⓒ To show that phenomena that can be explained by synchronicity can happen to anyone
 Ⓓ To introduce the concept of synchronicity, which can explain astonishing phenomena

4 Which of the following are true about a meaningful coincidence?
Choose 2 answers.

 Ⓐ It doesn't need to be relevant to everyone as long as it is to the patient.
 Ⓑ It is an association which occurs to a therapist while he or she treats a patient.
 Ⓒ It happens when a patient objectively perceives events in daily life.
 Ⓓ It is effective in explaining an event that is unexplainable with causality.

5 What does the professor emphasize as the role of a therapist?

 Ⓐ Employing various methods in the process of psychotherapy treatment
 Ⓑ Having a great deal of empathy for a patient's suffering
 Ⓒ Supporting a patient to perceive coincidental events as meaningful
 Ⓓ Diagnosing a patient's mental condition objectively

6 Which of the following statements is NOT true about the content of the lecture?

 Ⓐ A therapist should try to help a patient recover on his or her own.
 Ⓑ People perceive every phenomenon either through causality or through synchronicity.
 Ⓒ C. G. Jung pointed out that people are usually dependent on a subjective reality.
 Ⓓ Therapists help eliminate a patient's troubles through such methods as psychoanalysis.

問題11 解答解説　　　　　　　　　　　　　　　　　　●臨床心理学

スクリプト・全訳 ➡ p.219

キーワード　因果律　共時性

📝 LOGIC NOTE

therapist 　role?　× techniques	・Today, I'd like for us to...
ex) why die? 　physician: fact, **how** = causality − cause 　therapist: silence, **why**, search for answer	・Let's say there's... ・But going back to what I was saying,...
dream × rational → recover → **synchronicity** by Jung 　= **meaningful coincidence**, subjective	・C.G. Jung sought to explain phenomena like these...
role = participate in process 　　　encourage inherent ability	・For this reason, and in conclusion, ...

Questions 1 – 6

1

正解　Ⓒ　　　　　　　　　　　　　　　　　　　　　▶ 1　トピック

講義の主旨は何か。
Ⓐ　教授は，婚約者を亡くした若い女性の例を描写している。
Ⓑ　教授は，因果律と共時性の概念について例を挙げて説明をしている。
Ⓒ　教授は，セラピストがどのように患者を治療するべきか説明している。
Ⓓ　教授は，医者とセラピストの責任を比較している。

解説　Ⓒ　冒頭の教授の発言から，セラピストの役割が講義のトピックであることがわかる。また結びでも，再度セラピストの役割を結論として述べ，学生に覚えておくように念を押している。よって，これが正解。　Ⓐ 婚約者を亡くした女性の例は，因果律と共時性を説明するための話であり，主旨ではない。　Ⓑ 因果律と共時性の概念についての説明は，あくまで学生にセラピストの役割を正確に理解させるためである。　Ⓓ 医者とセラピストの責任の比較には触れられていない。

2

正解 Ⓓ

教授は因果律について何と言っているか。
Ⓐ C. G. ユングによって確立された新しい法則である。
Ⓑ どんなタイプの心理療法にも応用できる。
Ⓒ 心理療法を受けている患者をなぐさめるために使われる。
Ⓓ 現象が「いかに」起きるかを説明する現代科学の概念である。

> 2 詳細

解説 Ⓓ 教授の発言から，因果律は「なぜ」ではなく「いかに」を説明するものであり，すべての事象は何らかの原因の結果として起こるという概念だとわかる。選択肢はその教授の発言を言い換えているので，これが正解となる。 Ⓐ C. G. ユングが提唱した法則は，synchronicity（共時性）であって，causality（因果律）ではない。 Ⓑ 教授は，因果律がどんなタイプの心理療法にも応用できるとは述べていない。 Ⓒ 教授は，因果律が心理療法を受けている患者をなぐさめるために使われるとは述べていない。

3

正解 Ⓓ

> 3 発言の意図・機能

講義の一部をもう一度聞いて，質問に答えなさい。（スクリプト・全訳の青下線部参照）
教授はなぜ夢の例を挙げたのか。
Ⓐ 合理的に説明できない現象を否定するため
Ⓑ 自らの経験を話すことで，講義の説得力を強めるため
Ⓒ 共時性によって説明できる現象は誰にでも起こり得ることを示すため
Ⓓ 驚くべき現象を説明することができる，共時性の概念を紹介するため

解説 Ⓓ 教授は，偶然としか言えないような現象の事例として夢の例を挙げ，この現象は因果律では説明できないということを示している。そこから，偶然の一致を意味あるものとして捉えるユングの共時性の概念の紹介に話を進めているため，これが正解と言える。 Ⓐ 教授は合理的に説明できない現象を否定していない。 Ⓑ 夢の例は教授自らの経験ではない。 Ⓒ 似たような例はいくつも報告されているとは言っているが，誰にでも起こり得るということを伝えたいのではない。

4

正解 Ⓐ Ⓓ

> 2 詳細

次のうち，意味のある偶然の一致について，正しいものはどれか。2つ選びなさい。
Ⓐ 該当の患者にとって意味がありさえすれば，すべての人にとって意味のあるものである必要はない。
Ⓑ 患者を治療する際，セラピストに起こる連想である。
Ⓒ 患者が日常生活における出来事を客観的に認知した時に起きるものである。
Ⓓ 因果律では説明し得ない出来事を説明するのに効果的である。

解説 Ⓐ 教授の発言 The point here is ~ より，偶然の一致がすべての人にとって意味のあるものである必要はないことがわかる。 Ⓓ 教授のユングの共時性についての発言から，意味のある偶然の一致が，因果律では説明し得ない出来事を説明するのに効果的であることがわかる。 Ⓑ 意味のある偶然の一致は，セラピストにではなく，患者に起こり得るものである。 Ⓒ そのようなことは述べられていない。

5

正解 Ⓒ　　　　　　　　　　　　　　　　　　　　　　　　　　　　　2 詳細

セラピストの役割として，教授は何を強調しているか。
- Ⓐ 心理療法の治療の過程においてさまざまな方法を用いること
- Ⓑ 患者の苦しみについて大いに共感すること
- Ⓒ 患者が偶然の出来事を意味のあるものと捉えられるように支えること
- Ⓓ 患者の精神状態を客観的に診断すること

解説 Ⓒ 教授は共時性の概念を説明した後に，講義のトピックであるセラピストの役割について，For this reason, and in conclusion, a therapist's role is to participate in the process of the patient subjectively accepting a coincidental phenomenon as a meaningful coincidence. と改めて結論づけている。 Ⓐ 教授は，講義冒頭で，セラピーのさまざまな治療法は，セラピストの役割を厳密に説明するものではないと述べている。 Ⓑ 教授は，患者の苦しみに共感することがセラピストの役割だとは述べていない。 Ⓓ 教授は，患者の精神状態を客観的に診断することがセラピストの役割だとは述べていない。

6

正解 Ⓑ　　　　　　　　　　　　　　　　　　　　　　　　　　　　　2 詳細

次のうち，講義の内容に当てはまらないものはどれか。
- Ⓐ セラピストは，患者が自力で回復するのを手助けするよう努めるべきである。
- Ⓑ 人々は，あらゆる現象を因果律か共時性のいずれかを通して認識している。
- Ⓒ C.G. ユングは，人々がたいてい主観的な現実に頼っていると指摘した。
- Ⓓ セラピストは，精神分析のような手法を用いて患者の悩みを取り除く手助けをする。

解説 Ⓑ 教授は，現象の捉え方として因果律と共時性を紹介しているが，この2つによってあらゆる現象を捉えることができるとは述べていない。 Ⓐ 講義最後の，学生と教授のやりとりの内容と一致しているため，当てはまる。 Ⓒ 教授は，ユングによると人々は主観的現実をよりどころにしていると述べているため，当てはまる。 Ⓓ 講義の始めに，教授は，精神分析についてセラピストが使う手法の1つであると認めているため，当てはまる。

【スクリプト】
Listen to part of a lecture in a clinical psychology class.

Professor: ₁ Today, I'd like for us to discuss the role of a therapist. What exactly does a therapist do?

Student 1: ₆₋₍D₎ It's an occupation that deals with problems people have using methods such as psychoanalysis, hypnotherapy, behavior therapy, and focusing.

P: True. However, those are actual techniques or methods used for getting inside someone's mind and ₁ do not specifically answer the question of what a therapist does. That's what I really want you to ponder today. Let's say there's a young woman and, unluckily, her fiancé suddenly dies in a car crash. In despair, she goes to see a therapist and asks, "Why did my fiancé die?" How would a physician, as opposed to a therapist, answer this question?

Student 2: The physician would explain the cause of death.

P: Precisely. A physician would present the facts as they are, but they wouldn't satisfy the distressed woman as the answer to her question. That's because the physician told her "how" her fiancé died without explaining clearly "why" he died. You could say the physician was substituting one question for another, but this doesn't mean the physician was avoiding the woman's question. The reason for this answer was that medicine, and all the other modern sciences, developed on the premises of substituting "how" for "why." ₂ This "how" can be explained by causality. Causality means that all circumstances occur as a result of a cause; that is to say, there are no circumstances that have no cause. Accordingly, there is always a cause for illness and death, and the purpose of medicine is to explain this cause. But going back to what I was saying, the patient looking for an answer to the question "Why did my fiancé die?" wants to know why her fiancé, and not someone else, had to die. How, then, would a therapist answer this question? The answer is, through silence — not saying a single word.

S1: Um, Professor, does that mean the therapist does nothing?

P: No. The therapist searches, with the patient, for the answer to the "why" without substituting it with "how." We can say that this is the true role of a therapist. I'm telling you it's a tough job because a therapist has to keep searching for the answer with the patient.

S2: But Professor, isn't there a possibility of the answer never being found and the problem never being solved?

P: You're right. ₃ However, as a therapist spends time with a patient, amazing things may happen that can only be explained as chance. Take a dream for example. Haven't you heard stories on the lines of, one day a person dreams about his or her grandfather and, the following day, he or she is informed that his or her grandfather has passed away?

219

S1: Yes, yes, I have.

P: Right? If you were to explain something like this using causality, having a dream about your grandfather would be the cause of his dying the next day. Would you call that logical?

S2: No way.

P: Yeah. In short, phenomena like this can't be explained either rationally or scientifically. What's interesting, though, is that there are cases in which coincidences that cannot be explained by causality prompt patients to get better. Let's examine the woman who lost her fiancé again as an example. As you can easily imagine, she's in utter despair due to her fiancé's death. However, one day, her fiancé appears to her in a dream. He gently smiles at her. He does nothing special but smile. Then, she awakens and thinks about the dream she just had. Her fiancé seems happy in it. So she decides to live happily also for his sake, and this prompts her subsequent recovery.

S1: It sounds like something from a movie.

P: I suppose it does. I mentioned that this was an example, but numerous other cases like this have actually been reported. 4-(D) C. G. Jung sought to explain phenomena like these that couldn't be explained by causality, and proposed a new principle called "synchronicity." Synchronicity is a widely accepted concept in psychology, defined as a meaningful coincidence. 4-(A) The point here is that such coincidences don't have to have relevance for everyone so long as they are relevant to the patient. According to Jung, we are dependent on psychic reality in our everyday lives. Put differently, 6-(C) we are dependent on a subjective reality and not on an objective one. It's possible for a patient to recuperate by subjectively accepting a coincidental phenomenon as a meaningful coincidence having significance exclusively for the patient. And whether he or she can do this or not actually depends on his or her inherent resilience. 5 For this reason, and in conclusion, a therapist's role is to participate in the process of the patient subjectively accepting a coincidental phenomenon as a meaningful coincidence.

S2: 6-(A) So the work of a therapist isn't to try to heal the patient but to encourage his or her inherent ability to recover?

P: That's correct. 1 If you don't fully understand this to be the role of a therapist, you won't be able to practice therapy solely for the advantage of the patient. You won't be able to call yourself a professional, either. I don't ever want you to forget that.

【全訳】
臨床心理学の講義の一部を聞きなさい。

教授　：　今日はセラピストの役割について話し合おうと思います。セラピストとは，厳密には何

	をするのでしょうか。
学生1	： 精神分析や催眠療法，行動療法，フォーカシングなどの方法を用いて，人の悩みに対処する職業です。
教授	： 確かにそうですね。しかし，それらは人の心の内に入るための実際の技術や方法であって，セラピストは何をするかという問いに対する明確な答えにはなっていません。今日皆さんにじっくり考えてもらいたいのは，実はそこなのです。例えば1人の若い女性がいて，彼女の婚約者が，不幸にも突然交通事故で亡くなってしまったとします。絶望した彼女はセラピストを訪れ，「なぜ，私の婚約者は亡くなったのか」と尋ねる。この問いに対し，セラピストではなく医者であればどう答えるでしょうか。
学生2	： 医者なら死因を説明するでしょう。
教授	： その通り。医者なら事実をそのまま説明するわけです。でも，この答えでは苦しんでいる彼女を納得させることはできないでしょう。それは，医者が「なぜ」彼女の婚約者が亡くなったのか明確な説明をせず，「いかにして」亡くなったのかを答えているからなのです。これは医者が質問をすり替えたとも言えますが，彼女の質問を避けているわけではありません。なぜなら，このような答えになるのは，医学をはじめとする近代科学のすべては，「なぜ」を「いかに」に置き換えることを前提に発展したからです。この「いかに」という問いは因果律で説明できます。因果律とは，すべての事象は何らかの原因の結果として起こるのであり，言い換えると原因のない事象は存在しないという考え方です。したがって，病気や死には必ず原因があり，その説明をするのが医学の目的なのです。ですが話を戻すと，「なぜ婚約者が亡くなったのか」という問いに対する答えを求めている患者は，なぜ，他の誰かではなく，自分の婚約者が死ななければならなかったのかを知りたいのです。では，この質問にセラピストはどう答えるのでしょうか。それは，沈黙。何も言わないことです。
学生1	： 教授，それはつまりセラピストは何もしないということですか。
教授	： いえ，違います。セラピストは患者と一緒になって，「なぜ」の問いを「いかに」にすり替えることなく，答えを追求していくのです。それこそがセラピストの役割と言えます。困難な作業ですよ，これは。患者と一緒に答えを探し続けなければならないのですから。
学生2	： でも教授，それでは答えが出ず，悩みが解消できない可能性もありますよね。
教授	： その通りです。<u>3 しかし，セラピストが患者と時間を共にしていくと，偶然としか言えないような驚くべき現象が起こることがあるのです。夢を例にとってみましょう。ある日祖父について夢を見た人が，その翌日，祖父が亡くなったという知らせを受けたという類の話を聞いたことはありませんか。</u>
学生1	： ああ，ありますね。
教授	： そうでしょう？　これを因果律で説明するなら，祖父が夢に出てきたことが原因で，翌日に祖父が亡くなったことになるでしょう。これは論理的と言えますか。
学生2	： まさか言えませんよ。
教授	： そうですね。要するに，こういった現象は合理的にも科学的にも説明することはできないのです。ところがおもしろいことに，こういった因果律で説明のつかない偶然の出来事をきっかけに，患者の症状がよくなることがあるんです。先程の婚約者を失った女性

の話をもう一度見てみましょう。容易に想像できると思いますが，彼女は婚約者の死によって心の底から絶望しています。しかし，ある日，彼女の婚約者が夢に現れ，夢の中で彼女にやさしく微笑みます。彼は何もしないでただ微笑んでいるだけです。そして目が覚めてから彼女は，さっき見た夢について考えます。夢の中で婚約者は幸せそうだった。だから，彼のためにも彼女は幸せに生きていこうと決め，そこから彼女は元気を取り戻すというわけです。

学生1： 何だか映画のような話ですね。

教授： そうですね。今，これは例だと言いましたが，実際にこれに似たケースというのはいくつも報告されているんです。C. G. ユングはこのような，因果律では説明がつかない現象について明らかにしようと考え，新しく「共時性」という法則を提案しました。共時性は，心理学において広く受け入れられている概念で，意味のある偶然の一致と定義されています。ここで大切なのは，この偶然の一致というのはあくまでも，その患者にとって意味がありさえすれば，万人に意味がある必要はないということです。ユングによれば，私たちは日常，心的現実をよりどころにして生活しています。これは言い換えると，客観的現実ではなく主観的現実をよりどころにしているということです。患者が偶然の出来事を，他ならぬ自分にとって重要な意味ある偶然の一致として主観的に捉えることで，症状がよくなる可能性があるんです。そして患者が，偶然の出来事を意味のあるものと受け止められるかどうかは，患者が持つ内在的な回復力によります。ゆえに，まとめると，セラピストの役割とは，患者が，偶然生じた現象を，意味ある偶然の一致として主観的に捉えていく過程を共にすることなのです。

学生2： では，セラピストの仕事とは，患者を治療しようとするのではなく，患者が元から持っている回復力に働きかけることなんですね。

教授： その通りです。これがセラピストの役割だとしっかり理解しておかないと，真に患者のためになるセラピーをすることはできません。また，自分をプロフェッショナルだとも言えません。このことは決して忘れないで下さい。

Word & Phrase Check			
☐ clinical psychology	臨床心理学	☐ psychoanalysis	精神分析
☐ hypnotherapy	催眠療法	☐ behavior therapy	行動療法
☐ ponder	〜をじっくり考える	☐ physician	医師
☐ cause of death	死因	☐ substitute A for B	AをBに置き換える
☐ premise	前提	☐ causality	因果律
☐ phenomena	現象，事象 単 phenomenon	☐ prompt 〜 to...	〜に…するように促す
☐ synchronicity	共時性	☐ psychic	心的な
☐ recuperate	回復する	☐ resilience	回復力
☐ solely	もっぱら	☐ diagnose	〜を診断する

MEMO

MEMO

確認テスト

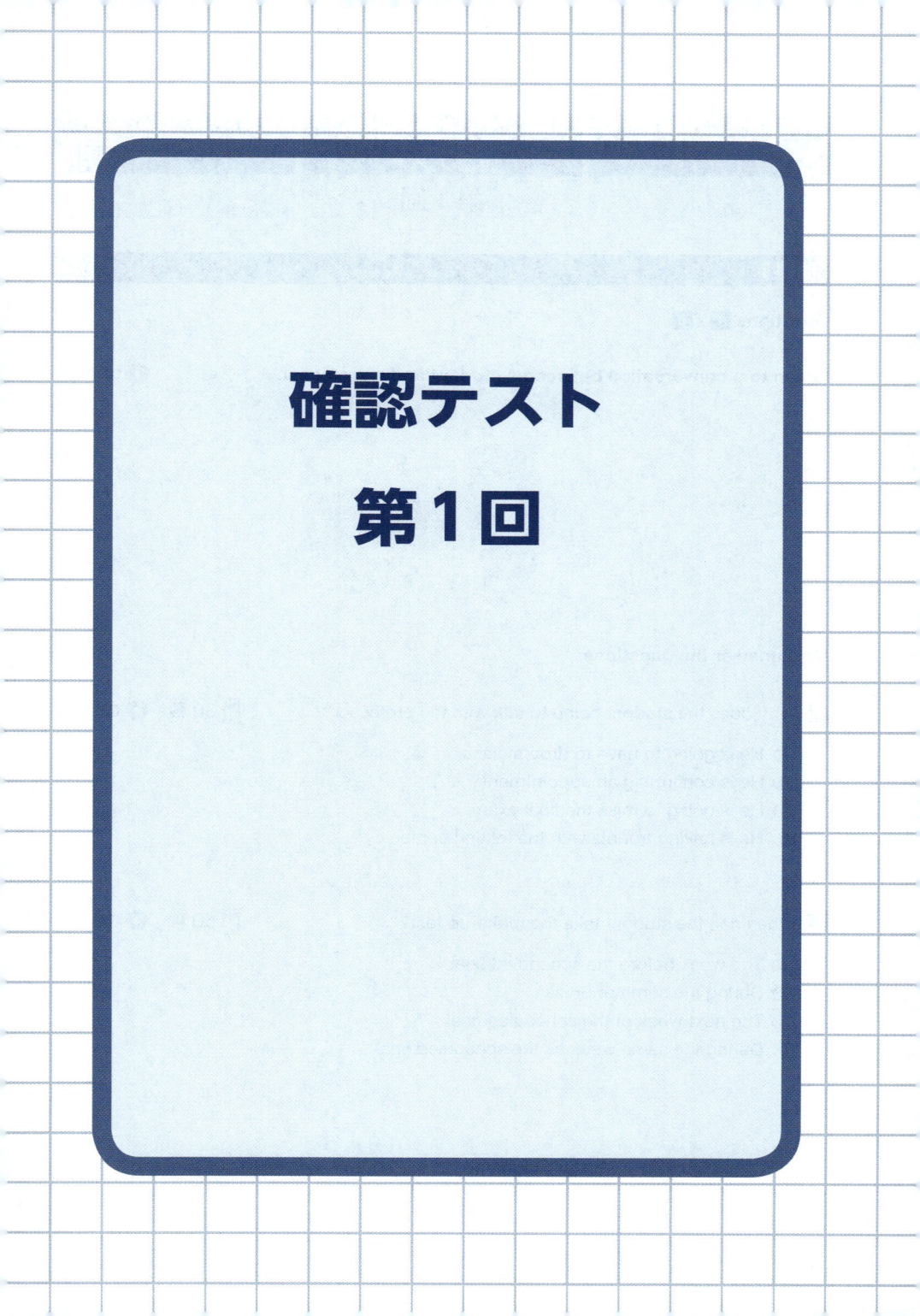

第1回

確認テスト
第1回

問題 1

Questions **1** - **5**

Listen to a conversation between a student and a professor. ● CD 3-01

Now answer the questions.

1 Why does the student come to talk with the professor? ⏳ 30 秒 ● CD 3-02

  Ⓐ He is going to have to drop a class.
  Ⓑ He is confirming an appointment.
  Ⓒ He is going to miss the final exam.
  Ⓓ He is having trouble with the testing center.

2 When can the student take the make-up test? ⏳ 50 秒 ● CD 3-03

  Ⓐ The week before the scheduled final
  Ⓑ During the summer break
  Ⓒ The next week of the scheduled final
  Ⓓ During the same week as the scheduled final

3 How does the testing center know that the student is permitted to take a test on a different day?

- Ⓐ There is no requirement for taking the test on a different day.
- Ⓑ The student provides proof of reason for absence to the test center.
- Ⓒ The professor registers the student's name on the school website.
- Ⓓ The test center confirms with the professor that he is permitted.

4 *Listen again to part of the conversation. Then answer the question.*
Why does the student say this:

- Ⓐ He is having trouble picking a topic for his essay.
- Ⓑ He is not finding enough reference material for his essay.
- Ⓒ He does not have time to read all his course books.
- Ⓓ He hasn't started working on the final essay.

5 According to the conversation, what can we guess about the subject of bilingual education in Singapore?

- Ⓐ It was a program instituted long in the past.
- Ⓑ It has not been covered in academic literature.
- Ⓒ It is related to the subject of the professor's research.
- Ⓓ It is an unusual program unlike those of other countries.

問題 2

Questions 1 – 6

Listen to part of a lecture in a life sciences class.   CD 3-07

hemophilia

coagulation

Now answer the questions.

1 What does the professor mainly discuss?   30秒 CD 3-08

- Ⓐ Antiquated treatments for a common disease
- Ⓑ The political consequences of a hereditary condition
- Ⓒ The cause and mechanism of a disease
- Ⓓ Treatments that stop heavy bleeding

2 According to the professor, what materials make up blood clots? *Choose 2 answers.*

  1分 CD 3-09

- A Platelets
- B Megakaryocyte cells
- C X chromosomes
- D Fibrin

3 What reason does the professor give for hemophilia being so common among European monarchies?   50秒 CD 3-10

- Ⓐ Queen Victoria was a carrier of the gene.
- Ⓑ There was intermarriage between royal families.
- Ⓒ The aristocracy had a rich diet.
- Ⓓ It is more common among Europeans than other peoples.

4 What is the professor's opinion on gene therapy for hemophilia?

ⓐ It is a dangerous treatment that is not advisable for most.
ⓑ It will not be developed for a long time, if it is ever developed.
ⓒ It is a promising treatment that is close to being available.
ⓓ It would only be useful for specific people with hemophilia.

5 According to the professor, how is hemophilia currently treated?

ⓐ By increasing the platelet production of bone marrow
ⓑ By gene therapy to correct the chromosomes
ⓒ By injections of missing coagulation factors
ⓓ By receiving regular blood transfusions from donors

6 How does the professor organize his lecture?

ⓐ By describing a process and then explaining how a disease interrupts that process
ⓑ By going chronologically through the history of a disease and its treatment methods
ⓒ By using an analogy to explain a difficult concept using an everyday occurrence
ⓓ By posing a question and then answering it in parts over the course of the lecture

問題 3

Questions **1** – **6**

Listen to part of a lecture in a fine arts class.　　　　　　　　　　CD 3-14

Caravaggio

chiaroscuro

Now answer the questions.

1 What is the main focus of this lecture?　　　　　　　30 秒　　CD 3-15

　Ⓐ Characteristics of Caravaggio's artwork and techniques
　Ⓑ The influence of Caravaggio's works on modern artists
　Ⓒ A biographical sketch of Caravaggio's life
　Ⓓ The pros and cons of controversial paintings by Caravaggio

2 What can be inferred about Caravaggio's life?　　　　50 秒　　CD 3-16

　Ⓐ Because his paintings were too expensive, many people criticized him.
　Ⓑ Because many people found him violent and disobedient, they killed him when he was still young.
　Ⓒ Because his mysteriousness attracted many people, he became very busy and passed away quite young.
　Ⓓ Because they knew he would not live long, many people had him work too hard.

3 Which of the following statements is NOT mentioned as characteristics of Caravaggio's paintings that differentiate his works from others' of that time?　50 秒　CD 3-17

　Ⓐ He emphasized contrast of bright and dark.
　Ⓑ He drew poor people in his paintings.
　Ⓒ His paintings depicted natural sunlight.
　Ⓓ His works were painted in a dramatic way.

4 What is stated in the lecture as points often made by critics of Caravaggio?　🕐 50秒　⚫ CD 3-18

　Ⓐ He refused to repaint his works after he completed them.
　Ⓑ His paintings were not adequate as religious works.
　Ⓒ His paintings were not realistic in terms of contrast of light.
　Ⓓ Most of his paintings were of indoor scenes.

5 What can be inferred about the Caravaggio's work habits?　🕐 50秒　⚫ CD 3-19

　Ⓐ He mixed his paints before applying them to his canvas.
　Ⓑ He often ignored traditional painting procedure.
　Ⓒ He drafted his paintings before painting directly on the canvas.
　Ⓓ He did not use models when drawing human figures.

6 Indicate whether each statement below is correct. *Put a check (✓) in the correct boxes.*　🕐 1分　⚫ CD 3-20

	Yes	No
(1) Some people say that Caravaggio's paintings are groundbreaking works for the concepts of modern art.		
(2) Caravaggio was 38 years old when he killed somebody in self-defense.		
(3) Effective chiaroscuro gives a painting a three-dimensional, realistic look.		
(4) One of the great aspects of Caravaggio's paintings is that many of his works were painted without a brush.		
(5) Caravaggio was undervalued while he was alive but became famous right after he died.		

問題 4

Questions **1** – **5**

Listen to a conversation between a student and an administrator. ● CD 3-21

Now answer the questions.

1 Why does the student visit the student affairs office?   ⏳ 30 秒 ● CD 3-22

- Ⓐ To start a new sports league for students
- Ⓑ To hand in the signatures for a petition
- Ⓒ To ask what student activities are available
- Ⓓ To volunteer for fund-raising activities

2 What does the student say about the relationship between broomball and hockey?

⏳ 50 秒 ● CD 3-23

- Ⓐ Broomball is a faster version of hockey.
- Ⓑ Broomball is a more accessible version of hockey.
- Ⓒ Broomball is a more female-oriented version of hockey.
- Ⓓ Broomball is a regional variation of hockey.

3 *Listen again to part of the conversation. Then answer the question.*
What does the administrator imply when she says this: 🎧   ⏳ 1 分 ● CD 3-24

- Ⓐ Students are expected to carry around their school ID cards at all times.
- Ⓑ The number of signatures that proposals require is not very high.
- Ⓒ Many students have tried to cheat by faking signatures.
- Ⓓ The school doesn't check rigorously if the signatures are from students.

4 According to the administrator, what is one thing the student must do?

⏳ 50 秒　　⏺ CD 3-25

　　Ⓐ Work out a budget for the league
　　Ⓑ Find a coach for the team
　　Ⓒ Purchase equipment for the sport
　　Ⓓ Raise $3,000 from students

5 What does the administrator offer to show to the student?

⏳ 50 秒　　⏺ CD 3-26

　　Ⓐ The school's yearly budget for student sports
　　Ⓑ The information of staff for the student activities
　　Ⓒ Proposals for sports that were previously accepted
　　Ⓓ A list of students who participate in intramural sports

問題 5

Questions **1** – **6**

Listen to part of a lecture in a physics class. ● CD 3-27

EM waves

light

Now answer the questions.

1 What is the main topic of the lecture? ⏳ 30 秒 ● CD 3-28

- Ⓐ Modern technological advances using radio waves
- Ⓑ The physical properties of light in all its forms
- Ⓒ Similarities between different forms of EM waves
- Ⓓ Factors causing the color difference in different-colored lights

2 *Listen again to part of the lecture. Then answer the question.*
Why does the professor say this: 🎧 ⏳ 1 分 ● CD 3-29

- Ⓐ To point out how hard it can be to reach scientific consensus
- Ⓑ To show how an EM wave is still a poorly understood topic
- Ⓒ To reassure students who might be confused on the topic
- Ⓓ To explain the reasoning behind the theory

3 What is something that all electromagnetic waves share? *Choose 2 answers.*
 ⏳ 1 分 ● CD 3-30

- A The same speed
- B The same wavelength
- C The same frequency
- D The way they are produced

4 What can we infer about the sun based on the professor's comments?

🕐 50 秒 ● CD 3-31

- Ⓐ It produces heat by way of radio waves.
- Ⓑ It only produces EM waves of low frequencies.
- Ⓒ It produces more EM waves than other stars.
- Ⓓ It produces various types of EM waves.

5 How does the professor think about EM waves?

🕐 50 秒 ● CD 3-32

- Ⓐ It can be hard to think of light as being like other forms of EM waves.
- Ⓑ There is still much for scientists to learn about EM waves.
- Ⓒ EM waves are not as prevalent phenomena as people might think.
- Ⓓ Most people will only encounter EM waves in the form of light.

6 How does the professor organize the lecture?

🕐 50 秒 ● CD 3-33

- Ⓐ By focusing on a specific element of an idea
- Ⓑ By simplest concept to most complex
- Ⓒ By tracing the history of a field of study
- Ⓓ By providing familiar examples to complex concepts

問題 6

Questions **1** – **6**

Listen to part of a lecture in a history class.　　　　　　　　⏺ CD 3-34

| Sino-Japanese War |
| Japan's annexation of Korea |

Now answer the questions.

1 What is the professor mainly talking about?　　　⏳ 30 秒　⏺ CD 3-35

　Ⓐ The economic history of Korea in the Choson era
　Ⓑ The history of modernization in Korea
　Ⓒ The influence of Japan on the feudal system of modern Korea
　Ⓓ The role of Korea in modern world history

2 According to the lecture, what was the relationship between the Choson dynastic rulers and the common people in the early period of modern Korea?

　　　　　　　　　　　　　　　　　　　　　　⏳ 50 秒　⏺ CD 3-36

　Ⓐ Both were on the same side in order to prevent the intervention by foreign powers.
　Ⓑ Both managed to reach an agreement in order to maintain the feudalistic system.
　Ⓒ The common people persisted in feudalism while the dynasty tried to shift to capitalism.
　Ⓓ The Choson Dynasty displayed an affirmative attitude toward establishing a modern nation.

3 Which of the following arguments is stated in the lecture about the Sino-Japanese War?　　　　　　　　　　　　　　　　　　　50秒　CD 3-37

Ⓐ It led to the creation of a Korean Empire but a short-lived independence.
Ⓑ The main dispute of the war was over who would control the Korean peninsula.
Ⓒ Korea contributed as an ally to Japan's victory over China.
Ⓓ The annexation treaty marked the conclusion of the Sino-Japanese War.

4 What is the professor's attitude toward modernization of Korea in the colonial period?　　　　　　　　　　　　　　　　50秒　CD 3-38

Ⓐ Japan's colonial occupation enabled Korea to establish the foundation of the country's modernization.
Ⓑ Japan contributed to Korea's modernization in the field of economy and agriculture.
Ⓒ The development that Japan's colonization brought to Korea cannot be considered truly fundamental.
Ⓓ The modernization led by Japan benefited the entire population of Korea in various fields.

5 *Listen again to part of the lecture. Then answer the question.*
Why does the professor say what he says?　　　　　1分　CD 3-39

Ⓐ To emphasize that we should understand Korean modernization separately from world history
Ⓑ To clarify that Korea would have had difficulty modernizing without outside influence
Ⓒ To remind students that modernization means going from "feudalism" to "capitalism"
Ⓓ To point out that Korean history is derivative of world history

6 How is the information in this lecture organized?　　50秒　CD 3-40

Ⓐ In order of the professor's strongest arguments
Ⓑ According to the characteristics of Korean modernization
Ⓒ Generally, in the order in which some historical events occurred
Ⓓ By the detailed description of Japanese society

問題 7

Questions **1** – **5**

Listen to a conversation between a student and a member of the office staff.

CD 3-41

Now answer the questions.

1 Why does the student come to the school organization office? 30 秒 CD 3-42

- Ⓐ To get an application form to apply for financial aid from school
- Ⓑ To make sure that his friend's club is successfully established
- Ⓒ To gather some information about establishing a student club
- Ⓓ To ask the office staff member about how to hold a food sale

2 According to the conversation, what is true about a student organization?

50 秒 CD 3-43

- Ⓐ Every student officer has to have a minimum GPA of 2.5.
- Ⓑ The secretary and the event coordinator have to attend an orientation session.
- Ⓒ All student officers need to take at least seven units.
- Ⓓ All student organizations have to have five officer positions.

3 Why does the student ask the office staff member about financial aid from school?

50 秒 CD 3-44

- Ⓐ Because he can't afford to pay the application fee
- Ⓑ Because he and his friends don't have any budget for their club activities
- Ⓒ Because volunteer activities require a lot of money
- Ⓓ Because the school can't allow a student club without a budget

4 What does the office staff member say about financial aid? *Choose 2 answers.*

⧖ 1分　● CD 3-45

A. Organizations receive aid based on how many members they have.
B. The university reviews forms submitted by organizations to decide which organizations should receive aid.
C. The student's group cannot receive aid this semester.
D. The organization's first event will be paid for by the university.

5 *Listen again to part of the conversation. Then answer the question.*
What does the office staff member imply when she says this: 🎧

⧖ 1分　● CD 3-46

Ⓐ The student had better reconsider whether he should run an organization.
Ⓑ The student needs to take more time to consider his plan carefully.
Ⓒ There are many other organizations holding events now.
Ⓓ The student should allow time to open a bank account.

問題 8

Questions 1 – 6

Listen to part of a lecture in an economics class. CD 3-47

oligopoly

Now answer the questions.

1 What is the main topic of this lecture? 30 秒 CD 3-48

- Ⓐ Introduction of several types of duopoly markets
- Ⓑ A mathematical approach to advertisements
- Ⓒ Explanation of an economic theory with an example
- Ⓓ A solution to a problem arising in the automobile industry

2 Which of the following statements is NOT mentioned as one of the four factors of perfect competition? 50 秒 CD 3-49

- Ⓐ A seller should produce the same item as that of other sellers.
- Ⓑ Buyers are sometimes provided with a chance to determine the price of products.
- Ⓒ Sellers are able to enter and leave the market anytime they want.
- Ⓓ Both sellers and buyers have to have information about products.

3 Why is advertising considered one of the characteristics of an oligopoly? 50 秒 CD 3-50

- Ⓐ Because most products are similar, and consumers have less interest in products.
- Ⓑ Because the interrelation between sellers and buyers is important, and companies need to improve it.
- Ⓒ Because there have been rapid developments in advertising technology recently.
- Ⓓ Because companies cannot sell the entire stock at the current price, and need to make their products appealing.

4 *Listen again to part of the lecture. Then answer the question.*
What does the professor imply when he says this:

Ⓐ Communication can change the behavior of and thus results for companies.
Ⓑ The solution to oligopoly is to allow companies to communicate with each other.
Ⓒ Companies should always choose the low-spec model.
Ⓓ Companies have little control over their own decisions.

5 According to game theory, how would sellers behave in an oligopolistic market?

Ⓐ Each seller would act aggressively in the market dreaming of becoming a monopolist.
Ⓑ Sellers would communicate with each other for the maximum gain of their market.
Ⓒ A seller who determines the price of goods would enjoy considerable benefits.
Ⓓ A seller would aim to gain the biggest benefit irrespective of competitor behavior.

6 Indicate whether each statement below is correct. *Put a check (✓) in the correct boxes.*

	Yes	No
(1) The difference between an oligopoly and a monopoly is the number of sellers.		
(2) The professor describes an example of game theory without digressing.		
(3) A duopoly is an indispensable condition of game theory.		
(4) In the example of the car industry, both firms end up making the same choice after all.		
(5) The professor implies that consumer behavior is ignored in game theory.		

問題 9

Questions **1** – **6**

Listen to part of a lecture in an education class.　　　　　　　　　　CD 3-54

Waldorf education

Now answer the questions.

1 What is the purpose of this lecture?　　　　　　　　　30秒　CD 3-55

　　Ⓐ To have a debate on the merits and demerits of an educational method
　　Ⓑ To analyze the effect of storytelling on children
　　Ⓒ To illustrate how a type of educational method is employed
　　Ⓓ To compare the latest educational method with a traditional one

2 *Listen again to part of the lecture. Then answer the question.*
　　What does the student imply when she says this:　　　　1分　CD 3-56

　　Ⓐ She expresses her confusion about the professor's remark.
　　Ⓑ She is enthusiastic about the professors' proposed concept.
　　Ⓒ She accepts what the professor said.
　　Ⓓ She suggests that the professor's comment is wrong.

3 How are children educated in the curriculum of Waldorf education?
　　　　　　　　　　　　　　　　　　　　　　　　　50秒　CD 3-57

　　Ⓐ They are expected to learn things by themselves without being taught by teachers.
　　Ⓑ They learn things by tracing the process in which human beings have evolved.
　　Ⓒ They study only history with a special emphasis on human evolvement.
　　Ⓓ They memorize every single word that a teacher introduces through storytelling.

4 *Listen again to part of the lecture. Then answer the question.*
Why does the professor say this:

- Ⓐ To figure out whether the students have received Waldorf education
- Ⓑ To test whether the students remember the way they learned the alphabet
- Ⓒ To describe Waldorf education compared with the normal way of learning
- Ⓓ To explain the history of Waldorf education in detail

5 How does Waldorf education enhance the way children learn the alphabet?

- Ⓐ By teaching them in a non-standard order to improve memorization
- Ⓑ By associating the letters with shapes and sounds that are meaningful to children
- Ⓒ By repeating the act of writing so often that it becomes second nature
- Ⓓ By telling stories that use a letter repeatedly so the image of the letter becomes ingrained

6 Which is NOT true about Waldorf schools?

- Ⓐ The number of Waldorf schools has been increasing.
- Ⓑ There are over 900 Waldorf schools in Germany.
- Ⓒ One of Waldorf schools is located near the campus.
- Ⓓ Waldorf schools have become popular all over the world.

確認テスト 第1回 解答一覧

問題 1 ・会話・ Questions 1 - 5

1 Ⓒ   2 Ⓓ   3 Ⓓ   4 Ⓐ   5 Ⓒ

問題 2 ・講義・ Questions 1 - 6

1 Ⓒ   2 ＡＤ   3 Ⓐ   4 Ⓑ   5 Ⓒ   6 Ⓐ

問題 3 ・講義・ Questions 1 - 6

1 Ⓐ   2 Ⓒ   3 Ⓒ   4 Ⓑ   5 Ⓑ   6 Yes: (1) (3)   No: (2) (4) (5)

問題 4 ・会話・ Questions 1 - 5

1 Ⓐ   2 Ⓑ   3 Ⓓ   4 Ⓐ   5 Ⓒ

問題 5 ・講義・ Questions 1 - 6

1 Ⓒ   2 Ⓒ   3 ＡＤ   4 Ⓓ   5 Ⓐ   6 Ⓓ

問題 6 ・講義・ Questions 1 - 6

1 Ⓑ   2 Ⓐ   3 Ⓐ   4 Ⓒ   5 Ⓐ   6 Ⓒ

問題 7 ・会話・ Questions 1 - 5

1 Ⓒ   2 Ⓐ   3 Ⓑ   4 ＢＣ   5 Ⓑ

問題 8 ・講義・ Questions 1 - 6

1 Ⓒ   2 Ⓑ   3 Ⓓ   4 Ⓐ   5 Ⓓ   6 Yes: (1) (4)   No: (2) (3) (5)

問題 9 ・講義・ Questions 1 - 6

1 Ⓒ   2 Ⓐ   3 Ⓑ   4 Ⓒ   5 Ⓑ   6 Ⓑ

確認テスト第1回 | 解説1

問題1　解答解説

スクリプト・全訳 ➡ p.247

Questions 1 – 5

1

正解　Ⓒ　　　　　　　　　　　　　　　　　　　　　　　　　▶ 1 トピック

学生が教授と話しに来ているのはなぜか。
- Ⓐ 授業の履修をやめなければならなくなるため。
- Ⓑ 面会の約束を確認するため。
- Ⓒ 期末試験を受けられないため。
- Ⓓ 試験センターとのトラブルを抱えているため。

解説　Ⓒ 学生の2つ目の発言 I just discovered I won't be able to take the final on the scheduled day から，期末試験を当日に受けられないことに気づき，その相談に来たことがわかる。　Ⓐ 授業の履修を取りやめるとは述べていない。　Ⓑ 面会の約束があったとは述べていないので，不適切。　Ⓓ 試験を所定の日に受けられないという学生の相談に対し，教授が試験センターを紹介しており，学生がトラブルを抱えているということは述べられていない。

2

正解　Ⓓ　　　　　　　　　　　　　　　　　　　　　　　　　▶ 2 詳細

学生が追試を受けることができるのはいつか。
- Ⓐ 通常の期末試験の1週間前
- Ⓑ 夏休み中
- Ⓒ 通常の期末試験の次の週
- Ⓓ 通常の期末試験と同じ週のうち

解説　Ⓓ 教授の発言，any time during finals week is fine から，期末試験と同じ週のうちならいつでもよいということがわかる。　Ⓐ 通常の試験の1週間前は，試験センターへの登録の期限である。　Ⓑ 夏休みについては触れられていない。　Ⓒ 期末試験と同じ週の土曜日までに受けなければならないので，不適切。

3

正解　Ⓓ　　　　　　　　　　　　　　　　　　　　　　　　　▶ 2 詳細

試験センターは，学生が別の日に試験を受けることを許可されているのをどのようにして知るか。
- Ⓐ 試験を別の日に受けるための要件はない。
- Ⓑ 学生が，試験センターへの欠席理由の証明書を用意する。
- Ⓒ 教授が，学生の名前を学校のウェブサイトで登録する。
- Ⓓ 試験センターが，学生が許可を受けていることを教授に確認する。

解説　⒟ 教授の発言，They send a request to me in order to confirm that you have my permission to take the test in the testing center. から，試験センターは教授に，学生が許可を受けていることを確認することがわかる。　Ⓐ 追試を受けるには教授の許可が必要であると言えるので，不適切。　Ⓑ 学生は証明書を用意する必要があるかと教授に尋ねているが，教授はその必要はないと答えているので，除外できる。　Ⓒ 学生は学校のウェブサイトから追試の登録を行うが，教授が学生の名前を登録するとは述べられていない。

4

正解　Ⓐ　　▶ **4**　話者の態度・意見

会話の一部をもう一度聞いて，質問に答えなさい。（スクリプト・全訳の青下線部参照）
学生が次のように言っているのはなぜか。（　　　参照）

Ⓐ エッセイのトピック選びに困っている。
Ⓑ エッセイのための十分な参考資料が見つかっていない。
Ⓒ 講座の本をすべて読むための時間がない。
Ⓓ まだ最終エッセイにとりかかっていない。

解説　Ⓐ niche は「最適な仕事」などの意味がある。学生の発言は，「参考文献は集めたが，深く掘り下げるべき要素が見つからない」という主旨であり，エッセイのトピック選びに迷っていることがわかる。　Ⓑ I've assembled a lot of reference material や，引用部分の I have plenty of books, but they all seem to cover the same material. から，参考資料となる本は十分に用意しているとわかる。　Ⓒ 時間がないとは述べていないので不適切。　Ⓓ すでに文献を集めてトピックを考え始めているので，まだ着手していないとは言えない。

5

正解　Ⓒ　　▶ **5**　推測

会話によれば，シンガポールのバイリンガル教育というテーマについて何が推測できるか。
Ⓐ 過去に長く設けられていたプログラムである。
Ⓑ 学術文献では取り上げられていない。
Ⓒ 教授の研究テーマと関連がある。
Ⓓ 他の国々のそれと異なり，珍しいプログラムである。

解説　Ⓒ トピック選びに迷う学生に対し，教授がこのテーマを提案しており，自身も数年前に調査を行ったと述べている。したがって，教授の研究分野に関連があることが推測できる。　Ⓐ そのようなことは述べられていない。　Ⓑ 学生は I can't seem to find a source that deals primarily with the subject と述べているが，学生が集めた本の中で触れられていることや，教授がそれについての本を紹介していることを踏まえると，学術文献で取りあげられていないとは言えない。　Ⓓ 珍しいプログラムであるという発言はない。

【スクリプト】
Listen to a conversation between a student and a professor.

Student: Hi, Professor Rodrigues, could I speak with you?
Professor: Of course, Terry. Do you have a question about the final exam or essay?
S: Sort of. ₁ Actually, I just discovered I won't be able to take the final on the scheduled day.
P: Why is that?
S: I have a mandatory orientation for the foreign exchange program I'm participating in next semester. I don't know why they're doing it during finals week, but they have some legal stuff they need me there to sign. If I don't go, they won't let me travel next semester.
P: That is unusual scheduling. It's OK, though. You'll be able to take the test at the testing center instead.
S: Well, I've actually never had to take a test at the testing center before.
P: Don't worry; it's very simple. Just go to the school website and search for the testing center. You'll be able to sign up there for a time to take the test. Be sure to do that one week before the normal test.
S: Will I be able to take the test after Tuesday?
P: ₂ Yes, any time during finals week is fine. As long as you can do it before Saturday, you should be fine.
S: ₃ Do I need to show anything that proves the reason I'm going to be absent for the normal test?
P: That's not necessary. They send a request to me in order to confirm that you have my permission to take the test in the testing center.
S: OK, I'll double check my other finals and reserve a date for the make-up test.
P: Of course. After all, this foreign study program should really be beneficial for your studies. It would be irresponsible to jeopardize your place in the program.
S: Yeah, I'm really looking forward to it. The program should be really challenging and really matches well with my field of study.
P: It sounds like a really wonderful opportunity for you. I trust you'll maintain the dedication you've shown in your studies so far.
S: I promise I will. Thanks for helping me out with this.
P: It's no trouble at all, Terry. Actually, as long as you're here, how is your final essay going?
S: I've assembled a lot of reference material, but I'm having a little bit of trouble narrowing down exactly what I want to talk about.
P: ₄ What's the topic you're writing about?
S: Language education in multilingual countries. I have plenty of books, but they all seem to cover the same material. So, there doesn't seem an obvious niche to dive

into.
P: [5] Have you considered writing on bilingual education in Singapore? I think that would be a very interesting subject to tackle. I carried out a research on it a few years ago.
S: Yeah, I've seen that program mentioned in passing in the books I've gathered, but I can't seem to find a source that deals primarily with the subject.
P: If that's what you're having trouble with, I have just the book for you. It's called "Building a Multilingual Singapore Through Education" or "Educating a Multilingual Singapore," something like that. I know it's by Olivia Penfield. If you search her name, I'm sure you'll find it.
S: That sounds like it would be useful. Thanks so much, I'll make sure to look it up as soon as I leave here.
P: I'm glad to help. I'm looking forward to your report.

【全訳】
学生と教授の会話を聞きなさい。

学生　：こんにちは，ロドリゲス教授，少しお話をさせていただいてもよろしいですか。
教授　：もちろんよ，テリー。期末試験かエッセイについての質問があるのかしら。
学生　：そんなところですが。実は，期末試験を所定の日に受けることができないということに気づいたんです。
教授　：それはどうしてなの？
学生　：来学期に参加することになっている交換留学プログラムに必須のオリエンテーションがあるんです。なぜ期末試験の週にやるのかがわからないんですが，そこで署名しなければならない法的な書類がいくつかあるそうです。もし行かなければ，来学期に留学させてもらえないんです。
教授　：それは珍しいスケジューリングね。でも大丈夫，代わりに試験センターで試験を受けることができるわ。
学生　：ええと，実はこれまでに試験センターで試験を受けたことがないんです。
教授　：心配ないわ，とても簡単よ。学校のウェブサイトで，試験センターを検索してご覧なさい。そこで試験を受ける時間を登録することができるわ。通常の試験の1週間前までに行うようにしてね。
学生　：火曜日以降に試験を受けることはできますか。
教授　：ええ，期末試験の週の間なら，いつでも大丈夫よ。土曜日より前に受けるのであれば，問題ありません。
学生　：通常の試験に欠席する理由を証明するものを提示する必要はありますか。
教授　：それは必要ないわ。あなたが試験センターで試験を受けることについて，私の許可を得ているのを確かめるための依頼書が，私に送られてくるの。
学生　：では，他の期末試験も再確認して，追試の日を予約します。
教授　：そうですね。とにかく，この交換留学プログラムはあなたの研究にとって本当に有益な

確認テスト第1回 | 解説1

学生	：	はずよ。あなたのプログラムへの参加を台無しにするなんて無責任ですからね。
学生	：	ええ，私もとても楽しみにしているんです。プログラムはとてもやりがいのあるものになるはずですし，私の研究分野ともぴったり一致しているんです。
教授	：	あなたにとって非常にすばらしい機会のようね。これまでの研究で見せてきた熱心さを維持してくれることを信じていますよ。
学生	：	ぜひそうします。ご助力ありがとうございます。
教授	：	なんてことないわ，テリー。ところで，あなたがここにいるから聞くけど，期末エッセイはどんな具合かしら。
学生	：	参考文献はたくさん集めたんですが，まさに書きたいと思うことを絞るのにちょっと苦労しています。
教授	：	₄ どんなトピックについて書くつもりなの？
学生	：	多言語国家における言語教育です。本はたくさんあるんですが，皆同じことが書かれているように思えてしまって。明らかに深く掘り下げるべきというような適切なものがないように思えるんです。
教授	：	シンガポールのバイリンガル教育について書くことを考えてみた？ 取り組むのにおもしろいテーマだと思うわよ。私も数年前にそれに関する調査を行いました。
学生	：	ええ，集めた本をざっと読んだ時，そのプログラムについて触れられているのを見ましたが，そのことを主として扱っている資料が見つかりませんでした。
教授	：	それが問題なら，私がうってつけの本を知っているわ。たしか『教育で多言語シンガポールを築く』か『多言語シンガポールを教育する』といったタイトルだったわ。オリビア・ペンフィールドの本よ。彼女の名前で検索すれば見つかるでしょう。
学生	：	役に立ちそうです。ありがとうございます。すぐに探してみます。
教授	：	お役に立ててうれしいわ。レポートを楽しみにしていますよ。

確認テスト【1】

| 問題2　解答解説 | ・生命科学 |

スクリプト・全訳 ➡ p.253

キーワード　　血友病　　凝固

Questions 1 – 6

1

正解 Ⅽ　　　　　　　　　　　　　　　　　　　　　　　　1　トピック

教授は主に何を論じているか。
- Ⓐ　よく知られた病気の旧式の治療法
- Ⓑ　遺伝性疾患の政治的影響
- Ⓒ　ある病気の原因とメカニズム
- Ⓓ　大量出血を止める治療法

解説　Ⓒ　教授は冒頭で血友病について導入的な説明をした後，血友病の場合に血液凝固が妨げられる仕組みや，血友病を引き起こす遺伝子の突然変異について説明している。よって，これが正解。　Ⓐ　旧式の治療法については言及されていない。　Ⓑ　血友病は遺伝性疾患であるとは述べられているが，政治的影響に関しては述べられていない。　Ⓓ　大量出血を止める治療法に関しては触れられていない。また，治療法が講義のメイントピックではない。

2

正解 Ａ Ｄ　　　　　　　　　　　　　　　　　　　　　　2　詳細

教授によれば，何が血ぺいを作るか。2つ選びなさい。
- Ａ　血小板
- Ｂ　巨核球細胞
- Ｃ　X 染色体
- Ｄ　フィブリン

解説　Ａ Ｄ　教授の発言 Clots are formed by platelets and webs of fibrin. から，血ぺいを作るのは血小板やフィブリンだとわかる。 Ｂ　教授の説明で，血小板は巨核球細胞によって作られると述べられているが，巨核球細胞そのものが血ぺいを作るわけではない。 Ｃ　講義後半で X 染色体の異常が血友病を引き起こすと述べられているが，それが血ぺいを作るのではない。

3

正解 Ⓐ　　　　　　　　　　　　　　　　　　　　　　2　詳細

血友病がヨーロッパの王室で非常によく見られることについて，教授はどのような理由を挙げているか。

- Ⓐ　ビクトリア女王が遺伝子の保因者だったため。
- Ⓑ　王室間で近親結婚があったため。
- Ⓒ　貴族は豊かな食生活を送っていたため。
- Ⓓ　他の人々よりもヨーロッパ人によく見られるため。

解説　Ⓐ　教授は，ヨーロッパ王室での血友病の多さについて，一般的には近親結婚が原因だと考えられていたと述べた後，それを否定している。Instead, the prevalence of the disease can be attributed solely to the fact that Queen Victoria was a carrier of the disease. 以降より，これが正解。Ⓑ　近親結婚は血友病の原因として否定されているので，不適切。Ⓒ　食生活については言及されていない。Ⓓ　ヨーロッパ人とそれ以外の人々との比較はされていないので，除外できる。

4

正解 Ⓑ　　　　　　　　　　　　　　　　　　　4　話者の態度・意見

教授は血友病の遺伝子治療に関してどのような意見を持っているか。

- Ⓐ　大部分の人には推奨できない危険な治療である。
- Ⓑ　たとえ開発されるとしても，しばらくは開発されないだろう。
- Ⓒ　近いうちに利用可能になりそうな前途有望な治療法である。
- Ⓓ　血友病にかかっている特定の人々だけに役立つだろう。

解説　Ⓑ　終盤の治療法に関する言及の中で，教授は，突然変異遺伝子を治療する方法はまだ開発されていないと述べ，If it is ever developed, it likely won't be for some time. と述べている。つまり，開発にはまだ長くかかると考えているとわかる。Ⓐ　危険性については言及されていないので，除外できる。Ⓒ　近いうちに利用可能になるとは述べられていない。Ⓓ　特定の血友病患者だけに役立つとは述べられていない。

5

正解 ⓒ 　　　　　　　　　　　　　　　　　　　　▶ 2　詳細

教授によれば，現在血友病はどのように治療されているか。
Ⓐ　骨髄中の血小板の生成を増やすことによって
Ⓑ　染色体を正常な状態にするための遺伝子治療によって
ⓒ　不足している凝固因子を注射することによって
Ⓓ　ドナーから定期的に輸血を受けることによって

解説 　ⓒ　教授は終盤で，現在の血友病患者の治療について Currently people who suffer from hemophilia primarily use injections of the missing coagulation factors. と述べている。よって，これが正解。Ⓐ 血小板の生成を増やすことに関しては言及していない。Ⓑ 遺伝子治療はまだ開発されていないと述べているので，現在の治療法としては不適切。Ⓓ 輸血については述べられていない。

6

正解 Ⓐ 　　　　　　　　　　　　　　　　　　　　▶ 6　構成理解

教授はどのように講義を構成しているか。
Ⓐ　あるプロセスを説明し，次に病気がそのプロセスをどのように妨げるかを説明することによって
Ⓑ　ある病気の歴史と治療法を，年代順に詳しく論じることによって
Ⓒ　日常の出来事を使った，難しい概念を説明するための例を持ち出すことによって
Ⓓ　講義全体をいくつかに分け，質問を投げかけてそれに答えることによって

解説 　Ⓐ　講義前半の To understand hemophilia, we first need to understand how blood clotting normally works. に注目。血友病を理解するために，まず血液凝固のプロセスを説明した上で，血友病の場合にはそのプロセスにどのような問題が生じるかを説明している。したがって，これが正解。Ⓑ 血友病の歴史については 19 世紀後半から 20 世紀初期にヨーロッパ王室に蔓延していたと述べられているが，その治療法の歴史については触れられていない。Ⓒ 血友病の概念の説明に日常的な例は用いられていない。Ⓓ 講義の中盤で So just what is the clotting process? と質問を投げかけている部分があるが，それによって講義を構成しているとは言えない。

【スクリプト】
Listen to part of a lecture in a life sciences class.

Professor: [1] Hemophilia is likely the most commonly known bleeding disease among the general populace. Von Willebrand disease is actually more prevalent and acts in much the same way, but due to its relevance in history, more people are likely to be familiar with Hemophilia.

The disease is characterized by a decreased ability for a person's blood to clot. Sometimes it can be hard to remember that our wounds stop bleeding because of a biological process instead of just our blood drying when exposed to the air. We suffer many internal injuries that involve internal bleeding and these are mended by the same system that creates scabs on our nicks and cuts.

[6] To understand hemophilia, we first need to understand how blood clotting normally works. A clot is a mass of blood that has become solid or semi-solid in order to prevent further bleeding. [2] Clots are formed by platelets and webs of fibrin. Fibrin is a protein that binds together once exposed to the clotting process, while platelets are an element of blood. They're not considered cells since they don't have a cell nucleus, but are instead created by megakaryocyte cells in the bone marrow. They are normally shaped like a lens and slide smoothly through the blood stream, but transform into a rough, spikey shape that plugs holes and obstructs blood flow when exposed to the clotting process.

So just what is the clotting process? When tissue is ruptured, it exposes receptors that trigger coagulation factors. These factors are primarily enzymes that trigger each other in what's called the coagulation cascade. Some of them activate platelets, but mostly these factors interact with each other. One factor activates another factor which activates another factor which goes back and reactivates previous factors while activating the next factor. It's a very complicated and circuitous system. Some of the factors only serve to trigger the next factor and don't actually contribute to the clotting process. After this cascade finally concludes, it activates the enzyme thrombin. The thrombin activates the fibrin which creates a mesh of proteins that hold the platelets in place and form a large, solid mass that covers a wound.

[6] Hemophilia interrupts this process by taking one of these factors out of the clotting process. If a person can't produce every single one of the coagulation factors, the whole system falls apart, like a broken link pulling apart a chain. Platelets still clump up in wounds and a limited amount of fibrin is activated, but for the most part blood simply keeps flowing through. Injuries that are normally trivial can become serious or even fatal since the bleeding is not easily stopped.

Hemophilia is perhaps best known for its role in the history of the royal families of Europe. It was particularly prevalent among many of the royal families of Europe in the late 19th and early 20th centuries. In fact, it was so common it was called the "royal disease." There were hemophiliacs in the royal families of the United Kingdom, Prussia, Spain, and Russia for close to a hundred years.

Most people assumed that the prevalence of hemophilia in European monarchies was due to complications from inbreeding. While it is true that there was some degree of inbreeding among European royal families, hemophilia is not related to complications from coupling closely related parents. ₃ Instead, the prevalence of the disease can be attributed solely to the fact that Queen Victoria was a carrier of the disease. Victoria carried the gene mutation that causes hemophilia on one of her X chromosomes and passed it on to her daughters. These same daughters married into royal families across Europe and passed the disease on to their children.

Since hemophilia is caused by a mutation on a gene on the X chromosome, it is primarily found in men. Since women have two X chromosomes, they can rely on the same gene on their other X chromosome. However, their sons have a 50/50 chance of inheriting the X chromosome with the mutation. They can't rely on a second X chromosome for the correct gene for producing the missing clotting factor. So, they exhibit hemophilia. Women with hemophilia are very rare since both of their parents would have to have the disease. Women who are carriers of the mutated X chromosome sometimes have a somewhat reduced ability to clot blood, but this is usually not serious enough to be considered hemophilia.

As a genetic disease, hemophilia cannot currently be cured. ₄ Gene therapy may someday allow doctors to repair the mutation in people who have the affected chromosome, but no such treatment has been developed. If it is ever developed, it likely won't be for some time. ₅ Currently people who suffer from hemophilia primarily use injections of the missing coagulation factors. These injections can be either taken on a schedule to prevent any accidental bleeding or on an as-needed basis.

【全訳】
生命科学の講義の一部を聞きなさい。

教授：血友病は一般大衆の間で最も広く知られた出血性疾患です。実際にはフォン・ヴィルブランド病のほうがより蔓延しており，同じような症状を示すのですが，歴史との関連で，多くの人は血友病になじみがあります。

　この病気は，人間の血の凝固能力の低下という特徴があります。人間の傷の出血が止まるのは，空気にさらされて血液が乾くだけというわけではなく，生物学的なプロセスによるのだということを，我々はともすれば忘れがちです。我々は内出血を含む多くの内的損傷を起こしますが，それらは切り傷にかさぶたを作るのと同じシステムによって治ります。

　血友病を理解するために，我々はまず血液凝固が通常はどのように作用するかを理解する必要があります。血ぺいはさらなる出血を防ぐために，凝固，あるいは半凝固した血液の集まりです。血ぺいは血小板や網目状のフィブリンによって形成されます。フィブリンは凝固プロセスにさらされると結合するタンパク質であり，血小板は血液の1つの要素です。それらは細胞核がないので細胞とは考えられていませんが，骨髄中の巨核球細胞によって作られます。通常はレンズのような形をしており，血流の中をなめらかに移動しますが，凝固プロセスにさらされた時には，穴を埋めて血流を妨害する，でこぼこの尖った形に変わります。

　それでは，一体凝固プロセスとは何でしょうか。組織が断裂すると，凝固因子を反応させる受容体が露出します。これらの因子はもともとは酵素であり，いわゆるカスケード反応と呼ばれるものの中でお互いに反応し合います。そのうちのいくつかが血小板を活性化しますが，これらの因子の大部分はお互いに反応し合うのです。ある因子がもう1つの因子を活性化し，それがまた別の因子を活性化し，それが次の因子を活性化しつつ，戻って先の因子を活性化させます。非常に複雑で回りくどいシステムなのです。こうした因子の中には，次の因子を活性化させるだけで，実際には凝固プロセスには寄与しないものもあります。このカスケード反応がついに終了すると，トロンビンという酵素が活性化します。このトロンビンは，フィブリンを活性化します。それが網目状のタンパク質を作り，そのタンパク質が血小板を適所に保ち，傷を覆う大きくしっかりした塊を形成するわけです。

　血友病は，この凝固プロセスからこれらの因子の1つを取り去ることで，このプロセスを妨げます。もしもある人が凝固因子を1つ残らず作り出すことができなければ，壊れた環があると鎖がばらばらになってしまうように，システム全体が崩壊するのです。それでも血小板は傷の中で凝集し，限られた数のフィブリンが活性化しますが，大部分の血液はただ流れていってしまうのです。出血が簡単に止まらないために，通常はたいしたことのない傷が，重大なものになる可能性がありますし，致命的なものにすらなりかねないのです。

　血友病はおそらく，ヨーロッパ王室の歴史の中でのその役割によって最もよく知られているでしょう。血友病は，特に19世紀後半から20世紀初期のヨーロッパ王室の多くに蔓延していました。実は，非常に頻繁に見られたので，「王家の病」と呼ばれてました。イギリス，プロシア，スペイン，ロシアの王室に，100年近く血友病患者が見られました。

　ほとんどの人が，ヨーロッパ王室での血友病の広まりは，近親交配による合併症であるとみなしていました。ヨーロッパ王室の間である程度の近親交配があったことは確かです

が，血友病は両親が近縁関係にあることによる合併症とは関係がありません。そうではなく，血友病が広まったのは，単にビクトリア女王がこの病気の保因者だったという事実に帰することができます。ビクトリアは，彼女のX染色体の1つに，血友病を引き起こす遺伝子突然変異を保有しており，それが娘たちに伝わりました。娘たちもまたヨーロッパ中の王室に嫁ぎ，子供たちへと病が伝わったのです。

　血友病は，X染色体の遺伝子の突然変異によって起こるため，主に男性に見られます。女性はX染色体を2つ持っているので，もう1つのX染色体に頼ることができます。しかし，その息子たちは，五分五分の確率で突然変異を起こしたX染色体を受け継いでいる可能性があります。不足している凝固因子を作り出す正常な遺伝子を，2つ目のX染色体に頼ることができないため，彼らは血友病を発症します。血友病の女性というのは，両親の双方が血友病でなければならないため，非常に珍しいのです。突然変異を起こしたX染色体の保因者である女性は，時に血液を凝固させる力がいくらか低下していることがありますが，たいていは血友病とみなされるほど深刻ではありません。

　遺伝子病として，血友病は現在，治癒が不可能です。遺伝子治療によって，いつの日か医者たちは，病気に冒された染色体を持つ人々の突然変異を治すことができるようになるかもしれませんが，そのような治療法はいまだ開発されていません。開発されるとしても，しばらくは無理でしょう。現在，血友病に苦しむ人々は，主に欠けている凝固因子の注射を使っています。注射は事故出血を防ぐために定期的に行われたり，必要な場合に応じて行われたりしています。

問題3　解答解説　●美術学

スクリプト・全訳 ➡ p.260

キーワード　カラヴァッジョ　キアロスクーロ

Questions 1 – 6

1

正解　Ⓐ　　　　　　　　　　　　　　　　　　　　　1　トピック

この講義の主な焦点は何か。
- Ⓐ カラヴァッジョの作品と技法の特徴
- Ⓑ カラヴァッジョの作品が現代の画家に与えた影響
- Ⓒ カラヴァッジョの生涯についての略伝
- Ⓓ 異論の多いカラヴァッジョの絵画についての賛否

解説　Ⓐ 冒頭の導入の後、教授は OK, let's steer the lecture more toward his work, folks. What differentiated Caravaggio's work from other painters' of that time was ～ とカラヴァッジョの作品の特徴に話を移している。さらに中盤で、On top of that there is another quality which makes his works inherently unique と2つ目の特徴を説明している。講義全体を通してカラヴァッジョの作品の特徴を説明しているため、これが正解。　Ⓑ 講義の結びでカラヴァッジョの影響が他の画家の作品に見られると述べられているが、メイントピックではない。　Ⓒ 講義冒頭で、カラヴァッジョの生涯について述べられているが、メイントピックではない。　Ⓓ カラヴァッジョの絵画は当時批判も多かったと述べられているが、メイントピックとは言えない。

2

正解　Ⓒ　　　　　　　　　　　　　　　　　　　　　5　推測

カラヴァッジョの生涯について推測できることは何か。
- Ⓐ 彼の絵画は高価すぎたため、多くの人々が彼を批判した。
- Ⓑ 多くの人々は彼が暴力的で反抗的だと考えたため、まだ彼が若いうちに殺害した。
- Ⓒ 彼の不可解さは多くの人々を引きつけたため、彼は非常に忙しくなり、とても若くして亡くなった。
- Ⓓ 多くの人々は彼が長く生きないだろうと知っていたため、彼をとても忙しく働かせた。

解説　Ⓒ 教授の発言 Yes, contemporary records describe ～ , which seemed to come at a price after all. I mean, his entire career, so to speak, was only about 10 to 15 years. に注目。「結果的には大きな代償を払うことになった」というのは、人々の興味を引き、あまりに多くの仕事を依頼されたことが、彼が若くして亡くなる要因になったということを意味している。よって、これが正解となる。　Ⓐ Ⓑ Ⓓ カラヴァッジョの絵画が高価だったことや、人々がカラヴァッジョを殺害したこと、また、人々がカラヴァッジョは長生きできないと知っていたことについては、いずれも講義の中で述べられていない。

3

正解 Ⓒ

次のうち，カラヴァッジョの絵画を当時の他の画家の絵画と区別する特徴として，述べられていないものはどれか。
- Ⓐ 彼は明暗のコントラストを強調した。
- Ⓑ 彼は絵画の中で貧しい人々を描いた。
- Ⓒ 彼の絵画は自然の太陽光を描いていた。
- Ⓓ 彼の作品は劇的に描かれた。

解説 Ⓒ 講義後半の，カラヴァッジョの作品中の光についての発言に注目。Many of his paintings 〜 couldn't have been illuminated by the sun. より，講義の内容と一致しない。Ⓐ キアロスクーロに関する説明に注目。キアロスクーロは強い光とコントラストを持つ絵画を表す言葉であり，His approach to chiaroscuro, which we'll cover soon, was novel 〜 より，カラヴァッジョの作品の特徴と一致する。Ⓑ 教授は，明暗のコントラストに加えて，カラヴァッジョの作品のもう1つの特徴について，his inclusion of people from the lower economic classes と述べている。よって，カラヴァッジョの作品の特徴と一致する。Ⓓ 教授の発言 his works were rendered in a dramatic fashion より，カラヴァッジョの作品の特徴と一致する。

4

正解 Ⓑ

講義の中で，カラヴァッジョの批判家によってしばしば指摘される点はどのようなことだと述べられているか。
- Ⓐ 彼は，作品を完成させた後に描き直すことを拒んだ。
- Ⓑ 彼の絵画は，宗教画としては適切でなかった。
- Ⓒ 彼の絵画は，光のコントラストという観点において写実的でなかった。
- Ⓓ 彼の作品のほとんどは，屋内を舞台にしていた。

解説 Ⓑ 教授は Many of his critics said things like, his paintings lacked proper decorum, grace, and devotion. と述べている。ここから，信心さが欠けている，つまり宗教画として適切でないと考えられていたことがわかる。Ⓐ カラヴァッジョは作品をしばしば描き直さなければならなかったと述べられているが，彼がそれを拒んだとは述べられていない。Ⓒ カラヴァッジョの作品の光のコントラストは写実的だったと述べられている。Ⓓ 彼の多くの作品が屋内を舞台にしていたとは述べられているが，そのことが批判されたとは述べられていない。

5

正解 Ⓑ 　　　　　　　　　　　　　　　　　　　　　**5　推測**

カラヴァッジョの制作の習慣について推測できることは何か。
Ⓐ 彼はキャンバスに塗る前に絵の具を混ぜた。
Ⓑ 彼はしばしば伝統的な絵画の制作過程を無視した。
Ⓒ 彼はキャンバスに直接描く前に絵の下書きをした。
Ⓓ 彼は人物を描く際にモデルを使わなかった。

解説 Ⓑ 教授は講義の後半で，カラヴァッジョの作業の仕方や技法が，彼の反逆者としての評判をあおったとし，It was as if he was telling the art establishment, "I don't need to follow your guidelines to make art 〜 と述べている。よって，カラヴァッジョは従来の技法を拒否し，独自の方法で絵を描いていたことがわかる。Ⓐ 絵の具の混ぜ方については述べられていない。Ⓒ 教授の発言 he often just painted directly onto his canvas with his brush と矛盾する。Ⓓ モデルを使ったかどうかについては触れられていない。

6

正解　Yes （1）（3）
**　　　No　（2）（4）（5）**　　　　　**2　詳細 〜Yes/No 問題〜**

以下のそれぞれの項目が正しいか示しなさい。正しいボックスにチェックを入れなさい。
（1）カラヴァッジョの絵画は現代美術の概念にとって革新的な作品だと言う人もいる。
（2）カラヴァッジョが正当防衛で人を殺害したのは 38 歳の時だった。
（3）効果的なキアロスクーロは絵画に 3 次元的で写実的な様相を与える。
（4）カラヴァッジョの絵画のすばらしい点の 1 つは，その作品の多くが筆を使わずに描かれたことだ。
（5）カラヴァッジョは生前は過小評価されていたが，死後すぐに有名になった。

解説　(1) 教授の発言 Some people say that the ideas of modern painting began with Caravaggio's work. と一致することから，Yes。(2) 正当防衛によって人を殺害したのは 1608 年だと述べられているが，その時の年齢については述べられていないので，No。38 歳はカラヴァッジョが亡くなった時の年齢である。(3) キアロスクーロについて学生 1 が So it's kind of like turning two dimensional cel-animation into three-dimensional, realistic renderings. と述べたのを教授が肯定していることから，Yes。(4) 教授の発言 he often just painted 〜 with his brush から，カラヴァッジョは筆を使っていたことがわかるので，No。(5) 教授の発言 Caravaggio's fame scarcely survived his death. から，カラヴァッジョの名声は死後にはほとんどなくなっていたことがわかるので，No。

【スクリプト】
Listen to part of a lecture in a fine arts class.

Professor: Today class, we will be looking at Michelangelo Merisi da Caravaggio, the Italian artist who was one of the great pioneers of the Baroque school of art. ₆₋₍₁₎ Some people say that the ideas of modern painting began with Caravaggio's work. Now class, based on your readings, what's the feeling that you got from Caravaggio?

Student 1: It seems that many people, even while he was still alive and working, considered him an enigma.

P: Yes, ₂ contemporary records describe him as dangerous, rebellious, and even downright unstable; the same qualities that also made him a topic of much heated interest. So, that led him to have a very busy and prolific work schedule, which seemed to come at a price after all. I mean, his entire career, so to speak, was only about 10 to 15 years.

S1: ₆₋₍₂₎ He died very young, even by the standards of that time, right? He was 38, I think.

P: Yes, that's right. OK. Anyone else?

Student 2: Didn't he kill someone?

P: Yes, it was in 1608. In self-defense actually. It was because there were people trying to kill him. He was always getting into trouble like having fights and disagreements.

S2: I'm sure he didn't make many friends that way.

P: ₁ OK, let's steer the lecture more toward his work, folks. What differentiated Caravaggio's work from other painters' of that time was his realistic renderings of his subjects. This can be particularly observed in his religiously commissioned works. _{3-(D)} Moreover, his works were rendered in a dramatic fashion, in violently contorted and muscular poses. _{3-(A)} His approach to chiaroscuro, which we'll cover soon, was novel, and in it he pushed the envelope of the contrasting light and dark to the extreme. His dramatic light sources make his paintings theatrical. Now, before we move on, I should give a definition for chiaroscuro. _{3-(A)} It's often used as a blanket term to describe a painting that has strong light and contrast. But it can also be applied more specifically to the way in which subjects are rendered to create a sense of dimensionality.

S1: ₆₋₍₃₎ So it's kind of like turning two-dimensional cel-animation into three-dimensional, realistic renderings.

P: Yeah, that's a good analogy. ₁ On top of that there is another quality which makes his works inherently unique: _{3-(B)} his inclusion of people from the lower economic classes. It was as if he was using those bright shafts of light to illuminate the dark world of poverty and mystery. While some highly value these two techniques, others raise questions regarding his techniques. Caravaggio eventually went on to stick to prestigious commissions for religious works featuring violent struggles, grotesque decapitations, torture and death. So people raised questions about his techniques.

S2: They must have thought, well, the ideas just didn't suit the... umm... the prototypical and proper painting style that a commissioned artist was supposed to follow.

P: Yes. ₄ Many of his critics said things like, his paintings lacked proper decorum, grace, and devotion. For all his infamy, often times his work had to be repainted or redone to satisfy and appease his suitors. Both his chosen styles and subject matter were too extreme for most patrons.

S2: Yeah, his stuff was just too violent, and openly sexual for that society.

P: It wasn't just the subject matter either. His willingness to abandon Renaissance-era ideals of what beauty and art should be was scandalous. Uh, and one of the most controversial and unknown aspects of his paintings was that, despite the dramatic lighting, Caravaggio never revealed the actual light source. ₃-₍c₎ Many of his paintings took place indoors; however, they didn't have indoor lighting like we do now and couldn't have been illuminated by the sun. That leaves a more metaphorical explanation of the light. Some people say the light represented illumination or life or God's will, and not necessarily a physical light source like a lamp. The metaphorical reading of the source of light strengthens the religious aspect of his paintings.

S1: Umm, I see.

P: Moving on, it was also his work habits and techniques that further inflamed his reputation as a rebel. Instead of spending countless hours sketching and developing paintings, ₆-₍₄₎ he often just painted directly onto his canvas with his brush. ₅ It was as if he was telling the art establishment, "I don't need to follow your guidelines to make art. I can skip all of your instructions, and go straight to the final step and still create something."

S1: Can it be said that's why his initial influence was so overlooked and his peers really weren't fond of him?

P: That assumption would be correct. ₆-₍₅₎ Caravaggio's fame scarcely survived his death. But fortunately, contemporary and modern art historians and critics as well as artists have come to realize Caravaggio's influence and importance. You would be hard-pressed to go to a contemporary gallery or museum without seeing the hallmark of Caravaggio's pieces in other artists' work —— nighttime settings, violent struggles, and dramatic lighting.

【全訳】
美術の授業における講義の一部を聞きなさい。

教授 ： 皆，今日はミケランジェロ・メリージ・ダ・カラヴァッジョについて見ていこう。カラヴァッジョは，バロック派の偉大な先駆者の1人であるイタリア人画家だ。現代絵画の発想はカラヴァッジョの作品によって始まったと言う人もいるんだ。さて，皆，リーディング課題から，カラヴァッジョについてどう思ったかな？

学生1 ： 多くの人々が，カラヴァッジョがまだ生きて働いている間でさえ，彼のことを不可解な人物だと考えていたようです。

教授 ： そうだね，同時代の記録には，危険で，手に負えない，まったくもって不安定な人物として描かれている。しかし，このような彼の性質はまた，人々の興味を引いたんだ。そういった人々の考えは，彼にとても忙しくて多作な作業日程をもたらしたのだけれど，結局そのことによる代償は大きかったようだ。つまり，彼の生涯のキャリアはたった10から15年くらいだったんだよ。

学生1 ： 当時の標準と比べてもやはりとても若くして亡くなったんですね。わずか38歳だったと思います。

教授 ： ああ，その通りだね。では，他に誰か？

学生2 ： 彼は誰かを殺害したのではなかったですか。

教授 ： うん，1608年のことだ。正当防衛だったんだけどね。それは彼を殺そうとした人たちがいたからだ。彼はいつも喧嘩やいざこざなど面倒を起こしていたんだよ。

学生2 ： これでは，友人も多くはいなかったと思います。

教授 ： そうだね，話を彼の作品に関することへ移そうか，皆。カラヴァッジョの作品と当時の他の画家の作品を区別するもの，それは彼の題材についての写実的な表現方法だったんだ。これは，彼の宗教に関連して依頼された作品について顕著と言えるね。さらに，彼の作品は，暴力的に歪められた力強いポーズで劇的に表現されているんだ。すぐ後で説明するが，キアロスクーロに対する彼のアプローチは斬新で，その中で彼は明暗のコントラストの包絡線を極限まで押しやったんだ。その劇的な光源によって彼の作品は印象的なものになっているんだよ。さて，先に進む前に，キアロスクーロの定義について話さないとね。それは強い光とコントラストを持つ絵画を表す包括語としてよく使われる。しかし，より正確に言えば，題材を次元の感覚を作り出すように表現する方法としても使われるんだ。

学生1 ： だから，それは2次元のセルアニメーションを3次元に変えるような，写実的な表現方法ということですね。

教授 ： ああ，それはいいたとえだね。それに加えて，彼の作品を本質的に特異なものにしているもう1つの性質があるんだ。それは，経済的に下層階級に属する人々を描いているということ。まるで，彼がまばゆい光の筋を使って貧困や不可思議なことが存在する闇の世界を照らしているかのようなんだ。これら2つの技法を高く評価する人がいる一方で，彼の技法に関して疑問を投げかける人々もいる。カラヴァッジョはやがて権威ある宗教画の依頼に，暴力的な争いやグロテスクな首切り，拷問や死などを取り上げることに固執するようになった。だから，人々は彼の技法に疑問を投げかけたんだ。

学生2：きっと彼らは，ただそのアイディアが，ええと…，依頼を受けた画家が従うべきだとされていた，典型的かつ適切な画法に一致しないと考えたのですね。

教授：そうだね。彼の批判家の大半が，次のように言っている。彼の絵画には，適切な礼儀作法や上品さ，信心が欠けている，とね。その悪評もあってか，彼は作品を依頼した人を満足させ，なだめるために，しばしば作品を描き直したりやり直したりしなければならなかった。彼が選んだ技法も題材も，ほとんどの顧客には極端すぎたんだ。

学生2：ええ，彼の作品は，当時の社会にとってはあまりに暴力的で，性的な傾向があからさますぎましたね。

教授：彼の題材に関することだけではない。美や芸術の概念についてのルネサンス期の理想を捨てたいという彼の願望が物議を醸したんだ。ああ，そして彼の絵画について最も議論を呼ぶ未知の側面の1つは，その劇的な明暗にも関わらず，カラヴァッジョが実際の光源を明らかにしなかったという点だ。彼の絵画の多くは室内を舞台にしている。しかし，今僕たちの時代にあるような室内照明が当時はなかったし，太陽に照らされていたということもあり得ない。そのことは光についてのより隠喩的な説明を残しているんだ。その光は，啓蒙や生命，もしくは神の意志を表しており，必ずしもランプのような物質的な光源ではないと言う人もいる。光源の隠喩的解釈が，彼の絵画の宗教的な側面を強めているんだ。

学生1：うーん。なるほど。

教授：続けると，彼の反逆者としての評判をさらにあおったのは，彼の制作の習慣や技法でもあったんだ。彼はかなりの時間をスケッチや習作に費やす代わりに，よくキャンバスに直接筆で描いていったんだよ。それはまるで，彼が美術の支配者集団に対して「芸術を生み出すのにお前たちの指針に従う必要なんてない。私は，お前たちの指示などすべて無視して，直接最終段階にたどり着き，それでも何かしらを生み出すことができるんだ」と言っているかのようなんだ。

学生1：そのことが，彼の初期の影響力が見過ごされ，彼の同僚がひどく彼を嫌っていたことの理由と言えるんでしょうか。

教授：その推測は正しいだろうね。カラヴァッジョの名声は彼の死後ほとんど消えかけていた。しかし幸運なことに，現代，近代の美術史家や批評家，芸術家がカラヴァッジョの影響や重要性に気づいたんだよ。現代において画廊や美術館に行って，他の画家の作品に，夜間の背景や暴力的な戦い，劇的な照明などのカラヴァッジョの作品の特質を見ないのは難しいだろうね。

問題4　解答解説

スクリプト・全訳 ➡ p.266

Questions **1** – **5**

1

正解　Ⓐ　　　　　　　　　　　　　　　　　　　▶ **1** トピック

学生が学生課を訪れているのはなぜか。
- Ⓐ 学生のための新しいスポーツの団体を立ち上げるため
- Ⓑ 嘆願のための署名を提出するため
- Ⓒ どんな学生活動ができるかを尋ねるため
- Ⓓ 資金集めの活動に志願するため

解説　Ⓐ 学生の2つ目の発言の，I was told this was the office to come to if I wanted to start a new intramural sports program から，新しいスポーツの団体を立ち上げるために学生課に来たことがわかる。Ⓑ 嘆願のための署名はまだ集めていないので，それを提出するために来たわけではない。Ⓒ 学生はどのような活動ができるかについては尋ねていない。Ⓓ 資金集めの活動については学校側から要請されるかもしれないが，それに志願するために来たのではない。

2

正解　Ⓑ　　　　　　　　　　　　　　　　　　　▶ **2** 詳細

ブルームボールとホッケーとの関係について，学生は何と言っているか。
- Ⓐ ブルームボールはホッケーの速いバージョンである。
- Ⓑ ブルームボールはホッケーのより身近なバージョンである。
- Ⓒ ブルームボールはホッケーのより女性向けのバージョンである。
- Ⓓ ブルームボールはホッケーのある地域の変化形である。

解説　Ⓑ 学生はブルームボールについて It's a more casual version of ice hockey without skates or sticks. と述べ，用具にお金がかからないと説明している。その内容を a more accessible version of hockey と言い換えているので，これが正解。Ⓐ 速いバージョンであるとは述べていない。Ⓒ 競技する選手の性別に関しては述べられていない。Ⓓ 地域に関しても述べられていない。

3

正解　Ⓓ　　　　　　　　　　　　　　　　　　　▶ **3** 発言の意図・機能

会話の一部をもう一度聞いて，質問に答えなさい。（スクリプト・全訳の青下線部参照）
担当者の次の発言は何を意味しているか。（　　　参照）
- Ⓐ 学生はいつも学生証を持ち歩くのが当然だ。
- Ⓑ 提案に必要な署名の数はそれほど多くない。
- Ⓒ 多くの学生が署名を偽造してごまかそうとした。

264

Ⓓ 署名が学生からのものかどうか，学校は厳しくチェックしない。

解説 Ⓓ 担当者は簡単な確認はするが，学生から署名を得たことをほぼ信用すると述べており，the honor system はそのことを表している。この内容を doesn't check rigorously と言い換えたこれが正解。 Ⓐ 学生証を持ち歩くべきだとは述べられていない。 Ⓑ you will need to gain the signatures of 300 students と数は明言されているが，引用部分で数の多さについては言及されていない。 Ⓒ これまで署名の数をごまかした人がいたという内容は述べられていない。

4

正解 Ⓐ　　　　　　　　　　　　　　　　　　　　▶ 2 詳細

担当者によれば，学生がしなくてはならないことは何か。
- Ⓐ 団体のための予算を立てること
- Ⓑ チームのためにコーチを見つけること
- Ⓒ その競技のための備品を購入すること
- Ⓓ 学生から3,000ドルを集めること

解説 Ⓐ 担当者の発言 It would be a good idea to include a budget 以降に注目すると，学校が学生に資金集めを要請する必要があるかどうかを判断するために，予算を立てる必要があるとわかる。 Ⓑ コーチに関する言及はない。 Ⓒ 備品の経費も 3,000 ドル以下なら学校側が払うと述べられているので，学生が購入する必要はない。 Ⓓ 3,000 ドルは学校側が負担する金額であり，学生から集める必要はない。

5

正解 Ⓒ　　　　　　　　　　　　　　　　　　　　▶ 2 詳細

担当者は学生に何を見せることを申し出ているか。
- Ⓐ 学生のスポーツに関する学校の年間予算
- Ⓑ 学生活動のスタッフの情報
- Ⓒ 以前に受理されたスポーツの提案書
- Ⓓ 校内スポーツに参加している学生のリスト

解説 Ⓒ 担当者は，学生が提案書に含めるべき内容を知るために，以前の提案書がないか尋ねているのに対して，ファイルを探して見せると答えている。したがって，これが正解。 Ⓐ 学校の年間予算については述べられていない。 Ⓑ 学生活動のスタッフについての言及はない。本文中の stuff と選択肢中の staff の発音に注意。 Ⓓ 校内スポーツに参加している学生のリストに関する言及はない。

【スクリプト】
Listen to a conversation between a student and an administrator.

Student: Hello, is this the student affairs office?
Administrator: Yes, how can I help you?
S: ₁ I was calling around earlier and I was told this was the office to come to if I wanted to start a new intramural sports program.
A: Ah yes, this would be the place to come. What sport are you looking to start a league for?
S: I was hoping to start a broomball league.
A: I'm not familiar with that sport.
S: ₂ It's a more casual version of ice hockey without skates or sticks. Players just wear athletic shoes and use brooms to move a ball. It's an alternative for people who don't want to buy expensive hockey gear.
A: That's interesting. It's actually been quite some time since a student came in here to start a new intramural program. I'll have to look up the procedure. Hold on just a moment while I look it up.
S: Sure, that's fine.
A: Umm... uh, OK, here we are. First, you will need to gain the signatures of 300 students in order to demonstrate interest in the league.
S: ₃ Will I need them to provide their student ID or something to prove that they're students?
A: No, we mostly just trust that you're getting signatures from students. We might do a simple audit to make sure the names are in our rolls. However, we mostly work on the honor system.
S: OK, I'll make sure to try and confirm they're students when they sign the petition.
A: When you hand in the signatures, you are also expected to turn in a written proposal for the league explaining what resources will be required to set up the league.
S: What sort of resources will they need to know about?
A: Equipment mostly, as well as how much time you'll need to use facilities. If you're using the ice rink, you'll need to show that you won't take away too much time from the hockey and ice skating teams.
S: Anything else that should go into the report?
A: ₄ It would be a good idea to include a budget, since the student affairs office will be paying for most of the costs. If they determine the cost would be too much to take on, they might request you undertake some fund-raising before they accept your proposal.
S: How much would it have to cost to warrant outside fund-raising?
A: The school can usually take care of anything under $3,000 with participation fees.
S: OK, I'll work on that petition and report. ₅ Would you happen to have any old

proposals that I could look at and see what sort of stuff they included to be approved?
A: I don't have any on hand, but if you email me later, I can look through some files and let you see them.
S: I'll make sure to do that. Thanks so much for your help.
A: You're welcome. Good luck with your proposal.

【全訳】
学生と担当者の会話を聞きなさい。

学生　　：こんにちは，こちらは学生課ですか。
担当者：はい，どういったご用件でしょうか。
学生　　：あちこちに電話をして，新しい校内スポーツプログラムを始めたいなら，そちらの事務所に伺うべきだと言われたものですから。
担当者：ああ，はい，それならこちらですよ。どんなスポーツの団体を立ち上げようとしているんですか。
学生　　：ブルームボールのチームを立ち上げたいと思っています。
担当者：そのスポーツは聞いたことがありませんね。
学生　　：スケートもスティックも使わない，アイスホッケーの気軽なバージョンなんです。選手はただ運動靴を履いて，ボールを動かすのにほうきを使うんですよ。高価なホッケー道具を買いたくない人たちのための代替手段というわけです。
担当者：それはおもしろいですね。実は学生がこちらにやってきて新しい校内プログラムを立ち上げるのは非常に久しぶりなので，手続きを調べなくてはなりません。調べる間，少し待ってください。
学生　　：わかりました。
担当者：ええと，ああ，よし，ありましたよ。まず，そのチームに関心があることを証明するために，300人の学生の署名を得る必要があります。
学生　　：3 彼らが学生だと証明するために，学籍番号か何かを提供する必要はありますか。
担当者：いいえ，あなたが学生から署名を得たというのをほぼ信用します。名前が名簿に載っているのを確かめるために簡単な審査はするかもしれません。しかし，ほとんどは自己申告システムに基づいています。
学生　　：わかりました。嘆願書に署名する際に，彼らが学生だと確かめるようにします。
担当者：署名を出す時に，その団体を立ち上げるのにどんなものが必要になるかを説明した提案書も提出してもらいます。
学生　　：必要な情報はどのようなものですか。
担当者：大体は備品ですね，それに，どのくらいの時間，施設を使う必要があるかということ。アイスリンクを使うのなら，ホッケーやアイススケートのチームからあまり時間を奪わないということを示さなければなりません。
学生　　：書類には他にどんなことを書くべきでしょうか。
担当者：予算のことも入れたほうがいいと思いますよ。というのも経費の大部分は学生課が支払

	いますので。もしも経費がかかりすぎて学生課が引き受けられないと決めた場合，提案を認可する前にあなたに資金集めを行うよう要請するかもしれません。
学生	：外部の資金集めが必要とされるのはどのくらいの金額になる場合でしょうか。
担当者	：通常，参加費用を含めて3,000ドル以下の費用なら，学校が何でも引き受けます。
学生	：わかりました。嘆願書と書類に取りかかります。認可を得るためにどんなことを書くといいか見られる，過去の提案書はありませんか。
担当者	：今は手元にありませんが，後でメールをくれれば，ファイルを調べて見せてあげますよ。
学生	：必ずメールします。助言をありがとうございます。
担当者	：どういたしまして。提案がうまくいくといいですね。

確認テスト第1回 | 解説5

| 問題5　解答解説 | •物理学 |

スクリプト・全訳 ➡ p.271

キーワード　　　電磁波　　光

Questions 1 – 6

1

正解 Ⓒ　　　　　　　　　　　　　　　　　　　　　　　**1　トピック**

講義のメイントピックは何か。
- Ⓐ 電波を使った現代の技術進歩
- Ⓑ あらゆる形態の光の物理的性質
- Ⓒ さまざまな形態の電磁波の類似点
- Ⓓ さまざまな色の光の違いを引き起こす要因

解説　Ⓒ 講義は let's talk about electromagnetic waves for a moment で始まり，すべての電子波は波と粒子の性質を持っていることが説明される。講義全体として，形態はさまざまであっても，すべての電磁波は同じ性質を持っていることを強調しているため，これが正解。　Ⓐ 技術の進歩については述べられていない。　Ⓑ 光は電磁波に共通する性質を示すための例として用いられており，講義のメイントピックではない。　Ⓓ 光の色の違いについては講義の後半で述べられているが，それがメイントピックではない。

2

正解 Ⓒ　　　　　　　　　　　　　　　　　　　　**3　発言の意図・機能**

講義の一部をもう一度聞いて，質問に答えなさい。（スクリプト・全訳の青下線部参照）
教授が次のように言っているのはなぜか。（　　　参照）
- Ⓐ 科学的見解が一致に達するのはどれほど難しいかを指摘するため
- Ⓑ 電磁波が今でもあまり理解されていないトピックだということを示すため
- Ⓒ このトピックに戸惑うかもしれない学生たちを安心させるため
- Ⓓ この理論の背後にある推論を説明するため

解説　Ⓒ 引用部分で，電磁波の性質について，相反するように見え，非常に理解しにくい概念であると述べていることを踏まえる。これに対して学生たちは不安を感じたかもしれないので，「科学界でも意見が割れていた」という事実を示して，その不安を取り除こうとしたと考えるのが自然。　Ⓐ 前後の説明からは科学的見解が一致することの難しさを読み取ることもできるが，該当の発言 Don't worry about that. の意図としては不適切。　Ⓑ しばらくの間意見が割れていたと述べられているが，電磁波の波と粒子の性質についてはすでに結論が得られているので，不適切。　Ⓓ 発言からそのような意図を読み取ることはできない。

3

正解 A D

> 7 情報統合

すべての電磁波に共通しているものは何か。2つ選びなさい。
- A 同じ速度
- B 同じ波長
- C 同じ周波数
- D 生み出される方法

解説 A 教授は，さまざまな形態の電磁波の違いについての説明の後に All EM waves have the same speed と述べているため，速度は共通だとわかる。 D 教授は冒頭で，電磁波の構造について produced by charged particles that have been accelerated と述べている。さらに，the only difference is the frequency and wavelength of the waves と述べているため，生み出される方法についてはすべて共通だということが読み取れる。 B C 先の説明より，波長と周波数は電磁波の形態によって異なることがわかる。

4

正解 D

> 5 推測

教授のコメントによれば，太陽について何が推測できるか。
- Ⓐ 電波という方法で熱を生み出す。
- Ⓑ 低い周波数の電磁波しか生み出さない。
- Ⓒ 他の星よりも多くの電磁波を生み出す。
- Ⓓ さまざまな種類の電磁波を生み出す。

解説 Ⓓ 教授は中盤で太陽に関して言及している。 We often think of things like radio waves and x-rays as artificial, man-made phenomena, but we know that the sun produces both. から，太陽が電波とX線を発することがわかる。さらにこの後の発言から，紫外線も放出していることがわかるので，これが正解。 Ⓐ 太陽が熱を発する仕組みについては，講義では述べられていない。 Ⓑ 太陽が生み出す電磁波の周波数の高低には触れていない。 Ⓒ 他の星との比較はされていない。

5

正解 Ⓐ

> 4 話者の態度・意見

教授は電磁波についてどのように考えているか。
- Ⓐ 光が電磁波の他の形態と同じようなものだと考えるのは難しいかもしれない。
- Ⓑ 科学者たちには，電磁波について学ぶべきことがまだたくさんある。
- Ⓒ 電磁波は人々が考えるほど一般に知られている現象ではない。
- Ⓓ ほとんどの人は，電磁波と出会うのは光という形だけである。

解説 Ⓐ 講義後半に注目すると，教授は Since we're so familiar with light, it can be easy to forget that it's essentially the same as other forms of EM waves. と述べて

いる。さらにその後にも，It also might seem counterintuitive 〜 と似た主旨の発言をしている。よって，これが正解。 Ⓑ 電磁波に，未解明のことが多く残されているということは述べられていない。 Ⓒ 電磁波の1つである光をなじみ深い例として挙げているので，不適切。 Ⓓ 電波や紫外線などの形でも我々の身の回りに存在していると説明しているので，不適切。

6

正解 Ⓓ　　　　　　　　　　　　　　　　　　　　　▶ 6 構成理解

教授は講義をどのように構成しているか。
Ⓐ ある概念の特定の要素に焦点を当てることによって
Ⓑ 最も単純な概念から最も複雑なものへと移ることによって
Ⓒ ある研究分野の歴史をたどることによって
Ⓓ 複雑な概念になじみ深い例を与えることによって

解説　Ⓓ 終盤の However, we can use our knowledge of light to better visualize how EM waves work. や Once we realize this, it is easier to see 〜 に注目。教授は講義全体を通して，学生にもなじみの深い光を例に，電磁波の性質をわかりやすく説明しようとしていることが読み取れる。 Ⓐ 電磁波の特定の要素に焦点を当てていることは読み取れない。 Ⓑ 説明にあたって，概念の複雑さの度合いを軸にはしていない。 Ⓒ 電磁波の性質がどのように考えられてきたかについては触れられているが，講義の構成としては不適切。

【スクリプト】
Listen to part of a lecture in a physics class.

Professor: ₁ So, let's talk about electromagnetic waves for a moment. ₃₋₍D₎ An electromagnetic wave, also known as EM wave, is produced by charged particles that have been accelerated. By far the most familiar example is light. Visible light makes up a small band of the spectrum that includes all EM waves. This spectrum includes stuff like gamma rays, x-rays, radio waves, and microwaves.

　₁ All electromagnetic waves act as both a wave and a particle. ₂ This is a really confusing concept to wrap your head around since they seem contradictory. Don't worry about that. For a long time the scientific world was split on which of the two seemingly contradictory options was the truth. The wave model was the dominant model from the discovery of EM waves, but later on it was discovered that an EM wave exerts force as though it had mass. For a while it seemed like one of the two models had to be wrong, but then Thomas Young conducted the double slit experiment. When light is shone through a slit onto a backdrop, it creates a band of light on the other side. Think of using spray paint on a stencil. However, when a light is shone through two slits next to each other, it does not create a pattern of two slits. Instead, it creates a strip of light between the two slits and then even fainter slits of light extending out to each side. This is the same pattern you would get if you sent waves of water through two slits. Light acted like a particle in one instance but like a wave in the other. The only conclusion was that light and all other EM waves act as both particles and waves.

₁ This property is common to all EM waves. ₃-(B),(C) The only difference is the frequency and wavelength of the waves. These two variables are not independent since a longer wavelength always produces a lower frequency. Increase one and you decrease the other. Visible light occupies the range of 400 – 700 nanometers in wavelength and 30 – 750 terahertz in frequency. Values like that can seem unthinkably small, but some EM waves occupy scales we're more familiar with. Some radio waves have wavelengths of a meter and others have frequencies of 3 hertz, that is three times a second. Still very fast, but we could clap that fast. ₃-(A) All EM waves have the same speed, and since light is an EM wave, we know that speed to be the speed of light.

₅ Since we're so familiar with light, it can be easy to forget that it's essentially the same as other forms of EM waves. ₄ We often think of things like radio waves and x-rays as artificial, man-made phenomena, but we know that the sun produces both. The quantity of radio waves emitted by the sun is usually negligible, but the radio waves produced by sun flares have been known to be strong enough to interfere with radio transmissions on Earth. ₄ And the sun also produces rays of invisible ultraviolet light that humans use to synthesize Vitamin D. Of course you need to be careful since overexposure can lead to sunburn and skin cancer.

₅ It also might seem counterintuitive to think of light and other EM waves being the same thing since we know how light interacts with solid objects. We know that solid objects block light while x-rays can pass through bodies and radio waves can be picked up by radios that are surrounded by walls. ₆ However, we can use our knowledge of light to better visualize how EM waves work. We know that a pane of glass will let light through it while a sheet of metal the same thickness will not allow light through it. Density is just as important as how thick something is. Concrete walls allow radio waves to pass through while lead walls would not. The chemical properties of a substance can also affect how a wave travels through it. Think of something like colored glass. It's the same as other glass but will only let certain colors of light through. Different colors of light are the same thing just with different wavelengths. Likewise, certain substances that let light through block different forms of EM waves. Lead glass and sunscreen both let visible light through but block x-rays and ultraviolet light respectively.

₆ What is visible and invisible is only a product of what wavelengths our eyes are attuned to. Once we realize this, it is easier to see how all forms of electromagnetic waves act and are produced in similar ways.

【全訳】
物理学の講義の一部を聞きなさい。

教授：では，電磁波について少し話しましょう。EM 波としても知られている電磁波は，加速された荷電粒子によって生み出されます。最もよく知られている例は光です。可視光線は，すべての電磁波を含むスペクトルの中で，小さな周波数帯を構成しています。このスペクトルには，ガンマ線，X 線，電波，マイクロ波などが含まれます。

　すべての電磁波は，波と粒子の両方の性質があります。2 これらは相反するように見えるため，非常に理解しにくい概念です。しかし，心配には及びません。科学界でも，2 つの相反するように見える選択肢のどちらが正しいかについて，長い間意見が割れていたからです。電磁波の発見以来，波動モデルが支配的でしたが，後に電磁波はあたかもそれ自身が質量を持っているかのように力を働かせるということが発見されました。しばらくは 2 つのモデルのどちらかが間違っているはずだと考えられていましたが，トーマス・ヤングが二重スリット実験を行いました。光が 1 つの細いスリットを通って背景に写し出される時，反対側に 1 つの帯状の光を投影します。ステンシルの上にスプレーを吹きつけることを考えてみればいいでしょう。しかし，並び合った 2 つのスリットに光を当てても，2 つのスリットの模様はできないのです。その代わりに，2 つのスリットの間に 1 つの細い光と，両側にずっと薄い帯状の光が広がります。これは，水の波を 2 つのスリットに通した時に得られるパターンと同じです。光は，一方では粒子として，そして他方では波として働きます。唯一の結論は，光やその他すべての電磁波は，粒子でもあり波でもあるということです。

　この性質はすべての電磁波に共通です。唯一の違いは，波の周波数と波長です。これら 2 つの変数は無関係ではありません。なぜならば，波長が長くなると周波数が必ず低くなるのです。どちらかを増やせばどちらかが減ります。可視光線の波長は 400 ～ 700 ナノメーターの範囲を，周波数は 30 ～ 750 テラヘルツの範囲を占めます。そのような値は考えられないほど小さく思えるかもしれませんが，電磁波の中には我々によりなじみがある範囲を占めるものがあります。電波の中には 1 メートルの波長を持つものもあり，3 ヘルツ，つまり 1 秒に 3 周期の周波数を持つものもあります。それでも非常に速いのですが，その速度で手をたたくことはできます。すべての電磁波は同じ速度を持ちます。光は電磁波なので，その速度は光の速度だということがわかるのです。

　光は非常になじみ深いものなので，本質的には電磁波の他の形態と同じだということを忘れがちです。電波や X 線のようなものは，人が作った人工的な現象だと思ってしまいやすいのですが，太陽が両方を放出しているということは誰もが知っています。太陽によって放射される電波の量はたいていごく少量ですが，太陽のフレアによって生み出される電波は，地上の無線伝送を妨げるほど強いということが知られています。また，太陽からは，人間の体がビタミン D を合成するのに必要な，目に見えない紫外線も放射されています。もちろん，あまり当たりすぎると日焼けや皮膚ガンになることもあるので，注意が必要ですね。

　我々は，光が物体とどのように作用し合うかを知っているので，光と他の電磁波が同じものであると考えるのも，直観に反するように思えるかもしれません。X 線は人体を通り

抜けることができ，電波は壁に囲まれた所にあるラジオで拾うことができるのに対し，物体は光を遮ることを知っています。しかし，光についての理解によって，電磁波がどのように働くかをよりはっきりとイメージすることができます。窓ガラスは光を通しますが，同じ厚さの金属のシートは光を透過しないということはよく知っています。厚さと同様，密度も重要なのです。コンクリートの壁は電波を通しますが，鉛の壁は通しません。物質の化学的性質も，波の通り抜け方に影響することがあります。色つきガラスのようなものを考えてみるとよいでしょう。普通のガラスと同じですが，特定の色の波長の光だけを通します。異なる色の光は，波長が異なる以外は同じものです。同じように，光を通す物質の中には，異なる形態の電磁波を遮るものもあります。鉛ガラスと日焼け防止薬は，どちらも可視光線を通しますが，X線や紫外線をそれぞれ遮断します。

　目に見えるか見えないかは，我々人間の目がどの波長に同調しているかということの結果にすぎません。これがわかれば，あらゆる電磁波が，同じように働き，生み出されていることが理解しやすくなるのです。

問題6　解答解説　　●歴史学

キーワード　　日清戦争　　日韓併合

スクリプト・全訳 ➡ p.278

Questions 1 – 6

1

正解　Ⓑ　　　　　　　　　　　　　　　　　　　　　　　　1　トピック

教授は何について主に話しているか。
- Ⓐ　朝鮮時代の朝鮮経済史
- Ⓑ　朝鮮近代化の歴史
- Ⓒ　日本が近代朝鮮の封建体制に及ぼした影響
- Ⓓ　近代世界史における朝鮮の役割

解説　Ⓑ 冒頭で教授が，Japan's annexation of Korea can be reckoned as a turning point which divides these 70-odd years into two periods: early and late. Now, let's examine these two time periods separately. と述べている。この後，朝鮮近代史を前期・後期に分けて詳しく説明し，朝鮮近代化の真の意味に焦点を当てている。よって，これが正解。　Ⓐ 教授によれば，朝鮮時代は朝鮮近代史の前期のみを指す。また，経済史だけが語られているわけではない。よって，メイントピックとは言えない。　Ⓒ 封建体制についての言及はあるが，朝鮮の近代化の説明の一部でしかない。　Ⓓ 近代世界史全体における朝鮮の役割については，講義の中で触れられていない。

2

正解　Ⓐ　　　　　　　　　　　　　　　　　　　　　　　　2　詳細

講義によれば，朝鮮近代前期における朝鮮王朝の支配層と民衆の関係はどのようなものだったか。
- Ⓐ　両者は，諸外国勢力による干渉を防ぐことについて同じ態度をとっていた。
- Ⓑ　両者は，封建体制を維持するという合意にかろうじて達した。
- Ⓒ　王朝が資本主義に移行しようとする一方で，民衆は封建体制に固執した。
- Ⓓ　朝鮮王朝は，近代国家の設立に肯定的な態度を示した。

解説　Ⓐ 教授の発言 whereas the Choson dynastic rulers and the common people had 〜 に注目。両者は諸外国の侵略を阻止するという点では同意していたと述べられているので，これが正解となる。　Ⓑ Ⓒ Ⓓ 教授の発言 In this period, the main goals of those with vested interests 〜 as well as obstructing foreign expansion into their country. から，民衆は封建体制の打破と近代国家の設立を課題としており，王朝を含む既得権層は封建体制の維持を課題としていたことがわかるので，それぞれ講義の内容と一致しない。

3

正解 Ⓐ　　　　　　　　　　　　　　　　　　　　　　**2　詳細**

次の論点のうち，日清戦争に関して講義の中で述べられているのはどれか。
Ⓐ　日清戦争は大韓帝国創設につながったが，それは短い独立だった。
Ⓑ　戦争の主な争点は，誰が朝鮮半島を支配するかということだった。
Ⓒ　朝鮮は，中国に対する日本の勝利に味方として貢献した。
Ⓓ　併合条約は，日清戦争の終結を示すものであった。

解説　Ⓐ 教授の発言 In reality, after Japan's victory in the Sino-Japanese War, Korea called itself the Korean Empire から，日本が日清戦争に勝利したことが大韓帝国の成立につながったことがわかる。また，Although Japan's victory in the Sino-Japanese War brought Korea its independence, it ended up being annexed by Japan. から，その独立が短かったことがわかる。Ⓑ Ⓒ 日清戦争の主な争点，日清戦争での朝鮮での役割については講義のどこにも述べられていない。Ⓓ 大韓帝国に関連して日韓併合条約のことが述べられているが，日清戦争の終結と直接的な関係があるとは述べられていない。

4

正解 Ⓒ　　　　　　　　　　　　　　　　　　　　　**4　話者の意見・態度**

植民地時代の朝鮮の近代化に対する教授の姿勢はどのようなものか。
Ⓐ　日本の植民地支配が，朝鮮に近代化の基礎を築くことを可能にした。
Ⓑ　日本は経済と農業の分野において，朝鮮の近代化に貢献した。
Ⓒ　日本の植民地化が朝鮮にもたらした発展は，本質的な発展とは考えられない。
Ⓓ　日本によってもたらされた近代化は，さまざまな分野で朝鮮の人々全体に利益をもたらした。

解説　Ⓒ 終盤の教授の発言 In this respect, I suppose that the modernization which was brought about by Japan's annexation of Korea was not modernization in a fundamental sense. から，これが正解となる。Ⓐ Ⓑ 教授の発言 In the economic category, ～ actual growth was absolutely kept in check. および，In the agricultural category, ～ forcing farmers to live in extreme poverty. より，経済・農業2つの観点から見ると，教授は実質的な近代化はなされていなかったと考えていることがわかる。Ⓓ 教授の発言 However, the only one who benefited at that time from such growth, ～ was the regime in power and a few Koreans who were a part of that regime. より，恩恵を受けたのは支配勢力と一部の人々のみだとわかるので，適切ではない。

5

正解 Ⓐ　　　　　　　　　　　　　　　▶ **3　発言の意図・機能**

講義の一部をもう一度聞いて、質問に答えなさい。（スクリプト・全訳の青下線部参照）
なぜ教授はこのように述べたのか。

- Ⓐ 朝鮮の近代化は世界史とは区別して理解すべきだということを強調するため
- Ⓑ 朝鮮が外部からの影響なくして近代化するのは困難だっただろうということを明らかにするため
- Ⓒ 近代化が「封建制」から「資本主義」への移行を意味することを学生たちに気づかせるため
- Ⓓ 朝鮮史が世界史の派生的なものであることを指摘するため

解説　Ⓐ 教授は冒頭で、近代朝鮮の背景には日本による植民地化があるので、世界史の範疇で分類することは困難であると述べている。引用部分では at the risk of ~（~を覚悟して）や I dare say（あえて言う）などの表現を用いていることから、冒頭での発言も踏まえて、朝鮮の近代化は世界史にそのまま当てはめることができないということを強調していると読み取れる。　Ⓑ 外部からの影響が朝鮮の近代化に不可欠だったという主張は講義ではなされていない。　Ⓒ 引用部分の when we define "modernity" ~ a capitalistic one は、世界史の一般的な定義で考えた場合のことを述べており、学生たちに気づかせようとしている内容ではない。　Ⓓ 教授の発言 modern Korean history corresponds to world history は近代化を一般的に定義した場合に言えることとして述べられている。

6

正解 Ⓒ　　　　　　　　　　　　　　　▶ **6　構成理解**

この講義の情報はどのように構成されているか。

- Ⓐ 教授の主張の最も強いものから順番に
- Ⓑ 朝鮮近代化の特徴に沿って
- Ⓒ 概して、いくつかの歴史的出来事が起こった順に
- Ⓓ 日本社会の詳細な説明によって

解説　Ⓒ 教授は All right, first, the Early Period. 以降で、朝鮮王朝が弱体化し、不平等条約や日清・日露戦争を通して日本に併合される経緯を述べている。さらに、Now, let's move onto the Late, or Colonial, Period. 以降で、日本の植民地としての立場から独立を果たす過程を説明している。よって、これが正解。　Ⓐ 教授の主張は最後に述べられているが、講義全体が主張の強さの順に構成されてはいない。　Ⓑ 朝鮮の近代化の特徴は、講義終盤で述べられているが、講義がそれに沿って構成されているわけではない。　Ⓓ 日本社会についての説明は、講義の中で触れられていない。

【スクリプト】
Listen to part of a lecture in a history class.

Professor: From the perspective of world history, modern history refers to the time around when capitalism began. It is not at all easy, however, to pigeon-hole modern Korean history within the world historical context. This is attributed to the historical fact that Korea was colonized by Japan. Broadly speaking, modern Korea refers to the period from 1876, when Korea was opened to international trade, to 1945, when Korea was liberated after a period of annexation. ₁ Japan's annexation of Korea can be reckoned as a turning point which divides these 70-odd years into two periods: early and late. Now, let's examine these two time periods separately. ₆ All right, first, the Early Period. What era was Korea considered to be in for most of the 19th century?

Student 1: The Choson era.

P: That's correct. In this period, the main goals of those with vested interests —— the Choson Dynasty, nobility, and bureaucrats —— were the preservation of feudalism and obstruction of foreign expansion. However, the feudalistic rulers were losing their grip on power and were increasingly weakened by the rising socio-economic status of the common people which was fueled by strong growth in productivity. The converging issues for the common people in this time period, on the other hand, was to establish a modern nation with a self-supporting capitalistic regime by defeating the corrupt feudalistic powers as well as obstructing foreign expansion into their country. ₂ So to speak, whereas the Choson dynastic rulers and the common people had different attitudes toward feudalistic power, both parties, in a sense, consented to the obstruction of foreign expansion.

S2: Umm, that's interesting.

P: Yeah. However, the pressure from foreign countries to open up to trade was gradually mounting and in 1876, the Choson Dynasty signed an unequal treaty with Japan. As you may know, on the side of the common people, those industries with domestic capital that did not have sufficient economic foundations began to collapse after the opening up of trade. Therefore, the growth of the bourgeois and the move toward capitalism that had been taking place before the opening up of trade became restrained and began to wither. Also, the Choson Dynasty began to lose their power as a result of foreign —— Japanese in particular —— interference. Then, let's take a closer look at the relationship between Japan and Korea at that time. Anybody?

S1: Through its consecutive victories in the Sino-Japanese and Russo-Japanese wars, Japan had established its position as a dominant power in Korea. There are some professionals who claim that Japan's victory in the Sino-Japanese War enabled Korea to break away and become independent from China.

P: That's one way of looking at it. ₃ In reality, after Japan's victory in the Sino-Japanese

War, Korea called itself the Korean Empire, and designated its sovereign to be the emperor. However, the Korean Empire was gradually cornered by Japan's policy of expansion and gave up its sovereignty through the Japan-Korea Annexation Treaty of 1910. This was the beginning of Japan's colonization. ₃ Although Japan's victory in the Sino-Japanese War brought Korea its independence, it ended up being annexed by Japan.

S1: I see.

P: ₆ Now, let's move onto the Late, or Colonial, Period. Needless to say, a big issue for Korea during this time was liberation and independence. For this reason, numerous liberation and independence movements unfolded. An example of this would be the 3.1 Movement, which began with the declaration of independence made on March 1, 1919. What made this movement distinctive was the fact that independence was sought through non-violence. In this way, daring moves toward independence unfolded nationally and internationally, and Korea finally gained independence after the end of World War II in 1945. Surprisingly, that would mean Korea was under Japanese rule for 35 years.

S2: But Professor, I heard that the period of Japan's annexation coincides with Korea's modernization, transition to capitalism, and industrialization.

P: In one sense, yes, there exists a viewpoint that Japan's annexation of Korea brought about the modernization of transportation, communication, finance, education, culture, etc. However, the only one who benefited at that time from such growth, measured in the building of modern facilities and the economy, was the regime in power and a few Koreans who were a part of that regime. Let's analyze this point more deeply from economical and agricultural perspectives. In the economic category, although national capitalism was developed, actual growth was absolutely kept in check. In the agricultural category, then, feudalistic property policies were still maintained, forcing farmers to live in extreme poverty. ₄ In this respect, I suppose that the modernization which was brought about by Japan's annexation of Korea was not modernization in a fundamental sense. All right. We've examined modern Korean history so far. ₅ At the risk of repeating myself, I dare say again that modern Korean history corresponds to world history when we define "modernity" as a transition period from feudalistic society to a capitalistic one. As we've seen today, however, our sensitivity and comprehensive understanding about the annexation and regimes are indispensable in defining what modernity truly means in Korean history.

【全訳】
歴史学の講義の一部を聞きなさい。

教授：世界史的な観点から見ると，近代史とは資本主義社会が始まったあたりの時代を指します。しかし，世界史的な文脈の中で近代朝鮮史を分類することは，まったく簡単なことではありません。これは，朝鮮が日本に植民地化されていたという歴史的事実に起因しています。朝鮮の近代は大まかに言って，朝鮮が国際交易を開始した1876年から，併合が終わり朝鮮が解放された1945年までの時期を指します。日韓併合は，その70数年間を前期と後期という2つの時期に分ける節目と見なされています。では，これら2つの時代についてそれぞれ見ていくことにしましょう。それでは，まずは前期です。19世紀の大半にわたり朝鮮は何時代にあったと考えられていますか。

学生1：朝鮮時代です。

教授：その通りです。この時期において，朝鮮王朝や貴族，官僚といった既得権層の主な目標は，封建体制の維持と外国からの侵略阻止でした。しかし，封建的な支配勢力は実権を失いつつあり，生産力の著しい発展により勢いを得た庶民の社会経済的な地位が向上することで，ますます弱体化していきました。一方で，この時代の庶民に一致団結をもたらす問題は，外国からの侵略を阻止し，かつ腐敗した封建的な体制を打破することによって，自立した資本主義体制の近代国家を打ち立てることでした。言ってみれば，朝鮮王朝の支配層と庶民は，封建体制に対して別々の態度をとる一方で，どちらの側も諸外国からの侵略を阻止することに関しては，ある意味，賛同していたということですね。

学生2：ううん，それは興味深いですね。

教授：そうですね。ところが，交易開始を求める諸外国からの圧力は次第に高まり，1876年，朝鮮王朝は日本と不平等条約を結んでしまいました。ご存じかもしれませんが，交易開始以降，庶民の側では，経済的な基盤が十分に整っていなかった国内資本産業が崩壊し始めました。そのため，交易開始以前に勃興しつつあったブルジョアの成長や資本主義化への動きは抑圧され，衰退し始めたのです。また，朝鮮王朝も，外国，特に日本からの干渉を受け，その勢力を失い始めました。では，当時の日本と朝鮮との関係をもっと詳しく見てみましょう。誰か。

学生1：日本は，日清戦争と日露戦争での相次ぐ勝利を通じて，朝鮮における支配勢力としての自らの地位を確立しました。日清戦争における日本の勝利のおかげで，朝鮮は中国から逃れて独立できたのだと主張する専門家もいます。

教授：それは1つの見方ですね。実際，日清戦争で日本が勝利した後，朝鮮は国号を大韓帝国とし，君主を皇帝と定めています。しかし，大韓帝国は，日本の侵略政策を受けて徐々に追いつめられ，1910年の日韓併合条約によって主権を譲ってしまったのです。これが日本支配による植民地時代の始まりですね。日本の日清戦争での勝利は朝鮮に独立をもたらしましたが，結局のところ，日本によって併合されてしまったのです。

学生1：なるほど。

教授：では，続いて，朝鮮近代の後期，つまり植民地時代を見ていきましょう。この時代における朝鮮にとっての大きな課題は，言うまでもなく独立解放でした。そのために，多くの独立解放運動が繰り広げられたのです。この1つの例が三・一運動で，1919年3月1

日の独立宣言を皮切りに始まりました。この運動が他と一線を画すものになっているのは，非暴力によって独立が訴えられたという事実によります。このようにして，独立に向けた果敢な動きが国内外で繰り広げられ，1945年の第二次世界大戦の終結をもって朝鮮は独立を果たします。それは，驚くべきことに，朝鮮は35年もの間日本の支配下にあったということを意味します。

学生2：しかし教授，日本による併合の時代が，朝鮮の近代化や資本主義化，工業化の時期と一致すると聞いたことがありますが。

教授　：ある意味ではそうですね。日韓併合が交通，通信，金融，教育，文化などの近代化をもたらしたのだという見方もあります。しかし，当時，近代的な施設の建設や経済に見る，そうした成長から恩恵を受けていたのは，政権やそれに属した少数の朝鮮人たちだけだったのです。この点を，経済，農業という2つの観点からもう少し詳しく分析してみましょう。経済部門では，国家資本主義が発展を遂げたものの，実質的な成長は徹底的に抑制されていました。そして農業部門では，封建的な土地所有政策が引き続き維持されており，農民は赤貧の生活を強いられていたのです。この点では，私が思うに，日韓併合によってもたらされた近代化は，本質的な意味での近代化ではなかったのでしょう。はい。私たちはここまで朝鮮の近代史を見てきました。₅ 繰り返しになってしまいますが，あえてもう一度言わせてもらうと，「近代」を封建社会から資本主義社会への移行期と定義するならば，近代朝鮮史は世界史と一致します。しかし，今日見てきたように，朝鮮史における近代の真の意味を定義づけるには，私たちの細やかな感性と，併合と支配勢力についての包括的な理解が欠かせません。

問題7　解答解説

スクリプト・全訳 ➡ p.284

Questions 1 – 5

1

正解 Ⓒ　　　　　　　　　　　　　　　　　　　　　　　　1　トピック

学生が学事部に来たのはなぜか。
- Ⓐ　学校からの資金援助の申請用紙をもらうため
- Ⓑ　学生の友人のサークルがうまく設立されているか確かめるため
- Ⓒ　サークル設立についての情報を集めるため
- Ⓓ　事務員に食べ物の販売会の開催方法を尋ねるため

解説　Ⓒ　会話冒頭の学生の発言 I came here today on behalf of the club to gather some information about that. から，新しくサークルを設立する方法に関して情報を集めるために来たことがわかる。Ⓐ 学生は資金援助についての情報を得ようとしているが，申請用紙をもらうために学事部を訪れたのではない。Ⓑ 友人がサークルを設立したことについては述べられていない。Ⓓ 食べ物の販売会は，事務員からの代案であり，学生が学事部を訪れた目的ではない。

2

正解 Ⓐ　　　　　　　　　　　　　　　　　　　　　　　　2　詳細

会話によれば，サークルについて当てはまるものはどれか。
- Ⓐ　どの役員も最低でも GPA 2.5 を持っていなければいけない。
- Ⓑ　書記とイベント担当はオリエンテーションに参加しなければならない。
- Ⓒ　役員は全員，最低7単位分の授業を履修している必要がある。
- Ⓓ　すべてのサークルは，5名の役員を揃えなければいけない。

解説　Ⓐ　会話中盤のサークルの役員についての説明で，事務員が条件として述べている内容と一致するため，これが正解となる。会話中の at least が，選択肢では minimum と言い換えられていることに注意しよう。Ⓑ オリエンテーションに参加しなければいけないのは代表，副代表，会計である。書記とイベント担当については役職の設定も任意であると述べられているので，会話の内容と異なる。Ⓒ 役員全員が履修すべき授業は最低6単位である。Ⓓ 書記とイベント担当は必須ではなく，任意だと述べられている。

3

正解 Ⓑ　　　　　　　　　　　　　　　　　　　　　　　　2　詳細

学生が大学からの資金援助について事務員に尋ねたのはなぜか。
- Ⓐ　申請費用を支払えないため
- Ⓑ　学生と友人にはサークル活動の予算がまったくないため
- Ⓒ　ボランティア活動には多くの費用が必要なため

Ⓓ　大学は予算のないサークルを許可できないため

解説　Ⓑ 学生の Oh, no! 以降の発言から，サークルを立ち上げて間もないため，彼らにはイベントを行う予算がないことがわかる。来月初旬に予定していたイベントは大学からの資金援助を頼りにしていた。　Ⓐ サークル申請に費用が必要であるとは述べられていない。　Ⓒ サークルのイベント開催のために費用を必要としており，ボランティア活動に多くの費用が必要だとは述べられていない。　Ⓓ 予算のないサークルは許可できないとは述べられていない。

4

正解　ⒷⒸ　　　　　　　　　　　　　　　　　　　　　　▶ 2 詳細

事務員が資金援助について何と言っているか。2つ選びなさい。
Ⓐ　サークルはメンバーの人数に基づいて援助を受けている。
Ⓑ　大学はどのサークルに援助するか，提出された書類を審査して決める。
Ⓒ　今学期，その学生のグループは援助を受けることができない。
Ⓓ　サークルの最初のイベント費用は，大学によって支払われる。

解説　Ⓑ 事務員は，設立趣旨を書いた申請書などいくつかの書類を審査して，資金の受給資格の有無を決めると述べているので，正しい。　Ⓒ 事務員の発言から，今学期の申請はすでに締め切られ，来学期の申請受付が始まっているため，今学期に資金援助を受けることができないことがわかる。　Ⓐ 会話の中でメンバーの数と援助の関係は述べられていない。　Ⓓ 今学期の資金援助申し込み期間は終わっている。サークルの最初のイベントは来月初旬に予定されているため，大学の援助を受けることは不可能である。

5

正解　Ⓑ　　　　　　　　　　　　　　　　　　　　　　▶ 4 話者の態度・意見

会話の一部をもう一度聞いて，質問に答えなさい。（スクリプト・全訳の青下線部参照）
事務員の次の発言は何を意味しているか。（　　　参照）
Ⓐ　学生はサークルを運営すべきかどうかを考え直すべきである。
Ⓑ　学生はもっと時間をかけて注意深く計画を考える必要がある。
Ⓒ　現在イベントを開催しているサークルが他に多数ある。
Ⓓ　学生は銀行口座を開く時間を見越しておくべきだ。

解説　Ⓑ 最初のイベント開催は早いに越したことはないと言う学生に対し，事務員がサークルの設立にあたってはやるべきことが多いと説明していることを踏まえる。多くの学生のサークルを見てきた立場から，ゆとりを持って準備すべきだと助言するのがこの発言の主旨であり，これが正解となる。　Ⓐ サークルの設立自体を考え直すことについては触れられていない。　Ⓒ そのようなことは述べられていない。　Ⓓ 事務員は，サークル設立のためにすべきことの1つの例として銀行口座の開設を挙げているが，そのための時間をとるべきというのが発言の主旨ではない。

【スクリプト】
Listen to a conversation between a student and a member of the office staff.

Student: : Hi, um, is this the school organization office?
Office staff member: Absolutely. How may I help you?
S: Yeah, um, my name is Kevin. I came here today because, um, how can I explain… ₁ My friends and I would like to start a new student organization on campus. I came here today on behalf of the club to gather some information about that.
O: I see what you mean. OK, Kevin, let me ask you some questions. My name is Helen, by the way. First of all, what's the purpose of the organization that you guys want to establish?
S: Um… The goal of our organization is to help connect students to community services like volunteering. I guess a lot of students are interested in activities like that and are willing to do something for their community. But the thing is, they don't know where to start, much less what to do. Considering that, you know, we're assuming there's a need to inform those students that a lot of opportunities are available. Does that make sense?
O: By all means. I think it's spectacular. Yeah, there must be quite a few students who can benefit from what you're trying to do. OK. Then, the next question is: how many members do you have?
S: We have seven at this point. We're hoping to add more as our on-campus activities expand.
O: I see. I'll bet you guys will grow in number. And who'll be the first president of the club?
S: I will. And that's why I'm here today, representing the club.
O: OK. You're the president. Um, generally speaking, each organization has five officer positions like president, vice president, treasurer, secretary, and event coordinator. You certainly have to have the first three, but the rest is up to you — I mean, the other positions are optional. The president, vice, and treasurer have to attend an orientation session where you'll be getting detailed information about school organizations. ₂ Oh, and please keep in mind that all student officers have to have at least a 2.5 GPA and be enrolled in at least six units.
S: That's no problem.
O: Good. Those are the basics of putting together a new organization. Again, you'll be provided with more detailed information in the orientation session, so don't worry. But if you have any questions now, feel free to ask me.
S: Yes, I do have one, which is very important for us. Um, can we get any financial aid from school? According to my friend who belongs to one of the student organizations, we can apply for financial aid from school.
O: Your friend is right. ₄₋₍B₎ To do that, you have to submit an application form with a

statement of purpose and some other forms. We examine those documents and decide whether you're qualified to receive aid. ₄₋₍C₎ However, the deadline for this semester has already passed. We've started taking applications for next semester. If you want to give it a try, here's the application form and detailed information.

S: ₃ Oh no! Aren't there any other ways for us to get some support? Because we just started up, we don't have a budget to hold events. Actually, we're thinking of holding the first event early next month, if possible. Sooner the better, right?

O: I understand. If that's the case, why don't you try food sales? You've probably seen some student clubs having bake sales. That's probably an option for you guys. ₅ But let me tell you something before you decide to do that. As a matter of fact, there are so many things you have to do to establish a student organization, like opening a bank account, booking meeting rooms, and so forth. After seeing a lot of student organizations, I would encourage you to slow down. Since you guys have a very ambitious goal, I want your first event to be successful, and that's possible only through careful preparation. As in the old saying, slow but steady wins the race, you know?

S: Well, you're probably right about that. I think I need to talk to the others and reconsider our schedule. But thanks for your advice. It was really helpful. I appreciate it.

O: No problem. If you have any other questions regarding student organizations, you're always welcome to stop by.

【全訳】
学生と事務員の会話を聞きなさい。

学生　　：こんにちは。ええと，学事部の事務所はここですか。
事務員　：そうです。ご用件は？
学生　　：はい。ケビンと言います。今日伺ったのは，どう言ったらいいかな…。僕は友人たちと，学内で新しいサークルを立ち上げたいと思っています。そのための情報を集めたくて，サークルを代表して来ました。
事務員　：用件はわかりました。ではケビン，いくつか聞かせてください。ああ，私はヘレンよ。まず，あなたたちが作りたいサークルの目的は何かしら。
学生　　：ええと，僕たちのサークルの目的は，学生とボランティアのような地域奉仕活動との橋渡しをすることです。多くの学生がそうした活動に関心を持っていて，地域のために何かしたいと考えていると思うんです。でも，現状では，どこからやり始めたらいいのかがわからないし，まして何をしたらいいかもわかりません。そこで，機会がたくさんあるということをそうした学生に知らせる必要があると考えています。おわかりいただけますか。
事務員　：もちろん。すごいわね。あなたたちがやろうとしていることは，きっとたくさんの学生

の役に立つわね。では次の質問ね。メンバーは何人ですか。
学生　：今のところ７人です。学内での活動を広げながら，もっと増やしていきたいと思っています。
事務員：わかりました。きっと増えていくでしょうね。それで，初代代表は誰ですか。
学生　：僕です。ですから今日，クラブを代表して来たんです。
事務員：わかったわ。あなたが代表ね。一般的に言うと，どのサークルにも，代表，副代表，会計，書記，そしてイベント担当の５人の役員がいるの。最初の３つは必ずいなければならないけれど，残りはあなたたちの自由です。つまり他の役職は任意ということね。代表と副代表と会計は，オリエンテーションに出席しないといけません。そのオリエンテーションで，サークルに関する詳しい情報がわかります。あ，それから，役員になる人は全員，GPA2.5以上で，６単位以上の授業を履修していることが条件よ。
学生　：問題ありません。
事務員：よかった。これらが，新しいサークルを立ち上げる時の原則なの。繰り返すと，オリエンテーションでもっと詳しく知ることができるから，ご心配なく。でも，今，聞きたいことがあればどうぞ。
学生　：はい，僕たちにとって大事なことが１つあります。大学から資金援助は受けられますか。あるサークルに所属している僕の友人の話では，大学からの資金援助の申し込みができると。
事務員：お友達の言う通りよ。そのためには，設立趣旨を書いた申請書やその他いくつかの書類を出さないといけません。こちらでその書類を審査し，援助を受ける資格があるかどうかを決めます。でも，今学期の締め切りはもう過ぎてしまっていて，来学期の申請の受付を始めたところよ。申請したいなら，ここに申請用紙と詳細情報があります。
学生　：そんな！　僕らが援助を得られる手立ては他にはないんですか。立ち上げたばかりなので，イベントを行う予算がないんです。実は，できれば来月初旬に最初のイベントを行おうと思っているので。早いに越したことはないですよね。
事務員：わかりました。それなら，食べ物を販売してみたらどうかしら。焼き菓子を売っているサークルを見たことがあるでしょう。あなたたちが取り得る１つの選択肢よ。₅でも，その前に伝えておくと，サークルを立ち上げるには，実はいろいろとやらなければならないことがあるの。例えば，銀行口座を開くとか，会議室を予約するとかね。たくさんのサークルを見てきたから言うと，あまり焦らないほうがいいと思いますよ。あなたたちはとても意欲的な目的を持っているから，最初のイベントを成功させてほしいの。でもそれは，周到な準備があってこその話よ。昔から言うでしょう，急がば回れって。
学生　：ええ，おっしゃる通りかもしれません。他のメンバーと相談して日程を再考する必要がありますね。アドバイスをありがとうございました。とても役に立ちました。感謝します。
事務員：いいえ。サークルのことで他にも聞きたいことがあれば，いつでも来てください。

| 問題8　解答解説 | ●経済学 |

スクリプト・全訳 ➡ p.289

キーワード　　　寡占

Questions 1 – 6

1

正解　Ⓒ　　　　　　　　　　　　　　　　　　　　　　1　トピック

この講義のメイントピックは何か。
- Ⓐ 数種類の複占市場の紹介
- Ⓑ 広告に対する数学的アプローチ
- Ⓒ 例を用いた，ある経済学の理論の説明
- Ⓓ 自動車産業で発生している問題に対する解決策

解説　Ⓒ 冒頭で教授は I'd like to cover game theory と述べている。また，独占や完全競争について説明した後，let's dig down deeper into game theory, taking the car industry as an example と述べ，ゲーム理論を掘り下げていることから，これが正解。Ⓐ 複占市場が数種類あるとは述べられていない上，複占が講義のトピックではない。Ⓑ Ⓓ 広告に対する数学的アプローチや，自動車産業で発生している問題については述べられていない。

2

正解　Ⓑ　　　　　　　　　　　　　　　　　　　　　　2　詳細

次のうち，完全競争の4つの要素として述べられていないものはどれか。
- Ⓐ 売り手は，他の売り手のものと同じ商品を製造するべきである。
- Ⓑ 買い手は，商品の価格を決定する機会を時折与えられる。
- Ⓒ 売り手は，いつでも好きな時に市場に参入したり，市場から撤退したりすることができる。
- Ⓓ 売り手も買い手も，商品についての情報を持つべきである。

解説　Ⓑ 買い手が商品の価格を決定することができるとは述べられていない。Ⓐ 完全競争の2つ目の要素として挙げた a product from any given seller has to be identical to that of other sellers と一致する。Ⓒ 完全競争の3つ目の要素として挙げた firms can enter or leave the market any time they feel like it と一致する。Ⓓ 完全競争の4つ目の要素として挙げた perfect information has to be in place ～ as well as their prices と一致する。

3

正解　Ⓓ　　　　　　　　　　　　　　　　　　　　　　2　詳細

広告が寡占の特徴のうちの1つと考えられるのはなぜか。
- Ⓐ ほとんどの商品が似ていて，消費者の商品に対する関心が薄れるため。

Ⓑ　売り手と買い手の相互関係が重要であり，企業はそれを向上させる必要があるため。
　　Ⓒ　近年，広告技術が急速に進歩しているため。
　　Ⓓ　企業は在庫を売り切ることができず，商品を魅力的に見せる必要があるため。

解説　Ⓓ advertising is one of the characteristics of an oligopoly for two reasons. 以降に注目。寡占市場では，完全競争とは異なり，商品を売り切ることができないこと，各企業の商品には違いがあり，消費者を引きつける必要がある。そのため，広告が必要になることが説明されている。　Ⓐ 寡占市場では消費者の関心を集める必要性が生じるが，その要因は消費者の関心が薄れるためではない。よって，広告が寡占の特徴であることの理由としては不適切。　ⒷⒸ 売り手と買い手の相互関係，広告技術の進歩については述べられていない。

4

正解　Ⓐ　　　　　　　　　　　　　　　　　　　　　3　発言の意図・機能

講義の一部をもう一度聞いて，質問に答えなさい。（スクリプト・全訳の青下線部参照）
教授の次の発言は何を意味しているか。（　　参照）
　Ⓐ　情報交換は，企業の行動を変え，ひいては企業の業績を変えることがある。
　Ⓑ　寡占の解決策は，企業に相互の情報交換を許可することである。
　Ⓒ　企業は常に低性能モデルを選択するべきだ。
　Ⓓ　企業は自社の決定をほとんど制御することができない。

解説　Ⓐ 該当の発言 However, it would be right only if communication was allowed between these firms 〜 の it は，前の2文の内容を受けたもので，情報交換が可能な場合のみ，企業は最も高い利益につながる選択をすることができることを意味している。つまり，情報交換は企業の選択とその結果を変えることが暗示されている。　Ⓑ 寡占の解決策については述べられていない。　Ⓒ 企業の選択の是非については言及していない。　Ⓓ 企業が自らの決定を制御できないということは示唆されていない。

5

正解　Ⓓ　　　　　　　　　　　　　　　　　　　　　2　詳細

ゲーム理論によれば，寡占市場において売り手はどのように行動するか。
　Ⓐ　それぞれの売り手が，独占者になることを夢見て，市場において積極的に活動する。
　Ⓑ　売り手は，彼らの市場が最大限の利益を得るために，お互いに連絡を取る。
　Ⓒ　商品の価格を決定する売り手は，かなりの利益を享受する。
　Ⓓ　売り手は，他の競争相手の行動にかかわらず，最大限の利益を得ることを目指す。

解説　Ⓓ 講義後半で，競争相手と情報交換はできないものとしてゲーム理論が説明され，In this example of game theory, a seller would choose an option which enables him to gain the most regardless of the decision the other makes. と述べられている。よって，これが正解となる。　ⒶⒸ 売り手が独占者になるのを夢見ることや，商品の価格を決定

する売り手がかなりの利益を享受することは述べられていない。Ⓑ 教授は，売り手間で連絡を取ることができない前提でゲーム理論の状況を設定しているため，講義の内容と一致しない。

6

正解 Yes （1）（4）
　　　　No　（2）（3）（5）

▶ **詳細 ～Yes/No 問題～**

以下のそれぞれの項目が正しいか示しなさい。正しいボックスにチェックを入れなさい。
（1）寡占と独占の違いは売り手の数である。
（2）教授は，話を脇道にそらすことなくゲーム理論の例を説明している。
（3）複占はゲーム理論にとって必須条件である。
（4）自動車産業の例では，両企業は結局同じ決断をしている。
（5）教授は，ゲーム理論は消費者の行動を無視しているとほのめかしている。

解説　(1) 教授の発言 under an oligopoly, the market is dominated by not only one seller but a few sellers から，寡占が独占と違い，少数の売り手によって支配されていることがわかる。よって，Yes。(2) going off on a bit of a tangent と広告の話へ脱線した後，let's get back on the original track と述べていることから，講義の内容と一致しないので，No。(3) とても広い分野であるゲーム理論の中で，講義では便宜上複占を取り上げており，必須条件だとは述べられていないので，No。(4) both A and B end up with the high-spec model and it would permeate the market as a result と述べていることから，講義の内容と一致するので，Yes。(5) 教授はゲーム理論が消費者の行動を無視しているとは述べていないので，No。

【スクリプト】

Listen to part of a lecture in an economics class.

Professor: Good morning, folks. ₁ Today, I'd like to cover game theory. Game theory was invented in 1944 by a mathematician, John von Neumann, and an economist, Oskar Morgenstern. This theory has been the most widely used to analyze oligopoly market behaviors. To start off, what is an oligopoly?

　　6-(1) A monopoly is a market where there is only one dominant firm that controls the whole supply. They are dangerous as a single company can dominate everything, setting outrageous prices as a single provider. On the other hand, under an oligopoly, the market is dominated by not only one seller but a few sellers, several of which are large enough to influence the entire market. An oligopoly is relatively better than monopoly since there are at least more than one firm hence creating freedom, however limited that may be, for setting prices. Actually, however, this is still far from perfect competition.

　　As you'll recall from a previous chapter, perfect competition is defined by four factors. First, there have to be many small firms and customers. ₂₋₍ₐ₎ Second, a product from any given seller has to be identical to that of other sellers. ₂₋₍c₎ Third, firms can enter or leave the market any time they feel like it. ₂₋₍D₎ Fourth, perfect information has to be in place; that is, all market players such as sellers and buyers must know about all the products that are available as well as their prices. If you examine an oligopoly from the standpoint of the four aspects of perfect competition, it obviously lacks one of them.

₁ OK, now let's dig down deeper into game theory, taking the car industry as an example. We see many automobile ads everywhere in our everyday lives, on the street, TV, the Internet, you name it. Uh, ₆₋₍₂₎ going off on a bit of a tangent, ₃ advertising is one of the characteristics of an oligopoly for two reasons. First, under an oligopoly, players cannot sell the entire inventory at the current price, so they need to either cut back on prices or advertise more in comparison to perfect competition where they can sell things without promoting them. Second, commodities of oligopolistic firms are often not identical; therefore, firms need to advertise to lure consumers toward their own products, whereas all goods are supposed to be the same and interchangeable in perfect competition.

₆₋₍₂₎ OK, now let's get back on the original track. As I said earlier, game theory is the prevailing theory applied to oligopoly market analysis. ₆₋₍₃₎ Game theory is in fact a vast field which one can spend a lifetime researching, but for convenience's sake we will now consider a duopoly. As its name implies, a duopoly is a type of oligopoly with two sellers. Imagine an automobile market in a developing island country that two car companies, A and B are about to enter. The government makes restrictions on these two companies by saying that they need to produce identical products for the first three years. The companies have a choice between high-spec and low-spec lines of vehicles, and the high-spec version has a lower profit margin while the low-spec has a higher margin. If both firms produce the high-spec, they can each expect an annual profit of only five million dollars. If one of them produces the high-spec and the other goes for the low-spec, the high-spec company would enjoy a 12-million-dollar payoff and the other would suffer a three-million-dollar loss. The last option, both selling the low-spec version, would end up giving a 10-million-dollar return to each. What would be the decisions of company A and B?

₄ Does anyone think the best decision would be for both A and B to sell the low-spec model to gain the highest profits in the whole market? That way both A and B would gain 10 million dollars each compared to the other options where one outsells the other or both end up with lower profits. However, it would be right only if communication was allowed between these firms, leading them to collude and act like a monopolist. What if they are not allowed to be in contact? Actually, under the game theory, they would opt for the high-spec model with a lower profit margin in order to avoid being severely damaged by the decision of the other. If A sells the low-spec and B sells the high-spec, that would be a disaster for A because it would lose three million dollars. ₅ In this example of game theory, a seller would choose an option which enables him to gain the most regardless of the decision the other makes. Let's look into this more closely from firm A's perspective. Firm A is more profitable in selling the high-spec model earning 12 million dollars while firm B takes the low-spec model. OK, then, what if firm B chooses the higher-spec model? Firm A would still be better off sticking to the high-spec with a profit of five million dollars; otherwise, it would lose three million dollars. Considering these possibilities and risks, firm A would by all means go for the high-spec. The same goes for firm B, hence ₆₋₍₄₎ both A and B end up with the high-spec model and it would permeate the market as a result.

【全訳】
経済学の講義の一部を聞きなさい。

教授：皆さん，おはよう。今日はゲーム理論について話したいと思います。ゲーム理論は1944年に数学者ジョン・フォン・ノイマンと経済学者オスカー・モルゲンシュテルンによって考案されました。この理論は寡占市場の動向を分析するために最も広く用いられます。まず初めに，寡占とは何でしょうか。

独占とは，ただ1つの支配的な企業が供給全体を操作する市場のことです。1つの企業が唯一の供給者として法外な価格設定をし，すべてを操作することができるため危険な状態です。一方で，寡占の下では，市場は1つの売り手だけではなく，いくつかの売り手に支配されるのであり，そのうちのいくつかは市場全体に影響を及ぼすほど大きな売り手です。寡占は独占に比べれば比較的よい状態ですね。少なくとも複数の企業が存在し，いくらか限定的ではあるものの，価格設定の自由がありますから。しかし，実際には完全競争からはほど遠いものです。

以前の章から思い出されるように，完全競争は4つの要素によって定義されます。まず，多くの小さな企業と顧客が必要です。2つ目に，どの売り手の商品も他の売り手の商品とまったく同じでなければなりません。3つ目に，企業はいつでも市場に参入したり，市場から撤退することができます。4つ目に，完全な情報がなければなりません。つまり，売り手や買い手などの市場関係者は皆，入手可能なすべての商品について，またその商品の価格についても知っていなければなりません。寡占をこの完全競争の4つの要素の観点から見ると，明らかにそのうちの1つが欠落していますね。

では，自動車産業を例にとって，ゲーム理論を詳しく見ていきましょう。日常生活において，私たちは車の広告をたくさん目にしますね。道路やテレビ，インターネットなど実にさまざまな所で見かけます。少し話がそれるんですが，広告というのは2つの理由から，寡占の特徴の1つと言えるんですよ。まず，完全競争では宣伝することなく物を売ることができるのに対し，寡占の下では，企業は現在の値段で在庫をすべて売り切ることができないから，価格を下げるか，または宣伝をしなければなりません。第2に，寡占企業の商品は多くの場合まったく同一ではありません。よって，企業は消費者を自社商品に引きつ

けるために宣伝をする必要があります。これに対し，完全競争ではすべての商品は同一で交換可能ということになっています。

さて，本題に戻りましょう。先程言ったように，ゲーム理論は寡占市場分析において最も広く用いられている理論です。このゲーム理論というのは，実は研究に生涯をささげることができるほどとても広い分野なんですが，ここでは便宜上，複占を見ていきます。この名前が示すように，複占は2つの売り手が存在する寡占の一種です。発展途上の島国での自動車市場を考えてみましょう。この市場には A，B の2つの自動車企業が参入しようとしているとします。政府はこれらの2つの企業に対し，初めの3年間は同一の商品を販売しなければならないという制限を与えます。企業は，高性能と低性能の自動車商品を選ぶことができ，高性能のものは利益率が低く，低性能のものは利益率が高いのです。もし両方の企業が高性能のものを製造するなら，それぞれ1年間で500万ドルの利益しか見込めません。もし片方が高性能のものを製造して，もう片方が低性能のものを製造すると，高性能を選んだ企業のほうが1,200万ドルを得て，もう一方は300万ドルの損失となってしまいます。最後の選択肢，すなわち共に低性能の車を選択した場合には，それぞれ1,000万ドルを得るとします。企業 A，B はどんな判断をするでしょうか。

₄最善策は，市場全体で最も高い利益を得るために A，B 共に低性能モデルを売ることではないかと考える人はいますか。そうすれば，片方の企業が1人勝ちするか2社共に低い利益で終わる他の選択肢に比べて，A も B も 1,000 万ドルを得ることができます。しかし，それは企業間での情報交換が許されていて，2つの企業が共謀し，独占企業のようになる場合にしか成り立ちません。企業同士での連絡が許されていない場合はどうでしょうか。実際，ゲーム理論の下では，他社の選択によってひどく被害を受けるのを避けるために，両企業は低い利益率の高性能モデルを選択するでしょう。もし A が低性能のものを販売し B が高性能のものを販売したなら，A は 300 万ドルを失いますから大損害になります。このゲーム理論の例において，売り手は他企業の決断にかかわらず最も得をする選択をします。企業 A の観点からもっと詳しく見てみましょう。企業 B が低性能モデルを選んだとしたら，企業 A は高性能モデルを売って 1,200 万ドルを得るほうが得ですね。では，企業 B が高性能モデルを選んだ場合はどうでしょうか。それでも企業 A は高性能のものに固執して 500 万ドルを得たほうが得策です。そうでなければ 300 万ドルを失うことになりますからね。こうした可能性やリスクを考えて，企業 A はいずれにしろ高性能のものを選択するでしょう。企業 B にも同様のことが言えます。したがって，A，B 共に高性能モデルを販売することになり，結果として市場には高性能モデルが出回ることになるでしょうね。

| 問題9　解答解説 | ●教育学 |

スクリプト・全訳 ➡ p.295

キーワード　　ヴァルドルフ教育

Questions 1 – 6

1

正解　Ⓒ　　　　　　　　　　　　　　　　　　　　　▶ 1　トピック

この講義の目的は何か。
- Ⓐ　ある教育方法の長所と短所について議論すること
- Ⓑ　物語を話すことが子供に及ぼす影響を分析すること
- Ⓒ　ある種の教育方法がどのように用いられるのかを説明すること
- Ⓓ　最新の教育方法と従来の教育方法を比較すること

解説　Ⓒ　教授は冒頭でヴァルドルフ教育の特徴を紹介し，I'll try to explain. There is a type of alternative education ～ と述べている。この後，教授は講義全体を通して，学生の質問を受けながらヴァルドルフ教育がどのように行われているのかを説明しているので，これが正解となる。　Ⓐ　ヴァルドルフ教育の短所については議論されていない。　Ⓑ　物語を話すことが子供に及ぼす影響は，ヴァルドルフ教育の例として説明されているが，その分析が講義の目的ではない。　Ⓓ　最新の教育方法と従来の教育方法の比較はされていない。

2

正解　Ⓐ　　　　　　　　　　　　　　　　　　　　　▶ 4　話者の態度・意見

講義の一部をもう一度聞いて，質問に答えなさい。（スクリプト・全訳の青下線部参照）
学生の次の発言は何を意味しているか。（　　　参照）
- Ⓐ　彼女は，教授の発言について混乱していることを表現している。
- Ⓑ　彼女は，教授の提示した概念に乗り気になっている。
- Ⓒ　彼女は，教授の述べたことを受け入れている。
- Ⓓ　彼女は，教授の意見が誤っていると示唆している。

解説　Ⓐ　学生1は，教授の「子供たちは教わることをすでに知っている」という主旨の発言に対して該当の発言をし，「人々は新しい知識を習得するために学校へ行く」と述べている。この2つは相反するように見えるため，学生1は教授の発言を理解できずに混乱しているのだとわかる。　Ⓑ　学生1は教授の発言をよく理解できておらず，乗り気になっているとは言えない。　Ⓒ　先の説明より，教授の発言を受け入れているとは言えない。　Ⓓ　学生1は教授の発言を理解しようと質問を続けており，誤りを示唆しようとしているわけではない。

3

正解 Ⓑ　　> 2　詳細

ヴァルドルフ教育のカリキュラムにおいて，子供たちはどのように教育されるか。
- Ⓐ 子供たちは，教師に教えられることなく独学で物事を学ぶことが期待される。
- Ⓑ 子供たちは，人間が進化してきた過程をたどりながら物事を学ぶ。
- Ⓒ 子供たちは，人間の進化に特に重点を置いて歴史だけを学ぶ。
- Ⓓ 子供たちは，教師が物語を通じて導入する単語を1つ1つすべて暗記する。

解説　Ⓑ 教授の発言 Its curriculum is structured to follow the process of human evolution, allowing their students to experience how human beings developed. より，これが正解とわかる。 Ⓐ 学生1の did you mean children can learn things like calculus without being taught? という質問に対して，教授は the students learn what they already know at their gene level と説明し，それを暗に否定している。 Ⓒ 歴史だけを学ぶとは述べられていない。 Ⓓ 教授は，子供たちが教師の導入した単語を1つ1つ暗記するとは述べていない。

4

正解 Ⓒ　　> 3　発言の意図・機能

講義の一部をもう一度聞いて，質問に答えなさい。（スクリプト・全訳の青下線部参照）
なぜ教授は次の発言をしたのか。（　　参照）
- Ⓐ 学生たちが，ヴァルドルフ教育を受けたことがあるかどうかを知るため
- Ⓑ 学生たちがどのようにアルファベットを習ったかを覚えているか，調べるため
- Ⓒ 一般的な学習方法と比較して，ヴァルドルフ教育について説明するため
- Ⓓ ヴァルドルフ教育の歴史を詳しく説明するため

解説　Ⓒ 教授は，ヴァルドルフ教育のイメージがわかないと言う学生に対し，一般的な方法と比較して説明しようとしたと考えられる。その後の，But here, I'd like to draw your attention to the difference between the way you learned the alphabet and the way human beings developed the alphabet system. という発言からも，同様のことが読み取れる。 ⒶⒷ ここでは一般的にはどのような方法が採られているかを提示することに主眼が置かれており，学生たちがヴァルドルフ教育を受けたことがあるかや，どのようにアルファベットを学習したかを覚えているかどうかを確かめることは重要ではない。 Ⓓ 歴史を説明しようとはしていない。

5

正解 Ⓑ　　> 2　詳細

ヴァルドルフ教育はどのようにして子供たちのアルファベットの学習方法を強化するのか。
- Ⓐ 記憶力を向上させるために，非標準的な順番で子供たちに教えることによって
- Ⓑ 文字を子供たちにとって意味のある形や音と結びつけることによって
- Ⓒ 体が覚え込むまで何度も書く行為を繰り返すことによって
- Ⓓ 文字の形が定着するように，ある文字が繰り返し使われている物語を話すことによって

解説 Ⓑ 教授が王様の物語の例を挙げてアルファベットの K を学ぶ方法を説明したのに対し，学生 1 が K は王様の形と音を持った文字として認識されるとまとめている。教授もこれを肯定し，自身も The alphabet is recognized as a meaningful symbol 〜 と述べていることから，これが正解。ⒶⒸ そのようなことは述べられていない。Ⓓ 物語を用いるという点は一致しているが，ある文字が繰り返し使われている物語を話すというわけではない。

6

正解 Ⓑ　　　　　　　　　　　　　　　　　　　　　　▶ **2** 詳細

ヴァルドルフ教育を行っている学校について正しくないものはどれか。
Ⓐ　ヴァルドルフ教育を行っている学校の数は増えてきている。
Ⓑ　ヴァルドルフ教育を行っている学校は，ドイツに 900 校以上ある。
Ⓒ　ヴァルドルフ教育を行っている学校の 1 つがキャンパスの近くにある。
Ⓓ　ヴァルドルフ教育を行っている学校は世界中で普及してきている。

解説 Ⓑ ヴァルドルフ教育のルーツはドイツにあると述べられているが，there are over 900 Waldorf schools not only in Europe, but all over the world とあることから，900 校以上というのはドイツだけでなく世界での数である。ⒶⒹ 最後の教授の発言から，ヴァルドルフ教育は急速に広まってきており，世界中に学校があることがわかる。Ⓒ 近くに実践している学校が 1 つあり，見学に行くことができると述べられている。

【スクリプト】
Listen to part of a lecture in an education class.

Professor: Some people say that children's brains are like a white canvas because they can absorb things very quickly like a sponge. ₂ Simultaneously, however, other people claim that children already know things we teach them.

Student 1: What do you mean by that? People go to school so that they can learn and acquire new knowledge. But umm… so, did you mean children can learn things like calculus without being taught?

P: ₁ I'll try to explain. There is a type of alternative education called Waldorf education. Some people call it Steiner education, using the name of the person who started it in Germany in 1919. ₃ Its curriculum is structured to follow the process of human evolution, allowing their students to experience how human beings developed. In other words, the students learn what they already know at their gene level.

S1: At their gene level… I see. So, the idea is like teachers try to unearth the knowledge children have at the gene level, right?

P: Right.

Student 2: ₄ It makes more sense to me, now. But I still can't imagine what it is like.

Could you explain with more concrete examples?
P: Let's see… OK, let me try this way. When you guys were kids, how did you learn the alphabet?
S2: I remember that my teacher introduced it letter by letter from A to Z. And he told us to memorize each letter by practicing reading and writing them one by one.
P: I see. Yeah, I guess that's a pretty common way to learn the alphabet. But here, I'd like to draw your attention to the difference between the way you learned the alphabet and the way human beings developed the alphabet system. Remember Waldorf education is based on the idea, recapitulating human evolution. Needless to say, the alphabet was invented as a communication tool, right? Let me ask you guys, then, what is the earliest form of written communication?
S2: Rock paintings?
P: Right, cavemen created rock paintings in order to leave their messages or information to posterity. As you can easily imagine, when information is orally conveyed from person to person, there is a risk that the information is distorted to some extent. Moreover, painting simply takes too long to create, and it's not really a very effective way to express abstract ideas. Therefore, such paintings were gradually simplified until they became symbols such as the alphabet. Taking this process into account, how do you think Waldorf teachers recapitulate it when teaching the alphabet?
S2: Umm, by illustrating how each letter was created?
P: Uh-huh, you're on the right track. But more simply put, it's through storytelling.
S1: Storytelling? Huh, sounds very interesting! Could you give us an example?
P: Sure. A Waldorf teacher might tell a story like this.
"Once upon a time, there lived a king whose castle was filled with precious items he collected from across the land. One day, somebody brought the king a treasure map which showed the location of untold riches. Immediately he summoned the bravest and strongest adventurers in the kingdom to his castle and ordered them to follow the map and bring the treasures back to him."
You can embellish the story more to stimulate the children's imaginations, but for now that's enough. OK, so, after telling the story, the teacher instructs children to draw a picture of the king ordering the adventurers to find the treasures. The king is standing in all his majesty with one of his arms high up and one of his legs out. If you see him from the side, what does he look like? Yes, it's the letter "K"!
S1: I see! Now that the children see the shape of "K", even if they write a plain letter "K", it is not a mere random shape that they need to memorize, ₅ but rather it is a letter that has the shape of the king and the king's "K" sound.
P: You got the point! Similarly, the children can also draw a picture of the mountains to learn the shape and the sound of "M" through a story. In this way, children can visually capture the development of written communication from pictures to symbols as their own experience. ₅ The alphabet is recognized as a meaningful symbol

instead of an arbitrary one.
S2: That's interesting. I'd love to see the technique used in action; are there any schools nearby that use it?
P: Yes. Although it has its root in Germany, ₆₋₍ₐ₎ Waldorf education is actually a rapidly growing movement nowadays, and ₆₋₍B₎, ₍D₎ there are over 900 Waldorf schools not only in Europe, but all over the world. ₆₋₍C₎ Luckily enough, there is one fairly close to us. So, if you are interested in observing some classes there, come and let me know after the class.

【全訳】
教育学の講義の一部を聞きなさい。

教授：子供たちの脳はまるで真っ白なキャンバスのようだと言われているわね。スポンジのようにすぐに物事を吸収することができるから。₂だけど，同時に，子供たちは教わることをすでに知っている，という人もいるのよ。

学生1：どういう意味ですか。人は新しい知識を学び習得するために学校に通うのではないですか。それとも，ええと，子供たちは誰にも教わらずに微分積分のようなものを学ぶことができるということでしょうか。

教授：説明してみましょう。普通とは少し異なる形の教育で，ヴァルドルフ教育というものがあるの。1919年にドイツでその教育を始めた人の名をとって，シュタイナー教育と呼ぶ人もいるわ。その学校のカリキュラムは人類の進化に沿う形をとっていて，子供たちは，人類の発展を体験することができるの。言い換えれば，子供たちは，遺伝子レベルではすでに知っていることを学ぶのよ。

学生1：遺伝子レベルで。なるほど。つまり，教師は子供たちが遺伝子レベルで持っている知識を掘り出そうとする，ということですね。

教授：その通り。

学生2：₄少しはわかるような気もするけれど，まだどのようなものなのかイメージがわきません。もっと具体的な例を挙げて説明していただけますか。

教授：そうね，ではこう考えてみましょう。あなたたちがまだ幼かった頃，どうやってアルファベットを習いましたか。

学生2：確か先生がAからZまで1文字ずつ教えてくれましたね。それからそれらを1つずつ読んだり書いたりして練習しながら，すべての文字を暗記するように教えられました。

教授：なるほど。そうね，それがアルファベットを学ぶとても一般的な方法だと思うわ。でも，ここでは，あなたたちがアルファベットを習った方法と，人類がアルファベットの仕組みを発達させてきた方法の違いに注目してもらいたいの。ヴァルドルフ教育が，人類の進化を再現するという考えに基づいているのは覚えているわよね？　言うまでもなく，アルファベットは意思疎通の方法として作られたでしょう？　それではあなたたちに聞くけれど，文書によるコミュニケーションの最も古い形は何かしら。

学生2：岩窟壁画ですか。

教授　：そうね，穴居人がメッセージや情報を子孫に残すために岩窟壁画を作ったの。あなたたちも容易に想像できるだろうけど，情報が人から人へと口頭で伝えられる時には，その情報がある程度歪められてしまう危険性があるわ。さらに，絵を描くのは時間がかかりすぎるし，抽象的な考えを表現するのにはあまりよい方法ではないわ。だから，そのような絵はだんだん簡略化されて，アルファベットのような記号になったというわけなのよ。ではこの経過を踏まえて，ヴァルドルフの教師はアルファベットを教える時，どうやってそれを再現すると思いますか。

学生2：うーん，それぞれの文字がどうやって形成されたかを，絵に描いて教えるんではないでしょうか。

教授　：あら，いい観点ね。だけど，もっと簡単に言うと，物語を語ることによってなの。

学生1：物語ですか。へえ，おもしろそう！　例を挙げていただけますか。

教授　：もちろん。ヴァルドルフの先生はこんな物語を話してくれるかもしれないわね。
「昔々，ある王様がいました。彼のお城は，国中から集めた貴重な品物であふれていました。ある日，ある人が未知の富のありかを示す宝の地図を王様に持ってきました。王様は，王国で最も勇気があって強い冒険家たちをすぐさま城に呼んで，地図に従って宝を持って帰ってくるよう命令したのです。」
子供たちの想像力をかきたてるように，この話をもっとおもしろく飾ることもできるけれど，今はこのくらいでいいでしょう。そして物語の後で，先生は子供たちに，冒険家たちに宝探しを命令している王様の絵を描かせるの。王様は威厳高く，片腕を高くあげて，片足を前に出している。それを横から見たらどうかしら。そう，"K"の文字なのよ！

学生1：なるほど！　子供たちは"K"という形を見ることができたから，もし普通に"K"という文字を書いたとしても，子供たちにとって，それはただ暗記しなければならない，無作為な形ではなくて，王様の形をして，王様の"K"の音を持った文字になるんですね。

教授　：その通りよ！　同じように，物語を通して，子供たちは山の絵を描いて，"M"の形と音を学ぶこともできるわね。こうやって，子供たちは，絵から記号への文書によるコミュニケーションの発達を，自身の体験として，目で見て理解することができるんですね。アルファベットは恣意的な記号ではなく，意味のある記号として認識されるのです。

学生2：それは興味深いですね。この手法が実際に用いられているところを是非見てみたいです。この手法を取り入れている学校は近くにありますか。

教授　：ええ。ヴァルドルフ教育のルーツはドイツにあるんだけど，実は今急速に発達していて，ヨーロッパのみならず，世界中で900以上のヴァルドルフ教育の学校があるのよ。幸運なことに，すぐ近くにも1つ学校があるわ。もし授業見学に興味があれば，授業の後で私のところにいらっしゃい。

MEMO

MEMO

確認テスト

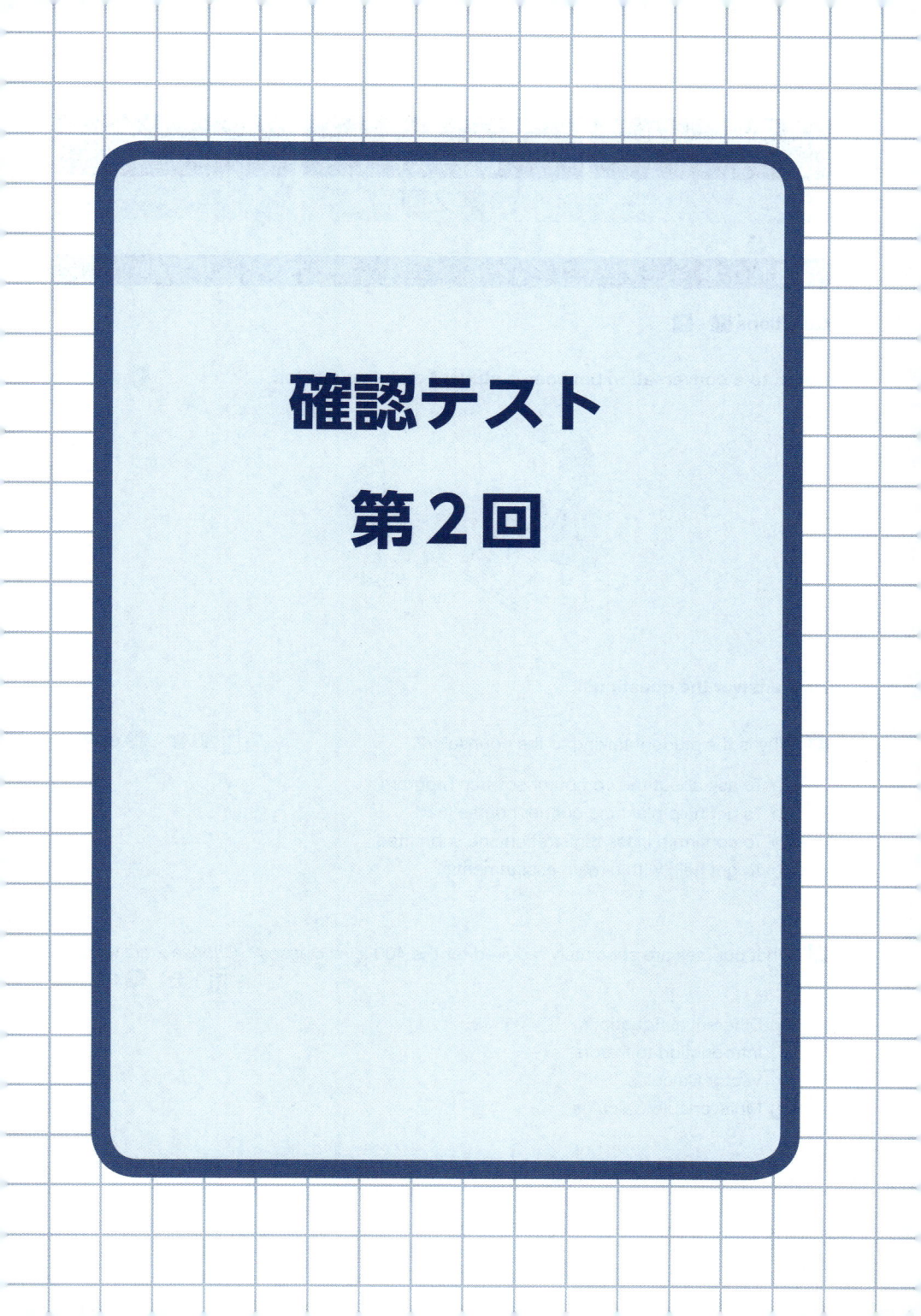

第2回

確認テスト 第2回

問題1

Questions 1 - 5

Listen to a conversation between a student and a counselor. ● CD 4-01

Now answer the questions.

1 Why is the student talking to the counselor? ⏳ 30秒 ● CD 4-02

   Ⓐ To ask about the computer science program
   Ⓑ To get help planning out her course load
   Ⓒ To confirm a class registration she submitted
   Ⓓ To get help with a math assignment

2 What courses are absolutely required for the 400 level classes? *Choose 2 answers.*
⏳ 1分 ● CD 4-03

   Ⓐ Differential Equations
   Ⓑ Introduction to Proofs
   Ⓒ Vector Calculus
   Ⓓ Multivariable Calculus

3 Why does the student choose Introduction to Proofs instead of Discrete Math?

⏳ 50秒   ● CD 4-04

- Ⓐ She has already taken Discrete Math.
- Ⓑ It is more convenient for her schedule.
- Ⓒ She finds the topic more interesting.
- Ⓓ She likes the professor better.

4 *Listen again to part of the conversation. Then answer the question.*
Why does the counselor say this: 🎧

⏳ 1分   ● CD 4-05

- Ⓐ To gently suggest another alternative
- Ⓑ To inform her of a course requirement
- Ⓒ To explain a difficult concept
- Ⓓ To request a favor from the student

5 Why does the counselor suggest the student take Differential Equations?

⏳ 50秒   ● CD 4-06

- Ⓐ It is a good companion course to take with Multivariable Calculus.
- Ⓑ It does not conflict with another class that the student is already taking.
- Ⓒ It is a more challenging course that will prepare the student for future classes.
- Ⓓ The course will not be offered for another year.

問題 2

Questions **1** – **6**

Listen to part of a lecture in a psychology class.　　　　　　　　　　　CD 4-07

equilibrium

cortisol

Now answer the questions.

1 What is the main topic that the professor deals with in the class?

30 秒　　CD 4-08

- Ⓐ The controversial claims about stress
- Ⓑ The famous methods to handle stress
- Ⓒ The definition of the word, homeostasis
- Ⓓ The phases of our mental and physical reactions to a stressor

2 Why does the professor discuss equilibrium and homeostasis?　50 秒　CD 4-09

- Ⓐ To explain how different fields of study use the same terms
- Ⓑ To differentiate the subtle differences between two related terms
- Ⓒ To chart how one word came to be supplanted by another
- Ⓓ To relate a word that students might be more familiar with to another

3 According to the lecture, what are examples of things stress-related hormones do? *Choose 2 answers.*　　　　　　　　　　　　　　　　　　　1 分　CD 4-10

- Ⓐ Alter mood
- Ⓑ Regulate body temperature
- Ⓒ Speed up digestion
- Ⓓ Redirect energy

4. *Listen again to part of the lecture. Then answer the question.*
   What does the professor imply when he says this: 🎧   ⏳ 1 分   ⏺ CD 4-11

   Ⓐ The resistance phase is the shortest of all the stress response phases.
   Ⓑ Modern people would not be able to cope with being chased by wolves.
   Ⓒ Stress is different when triggered by either sound or vision.
   Ⓓ The stress response is the same no matter what the stressor is.

5. How do actions taken in the resistance phase affect our bodies in the exhaustion phase?   ⏳ 50 秒   ⏺ CD 4-12

   Ⓐ The increased resistance to pain continues and dulls the amount of pain we would normally feel.
   Ⓑ Hormones that benefit our bodies during the resistance phase take their toll.
   Ⓒ The body slows down to store energy for the next resistance phase.
   Ⓓ Our immunity system starts making more defensive cells to guard against disease.

6. Indicate whether each statement below is correct. *Put a check (✓) in the correct boxes.*   ⏳ 1 分   ⏺ CD 4-13

	Yes	No
(1) The word "equilibrium" is more frequently referred to in psychology than in physiology these days.		
(2) Stress is caused by stimuli that cause undue change.		
(3) The endocrine system plays a major role in the body's stress response.		
(4) Young people are more easily triggered into the stress response.		
(5) Our body will become vulnerable to disease in the exhaustion phase.		

問題 3

Questions **1** – **6**

Listen to part of a lecture in a linguistics class. ● CD 4-14

Contrastive Analysis Hypothesis

Now answer the questions.

1 What is the purpose of this lecture? ⏳ 30 秒 ● CD 4-15

 Ⓐ To elicit the students' opinions about language teaching
 Ⓑ To deepen the students' understanding about a hypothesis
 Ⓒ To have the students notice the significance of making a hypothesis
 Ⓓ To discuss what the hardest languages to learn are

2 What is implied about the strong version of Contrastive Analysis Hypothesis?
                 ⏳ 50 秒 ● CD 4-16

 Ⓐ It is more applicable to written language than spoken language.
 Ⓑ It focuses on the degree of difference between languages.
 Ⓒ It analyzes the intuitive phenomenon that affects language learning.
 Ⓓ It causes a difference between Western and Eastern languages.

3 Why does the professor mention an experiment conducted by Whitman and Jackson?
                 ⏳ 50 秒 ● CD 4-17

 Ⓐ To show that the strong version is not empirically justified to be plausible
 Ⓑ To claim that the difference between two languages should be predicted by analyzing the actual performance of learners
 Ⓒ To imply that the strong version was strongly supported by a number of linguists
 Ⓓ To demonstrate that the strong version attempted to predict the difficulties of language learning

4 Which of the following statements is true about the weak version of the Contrastive Analysis Hypothesis?   ⏳ 50 秒   ● CD 4-18

- Ⓐ It denies the possibility that the difference between languages has influence on language learning.
- Ⓑ It suggests that one can foresee language learning difficulties by looking into the complexity of his or her native language.
- Ⓒ It places less significance on predicted language learning difficulties since they are not based on actual performance.
- Ⓓ It argues that language learners need to assess how difficult a target language will be before starting to learn it.

5 What does the professor say about the diagnostic capabilities of the Contrastive Analysis Hypothesis?   ⏳ 50 秒   ● CD 4-19

- Ⓐ The strong version can only be demonstrated when using a large number of subjects.
- Ⓑ The strong version has difficulty when comparing dialects of similar languages.
- Ⓒ The weak version used to be the dominant paradigm for studying language learning.
- Ⓓ The weak version is better at analyzing trouble that learners have already experienced.

6 *Listen again to part of the lecture. Then answer the question.*
What does the professor imply when he says this: 🎧   ⏳ 1 分   ● CD 4-20

- Ⓐ He is afraid that they might run out of time.
- Ⓑ He will answer the questions later.
- Ⓒ He will give an overview of the Contrastive Analysis Hypothesis.
- Ⓓ He will jot down something important in the next topic.

問題 4

Questions **1** – **5**

Listen to a conversation between a professor and a student.　　　CD 4-21

Now answer the questions.

1 Why is the student talking with the professor?　　　30 秒　CD 4-22

 Ⓐ To find an effective way of catching the audience's attention in her presentation
 Ⓑ To choose an interesting topic for her presentation
 Ⓒ To get help with the structure of her presentation
 Ⓓ To discuss the meaning of using visual aids in her presentation

2 What are the responsibilities of the four stages of the student's presentation? *Put a check (✓) in the correct boxes.*　　　50 秒　CD 4-23

	1st	2nd	3rd	4th
(1) Provide an explanation about the background of the topic				
(2) Handle questions from the audience				
(3) Involve the audience in the discussion on the topic				
(4) Stimulate the audience's interest in the topic				

3 What is the main reason the professor recommends a skit?

- Ⓐ To take advantage of the acting experience of the students
- Ⓑ To bring humor to an otherwise dry subject
- Ⓒ To make a complex and difficult topic easier for the audience
- Ⓓ To engage the audience in a stimulating discussion

4 *Listen again to part of the conversation. Then answer the question.*
What does the professor mean when he says this:

- Ⓐ The discussion should be a debate where each side presents data.
- Ⓑ The professor will play a large role in guiding the discussion.
- Ⓒ The audience is free to criticize the main points of the presentation.
- Ⓓ The presenters should conduct the discussion based on the agenda.

5 What can be inferred about the questions and answers part?

- Ⓐ The professor will ask some questions to make the presentation clearer.
- Ⓑ Each person in the student's group needs to prepare for expected questions.
- Ⓒ Only some students designated in advance can ask questions.
- Ⓓ The student will combine the part with the previous one.

問題 5

Questions **1** – **6**

Listen to part of a lecture in a natural science class. ● CD 4-27

greenhouse gas

oxidize

Now answer the questions.

1 What is the main focus of this lecture?   ⏳ 30 秒 ● CD 4-28

  Ⓐ Causes and effects of warming of the Earth
  Ⓑ The cause of recent abnormal weather
  Ⓒ Fears of future water shortages
  Ⓓ Rising water temperature in the ocean

2 Which is true about global warming or greenhouse gas?   ⏳ 50 秒 ● CD 4-29

  Ⓐ All greenhouse gases keep increasing rapidly.
  Ⓑ The increase in carbon dioxide is outpacing the rise in temperature.
  Ⓒ Greenhouse gases that escape into space cause global warming.
  Ⓓ Water in certain states acts as a greenhouse gas.

3 The professor mentions oxidation and reduction. *For each event, put a check (✓) in the correct box.* ⌛ 50秒 ● CD 4-30

	Oxidation	Reduction
(1) Digestion of carbohydrates		
(2) Photosynthesis carried out by plants		
(3) Rust on the surface of iron		
(4) Burning of oil and coal		

4 *Listen again to part of the lecture. Then answer the question.* 🎧
What does the professor think about reducing carbon dioxide? ⌛ 1分 ● CD 4-31

Ⓐ Changing carbon dioxide back to a previous state is the only way to reduce it.
Ⓑ Producing energy from fossil fuels to reduce carbon dioxide is self-defeating.
Ⓒ Human beings should be grateful to the Earth for maintaining ideal temperatures by reducing carbon dioxide.
Ⓓ Using plant photosynthesis is the only way to reduce carbon dioxide.

5 How did the level of carbon dioxide in the atmosphere decrease when the Earth came into existence? *Choose 2 answers.* ⌛ 1分 ● CD 4-32

A Carbon dioxide turned into limestone and settled on the bottom of the ocean.
B Carbon dioxide transformed into infrared light and escaped through the atmosphere.
C Solar energy blocked the Earth from releasing excess heat into the atmosphere.
D Solar energy provided plants the energy to transform carbon dioxide into oxygen.

6 Why does more precipitation not result in more drinking water? ⌛ 50秒 ● CD 4-33

Ⓐ Most of the water evaporates before it hits the Earth.
Ⓑ The water in the atmosphere is contaminated by carbon dioxide.
Ⓒ The water flowed into the sea mixes with the salt water.
Ⓓ Increased precipitation leads to ice melting before it can be used.

問題 6

Questions **1** – **6**

Listen to part of a lecture in a history class. ● CD 4-34

No-No Boys

Now answer the questions.

1 What is the main topic of this lecture? ⏳ 30 秒 ● CD 4-35

- Ⓐ The growing patriotism of Japanese-Americans
- Ⓑ Anti-Japanese campaigns launched by the U.S. media
- Ⓒ Historical events related to Japanese-Americans
- Ⓓ Frightening stories about Japanese-Americans in U.S. relocation camps

2 How did the U.S. government provide redress for Japanese-American survivors of internment camps? *Choose 2 answers.* ⏳ 1 分 ● CD 4-36

- A By paying as much as $20,000 to each of them in compensation
- B By crediting the No-No Boys for their loyalty towards the U.S.
- C By expressing its apology towards them through letters
- D By declaring the restoration of all the Japanese-Americans' civil rights

3 What did the U.S. government confirm through the two questions to Japanese-Americans? *Choose 2 answers.* ⏳ 1 分 ● CD 4-37

- A Their unqualified loyalty to the U.S.
- B Their hostility toward Japan
- C Their performance in the U.S. army
- D Their will to serve in the U.S. army

4 *Listen again to part of the lecture. Then answer the question.*
   What does the professor imply when he says this:

   Ⓐ The U.S. government felt pressure from the public to take measures against Japanese-Americans.
   Ⓑ The U.S. government was justified in its actions because of the war with Japan.
   Ⓒ Government attitude and actions increased American hostility towards Japanese-Americans.
   Ⓓ The actions of Japanese-Americans made them look even more suspicious.

5 Why were U.S. citizens afraid of Japanese-Americans during the war?

   Ⓐ They thought that Japanese-Americans infringed on the freedom and equality of U.S. citizens.
   Ⓑ The U.S. media of that time made it difficult for U.S. citizens to distinguish Japanese-Americans from Japanese soldiers.
   Ⓒ There was a rumor that all Japanese-Americans interned in the camps had been planning terrorist attacks on the U.S. government.
   Ⓓ It was proved that Japanese-Americans actually felt the same as Japanese soldiers.

6 Which of the following statements is NOT correct about "No-No Boys"?

   Ⓐ They refused to serve in the U.S. army because they were deprived of their civil rights.
   Ⓑ They were unable to figure out the reason why they were despised by U.S. citizens as "No-No Boys."
   Ⓒ They are respected by contemporary Japanese-Americans as highly as those who served in the U.S. army at that time.
   Ⓓ They showed their loyalty to the U.S. in a different way from those who answered "yes" to the two questions.

問題 7

Questions **1** – **5**

Listen to a conversation between a student and a professor. ● CD 4-41

Now answer the questions.

1 What is the main focus of this conversation? ⧗ 30 秒 ● CD 4-42

- Ⓐ The steps for writing a good paper
- Ⓑ The significance of writing a thesis
- Ⓒ Key points in applying for a master's program
- Ⓓ Criticisms about writing a thesis

2 What is NOT mentioned about the research methodology class? ⧗ 50 秒 ● CD 4-43

- Ⓐ The student learns about the importance of obtaining research subjects' consent.
- Ⓑ The student learns how to find appropriate research topics.
- Ⓒ The student learns how to narrow down research topics.
- Ⓓ The student learns about how advantageous it is to write a thesis when applying for a master's.

3 *Listen again to part of the conversation. Then answer the question.*
What does the professor imply when she says this: 🎧 ⧗ 1 分 ● CD 4-44

- Ⓐ Decide if there will be enough time to do the research.
- Ⓑ Decide if the topic is viable and has value as a target for research.
- Ⓒ Decide if the board will approve such a topic based on its merits.
- Ⓓ Decide if the necessary people are available and willing to be interviewed.

4 According to the conversation, which statements are true about writing a thesis? Choose 2 answers.   ⏳ 1分 ● CD 4-45

- A The student is required to write a thesis for his graduation.
- B The student needs to start writing a thesis while carrying out research.
- C The student is required to submit a research proposal to the faculty before conducting research.
- D The student needs to have a realistic research schedule to follow.

5 Indicate whether each statement below is correct. *Put a check (✓) in the correct boxes.*   ⏳ 1分 ● CD 4-46

	Yes	No
(1) Depending on the field of study and the system of each program, a thesis can be considered advantageous when applying.		
(2) The professor advises reading a select few works deeply and thoroughly in preparation for writing a thesis.		
(3) The student has already found some books he wants to read.		
(4) The professor mentions statistical analysis as one of the methods the student will learn in the class.		
(5) Practical matters are still required for the student's graduation if he writes a thesis.		

問題 8

Questions **1** – **6**

Listen to part of a lecture in an economic class.　　　　　　　　　　　　CD 4-47

inflation

Now answer the questions.

1 What is the main topic of the lecture?　　　　　　　30 秒　　CD 4-48

 Ⓐ A historical figure in economics
 Ⓑ The relationship between inflation and employment
 Ⓒ The inflation which occurred in the United Kingdom
 Ⓓ The economic depression in the 1990's

2 *Listen again to part of the lecture. Then answer the question.*
What does the professor imply when she says this:　　　1 分　　CD 4-49

 Ⓐ She wonders who pointed out the defect in Phillips' theory.
 Ⓑ She calls attention to the idea overlooked by Phillips.
 Ⓒ She suggests that a revised model is a better predictor.
 Ⓓ She reports that the culprit hasn't been specified yet.

3 What did Phillips fail to take into consideration in his model?　　50 秒　　CD 4-50

 Ⓐ Economic shock on the supply side
 Ⓑ Economic shock on the demand side
 Ⓒ The irregular change in unemployment
 Ⓓ The influence of British labor unions

4 Why does the professor refer to local wine in California? 　　🕐 50秒　●CD 4-51

　Ⓐ To indicate that the price of goods becomes incredibly high
　Ⓑ To assist the students in properly interpreting Phillips's theory
　Ⓒ To let the students notice how climate change affects harvest
　Ⓓ To illustrate how supply shock causes a high unemployment rate

5 Indicate whether each statement below is correct. *Put a check (✓) in the correct boxes.* 　　🕐 1分　●CD 4-52

	Yes	No
(1) Both increased demand and decreased supply result in higher prices of goods and services.		
(2) With an example of a flight ticket, the professor explains how inflation occurs from the demand side.		
(3) Phillips stated that price level and unemployment had a reverse correlation to each other.		
(4) When there is a decrease in supply, production never fails to go down as well.		
(5) The professor will probably talk about domestic trade next.		

6 According to the professor, what is the important point of view to have as an economist? 　　🕐 50秒　●CD 4-53

　Ⓐ To review Phillips' research on the relationship between inflation and employment
　Ⓑ To investigate economic movements from the aspects of demand and supply
　Ⓒ To become determined in pursuing an academic career as an economist
　Ⓓ To be able to use Phillips' theory to predict supply shock

問題 9

Questions **1** – **6**

Listen to part of a lecture in a philosophy class.　　　　　　　　　● CD 4-54

I think, therefore I am.

Reformation

Now answer the questions.

1 What is the lecture mainly about?　　　　　　　　⏳ 30 秒　● CD 4-55

　Ⓐ A biography of a philosopher, Réne Descartes
　Ⓑ Some historical events that occurred during the French Revolution
　Ⓒ The relationship between Renaissance art and modern philosophy
　Ⓓ The influence of a philosopher, Réne Descartes, on modern philosophy

2 Why does the professor ask the students about the beginning of modernity?
　　　　　　　　　　　　　　　　　　　　　　　　⏳ 50 秒　● CD 4-56

　Ⓐ To answer the unsolved question that continues to perplex historians
　Ⓑ To make the students aware that the concept of individuality is a key to understanding modern philosophy
　Ⓒ To clarify what historical event marks the beginning of modernity
　Ⓓ To show that modernity is older than previously thought

3 What is the characteristic of individuality prior to modernity?　⏳ 50 秒　● CD 4-57

　Ⓐ Human beings have free thought and judgment.
　Ⓑ The Church acts as an intermediary between God and individuals.
　Ⓒ Salvation is achieved by doubting the Bible.
　Ⓓ The Church has absolute power to control people's mind.

4 *Listen again to part of the lecture. Then answer the question.*
How does the professor feel when he says this:

Ⓐ He is hesitant to point out that the student's thinking is shallow.
Ⓑ He is satisfied with the student's opinion.
Ⓒ He regrets that he asked the student about God.
Ⓓ He rejoices that the student showed excellent understanding.

5 How did Descartes think about God? *Choose 2 answers.*

A God was a result of superstition.
B God was omnipotent.
C God could not be doubted.
D God could deceive people.

6 According to the lecture, what distinguishes Descartes' methodological doubt from nihilism?

Ⓐ That Descartes' methodological doubt rejects all values
Ⓑ That Descartes' methodological doubt aims to define absolute existence
Ⓒ That Descartes' methodological doubt influenced the advocates of nihilism
Ⓓ That Descartes' methodological doubt strives for truth

確認テスト 第2回 解答一覧

問題1 ・会話・ Questions 1 - 5

1 Ⓑ 2 CD 3 Ⓑ 4 Ⓐ 5 Ⓐ

問題2 ・講義・ Questions 1 - 6

1 Ⓓ 2 Ⓑ 3 AD 4 Ⓓ 5 Ⓑ 6 Yes:(1)(2)(3)(5) No:(4)

問題3 ・講義・ Questions 1 - 6

1 Ⓑ 2 Ⓑ 3 Ⓐ 4 Ⓒ 5 Ⓓ 6 Ⓑ

問題4 ・会話・ Questions 1 - 5

1 Ⓒ 2 1番目:(4) 2番目:(1) 3番目:(3) 4番目:(2)

3 Ⓒ 4 Ⓓ 5 Ⓐ

問題5 ・講義・ Questions 1 - 6

1 Ⓐ 2 Ⓓ 3 酸化:(1)(3)(4) 還元:(2) 4 Ⓑ 5 AD 6 Ⓒ

問題6 ・講義・ Questions 1 - 6

1 Ⓒ 2 AC 3 AD 4 Ⓒ 5 Ⓑ 6 Ⓑ

問題7 ・会話・ Questions 1 - 5

1 Ⓐ 2 Ⓓ 3 Ⓑ 4 CD 5 Yes:(1)(3)(5) No:(2)(4)

問題8 ・講義・ Questions 1 - 6

1 Ⓑ 2 Ⓑ 3 Ⓐ 4 Ⓓ 5 Yes:(1)(3)(4) No:(2)(5) 6 Ⓑ

問題9 ・講義・ Questions 1 - 6

1 Ⓓ 2 Ⓑ 3 Ⓑ 4 Ⓐ 5 BD 6 Ⓓ

問題 1　解答解説

スクリプト・全訳 ➡ p.323

Questions 1 – 5

1

正解 Ⓑ　　　　　　　　　　　　　　　　　　　　　　　　1　トピック

学生が相談員に話しているのはなぜか。
- Ⓐ　コンピュータサイエンスプログラムについて尋ねるため
- Ⓑ　履修単位を計画するのを手伝ってもらうため
- Ⓒ　提出した講義登録を確認するため
- Ⓓ　数学の課題を手伝ってもらうため

解説　Ⓑ 冒頭で学生が Excuse me, I have an appointment today for some academic counseling. と述べていることから，履修科目の相談に来たのだとわかる。続く相談員の発言 I understand you want some assistance planning out your next few semesters からも，これが正解とわかる。Ⓐ コンピュータサイエンスを副専攻にしていると述べているが，それについて尋ねるために来たわけではないため，不適切。Ⓒ 講座登録はまだ行っていない。Ⓓ 課題については言及されていないので不適切。

2

正解 Ⓒ Ⓓ　　　　　　　　　　　　　　　　　　　　　　　2　詳細

400レベルの講座にはどの講座が必須か。2つ選びなさい。
- Ⓐ　微分方程式
- Ⓑ　証明入門
- Ⓒ　ベクトル解析
- Ⓓ　多変数の微積分学

解説　Ⓒ Ⓓ 相談員は，400レベルの講義をとるには8つの講義を受講する必要があると説明し，However, among those twelve courses there are two that everyone has to take. と必須科目について触れている。それに対して学生が，Those are Multivariable Calculus and Vector Calculus, right? と確認し，相談員が肯定している。よって，これらが正解。Ⓐ 相談員が推薦している講座で，必須科目ではない。Ⓑ 取得する必要のある8つの講座には，証明入門か離散数学のどちらかしかカウントされないという相談員の説明から，必須科目の2つには入らないと考えられる。

3

正解 Ⓑ　　　　　　　　　　　　　　　　　　　　　▶ 2 詳細

学生が離散数学ではなく証明入門を選んだのはなぜか。
Ⓐ 彼女はすでに離散数学を履修しているので。
Ⓑ そちらのほうが彼女のスケジュールに都合がよいので。
Ⓒ 彼女はそのトピックがよりおもしろいと思うので。
Ⓓ 彼女はそちらの教授のほうが好きなので。

解説　Ⓑ 学生はどちらが秋に開講されるかを尋ね，相談員が Introduction to Proofs is offered in the fall, so you'll want to take that one if you want to knock one of them out right away. と答えている。ここから，先に証明入門をとるほうがスケジュールの都合がよいと判断したと考えられる。　Ⓐ 少なくとも1つはとりたいが，時間があるか心配だと述べているため，履修済みとは考えられない。　Ⓒ 学生はトピックのおもしろさについては言及していない。　Ⓓ 学生は教授についての好き嫌いは述べていない。

4

正解 Ⓐ　　　　　　　　　　　　　　　　　　　▶ 3 発言の意図・機能

会話の一部をもう一度聞いて，質問に答えなさい。（スクリプト・全訳の青下線部参照）
相談員が学生に次のように言っているのはなぜか。（　　　参照）
Ⓐ 他の選択肢を親切に提案するため
Ⓑ 講座の必須条件を知らせるため
Ⓒ 難しい概念を説明するため
Ⓓ 学生に頼みごとをするため

解説　Ⓐ That sounds OK, though ～ は，相手の発言を一応受け止めてから反対意見を述べる時の表現。さらに続けて，他の学生が一般的にはどのようにしているかを教え，アドバイスしているため，これが適切。　Ⓑ 必須条件については会話の前半ですでに話している。　Ⓒ 難しい概念に関しては話していない。　Ⓓ 相談員から頼みごとはしていないので，除外できる。

5

正解 Ⓐ

相談員が学生に微分方程式をとるよう提案しているのはなぜか。

Ⓐ 多変数の微積分学と一緒にとるとよい講座なので。
Ⓑ 学生がすでにとっている他の授業とかち合わないため。
Ⓒ 学生に今後とる講座の準備をさせる,より難易度の高い講座であるため。
Ⓓ 他の年度にはその講座は開講されないため。

解説 Ⓐ 相談員の It's taught by the same professor and he covers a lot of the same concepts in both. So a lot of people find it easier to learn when they're covered in two classes at once. という発言の内容に合致する。 Ⓑ 学生がすでにとっている他の授業とかち合うかどうかについては言及されていない。 Ⓒ 微分方程式が今後とる講座の準備としてよいとは述べられていない。 Ⓓ 他の年度に関する発言はないので,除外できる。

【スクリプト】

Listen to a conversation between a student and a counselor.

Student: ₁ Excuse me, I have an appointment today for some academic counseling.
Counselor: Yes, you must be Susan. Please take a seat.
S: Thanks for taking the time to see me today.
C: Of course. ₁ So, I understand you want some assistance planning out your next few semesters.
S: Yes, I'm working on a computer science minor and I'm a little confused by the requirements to take the higher-level courses.
C: Ah yes, you mean the prerequisites for taking any of the 400 level classes. I agree it could be a little clearer. So, the first thing is you need to take eight classes out of a possible twelve courses. ₂ However, among those twelve courses there are two that everyone has to take.
S: Those are Multivariable Calculus and Vector Calculus, right?
C: Exactly. Have you taken either of those courses yet?
S: No, I was planning on taking both of those classes in the fall.
C: I'd actually advise against that. It's possible to take both courses at once but students generally take Vector Calculus after they've taken Multivariable Calculus. Sometimes if a student already has experience in calculus they can get away with doing both at once, but that's an exception.
S: Oh, in that case I'll only sign up for Multivariable Calculus in the fall. I've only done pre-calculus so far.
C: That sounds good. As far as the other courses go, there is another pair of courses

that are different. For the courses Introduction to Proofs and Discrete Math only one of them can count toward the required eight courses. You can take both of them if you want, but in that case you'd need to take nine out of those twelve courses in order to move on to the higher level courses.

S: Hmm, I know I'd like to take at least one of them, but I'm not sure I have the hours to take both of them if only one of them counts.

C: Both of the classes are offered only once a year, so most students simply pick the one that matches up with their schedule and choose that way.

S: Oh, then, which of the two will be offered in the fall?

C: ₃ Introduction to Proofs is offered in the fall, so you'll want to take that one if you want to knock one of them out right away.

S: In that case I'll definitely take Multivariable Calculus and Introduction to Proofs next semester. ₄ As for the other classes I think I'll try Linear Algebra and Topology.

C: That sounds OK, though most students I talk to prefer to take Topology later on. It doesn't specifically build on concepts from earlier courses, but most students find it's much easier after taking some of the other courses first.

S: OK, is there any course you'd recommend instead of that one?

C: A lot of students say they find taking Differential Equations alongside Multivariable Calculus helpful. ₅ It's taught by the same professor and he covers a lot of the same concepts in both. So a lot of people find it easier to learn when they're covered in two classes at once.

S: OK, I'll sign up for Multivariable Calculus, Introduction to Proofs, Linear Algebra, and Differential Equations when they open registration for next semester.

C: That sounds great, and feel free to come to me if any of those classes fill up. I can give you suggestions for what classes you might want to enroll in instead.

S: Great, thanks so much for your help.

C: You're welcome. Come by any time.

確認テスト第2回 | 解説1

【全訳】
学生と相談員の会話を聞きなさい。

学生：すみません，今日は履修科目の相談で予約しているのですが。
相談員：はい，あなたはスーザンですね。おかけください。
学生：今日はお時間をとってくださってありがとうございます。
相談員：もちろんです。それで，あなたはこれからのいくつかの学期の計画を練るのを手伝ってほしいんですね。
学生：ええ，副専攻科目のコンピュータサイエンスに取り組んでいるのですが，より上のレベルの講座をとるための必要条件でちょっと混乱しているんです。
相談員：なるほど，400レベルの講座をとるための必須条件のことですね。もう少しはっきりさせたほうがいいですよね。さて，まずとることのできる12講座のうちから，8つの講座をとる必要があります。しかし，その12講座の中に全員がとらなくてはならないものが2つあるんです。
学生：多変数の微積分学とベクトル解析ですね。
相談員：その通り。もうどちらかの講座をとりましたか。
学生：いいえ，両方ともこの秋にとるつもりでした。
相談員：いや，それはおすすめしませんね。一度に両方の講座をとることも可能ですが，皆さん一般的には多変数の微積分学をとった後に，ベクトル解析をとりますね。すでに微積分学の経験がある場合には両方とも一度にうまく処理できるかもしれませんが，それは例外です。
学生：ああ，それでは，秋には多変数の微積分学だけ登録します。これまでは微積分学の準備講座を履修しただけなので。
相談員：それでいいでしょう。他の講座については異なる講座の組み合わせがあります。証明入門と離散数学の講座に関しては，どちらか1つしか，必要な8つの講座にカウントされません。とりたければ両方とることができますが，その場合は，高いレベルの講座に進むために12講座のうち9つの講座をとる必要があります。
学生：うーん，少なくとも1つはとりたいのですが，どちらか1つしかカウントされないとすると，両方をとる時間があるかどうかわかりません。
相談員：どちらの講座も年1回しかないので，たいていの学生は単に自分のスケジュールに合うほうを選びますよ。
学生：なるほど，その場合，2つのうちどちらが秋に開講されますか。
相談員：証明入門が秋に開講されますので，すぐにどちらかをとってしまいたいなら，それをとるとよいですね。
学生：そういうことなら，次の学期には多変数の微積分学と証明入門をとることにします。₄ 他の授業に関しては，線形代数と位相幾何学をとってみようと思います。
相談員：それはいいですが，私が話したほとんどの学生は，位相幾何学を後でとることを選びますね。特に前の講座で学ぶ概念に基づいているわけではないですが，大部分の学生は，他の講座を先にいくつかとったほうが楽だと思うようです。
学生：わかりました。その代わりにおすすめの講座はありますか。

相談員：多変数の微積分学と一緒に微分方程式をとると役立つと言う学生が多いですよ。教える教授が同じですし，両方で同じ概念をたくさん取りあげてくれますので，２つの授業を同時にとると，多くの人が学びやすいと思うようですよ。
学生　：それでは，多変数の微積分学，証明入門，線形代数と微分方程式は，来学期の登録受付の際に登録します。
相談員：いいですね。もしどれかの講座が満員になってしまったら，遠慮なく私のところに来てください。代わりにどの講座に登録すればよいか，提案してあげられますから。
学生　：すごく助かります。助言をありがとうございます。
相談員：どういたしまして。いつでも立ち寄ってください。

| 問題2　解答解説 | ●心理学 |

スクリプト・全訳 ➡ p.329

キーワード　　均衡　　コルチゾール

Questions 1 – 6

1

正解 Ⓓ　　　　　　　　　　　　　　　　　　　　　　　　　**1** トピック

教授が授業で扱っているメイントピックは何か。
- Ⓐ ストレスに関する物議を醸す主張
- Ⓑ ストレスに対処するための有名な方法
- Ⓒ 恒常性という語の定義
- **Ⓓ ストレス要因に対する，精神的，肉体的な反応の段階**

解説　Ⓓ 教授はストレスの定義や重要な用語の説明をした上で，ストレス反応の3つの段階について順番に説明しているので，これが正解と言える。　Ⓐ そのような主張については述べられていない。　Ⓑ ストレスに対する体の自然な反応について述べられているのであり，ストレスへの有名な対処法については述べられていない。　Ⓒ 講義の中では恒常性の定義について述べられているが，メイントピックではない。

2

正解 Ⓑ　　　　　　　　　　　　　　　　　　　　　　　　　**6** 構成理解

教授が平衡と恒常性について論じているのはなぜか。
- Ⓐ 異なる研究分野が，同じ用語をどのように使用しているかを説明するため
- **Ⓑ 2つの関連する用語の微妙な違いを区別するため**
- Ⓒ 1つの用語がもう1つの用語にどのように取って代わられるかを描くため
- Ⓓ 学生にとってよりなじみのある用語を，もう1つの用語に関連づけるため

解説　Ⓑ 教授は You might confuse equilibrium with homeostasis. と述べて，両者は一般的には同義語として用いられるが，分野によってどちらが用いられるかが異なると説明している。よって，これが正解。　Ⓐ 同じ1つの用語ではなく，意味が似ている2つの用語の違いを説明している。　Ⓒ 一方の用語が他の用語に取って代わられるということは述べられていない。　Ⓓ 両者を関連づけるためではない。

3

正解 ＡＤ　　　　　　　　　　　　　　　　　　　　　　　　**2** 詳細

講義によれば，ストレス関連ホルモンが行うことの例は何か。2つ選びなさい。
- **Ａ 気分を変える**
- Ｂ 体温を調節する
- Ｃ 消化を速める

Ⓓ　エネルギーを別の目的に使う

解説　講義中盤の抵抗期に関する説明で，強いストレスを受けた際に分泌されるホルモンの例が挙げられている。Ⓐ アドレナリンは感情をコントロールするために使われると述べられているので，これが正解。Ⓓ コルチゾールはエネルギーを脳と筋肉に流用すると述べられているので，これが正解。ⒷⒸ 体温調節や消化促進は，ストレスと関係のあるホルモンの働きとして述べられていない。

4

正解　Ⓓ　　　　　　　　　　　　　　　　　　　　　▶3　発言の意図・機能

講義の一部をもう一度聞いて，質問に答えなさい。（スクリプト・全訳の青下線部参照）
教授の次の発言は何を意味しているか。（　　　参照）
Ⓐ　抵抗期はすべてのストレス反応期のうちで最も短い。
Ⓑ　現代人はオオカミに追いかけられることに対処できないだろう。
Ⓒ　ストレスは音で引き起こされるか視覚で引き起こされるかによって異なる。
Ⓓ　ストレス反応はストレス要因が何であるかにかかわらず同じである。

解説　Ⓓ 教授はストレス要因の1つの例として，オオカミに追いかけられる状況を挙げている。これについて，実際には経験しそうにない状況であるが，その結果としてのストレス反応は，他の一般的なストレス要因とそれほど変わらないことを示唆している。Ⓐ 抵抗期の期間に関わる内容は述べられていない。Ⓑ オオカミに追いかけられた場合に対処できるかどうかについては述べられていない。Ⓒ ストレスの要因が何であっても反応は違わない，というのが教授の考えであり，音や視覚による違いについては述べられていない。

5

正解　Ⓑ　　　　　　　　　　　　　　　　　　　　　▶2　詳細

抵抗期で行われた活動は，疲弊期には肉体にどのような影響を及ぼすか。
Ⓐ　苦痛に対してますます抵抗が続き，通常感じる苦痛の量を緩和する。
Ⓑ　抵抗期には我々の肉体のためになるホルモンが，大きな悪影響をもたらす。
Ⓒ　肉体は，次の抵抗期に向けてエネルギーを蓄えるために，落ち着きを取り戻す。
Ⓓ　免疫システムが，病気から守ってくれる防御細胞をより多く作り始める。

解説　Ⓑ 教授は，抵抗期に体力や知覚能力を向上させるコルチゾールというホルモンが，疲弊期には免疫システムを抑制してしまうことを説明している。それにより，病気にかかるなどの悪影響が出るので，これが正解。Ⓐ 苦痛に対する抵抗や苦痛の感じ方については述べられていない。Ⓒ 次の抵抗期への備えについては述べられていない。Ⓓ 防御細胞の生成については述べられていない。

6

正解 Yes (1)(2)(3)(5)
No (4)

+2 詳細 〜Yes/No 問題〜

以下のそれぞれの項目が正しいか示しなさい。正しいボックスにチェックを入れなさい。
(1)「平衡」という単語は，最近は生理学よりも心理学でよく使われる。
(2) ストレスは過度の変化を引き起こす刺激によって引き起こされる。
(3) 内分泌系は肉体のストレス反応に大きな役割を果たしている。
(4) 若者はより簡単にストレス反応に引きこまれる。
(5) 我々の体は，疲弊期には病気にかかりやすくなる。

解説 (1) 教授が「平衡」と「恒常性」について説明する際に，the word equilibrium is the one more often used in psychology these days と述べていることから，Yes。(2) stress is basically just change と述べ，平衡を失うような変化がストレスを引き起こすことを説明していることから，Yes。(3) 教授は視床下部が内分泌系をコントロールすることについて，That's the system that regulates our body's hormones. と述べ，強いストレスを受けると多くのホルモンを分泌すると説明していることから，Yes。(4) 年齢によるストレス反応の違いについては述べられていないので，No。(5) 講義終盤で，疲弊期には免疫システムが抑制され，病気にかかりやすくなると述べられていることから，Yes。

【スクリプト】

Listen to part of a lecture in a psychology class.

Professor: ₁ The topic today is the chapter on stress. I'm sure there's not one person you know that doesn't have stress. We're always talking about things that cause it, be they exams, money, parents —— the list could go on and on. The world around us is fraught with tension and its frantic pace eventually gets to us. Although there are quite a few definitions for what stress exactly is, we're going to focus on the definition as proposed in 1997 by William Lovallo. He says stress is any kind of mental or physical tension that throws us off-kilter. In other words, it's when we lose our equilibrium —— the delicate balance between us and the environment we are in —— that we feel stressed. ₆₋₍₂₎ Put simply, stress is basically just change. Change is happening all the time in our lives, but sometimes we perceive change as endangering our physical or mental equilibrium.

₂ You might confuse equilibrium with homeostasis. In common parlance, they're mostly used as synonyms and refer to this delicate balance I just mentioned. Walter Cannon coined the word "homeostasis" back in 1939. ₆₋₍₁₎ Whereas the word homeostasis is mainly used to describe a physiological state rather than a mental one, the word equilibrium is the one more often used in psychology these days. Therefore, I'd like to stick to it in this course. If I slip up, just remember that I'm always going to be using the neurological definition.

₁ OK, so the first stage of change is the alarm stage. It's our initial reaction to a stressor —— the cause of our stress. In order to confront the stressor, our brains make us recognize and prepare for the reaction to the stressor. If you've ever been in a room where someone ran his or her fingernails down a blackboard, you know what I'm talking about. That high-pitched irritating sound! Would anyone find that pleasant? Of course not! I'm sure everyone here would agree. This is a perfect example of a stressor.

₁ OK, then, a stressor triggers all kinds of reactions in our bodies, which brings us to the second stage: resistance. ₄ Our bodies try to find the best way to cope with the stressor. For example, let's say you're being chased by a pack of hungry wolves. It's not something you're likely to experience, but the results will be similar to more common stressors. Your nervous system triggers your hypothalamus. ₆₋₍₃₎ The hypothalamus is a portion of the brain that sits right at the top of the brain stem and regulates the body's endocrine system. That's the system that regulates our body's hormones.

A lot of hormones are released in instances of high stress. ₃₋₍ₐ₎ Adrenaline is a commonly known one, as well as serotonin, which is used to regulate emotion. One of the most important hormones in the human stress response is the cortisol. ₃₋₍D₎ Cortisol diverts energy to your brain and muscles. Your brain is more prepared to make quick decisions, your hearts beat faster, and your legs are strengthened so you can run for your life! It's really an extremely efficient system. So you make a break for it, safely remove yourself from the stressor, and then what happens? You get tired out, of course. It would be a relief to be able to escape from a life-or-death struggle, but your knees would be wobbly with fear and fatigue.

₁ That brings us to the final stage: exhaustion. The reactions triggered in your body during the resistance stage have done their job and your body slows down. However, ₆₋₍₅₎ if the stressor does not let up and stress continues, we become exhausted and we can no longer cope with stress by secreting hormones. As a result, our bodies become more susceptible to disease and malfunction. Remember the hormone cortisol I mentioned. ₅ It does all that wonderful work increasing our strength and mental acuity, but at the same time it diverts power from elsewhere in our body. In fact, it actively suppresses the immune system. When you're in your fight or flight response, your body assumes it can take a break from protecting itself from diseases. That means bad luck is probably not the cause of that bout of flu during exam week! In addition to these physical responses to stress, there are also many cognitive and emotional processes going on inside us, which means our mental state is just as susceptible to disease and breakdown as our bodies are. OK, let's move on to the next topic on today's agenda. What is it? Yes, the influence stress has on our daily lives. I hope you've read up on that too, as it may well be the most important section of the chapter on stress.

【全訳】
心理学の講義の一部を聞きなさい。

教授：今日のトピックはストレスについての章だ。ストレスのない人間などいるはずがないね。ストレスの原因はいつも話の種になっている。例えば，試験のこと，お金のこと，親のことなど，挙げていったらきりがない。人間を取り巻く環境は緊張を伴っており，その並々ならない慌ただしさは結果的に人間に影響を及ぼす。ストレスとは一体何かという定義はいろいろあるが，1997年にウィリアム・ラバロが考えた定義に注目しよう。彼は，ストレスとは人間をつり合いのとれていない状態に陥る，あらゆる種類の精神的・肉体的緊張だと言っている。言い換えれば，ストレスとは，自分と周囲の環境との微妙なバランスである平衡を失っている状態だ。簡単に言うと，ストレスとは基本的に変化だ。変化は生活の中で常に起こっているが，時に我々は，変化を肉体的，精神的な平衡を危険にさらしているものとして認知する。

　君たちは平衡と恒常性を混同するかもしれないね。一般的な言い回しでは，それらはたいてい同義語として用いられて，今私が言った微妙なバランスのことを指すんだ。「恒常性」というのは，ウォルター・キャノンが1939年に創り出した用語だ。恒常性という用語は，心理的な状態よりも主に生理的状態を表すために使われる。一方平衡という用語は，最近心理学でよく用いられる。したがって，この授業ではそれを使っていきたい。もし私がうっかり間違えたら，私が常に神経学の定義を使っていることを思い出してほしい。

　いいね。さて，変化の第1段階は警告反応期といい，ストレスの原因であるストレス要因に対して我々が最初に起こす反応だ。ストレス要因に対処するために，脳は我々にその要因に対する反応を認識させ，備えさせるのである。君たちがある部屋の中にいるとして，そこで誰かが黒板をつめで引っかいていたら…，状況はわかるね。甲高くていらいらするあの音だ！　それは気持ちのいいものかい？　まさか！　君たちも皆そう思うだろう。これはまさにストレス要因の完璧な例だよ。

　よし，そこで，ストレス要因は人の体にいろいろな反応を起こし，それが抵抗期と呼ばれる第2段階へと我々を導くわけだ。<u>4 人間の体はストレス要因に対処するための最善の方法を見つけようとする。例えば，君たちが腹をすかせたオオカミの群れに追われているとしよう。あまり経験しそうにないことだが，その結果はもっと一般的なストレス要因と同じようなものだろう。</u>神経系は視床下部を作動させる。視床下部は脳幹の最上部に位置する脳の部位で，肉体の内分泌系をコントロールする。それが肉体のホルモンをコントロールするシステムなんだ。

　強いストレスを受けると，たくさんのホルモンが分泌される。アドレナリンはセロトニンと同様に一般的に知られているもので，感情をコントロールするのに用いられる。人間のストレス反応において最も重要なホルモンの1つが，コルチゾールだ。コルチゾールはエネルギーを脳や筋肉に流用する。脳はすばやい決断を下す準備が整い，心臓の鼓動が早くなって，脚が強くなるから死に物狂いで走ることができる！　実に効率的なシステムだ

ね。さあ，君たちは急いで逃げ，ストレス要因から無事に逃れることができた。では，次はどうなるだろうか。もちろんヘトヘトになるだろう。死ぬか生きるかの戦いから逃れてほっとするだろうが，恐怖と疲労で膝はガクガクしているだろう。

　それが，我々に最後の段階である疲弊期をもたらす。抵抗期に体内に生じた反応が役目を果たし終えると，肉体は落ち着きを取り戻す。しかし，もしストレス要因が消えず，ストレスが継続したら，人間は疲労困憊となり，ホルモンを分泌することによってストレスに対処することができなくなってしまう。結果として，肉体は病気や機能不全に陥りやすくなるんだ。私が話したコルチゾールというホルモンを思い出してほしい。それは人間の体力や知覚能力を増強してすばらしい働きをするが，同時に，力を体の他の部分から流用する。実は，それは免疫システムを積極的に抑制するんだ。攻撃・逃避反応の際，肉体は病気から自らを守ることを中断できると考える。つまり，試験期間にインフルエンザにかかるのは，運が悪かったわけではないということだね！　ストレスに対するこのような肉体的反応に加え，体内では認知的，精神的な変化も起こっており，人間の精神状態も肉体同様，病気になったり衰弱しやすくなったりするというわけだ。では，今日の議題にある次のトピックに進むとしよう。何だったかな？　そう，ストレスが日常生活に及ぼす影響だ。ストレスの章では一番重要な部分と言えるので，皆ここもよく読んできているといいのだが。

問題3　解答解説　　　　　　　　　　　　　　　　　　　　● 言語学

スクリプト・全訳 ➡ p.335

キーワード　　　対照分析仮説

Questions 1 – 6

1

正解　Ⓑ　　　　　　　　　　　　　　　　　　　　　　　　**1　トピック**

この講義の目的は何か。
- Ⓐ 言語教授に関する学生の意見を引き出すこと
- Ⓑ ある仮説についての学生の理解を深めること
- Ⓒ 仮説を立てる重要性を学生に気づかせること
- Ⓓ 何が習得するのに最も難しい言語かを議論すること

解説　Ⓑ 講義冒頭部から，教授が前回の授業ですでに対照分析仮説の簡単な説明をしていることがわかる。その上で教授は the goal for today's lecture is to clearly identify the distinction between the two versions of the Contrastive Analysis Hypothesis と述べているので，これが正解。Ⓐ 教授は学生に言語学習の経験について尋ねているが，学生の意見を引き出すことが目的ではない。Ⓒ 教授は仮説を立てる重要性には触れていない。Ⓓ そのような議論は行われていない。

2

正解　Ⓑ　　　　　　　　　　　　　　　　　　　　　　　　**5　推測**

対照分析仮説の強い立場について示唆されていることは何か。
- Ⓐ 話し言葉より書き言葉により当てはまる。
- Ⓑ 言語間の差異の程度に注目する。
- Ⓒ 言語習得に影響を与える直観的な事実を分析する。
- Ⓓ 西洋と東洋の言語間の差異を生じさせる。

解説　Ⓑ 教授は講義の前半で，強い立場は言語間の差異から困難を予測すると説明し，And they contrived some hierarchies of difficulty based on the degree of difference between languages. と述べている。よって，これが正解。Ⓐ 話し言葉と書き言葉の違いについては述べられていない。Ⓒ 直観的な事実を分析するとは述べられていない。Ⓓ 強い立場は西洋と東洋の言語間の差異も含めて分析すると考えられるが，それを引き起こす要因になるわけではない。

3

正解 Ⓐ　　　　　　　　　　　　　　　　　　　　　▶ 6　構成理解

教授がホイットマンとジャクソンによって行われた実験について述べたのはなぜか。
- Ⓐ 強い立場が妥当なものであることは，実験では証明されていないということを示すため
- Ⓑ ２つの言語の差異は，学習者の実際のパフォーマンスを分析することによって予測されるべきだということを主張するため
- Ⓒ 強い立場は多くの言語学者によって強く支持されていたということを示唆するため
- Ⓓ 強い立場は言語学習の困難を予測しようとしたことを説明するため

解説　Ⓐ 教授は，言語の類似によっても学習上の困難が生じることを説明した後に，この実験に言及している。実験によってテストの実際の結果と予測された困難に相関関係はないことが明らかになっているので，強い立場の妥当性が証明されなかった事例として言及していることがわかる。Ⓑ 学習者の困難の分析は実際のパフォーマンスに基づくべきであるということは読み取れるが，それに基づいて２つの言語の差異を予測すべきという内容は不適切。Ⓒ 実験では強い立場を否定する結果が得られており，不適切。Ⓓ 強い立場が学習者の困難を予測しようとしたことは，講義の前半ですでに述べられている。先の説明からも，この実験に言及した意図とは言えない。

4

正解 Ⓒ　　　　　　　　　　　　　　　　　　　　　▶ 2　詳細

次のうち，対照分析仮説の弱い立場について，正しいものはどれか。
- Ⓐ 言語間の差異が言語学習に影響を及ぼす可能性を否定している。
- Ⓑ 母語の複雑さを検証することで，言語学習の困難を予測できると示唆している。
- Ⓒ 予測される言語学習の困難は実際のパフォーマンスに基づいていないため，それらを重視しない。
- Ⓓ 言語学習者は，学習を始める前に，目標言語がどれほど難しいかを見極める必要があると主張している。

解説　Ⓒ 学生２の発言 Professor, then what's the weak version like? に答えて，教授は弱い立場について説明している。~ suggests that the influence across languages that is actually observed in performance is more important than hypothetical difficulties より，これが正解となる。Ⓐ 教授の発言 the weak version recognizes the influence caused by the difference between languages から，対照分析仮説の弱い立場が言語間の差異による影響を認めていることがわかるので，講義の内容と一致しない。ⒷⒹ の内容については言及されていない。

5

正解 Ⓓ　　　　　　　　　　　　　　　　　　　　　▶ 2　詳細

教授は対照分析仮説の分析能力について何を述べているか。
- Ⓐ 強い立場は，多数の実験対象を用いた時にのみ論証される。

Ⓑ 強い立場は，同じような言語の方言を比較する時には困難を伴う。
Ⓒ 弱い立場は，かつては言語習得を研究するための最も有力な理論であった。
Ⓓ 弱い立場は，学習者がすでに経験した問題を分析するのにより優れている。

解説 Ⓓ 教授は，弱い立場は学習者の実際の学習を重視すると説明し，the weak version addresses something that already happened と述べている。よって，これが正解である。
Ⓐ 実験対象の数については述べられていない。 Ⓑ 同じような言語の方言の比較については述べられていない。 Ⓒ そのようなことは述べられていない。

6

正解 Ⓑ　　　　　　　　　　　　　　**3 発言の意図・機能**

講義の一部をもう一度聞いて，質問に答えなさい。（スクリプト・全訳の青下線部参照）
教授の次の発言は何を意味しているか。（　　参照）
Ⓐ 教授は時間がなくなることを恐れている。
Ⓑ 教授は後で質問に答えようとしている。
Ⓒ 教授は対照分析仮説の概観を述べようとしている。
Ⓓ 教授は次のトピックの重要点を書き留めようとしている。

解説 Ⓑ 音声引用部分の Sorry, I was kind of rushing ~ error analysis から，時間がないので次のトピックに移ることがわかる。その上で，該当部分の発言は質問を思いついたらただ書き留めておくように指示しているので，後で質問に答えようとしていると判断できる。 Ⓐ 時間がなくなることは恐れているが，該当の発言の直接の目的ではない。 Ⓒ 教授は this is the overview とそれまで説明した内容についてまとめており，これから概観を述べようとしているわけではない。 Ⓓ 教授は，学生に質問を書き留めるように指示しているのであり，不適切。

【スクリプト】
Listen to part of a lecture in a linguistics class.

Professor: Good afternoon, class. The final is coming up next week, so we need to finish covering chapter three today. OK, at the end of the last class, I briefly mentioned the Contrastive Analysis Hypothesis. To kick off, can anybody volunteer to review the hypothesis?

Student 1: As far as I remember, you said it is the study of comparing two languages, and ... umm, and a very important idea in terms of second language acquisition.

P: Yeah. The Contrastive Analysis Hypothesis is considered nowadays to be divided into two versions: strong and weak. But I didn't give you a clear definition of the distinction between them. ₁ So, the goal for today's lecture is to clearly identify the distinction between the two versions of the Contrastive Analysis Hypothesis, OK?

Let's start with the strong version, then. The main idea of the strong version is that difficulty in learning a language can be predicted by comparing the two languages in question. For example, if the difference between the learner's native language and the target language is quite big, we can predict that the learner may encounter a lot of difficulty in learning the target language. A large difference might be something like the language having a different writing system from the learner's native language. Has anyone here taken one of those languages and could corroborate this difficulty?

Student 2: Well, I took a Japanese class and the writing system was the hardest part for me. I sometimes felt like I should have taken one of the European languages that use the Roman alphabet.

P: Yes, that's a common sentiment and a good example of the strong version of the hypothesis. Based on the assumption that the difference between a learner's native language and target language will cause difficulty, proponents of the strong version of the Contrastive Analysis Hypothesis tried to predict the difficulties that learners would encounter. ₂ And they contrived some hierarchies of difficulty based on the degree of difference between languages.

S1: Uh, I see.

P: However, in the 70s, linguists noticed that differences were not the only cause of difficulty, and it was this notion that led to the formulation of the weak version of the hypothesis. When languages use the same writing system or have many words in common or at least words that sound similar, we can confuse elements of the two languages. Big differences might stick out in our mind, but tiny differences are hard to keep track of. Does that sound familiar to anyone?

S1: When I learned Spanish, I thought it would be easy, but then when I forgot vocabulary, I sort of defaulted to the English word.

P: See, there you are. This is a good example of the major flaw in the strong version of the Contrastive Analysis Hypothesis. The strong version focuses exclusively on the difficulty caused by the difference between languages without empirically supporting it. One of the most convincing criticisms for this notion was raised by Whitman and Jackson. They conducted an experiment in which 2,500 Japanese learners of English took a test with 40 grammatical questions. Then, Whitman and Jackson compared the actual test results with difficulties that were predicted beforehand. Interestingly, however, they found no correlation between the actual results and the predicted difficulties. ₃ In this instance, empirical research didn't support the strong version of the Contrastive Analysis Hypothesis; hence it isn't considered very convincing today.

S2: Professor, then what's the weak version like?

P: Good question. Like the strong version, the weak version recognizes the influence caused by the difference between languages. But not only that, it also recognizes the existence of influence caused by similarities. ₄ Furthermore, it claims that such influence can help explain, not predict, difficulty in learning a language, and suggests

that the influence across languages that is actually observed in performance is more important than hypothetical difficulties. In short, while the strong version dealt with unrealistic, hypothetical things, ₅ the weak version addresses something that already happened. Are you guys following me?
S2: Yeah.
P: Good. And this is very important in terms of language teaching as well. From the strong version's perspective, teachers predict the difficulty of language learning caused by the difference between two languages, before they teach, right? On the other side of the coin, teachers with the weak version's perspective observe and analyze the influence of the first language on the target language, after they actually teach. This is more realistic and practical, isn't it? ₆ Sorry, I was kind of rushing because of the time constraint, but this is the overview. OK, let's move on to the next topic, error analysis. So if you come up with any questions, just jot it down, OK?

【全訳】
言語学の講義の一部を聞きなさい。

教授　：こんにちは,皆さん。来週は期末試験だから,今日は第3章を終えなければならない。さて,前回の授業の最後に,対照分析仮説について簡単に説明したね。始めるにあたって,誰か進んでこの仮説を振り返ってくれる人はいるかな？
学生1：私の記憶では,教授はそれが2つの言語を比較する研究のことで,えーと,第2言語習得という観点から見て,とても重要な概念だとおっしゃいました。
教授　：そうだね。対照分析仮説は,現在では強弱という2つの立場に分類されると考えられている。しかし,それらの差異についてははっきりした定義をしなかったね。よって,今日の講義の目的は,対照分析仮説の2つの立場の差異をはっきり捉えるということだ,いいね？　それでは,強い立場から始めよう。強い立場の主要な考え方は,言語学習における困難は,問題になっている2つの言語を比較することによって,予測できるというものなんだ。例えば,母語と目標言語の間の差異がかなり大きければ,学習者が目標言語を学ぶのに,多くの困難にぶつかるかもしれないと予測することができる。大きな差異というのは,学習者の母語と異なる書記体系を持っている言語のようなものがあり得るね。この中でそのような言語を選んでしまって,この困難を裏づけることができる人はいるかな？
学生2：ええと,私は日本語の授業をとったのですが,書記体系が最も難しかったです。時々,ローマ字を使うヨーロッパ言語のうちの1つを選べばよかったと思いました。
教授　：なるほど。それは,よくある感想で,この仮説の強い立場のよい例だね。学習者の母語と目標言語の間の差異が困難を引き起こすという考えに基づいて,対照分析仮説の強い立場の主唱者は,学習者がぶつかるであろう困難を予測しようとした。そして,言語間の差異の程度に基づいた難易度の階層を考え出したんだ。
学生1：なるほど,そうですか。

教授　：しかし70年代になると，言語学者は，言語間の差異だけが困難の原因ではないということに気づいたんだ。そしてこの考えが，この仮説の弱い立場の形成につながったんだよ。言語が同じ書記体系を用いていたり，共通の単語をたくさん含んでいたり，あるいは音が似た単語を含んでいるだけでも，2つの言語の要素を混同する可能性がある。大きい差異は印象に残りやすいが，小さい差異は把握しにくいんだよ。このことを聞いたことがある人はいるかな。

学生1：私がスペイン語を学んだ時，それは簡単だろうと思っていました。でも語彙を忘れてしまった時，私は，何と言うか，英語の単語に戻ってしまいました。

教授　：なるほど，そんな感じだね。これは対照分析仮説の強い立場の主要な弱点のよい例だね。強い立場は，実験的な証明をせずに，言語間の差異が引き起こす困難にのみ主眼を置いたんだ。この考えに対する最も説得力のある批判の1つは，ホイットマンとジャクソンによって提唱された。彼らは，2,500人の日本人英語学習者に40問の文法テストを受けさせるという実験を行ったんだ。そしてホイットマンとジャクソン，実際のテストの結果を，前もって予測された困難と比較した。しかし興味深いことに，実際の結果と予測された困難の間には，何の相関関係も見られなかったんだよ。この事例において，実験的な調査は対照分析仮説の強い立場を裏づけなかった。だから，今日ではそれはあまり説得力がないと見なされている。

学生2：教授，では，弱い立場というのはどのようなものなんですか。

教授　：よい質問だ。強い立場のように，弱い立場は，言語間の差異が引き起こす影響を認めている。しかし，それだけではなく，類似が引き起こす影響の存在をも認めているんだ。さらに，このような影響は，言語学習における困難を予測するのではなく，説明することができると主張しており，事実，言語間で実態として観察される影響こそが，理論的に予測される困難より重要だということを示唆している。つまり，強い立場は非現実的で理論的なことを扱う一方で，弱い立場はすでに起きたことを扱っているんだよ。わかるかな？

学生2：はい。

教授　：よし。そして，これは言語教授の観点からも重要となる。強い立場の観点からすると，教師は教える前に，2つの言語間の差異が引き起こす言語学習における困難を予測するね？　一方で，弱い立場の観点を持つ教師は，実際に教えた後で，母語が目標言語に及ぼす影響を観察し分析する。こちらのほうがより現実的で実践的だね。6すまない，時間の制約があるので急いでしまったが，これが対照分析の概説だ。さて，次のトピックである誤答分析に移ろう。もし何か質問があれば，書き留めておいてくれ，いいかな？

確認テスト第 2 回 | 解説 4

問題 4　解答解説

スクリプト・全訳 ➡ p.341

Questions 1 – 5

1

正解　Ⓒ　　　　　　　　　　　　　　　　　　　　　　　　1　トピック

学生が教授と話をしているのはなぜか。
Ⓐ　プレゼンで聞き手の注意を引く，効果的な方法を見つけるため
Ⓑ　プレゼン用のおもしろいトピックを選ぶため
Ⓒ　プレゼンの構成を手伝ってもらうため
Ⓓ　プレゼンで視覚資料を使うことの意義を議論するため

解説　Ⓒ 学生は初めに，アウトラインはあるが，情報を組み立ててプレゼンする方法について手助けが必要だと述べており，会話は教授がそれについてアドバイスをする内容になっている。選択肢の get help with the structure 〜 は学生の発言の need help figuring out 〜 the information の言い換え。Ⓐ 2 人の会話の中で，聞き手を引きつける方法が話題になっているが，その方法を相談することが会話の目的ではない。Ⓑ プレゼンで扱うトピックはすでにアメリカ経済に決まっており，新たに選ぶ必要があるとは述べられていない。Ⓓ 視覚資料の意義については，会話では述べられていない。

2

正解　1 番目：（4）2 番目：（1）　　　　　　　　　　　7　情報統合
　　　　3 番目：（3）4 番目：（2）

学生のプレゼンの 4 つの段階の役割は何ですか。正しいボックスにチェックを入れなさい。
（1）トピックの背景について説明する
（2）聞き手からの質問に答える
（3）聞き手を，トピックに関するディスカッションに巻き込む
（4）トピックに対する聞き手の興味を刺激する

解説　全体の構成については序盤の教授の発言で明らかにされる。(1) Second, a brief explanation 〜 historical background. から，トピックの背景の説明は 2 番目とわかる。(2) Fourth, questions and answers. から，質疑応答は 4 番目。(3) Third, a discussion 〜 in the U.S. から，ディスカッションは 3 番目。(4) 教授は first, you're going to raise some questions about economic growth in the U.S と述べ，その役割について学生に尋ねている。これに対し，学生は前のグループを参考に，問いかけによって聞き手の興味を刺激しようと考えていると述べている。教授の提案により寸劇を取り入れることになったが，聞き手を引きつける目的は変わらないため，これが 1 番目。

3

正解 Ⓒ   ▶ 2 詳細

教授が寸劇を提案している主な理由は何か。
- Ⓐ 学生たちの演劇経験を利用するため
- Ⓑ ともすれば無味乾燥になってしまう題材にユーモアを加えるため
- Ⓒ 複雑で難しいトピックを聞き手にとってわかりやすくするため
- Ⓓ 聞き手を活発なディスカッションに引き込むため

解説 Ⓒ 教授は寸劇の効果について，You can draw the audience's attention ~ while also explaining a difficult concept in a simple way. と述べている。ここから，経済学の複雑な概念をわかりやすく伝えることができるため，寸劇を提案しているのだとわかる。Ⓐ 学生たちに演劇経験があるとは述べられていない。Ⓑ ユーモアを加えることについては，会話では述べられていない。Ⓓ ディスカッションは 3 つ目のパートで行われるので，1 つ目のパートである寸劇とは直接関係がない。

4

正解 Ⓓ   ▶ 4 話者の意見・態度

会話の一部をもう一度聞いて，質問に答えなさい。（スクリプト・全訳の青下線部参照）
教授の次の発言は何を意味していますか。（　　参照）
- Ⓐ ディスカッションはそれぞれの立場がデータを示す討論であるべきだ。
- Ⓑ 教授はディスカッションを導く上で，大きな役割を演じるつもりだ。
- Ⓒ 聞き手はプレゼンの主な論点を自由に批判できる。
- Ⓓ プレゼンターが，議題に基づいてディスカッションを進めるべきだ。

解説 Ⓓ 音声引用部分で，ディスカッションを引っ張っていくのはプレゼンをする学生たちであると述べている。それを踏まえると，該当の発言は，ディスカッションは完全に自由な意見が飛び交う場にはせず，プレゼンターがコントロールすべきであると伝えていることがわかる。Ⓐ それぞれの立場がデータを示すべきという内容は述べられていない。Ⓑ プレゼンターがディスカッションを進めるべきという内容であり，教授が大きな役割を演じるとは述べていない。Ⓒ 聞き手が自由に批判できるということは述べられていない。

5

正解 Ⓐ　　　　　　　　　　　　　　　　　　　　　　　　**5 推測**

質疑応答のパートについて，推測できることは何か。

Ⓐ 教授はプレゼンをより明確にするためにいくつか質問をする。
Ⓑ 学生のグループの各メンバーは，予想される質問に対して準備する必要がある。
Ⓒ 事前に指名された何人かの学生だけが質問できる。
Ⓓ 学生はそのパートと前のパートと統合する。

解説　Ⓐ 講義終盤の質疑応答に関する会話に注目。教授は，I'll also be asking a few questions to clarify points ～ と述べているので，これが正解。Ⓑ 各メンバーは 1 つ以上の質問に答えるべきとされているが，事前に質問に備える必要があるとは述べられていない。Ⓒ 質問者を事前に指名するという内容は述べられていない。Ⓓ 教授は，質疑応答は基本的にはディスカッションの延長だと述べているが，パートを統合するとは述べていない。

【スクリプト】

Listen to a conversation between a professor and a student.

Professor: How is your presentation coming along? Remember, you only have a week to prepare.

Student: ₁ I have an outline but I think I need help figuring out the best way to organize and present the information.

P: Do you have the outline with you?

S: Yes, it's right here.

P: OK. Let me take a look. Umm… ₂ first, you're going to raise some questions about economic growth in the U.S. Second, a brief explanation about the economic growth's historical background. Third, a discussion on the issue of the widening gap between rich and poor in the U.S. Fourth, questions and answers. Well, overall, this seems pretty good but I have a question, Angela. ₂ What's the purpose of the first part?

S: Well, it's like an introduction. Remember? The last group began their presentation by raising some questions which were relevant to the topic. I thought it was a really good tactic to catch the audience's attention and also helpful for the audience to understand the topic afterwards.

P: Yes, it was a good way to grab the audience's attention. Still, I want to see you try something different. Well, how about doing a skit, for example?

S: That sounds fun, but what does that have to do with economics?

P: Well, economics can be a difficult subject. Maybe you could do a short skit that explains a key concept about economics.

S: Hmm… that's an interesting idea.

P: Think about it this way. Trickle-down theory may be good, for example. ₃ You can draw the audience's attention to the topic in a different way while also explaining a difficult concept in a simple way. The skit doesn't have to be long. Maybe two to three minutes should be long enough for the audience to get the idea.

S: I think I get it. The skit will make the transition from the introduction to our main topic really smooth.

P: I'm glad you like the idea. OK. The second stage is "a brief explanation of economic growth in the U.S."

S: Yes, that's right.

P: You can base this part on the lecture I gave on the general background of economic growth in the U.S. I've posted a list of books and other sources on our class website. So you can use them as a reference.

S: That's what I plan on doing.

P: Good. I think the most interesting but potentially difficult part is the discussion. You'll need to gather current data and analysis by economists, government officials, and prominent business people. Make sure you have plenty of data. However, my advice is not to use it all in your presentation. In fact, don't use most of it. ₄All you want on your slides are the highlights that you think will help to move the discussion along. Remember, that you and your team are leading and guiding the discussion. It can't be a free for all. It should be based on the data and a couple of important points you want to get across.

S: I see. OK, finally, the last part, questions and answers. Any advice there?

P: The Q and A is basically an extension of the discussion. Just try to have each person in your group answer at least one question. ₅I'll also be asking a few questions to clarify points and to possibly correct anything that might not be quite accurate.

S: OK. I'll pass on your advice to the other members of the team. Actually, I'm meeting them in about an hour. We have lots of work to do.

P: Yes, you do. But I think you guys can give a great presentation. I'm looking forward to it.

S: Thank you so much for all of your help.

P: You're welcome. If you have any more questions, send me an email or stop by during office hours. Good luck.

【全訳】
教授と学生の会話を聞きなさい。

教授：君たちのプレゼンの進み具合はどうかな。準備期間はあと1週間しかないぞ。

学生：アウトラインはあるのですが，情報を組み立ててプレゼンするための最善の方法を考えるのに助けが必要だと思っています。

教授：アウトラインは今あるのかい？

学生：はい，ちょうどここにあります。

教授：よし。ちょっと見せてもらおう。うーん，初めに，君はアメリカの経済成長についていくつか疑問を投げかけようとしているのだね。2番目に，その経済成長の歴史的背景について簡単な説明があるのか。3番目は，アメリカにおいて広がり続ける貧富の差という問題についてのディスカッション。4番目に，質疑応答があるんだね。そうだな，全体として，これはかなりよさそうだが，アンジェラ，1つ質問がある。最初のパートの目的は何かね。

学生：まあ，導入みたいなものです。覚えていますか。前回のグループが，トピックに関連したいくつかの問いかけをしてプレゼンを始めました。それは聞いている人の注意を引きつけるのに本当にいい作戦で，聞いている人が後に続くトピックを理解するのにも役立つと思いました。

教授：そうだね。それは聞き手の注意をつかむいい方法だった。だが，私は，君たちが違ったことに挑戦するのが見たい。例えば，寸劇はどうだろう。

学生：楽しそうですね。でも，それが経済学とどのような関係があるでしょうか。

教授：そうだな，経済学は難しいテーマかもしれない。君たちは，経済学に関する重要な概念を説明する寸劇ができるかもしれないよ。

学生：うーん，それは興味深いアイデアですね。

教授：それについてはこんな風に考えなさい。例えば，トリクル・ダウン理論なんかがいいかもしれないね。難しい概念を単純に説明しながらも，また違った方法で聞き手の注意を話題に引きつけることができるんだ。寸劇は長いものでなくていい。聞き手が理解するには，たぶん2〜3分で十分だろう。

学生：わかったと思います。寸劇が，導入からメイントピックへの移行をとてもスムーズにしてくれるでしょうね。

教授：アイデアを気に入ってもらえたようでうれしいよ。では，2番目は「アメリカの経済成長についての簡単な説明」だね。

学生：はい，その通りです。

教授：この部分は，アメリカの経済成長の一般的な背景について私が行った講義をもとにすればいいだろう。書籍やその他の資料のリストをクラスのウェブサイトに載せているから，参考資料として使うといい。

学生：それは私もしようと思っていました。

教授：よし。一番興味深いけれど，最も難しいと思われるのがディスカッションだと思うが。君たちは，経済学者や政府，著名な財界人による最近のデータや分析を集める必要があるだろう。十分なデータを手元に用意しておくように。とはいえ，私がアドバイスした

いのは，すべてを君たちのプレゼンで使うなということだ。実際のところ，その大半は使ってはいけない。₄スライドに必要なのは，ディスカッションを順調に進めるための助けになると思う最も重要な部分だけでいい。いいかね，ディスカッションを引っ張って導いているのは，君と君のチームなのだからね。ディスカッションはまったく制約がないものであってはならない。君たちが理解してもらいたいデータといくつかの重要なポイントに基づいているべきなんだ。

学生　：わかりました。では，最後に，最後の質疑応答です。これについては何かアドバイスはいただけますか。

教授　：質疑応答は基本的にディスカッションの延長だ。君のグループの各人が，少なくとも1つの質問に答えるようにするだけでいいだろう。私も，要点を明らかにしたり，ひょっとしてあまり正確でないことがあれば訂正したりするために，いくつか質問をするつもりだよ。

学生　：わかりました。チームの他のメンバーにも教授のアドバイスを伝えておきます。実は，1時間後ぐらいに彼らに会うことになっているんです。私たちにはやることがたくさんありますから。

教授　：そうだね。だけど，君たちはすばらしいプレゼンができると思うよ。楽しみにしているよ。

学生　：お手伝いいただきまして本当にありがとうございます。

教授　：どういたしまして。まだ質問があったら，メールを送るか，オフィスアワーの間に立ち寄るかしてくれ。健闘を祈っているよ。

| 問題5　解答解説 | ●自然科学 |

スクリプト・全訳 ➡ p.347

キーワード　　　温室効果ガス　　酸化させる

Questions 1 – 6

1

正解　Ⓐ　　　　　　　　　　　　　　　　　　　　▶ 1　トピック

この講義の主な焦点は何か。
- Ⓐ　地球温暖化の原因と影響
- Ⓑ　最近の異常気象の原因
- Ⓒ　将来の水不足への懸念
- Ⓓ　海水温の上昇

解説　Ⓐ 教授の冒頭の発言から，地球温暖化がこの講義のトピックであることがわかる。さらに，So why do temperatures rise when carbon dioxide levels increase? や What's going to happen if global warming continues? と質問を投げかけながら，温暖化の原因と影響について説明していることから，これが正解となる。 Ⓑ 講義の最後に，一度に多くの降水が発生するメカニズムが説明されているが，最近の異常気象の原因が講義の焦点ではない。 Ⓒ 水不足についての懸念は温暖化の影響として講義の後半で述べられているが，これが講義の焦点とは言えない。 Ⓓ 海水温については，講義の中で一切触れられていない。

2

正解　Ⓓ　　　　　　　　　　　　　　　　　　　　▶ 2　詳細

地球温暖化や温室効果ガスについて正しいものはどれか。
- Ⓐ　すべての温室効果ガスは急速に増加し続けている。
- Ⓑ　二酸化炭素の増加は気温の上昇を上回っている。
- Ⓒ　宇宙空間へ逃げる温室効果ガスが，地球温暖化を引き起こす。
- Ⓓ　ある状態の水は温室効果ガスとして機能する。

解説　Ⓓ 講義の前半で，Water vapor is also a greenhouse gas. と，水の1つの状態である水蒸気が，温室効果ガスであることが述べられている。 Ⓐ 二酸化炭素やメタンが増加する一方であるという説明はあるが，すべての温室効果ガスがそうであるとは述べられていない。 Ⓑ 二酸化炭素の増加と気温の上昇を比較して述べているところはない。 Ⓒ 温室効果ガスが，地球から熱が逃げるのを妨げることによって地球温暖化が起こるのであり，温室効果ガス自体が宇宙空間へ逃げるわけではない。

3

正解　酸化　（1）（3）（4）
**　　　還元　（2）**

> 7　情報統合

教授は酸化と還元について述べている。それぞれの現象について，正しいボックスにチェックを入れなさい。
（1）炭水化物の消化
（2）植物によって行われる光合成
（3）鉄の表面に生じるさび
（4）石油や石炭の燃焼

解説　(1)炭水化物の消化は，炭水化物が人間の体内で酸化する例として挙げられている。(2)植物による光合成は，二酸化炭素を酸素に還元する方法として挙げられている。(3)鉄に生じるさびは，鉄が酸化する例として挙げられている。(4)石油や石炭の燃焼は，酸化の例として挙げられている。

4

正解　Ⓑ

> 4　話者の意見・態度

講義の一部をもう一度聞いて，質問に答えなさい。（スクリプト・全訳の青下線部参照）
教授は二酸化炭素の削減についてどのように考えているか。
Ⓐ　二酸化炭素をもとの状態に戻すのが，それを削減する唯一の方法だ。
Ⓑ　二酸化炭素を削減するために化石燃料からエネルギーを生み出すことは，自滅的だ。
Ⓒ　人間は，地球が二酸化炭素を削減することによって理想的な温度を保っていることに感謝すべきだ。
Ⓓ　植物の光合成を利用することは，二酸化炭素を削減する唯一の方法だ。

解説　Ⓑ　音声引用部分では，「二酸化炭素の削減に必要なエネルギーを生み出すために化石燃料を燃やすと，さらに多くの二酸化炭素が発生することになる」という悪循環を説明している。該当の発言によって，教授はそれが自滅的な行為であることを示唆している。ⒶⒸⒹいずれもこの部分では言及されていない内容である。

5

正解　Ⓐ Ⓓ

> 2　詳細

地球ができた頃，どのようにして大気中の二酸化炭素の濃度は減少したか。2つ選びなさい。
Ⓐ　二酸化炭素は石灰岩になり，海底に堆積した。
Ⓑ　二酸化炭素は赤外線に変化し，大気中を通過して逃げた。
Ⓒ　太陽エネルギーが，地球が余分な熱を大気中に放出することを妨げた。
Ⓓ　太陽エネルギーが，植物に二酸化炭素を酸素に変えるエネルギーを与えた。

解説　講義後半の Back when the Earth first came into existence, 〜 の後に注目。Ⓐ carbon dioxide accumulated on the ocean floor as limestone から，これが正解。

D 光合成をする植物が生まれたことに加え，the level of carbon dioxide decreased as a result of sunlight becoming stronger over a long time period と述べられている。つまり，太陽エネルギーが強まるにつれて，より多くの二酸化炭素が植物の光合成に使われるようになったとわかるので，これが正解。 B 二酸化炭素が赤外線に変化したということは述べられていない。 C 太陽エネルギーが地球の放熱を妨げたということは述べられていない。

6

正解 C

> 2 詳細

降水量が増えても飲料水が増えることにはならないのはなぜか。
- A 水の大部分は地球に到達する前に蒸発するため。
- B 大気中の水は二酸化炭素によって汚染されているため。
- C 海に流れ込んだ水が，塩水と混ざってしまうため。
- D 降水量が増えると，利用される前に氷を溶かしてしまうため。

解説 C 降水と飲料水の関係は，講義の最後に述べられている。気温の上昇によって水分が長期間大気中に蓄えられることになり，それが一気に降ると，貯水池に貯めきれなくなる。その水が海に流れてしまうため，飲料水として供給できるはずの真水が海水と混ざってしまうということが，順を追って説明されている。 A 水が地球へ到達する前に蒸発するとは述べられていない。 B 水が二酸化炭素によって汚染されるとは述べられていない。 D 氷の融解については講義中に言及がない。

【スクリプト】

Listen to part of a lecture in a natural science class.

Professor: 1 I'd like for us to look at global warming from a scientific standpoint today. Global warming is the state in which the Earth's temperatures rise as a result of elevated carbon dioxide levels in the atmosphere.

So why do temperatures rise when carbon dioxide levels increase? Solar energy is released into space after it warms the Earth's surface. Were it not for this, the Earth would get progressively hotter. What's important here is that heat generated from the Earth and released into space is infrared radiation while light entering the Earth from the sun is visible radiation. Visible radiation passes through carbon dioxide in the atmosphere whereas infrared radiation does not. In other words, carbon dioxide hinders the release of Earth-generated heat energy. This is called the greenhouse effect, and gases like carbon dioxide that cause the greenhouse effect are referred to as greenhouse gases. However, greenhouse gases are not completely bad. Without greenhouse gases, most of the Earth's heat energy would escape into space. In terms of temperature, this would mean a drop of 30 degrees Celsius. Summers as we know them would become winters. Let me introduce some other greenhouse gases in addition to carbon dioxide. They include methane, dinitrogen monoxide, and ozone. ₂ Water vapor is also a greenhouse gas. Once water vapor becomes saturated, it turns into such things as rain, but its volume remains constant in the atmosphere. Unlike water vapor, on the other hand, the carbon dioxide and methane released into the atmosphere as a result of how we live continues to increase.

Now, let me digress here to say that all substances move from a reductional state to an oxidized one. For example, ₃₋₍₃₎ iron rusts if it isn't properly cared for, and ₃₋₍₁₎ the carbohydrates we eat become oxidized in our bodies as we produce carbon dioxide. ₃₋₍₄₎ Petroleum and coal also turn into energy when burned and oxidize as they release carbon dioxide. ₄ So, it's normal to think how great it would be if we could return the atmosphere's carbon dioxide from an oxidized state to a reductional one. However, in order to do so, we need energy, right? So in fact, if we had to burn petroleum and coal to obtain the necessary energy, more carbon dioxide would be produced. The only way, then, to return substances to a reductional state is by using solar energy. ₃₋₍₂₎ Plants and trees use sunlight to restore carbon dioxide to oxygen through photosynthesis, which makes plants important to us.

Back when the Earth first came into existence, the atmosphere was made up mainly of carbon dioxide. ₅₋₍A₎, ₍D₎ The level of carbon dioxide in the atmosphere decreased as plants that photosynthesized were born, and carbon dioxide accumulated on the ocean floor as limestone. Also, it is believed that the sun's energy was weaker than it is today, and that the level of carbon dioxide decreased as a result of sunlight becoming stronger over a long time period. As you can see, the Earth has a really efficient system of adjusting the amount of carbon dioxide in order to maintain ideal temperatures. However, burning fossil fuels and coal for energy —— causing oxidation, in other words —— means we're returning the carbon that was at one time restored back into the atmosphere. This goes against the Earth's system of decreasing carbon dioxide.

Now, let's get back to global warming. ₁ What's going to happen if global warming continues? There are many effects that will appear such as the sea level rising, and water resources —— including drinking water —— drying up, as well as ecological changes. The effect of global warming on water resources is a particularly serious problem, because there's nothing as vital to us as water.

If drought conditions become more serious as a result of global warming, this will naturally lead to even further water shortages. On the other hand, in areas where the Earth's water circulation intensifies as a result of global warming, more water evaporates from the oceans into the atmosphere, precipitation then increases, and our water resources decrease. You would think more precipitation would mean more water; however, this does not equate to more drinking water. ₆ The reason is that when temperatures increase and water evaporates, it is stored in the atmosphere for longer periods of time. As temperatures have risen, instead of falling gradually as moderate rain or snow, water falls at once, quickly filling up reservoirs. The excess water runs off into the ocean becoming unusable, causing sea levels to rise and leading salt water to invade our fresh water supply.

【全訳】
自然科学の講義の一部を聞きなさい。

教授：今日は地球温暖化について，科学的観点から見ていきたいと思います。地球温暖化とは，大気中の二酸化炭素の濃度が高くなることによって，地球の気温が上昇する状態のことですね。

では，なぜ二酸化炭素の濃度が高くなると，気温が上がってしまうのでしょうか。太陽エネルギーは，地表を温めた後，宇宙空間に放出されます。そうしないと，地球がだんだん暑くなってしまいますから。ここで重要なのは，太陽から地球に入ってくる光は可視線であるのに対し，地球で生み出され宇宙空間に放出される熱は，赤外線であるという点です。可視線は大気中の二酸化炭素を通過しますが，赤外線は通過しません。つまり，二酸化炭素は，地球で生み出された熱エネルギーが放出されるのを妨害しているわけです。これを温室効果と言い，二酸化炭素のように温室効果を引き起こす気体を，温室効果ガスと言います。しかし，温室効果ガスが完全に悪者というわけではありません。温室効果ガスがなければ，地球上の熱エネルギーの大半は宇宙空間に逃げてしまうんです。気温で言うと，摂氏約30度も低くなってしまいます。私たちが夏と捉えていた季節が冬になってしまうかもしれないということですね。二酸化炭素に加えてその他の温室効果ガスも紹介させてもらうと，メタンや一酸化二窒素，オゾンなどがそうですね。水蒸気も温室効果ガスの1つです。水蒸気は飽和状態になると雨などに変わりますが，大気中の水分は一定の量に保たれます。一方，私たちの暮らしによって大気中に排出される二酸化炭素やメタンは，水蒸気とは違い，増加する一方なのです。

では，ここで少し話はそれますが，すべての物質は還元状態から酸化状態へと進んでいきます。例えば，鉄は正しく手入れされなければさびてしまいますし，私たちが食べる炭水化物も体内で酸化され，二酸化炭素を放出します。石油や石炭も，燃焼によってエネルギーに変化し，酸化して二酸化炭素を放出しているのです。4 そこで，大気中の二酸化炭素をなんとか酸化状態から還元状態に戻せたらどんなにいいかと思うのが普通ですが，そのためにはエネルギーが必要ですよね。ですから，実際には，そのために必要なエネルギーを生み出すために石油や石炭を燃やさなければならなくなり，さらに多くの二酸化炭素を発生させることになるのです。では，どうやって物質を還元状態に戻すかというと，太陽エネルギーを利用するしかありません。植物や木が太陽の光を使って光合成することで，二酸化炭素を酸素に還元しているのです。このように，植物は私たちにとってとても大事なのです。

地球ができたばかりの頃は，二酸化炭素が大気の主成分でした。光合成を行う植物が生まれたり，二酸化炭素が石灰岩として海底に堆積することで，大気中の二酸化炭素濃度は

減少しました。また，太陽のエネルギーは今よりも弱く，長い時間をかけて太陽の光が強くなるにつれて，二酸化炭素の濃度が減少してきたとも考えられているのです。このように，地球には，適した気温を保つために二酸化炭素の量を調節するというとても効率的なシステムがあります。しかし，エネルギーを得るために化石燃料や石炭を燃やして，酸化を引き起こすということは，一度還元された炭素を大気中に戻しているわけで，これは二酸化炭素を減少させる地球のシステムに逆らっているのです。

　さて，地球温暖化の話に戻りましょう。このまま地球温暖化が進むと，一体どうなるのでしょうか。海水面の上昇，飲料水を含む水資源の枯渇，生態系の変化など，多くの影響が現れます。私たちにとって，水ほど重要なものはないのですから，温暖化が水資源に及ぼす影響は，特に深刻な問題です。

　温暖化の結果，干ばつがより深刻になれば，当然さらなる水不足になります。一方で，温暖化の結果，地球の水の循環が激しくなる地域では，海から大気中へより多くの水が蒸発し，降水量が増加するため，私たちが利用できる水資源は減ってしまいます。降水量の増加は水の増加を意味すると考えるかもしれませんが，これは飲料水が増えるということにはなりません。というのは，気温が上昇し，水が蒸発すると，より長い期間大気中に蓄えられることになります。気温が上昇するにつれて，水は適度な雨や雪として徐々に降るのではなく，一気に降って，すぐに貯水池を満たします。余分な水は海に流れ込んで使えなくなり，海水面を上昇させ，塩水が真水の供給を脅かすようになります。

問題6　解答解説　●歴史学

スクリプト・全訳 ➡ p.353

キーワード　　ノー・ノー・ボーイズ

Questions 1 – 6

1

正解 Ⓒ　　　　　　　　　　　　　　　　　　　　　　　　　**1 トピック**

この講義のメイントピックは何か。
- Ⓐ 日系アメリカ人の愛国心の高まり
- Ⓑ アメリカのメディアによって起こされた反日運動
- Ⓒ 日系アメリカ人に関連した歴史的出来事
- Ⓓ アメリカの強制収容所での日系アメリカ人に関する恐ろしい話

解説　Ⓒ 冒頭の教授の発言 Today, we'd like to explore what kind of experiences the Japanese-Americans had during World War II. より，これがメイントピックとわかる。Ⓐ そのようなことは述べられていない。Ⓑ アメリカのメディアの報道が反日感情に作用したと述べられているが，それがメイントピックではない。Ⓓ 収容所での日系アメリカ人の扱いについては触れられているが，それがメイントピックではない。

2

正解 Ⓐ Ⓒ　　　　　　　　　　　　　　　　　　　　　　　　**2 詳細**

アメリカ政府は，捕虜収容所を生き延びた日系アメリカ人に対してどのように補償をしたのか。2つ選びなさい。
- Ⓐ 日系アメリカ人それぞれに補償金として2万ドルを払うことで
- Ⓑ ノー・ノー・ボーイズのアメリカに対する忠誠を評価することで
- Ⓒ 手紙で，日系アメリカ人に謝罪の意を表明することで
- Ⓓ すべての日系アメリカ人の市民権回復を宣言することで

解説　Ⓐ Ⓒ 教授の発言 He signed a bill in 1988 that eventually led to Japanese-Americans getting their letters of apology and redress payments of $20,000 each. より，この2つが正解となる。Ⓑ そのようなことは述べられていない。Ⓓ 日系アメリカ人の市民権が回復されたことは講義から推測できるが，補償の内容としては不適切。

3

正解 Ⓐ Ⓓ　　　　　　　　　　　　　　　　　　　　　　　　**2 詳細**

アメリカ政府は，日系アメリカ人にした2つの質問を通して何を確認したか。2つ選びなさい。
- Ⓐ 彼らのアメリカに対する無条件の忠誠
- Ⓑ 彼らの日本に対する敵意

351

Ⓒ　彼らのアメリカ軍における任務遂行能力
　　Ⓓ　彼らのアメリカ軍へ従事する意志

解説　ⒶⒹ 教授の発言 The first question asked, "Are you willing to serve in the armed services of the United States ～ " と，And the second asked, "Will you swear unqualified allegiance to the United States of America ～ " より，講義の内容と一致する。ⒷⒸ そのような内容は述べられていない。

4

正解　Ⓒ　　　　　　　　　　　　　　　　　▶ **4** 話者の意見・態度

講義の一部をもう一度聞いて，質問に答えなさい。（スクリプト・全訳の青下線部参照）
教授の次の発言は何を意味しているか。（　　参照）

Ⓐ　アメリカ政府は，日系アメリカ人に対する措置を求める世論からの圧力を感じていた。
Ⓑ　日本との戦争により，アメリカ政府の行為は正当化された。
Ⓒ　政府の態度と行為は，アメリカ人の日系アメリカ人に対する敵意を増大させた。
Ⓓ　日系アメリカ人は，自分たちの行動によってよりいっそう疑わしく見えた。

解説　Ⓒ 該当の発言は，アメリカ市民は，政府の影響で，日系アメリカ人が日本に同調しているとみなすようになったという意味。真珠湾攻撃の後であることを踏まえると，日系アメリカ人がアメリカに対し攻撃的であると考え，アメリカ人は日系アメリカ人に対して敵意を増大させたと考えられる。ⒶⒷ そのようなことは述べられていない。Ⓓ 日系アメリカ人が敵意の対象になったのは，彼ら自身の行動が原因ではない。

5

正解　Ⓑ　　　　　　　　　　　　　　　　　▶ **2** 詳細

戦時中，アメリカ国民が日系アメリカ人を恐れていたのはなぜか。

Ⓐ　アメリカ国民は，日系アメリカ人がアメリカ市民の自由と平等を侵害していると思ったため。
Ⓑ　当時のアメリカのメディアが，アメリカ市民が日系アメリカ人と日本兵を区別することを難しくしたため。
Ⓒ　収容所に抑留された日系アメリカ人全員が，アメリカ政府に対してテロ攻撃を計画しているといううわさがあったため。
Ⓓ　日系アメリカ人が日本兵と同じ感情を抱いていることが証明されたため。

解説　Ⓑ 教授の発言 Americans' fear of Japanese escalated into panic as the media, ～ implied Japanese-Americans and soldiers of the Japanese armed forces were the same group of people. より，講義の内容と一致する。ⒶⒸ そのようなことは述べられていない。Ⓓ 教授は many U.S. citizens ～ look upon Japanese-Americans as sharing sentiments with Japan と述べているが，日系アメリカ人が日本兵と同じ感情を抱いていたことが証明されたとは述べていない。

6

正解 Ⓑ 　　　　　　　　　　　　　　　　　　　**2 詳細**

次のうち，「ノー・ノー・ボーイズ」について正しくないものはどれか。
Ⓐ ノー・ノー・ボーイズは，市民権を奪われたので，アメリカ軍の兵役に服することを拒んだ。
Ⓑ ノー・ノー・ボーイズは，なぜアメリカ市民から「ノー・ノー・ボーイズ」と軽蔑されるのかわからなかった。
Ⓒ ノー・ノー・ボーイズは，当時アメリカ軍の兵役に服した人々と同じくらい現代の日系アメリカ人から尊敬されている。
Ⓓ ノー・ノー・ボーイズは，2つの質問に「イエス」と答えた人々とは違う形でアメリカへの忠誠を示した。

解説　Ⓑ 教授の発言 the No-No Boys found themselves to be the object of this fear because of how they chose to answer those two questions より，講義の内容と一致しない。Ⓐ 教授の発言 the No-No Boys were 〜 refusing to fight in the armed forces until their full rights as citizens were respected and restored より，講義の内容と一致する。Ⓒ 教授の発言 The Japanese-Americans of today consider the No-No Boys to be heroes, just like those who answered "yes" to the two questions and fought for the U.S. より，講義の内容と一致する。Ⓓ 教授は，ノー・ノー・ボーイズが市民権回復を主張し，兵役を拒否することでアメリカへの忠誠を示したと述べている。これは，2つの質問に「イエス」と答え，アメリカ軍に服役した日系アメリカ人のアメリカへの忠誠の示し方とは異なるので，講義の内容と一致する。

【スクリプト】
Listen to part of a lecture in a history class.

Professor: OK, everyone. ₁ Today we'd like to explore what kind of experiences the Japanese-Americans had during World War II. Going back a little to what we learned last time, what was the result of the redress and reparations movement by Japanese-Americans for what happened to them during the War?

Student 1: Um, they each got a letter of apology and money, didn't they?

P: You're on the right track. So who specifically set the wheel in motion for redress toward Japanese-Americans? Anyone?

Student 2: It was President Reagan.

P: That's right. ₂ He signed a bill in 1988 that eventually led to Japanese-Americans getting their letters of apology and redress payments of $20,000 each.

S1: If I'm remembering correctly, about 60,000 Japanese-American survivors of internment camps finally got the apology and compensation they deserved.

P: That might sound like a happy ending, but you can say that this was hardly enough to make up for the treatment Japanese-Americans received at the hands of their own government. Now let's look at a specific group of people who probably received the worst treatment of all Japanese-Americans in this dark period in U.S. history. Who can tell us about the No-No Boys? It was in the reading I assigned last time.

S2: They were men who answered "no" to two questions that were part of a questionnaire given by the U.S. government to Japanese-Americans being interned on the West Coast.

P: That's a good start. ₃ The first question asked, "Are you willing to serve in the armed services of the United States on combat duty, wherever ordered?" And the second asked, "Will you swear unqualified allegiance to the United States of America and faithfully defend the United States from any and all attack by foreign or domestic forces, and forswear any form of allegiance to the Japanese Emperor or any other foreign government, power, or organization?"

S2: So, what were the consequences of answering "no" to both questions?

P: Some of the Japanese-Americans who answered "yes" to both questions served in the U.S. military in various capacities. However, the U.S. government chose to give harsh treatment to those who answered "no" to both questions. They were called "conscientious objectors to the draft," or "draft resisters," and eventually came to be known as "No-No Boys." Of all the Japanese-Americans who were taken to remote areas in the U.S. and interned, these so-called No-No Boys were placed in a high-security internment facility named Tule Lake in the state of California. This place had fences, watchtowers, and armed guards. Sounds like a prison, doesn't it? Do you think the No-No Boys deserved this kind of treatment? If not, then why not?

S1: No way! They had every right to answer as they pleased; the U.S. Constitution guaranteed that right. And anyway, their rights as U.S. citizens were already being violated when they were interned.

P: Yes. ₄ It was a sad time for a country that was founded on the principle of freedom and equality, wasn't it? After Japan attacked Pearl Harbor, many U.S. citizens took their cue from the U.S. government and began to look upon Japanese-Americans as sharing sentiments with Japan. Some people even referred to them as Japanese spies! ₅ Americans' fear of Japanese escalated into panic as the media, particularly the newspapers, blared headlines that implied Japanese-Americans and soldiers of the Japanese armed forces were the same group of people. ₆₋₍B₎ And the No-No Boys found themselves to be the object of this fear because of how they chose to answer those two questions. ₆₋₍C₎ The Japanese-Americans of today consider the No-No Boys to be heroes, just like those who answered "yes" to the two questions and fought for the U.S. ₆₋₍A₎,₍D₎ The reason for this is that the No-No Boys were actually being loyal to the U.S. by insisting on their constitutional rights as citizens, and refusing to fight in the armed forces until their full rights as citizens were respected and restored. Now you know how the Japanese-Americans were treated during wartime. Next, let's examine the war experience of German-Americans.

【全訳】

歴史学の講義の一部を聞きなさい。

教授　：では，皆さん。今日は，第二次世界大戦中に，日系アメリカ人がどのような経験をしたかということについて検証したいと思う。前回の授業で学んだことに少し戻るが，日系アメリカ人が戦時中の出来事に対して補償や賠償を求める運動を起こした結果はどうなったかな？

学生1：えっと，それぞれが謝罪文と賠償金を受け取ったのではなかったでしょうか。

教授　：いい線だね。では，日系アメリカ人への補償運動を，特に行動に移したのは誰だったかな？　誰かわかる人は？

学生2：レーガン大統領でした。

教授　：その通り。彼は，1988年に法案に署名し，それが最終的に，日系アメリカ人それぞれが謝罪文と2万ドルの賠償金を受け取ることにつながったんだ。

学生1：私の記憶が正しければ，捕虜収容所を生き延びた約6万人の日系アメリカ人が，当然の謝罪と補償をようやく手に入れました。

教授　：これはめでたしめでたしのように聞こえるかもしれないが，これでは日系アメリカ人が自分たちの政府から受けた仕打ちを補償するのに，まったく十分でないと言えるんだよ。それでは，アメリカ史上におけるこの暗黒の時代に，日系アメリカ人の中でも最もひどい扱いを受けたであろう，ある人々の集団を見てみよう。ノー・ノー・ボーイズについて誰か話してくれないかな？　前回課したリーディングの範囲にあったと思うが。

学生2：彼らは2つの質問に「ノー」と答えた男性たちです。その2つの質問というのは，西海岸に収容されていた日系アメリカ人にアメリカ政府が与えたアンケートの一部でした。

教授　：順調な滑り出しだね。1つ目の質問は，「あなたは，命令されればどこの戦地へも赴き，合衆国軍の戦闘任務を遂行する意志がありますか」というものだった。それから2つ目は「あなたはアメリカ合衆国に無条件の忠誠を誓いますか。また国内外からいかなる攻撃を受けても，忠実に合衆国を防御すること，また日本国天皇もしくは諸外国の政府，権力や組織に対してあらゆる忠誠を拒否することを誓いますか」というものだったんだよ。

学生2：それで，両方の質問に「ノー」と答えた人はどうなったんですか。

教授　：日系アメリカ人の一部は，両方の質問に対して「イエス」と答え，多方面に渡ってアメリカの軍隊で働いた。しかしながら，アメリカ政府は，両方の質問に対して「ノー」と答えた者に対して，厳しい処置を取ることにしたんだよ。彼らは「良心的兵役拒否者」や「徴兵拒否者」と呼ばれ，次第に「ノー・ノー・ボーイズ」として知られるようになったんだ。アメリカの辺鄙な場所へ連れて行かれ，収容された日系アメリカ人全員の中でも，このノー・ノー・ボーイズと呼ばれた人々は，カリフォルニア州のツールレイクという警備の厳重な収容施設に入れられた。ここにはフェンスや監視塔があって，それに武装衛兵などがいたんだよ。監獄みたいなところだね。ノー・ノー・ボーイズがこのような仕打ちに値すると思うかい？　またそう思わないとしたら，なぜだろうか。

学生1：あり得ないですよ！　彼らにはそれぞれ好きなように答える権利があるんですし，合衆国憲法はその権利を保障しています。いずれにせよ，収容された時点で，すでに彼らの

アメリカ市民としての権利は侵害されていますよ。

教授：そうだね。₄自由と平等の信条に基づいて設立された国にとって，悲しい時代だったんだね。日本が真珠湾を攻撃した後，多くのアメリカ市民は政府を見習って，日系アメリカ人は日本と同じ気持ちを抱いていると見なし始めたんだよ。彼らを日本のスパイだと言う人までいたのだよ！ メディア，特に新聞が日系アメリカ人と日本軍の兵士を同じグループであるかのように示唆する見出しを飾ったことで，アメリカ人の日本人に対する恐怖は，パニックへとエスカレートしていったんだ。そして，ノー・ノー・ボーイズには，あの2つの質問に対してどんな答えを選んだかということのせいで，自分たちが彼らの恐怖の対象となっているということがわかっていた。現代の日系アメリカ人は，2つの質問に「イエス」と答えてアメリカのために戦った日系アメリカ人と同じくらい，ノー・ノー・ボーイズを英雄視しているんだよ。なぜならノー・ノー・ボーイズが憲法上の市民権を主張し，完全に市民権が返還され，回復されるまで，軍隊で働くことを拒むなど，実際はアメリカに対して忠実だったからさ。さて，戦時中日系アメリカ人がどのように扱われてきたかがわかっただろう。続いては，ドイツ系アメリカ人の戦時体験について見ていこうか。

問題7　解答解説

スクリプト・全訳 ➡ p.359

Questions 1 – 5

1

正解 Ⓐ　　　　　　　　　　　　　　　　　　　　　　　　　　　　　　▶ 1　トピック

この会話の主な焦点は何か。
- Ⓐ　よい論文を書くためのステップ
- Ⓑ　卒業論文を書くことの意義
- Ⓒ　修士課程に志願するにあたっての要点
- Ⓓ　卒業論文を書くことについての批判

解説　Ⓐ 卒業論文を書く必要性についての会話の後，教授は If you're going to write a thesis, the next thing you need to decide is the topic. と述べ，それ以降，学生が卒業論文を書くためのいくつかのステップを説明している。よって，これが正解。　Ⓑ 卒業論文を書くと修士課程への出願において有利であることが述べられているが，それが会話の中心ではない。　Ⓒ 修士課程への志願については会話の序盤で触れられているが，それにあたって重要な点は述べられていない。　Ⓓ 卒論に関して批判的な話はされていない。

2

正解 Ⓓ　　　　　　　　　　　　　　　　　　　　　　　　　　　　　　▶ 2　詳細

研究方法の授業について，述べられていないものは何か。
- Ⓐ　学生は，研究の被験者からの同意を得ることの重要性について学ぶ。
- Ⓑ　学生は，適切な研究トピックの見つけ方を学ぶ。
- Ⓒ　学生は，研究トピックを絞り込む方法を学ぶ。
- Ⓓ　学生は，卒業論文を書くことが，修士課程に出願する上でどれほど有利になるか学ぶ。

解説　Ⓓ 研究方法の授業については会話の中盤で述べられる。卒業論文を書くことの有利性は会話の前半で述べられているが，授業の中で学ぶとは述べられていない。　Ⓐ 教授は you'll learn ～ acquiring consent from your interview subjects と述べ，インタビューの対象者からの同意を得ることで人権侵害を避けることの重要性を学ぶと述べている。　ⒷⒸ 教授は In that class, you're supposed to learn how to come up with interesting and meaningful research topics and how to narrow them down. と述べているので，会話の内容と一致する。

3

正解 Ⓑ　　　　　　　　　　　　　　　　　　　　　　　　　　　　　　▶ 4　話者の意見・態度

講義の一部をもう一度聞いて，質問に答えなさい。(スクリプト・全訳青下線部参照)
教授の次の発言は何を意味しているか。(　　参照)
- Ⓐ　研究をする十分な時間があるかどうか判断しなさい。
- Ⓑ　トピックが実行可能かつ研究対象として価値があるかどうかを判断しなさい。

Ⓒ　委員会が，自分たちの価値基準に基づいてそのようなトピックを認めるかどうかを判断しなさい。
　　Ⓓ　必要な人が時間が空いていて，インタビューに快く応じてくれるかどうかを判断しなさい。

解説　Ⓑ　該当の発言における evaluate each topic は，その次の教授の発言 you have to know if a topic will be worth researching and whether or not it's actually possible to do a paper on. で言い換えられていることから，これが正解。Ⓐ　トピックを評価する軸は，研究の時間が十分かどうかだけではない。Ⓒ　そのようなことは述べられていない。Ⓓ　インタビューについては後の話題で出てくるが，この発言とは関係がない。

4

正解 ⒸⒹ　　　　　　　　　　　　　　　　　**▶2 詳細**

会話によれば，卒業論文を書くことについて当てはまるものはどれか。2つ選びなさい。
　Ⓐ　学生は，卒業のために卒業論文を書く必要がある。
　Ⓑ　学生は，研究をしながら卒業論文を書き始める必要がある。
　Ⓒ　学生は，研究をする前に，研究計画書を教授陣に提出する必要がある。
　Ⓓ　学生は，従うべき現実的な研究スケジュールをもつ必要がある。

解説　Ⓒ　教授は You will also need to submit a research proposal to the faculty members と述べていることから，会話の内容と一致する。Ⓓ　教授は The most difficult part would be to ascertain whether ～ research schedule are feasible. と言っており，研究スケジュールが実行可能かを確認することが重要であるとしている。Ⓐ　前半の教授の発言 let me make sure ～ a thesis is not required for graduation から，卒業論文は学生の卒業要件ではないことがわかる。Ⓑ　研究と論文の執筆を並行して行う必要性については，会話のどこにも述べられていない。

5

正解　Yes　（1）（3）（5）　　　**➕2 詳細 ~Yes/No 問題~**
　　　　　No　　（2）（4）

以下のそれぞれの項目が正しいか示しなさい。正しいボックスにチェックを入れなさい。
（1）学術分野や各課程のシステムによって，卒業論文が出願の上で有利になると見なされる可能性がある。
（2）教授は，卒業論文を書くための準備にあたり，ごく絞られた数冊の著作を深く徹底的に読むことを助言している。
（3）学生は，自分が読みたい書籍を何冊かすでに見つけている。
（4）教授は，学生が授業で学ぶ方法の1つとして，統計的な分析に言及している。
（5）学生が卒業論文を書いたとしても，卒業にあたっては実践的な事柄が必要になる。

解説 (1) 学生の質問に対する教授の発言 It depends on what field and program ～ から，本文の内容と一致するので，Yes。(2) 教授の発言 I recommend reading as much as you can ～ より，できるだけたくさん読むことを勧めているので，No。(3) 学生の発言 There are already a few books I have in mind ～ より，本文の内容と一致するので，Yes。(4) 統計的な分析についてはまったく述べられていないので，No。(5) 終盤の教授の発言 since a thesis is not a requirement ～ , you are expected instead to concentrate on practical things より，本文の内容と一致するので，Yes。

【スクリプト】

Listen to a conversation between a student and a professor.

Student: Professor Brown, can I come in?

Professor: Um, sure. But I can't spend much time with you since another student who has an appointment with me is coming in 10 minutes. Do you think you can finish your business within 10 minutes?

S: Well, yeah. I believe so.

P: If so, OK, come on in.

S: Thank you, Professor Brown. My question is, um, it's about a thesis. I'd like to write a thesis before I finish my bachelor's.

P: I see. Um, first, let me make sure you know that in our program a thesis is not required for graduation. In other words, it's optional. Nevertheless, you're saying that you want to write a thesis. Could you briefly explain why?

S: Yes, professor. Of course, I know that a thesis is not mandatory in our program. But the reason I want to write a thesis is because I'm thinking about applying for the master's program. ₅₋₍₁₎ I heard that if I had a thesis, it would be advantageous when I apply for a master's program. Is that true?

P: It depends on what field and program, but I would say that for our program at least, it's definitely advantageous. ₁ If you're going to write a thesis, the next thing you need to decide is the topic. Choosing an appropriate topic is an important step in writing a good paper.

S: OK. So how do I go about choosing an appropriate topic and writing a good paper?

P: That's a lot to answer in a short amount of time. What I can do here is give you some pointers to help you get started. ₅₋₍₂₎ First, I recommend reading as much as you can on the broader field that interests you. If you let me know what your general interest is, I'll recommend some books and papers.

S: ₅₋₍₃₎ There are already a few books I have in mind, for example, *"Introduction to Teaching Theory"* or *"Curriculum Design for Language Leaners"*. But I'd appreciate any additional works you could recommend.

P: OK. Good. Next, you should take the research methodology class, which will be offered during the fall semester. 2-(B),(C) <u>In that class, you're supposed to learn how to come up with interesting and meaningful research topics and how to narrow them down.</u>

S: That sounds useful for writing a paper.

P: It's essential. In short, the steps for coming up with a good research topic are as follows. As I mentioned, read a lot. If you don't know your field, it will be hard for you to choose a specific topic. ₃ <u>Next, make a preliminary list of topics. Maybe about 8 to 10. Research those topics and narrow the list to less than 5. Once you got your list narrowed, you have to evaluate each topic.</u>

S: <u>Evaluate the topics? Sorry?</u>

P: <u>Yes, you have to know if a topic will be worth researching and whether or not it's actually possible to do a paper on.</u> You'll want to shed new light on the topic but you don't want to do something so new that it's difficult to get any information on. And you'll also need to write a hypothesis for each. 2-(A) <u>Anyway, in that class, you'll learn all this and several other skills including acquiring consent from your interview subjects and the best ways to conduct an interview.</u> This is very important if you do not want your research to be invalidated by a human rights violation.

S: I didn't know that there were so many steps involved in writing a thesis.

P: Exactly. In fact, writing itself is just a part of it. Though in my opinion, if your preparation is perfectly and appropriately done, the writing part should go very smoothly. 4-(D) <u>The most difficult part would be to ascertain whether the research topic and research schedule are feasible.</u>

S: I see…

P: In addition, there is another step before you actually start conducting your research. 4-(C) <u>You will also need to submit a research proposal to the faculty members in our program.</u> We'll then make a final decision about whether you're qualified to write a thesis. 5-(5) <u>And don't forget that since a thesis is not a requirement in our program, you are expected instead to concentrate on practical things such as practicum, volunteering, internship, and so on.</u>

S: Understood. That's a lot to think about. Professor Brown, can I make an appointment with you for some time next week?

P: Absolutely. Let me check my calendar. Well, so far, I'll be available anytime during my office hours next week. So you can email me after checking your own schedule, OK?

S: OK. Thank you for your time.

P: No problem at all.

【全訳】
学生と教授の会話を聞きなさい。

学生：ブラウン教授、入ってもよろしいですか。
教授：いいけど、あと10分で約束している学生が来るから、あまり時間は取れないわよ。あなたの用件は10分以内で終わりそう？
学生：はい。大丈夫だと思います。
教授：それなら、いいわ、どうぞ入って。
学生：ありがとうございます、ブラウン教授。質問は、卒論のことです。学部課程を終える前に書きたいと思っているんです。
教授：そう。ああ、まず、確認させてね。この課程では、卒論は卒業に必要でないのは知っているわよね。つまり、任意なの。なのに、あなたは卒論を書きたいと言っている。理由を簡単に説明してくれる？
学生：はい、教授。もちろん、この課程では卒論が必須でないことは知っています。ですが、卒論を書きたいのは、修士課程に志願しようと考えているからなんです。聞いた話ですが、卒論があれば、修士に志願する時に有利だとか。それは本当でしょうか。
教授：どの分野か、どの課程かによるわね。でも、少なくともこの課程に関して言えば、間違いなく有利だわ。あなたが卒論を書くつもりというなら、次に決めなければならないのはトピックね。適切なトピックを選ぶことはよい論文を書くにあたって大事な一歩なのよ。
学生：わかりました。では、適切なトピックを選んでよい論文を書くには、どのようにして取り組むのがよいでしょうか。
教授：それは短時間では答えられないわ。ここで私ができることは、あなたが取りかかる手助けになるようなヒントをいくつかあげることぐらいね。まずは、あなたが興味を持っているより幅広い分野について、できるだけたくさん本を読んでみることをお勧めするわ。あなたの大まかな興味が何か教えてくれれば、本や論文をいくつか勧めてあげられるわよ。
学生：思い浮かぶ書籍はすでに何冊かあります。例えば、『教授法入門』や『語学学習者のためのカリキュラム設計』などですね。でも、先生がお勧めしてくださる著作が他にもあるなら助かります。
教授：わかったわ。いいでしょう。次は、研究方法の授業をとるべきね。秋学期に開講するわ。その授業では、おもしろくて意義深い研究トピックを考え出す方法や、それらを絞り込む方法を学べるの。
学生：論文を書くのに役に立ちそうですね。
教授：それは必須ね。簡単に言って、よい研究トピックを考え出すためのステップは次の通りよ。さっき言ったように、たくさん本を読むこと。自分の分野のことを知らなければ、特定のトピックを選ぶのは難しくなるわ。₃次に、トピックの下準備リストを作るのよ。だいたい8～10ぐらいかしら。それらのトピックを調査して、リストを5つ以下に減らすの。リストが減らせたら、それぞれのトピックを評価しなければね。
学生：トピックを評価する？　どういうことでしょうか。

教授	：そう，トピックが調査に値するかどうか，そして，実際に論文を書くことが可能なのかどうかを見極める必要があるのよ。あなたはそのトピックに新たな光を投じたいでしょうけれど，新しすぎて情報を得るのが難しいことはしたくないでしょう。そしてさらに，それぞれのトピックについて仮説を書く必要があるわね。どうあれ，その授業で，あなたはこのスキルを始め，その他のいくつかのスキルもすべて学べるでしょう。インタビューの対象者から同意をもらうことや，インタビューを行う最もよい方法などを含めてね。自分の研究が人権侵害で無効にされたくなければ，これはとても大事なことよ。
学生	：卒論を書くのにそんなにたくさんのステップがあるなんて知りませんでした。
教授	：そうなのよ。実は，論文を書くこと自体は一部分にすぎないの。これは私の考えなんだけど，準備が万全に，また適切に行われれば，書く部分はいたってスムーズに進むはずよ。一番難しいのは，その研究トピックと研究スケジュールが実現可能かどうかを見極めることだと思うわ。
学生	：なるほど…。
教授	：つけ加えるとね，研究を始める前に実はもう1ステップあるのよ。この課程の教授陣に，研究の企画書を提出することも必要なの。その後，私たちは，あなたが卒論を書くだけの資質があるかどうかについて，最終決定を下すことになるの。それから，忘れてはだめよ，この課程では卒論は必須ではないから，代わりに実習課目やボランティア，インターンシップなど，実践的なことに専念することを求められているのよ。
学生	：わかりました。それはよく考えなければ。ブラウン教授，来週のどこかで面会のお約束をいただけますか。
教授	：もちろん。予定を確認させてね。えーと，今のところ来週は，オフィスアワーならいつでもいいわよ。だから，あなたの予定を確認してからメールで私に連絡して。それでいいかしら？
学生	：わかりました。お時間をいただきましてありがとうございました。
教授	：どういたしまして。

問題8　解答解説　　　　　　　　　　　　　　　　　　　　●経済学

スクリプト・全訳 ➡ p.365

キーワード　　　インフレーション

Questions 1 – 6

1

正解　B　　　　　　　　　　　　　　　　　　　　　▶ 1　トピック

講義のメイントピックは何か。
- Ⓐ　経済学における歴史的人物
- **Ⓑ　インフレーションと雇用の関係**
- Ⓒ　イギリスで起こったインフレーション
- Ⓓ　1990年代の経済不況

解説　Ⓑ　講義冒頭の教授の発言 Today, we're going to cover the relationship between inflation and employment. から、インフレーションと雇用の関係がメイントピックであることがわかる。Ⓐ 教授はフィリップスの理論に焦点を当てて説明しているが、フィリップス自体が講義のトピックではない。Ⓒ フィリップスがイギリス経済の研究をしていたと述べられているが、講義の内容はイギリスに限った話ではない。Ⓓ 1990年代の経済不況に関しては一切触れられていない。

2

正解　B　　　　　　　　　　　　　　　　　　　　　▶ 3　発言の意図・機能

講義の一部をもう一度聞いて、質問に答えなさい。（スクリプト・全訳の青下線部参照）
教授の次の発言は何を意味しているか。（　　参照）
- Ⓐ　教授は、誰がフィリップスの理論の欠点を指摘したのか知りたいと思っている。
- **Ⓑ　教授は、フィリップスによって見落とされた考えに注意を促している。**
- Ⓒ　教授は、改良されたモデルでよりよい予測ができることを示唆している。
- Ⓓ　教授は、犯人がまだ特定されていないことを報告している。

解説　Ⓑ　該当の発言 Who is the culprit here? は「ここでは誰が犯人か」が文字通りの意味だが、直前の Something must've escaped Phillips. を受けて、フィリップスの理論に抜け落ちていたものが何かに注目させようとしている。ⒶⒹ いずれも who, culprit を文字通りの「人」として捉えた選択肢なので、講義の内容と一致しない。Ⓒ そのようなことは一切述べられていない。

3

正解　A　　　　　　　　　　　　　　　　　　　　　▶ 2　詳細

フィリップスが、彼のモデルの中で考慮に入れなかったのは何か。
- Ⓐ　供給側の経済的ショック

- Ⓑ 需要側の経済的ショック
- Ⓒ 失業率の不規則な変化
- Ⓓ イギリス労働組合の影響力

解説 Ⓐ 教授の発言 Yes, it was economic shock on the supply side. および it was not capable of capturing supply shock consequences から，フィリップスが提唱したモデルの中で考慮されていなかったのは，供給側の経済的ショックだとわかる。 Ⓑ フィリップスのモデルは需要側の動きについては論理的に説明されているので，講義の内容と一致しない。 ⒸⒹ いずれも講義の中では一切述べられていない。

4

正解 Ⓓ　　　　　　　　　　　　　　　▶ 6　構成理解

教授がカリフォルニアの地ワインについて言及したのはなぜか。
- Ⓐ 物価が信じられないほど上がることを指摘するため
- Ⓑ 学生がフィリップスの提唱した理論を正しく解釈するのを手伝うため
- Ⓒ 気候変動がどのように収穫に影響するか学生に気づかせるため
- Ⓓ 供給ショックがどのように高い失業率を引き起こすかを説明するため

解説 Ⓓ 教授は Supply shock has ramifications such as a higher unemployment rate. と述べた後，Here's an example. とワインの例を挙げている。このことから，供給ショックが高失業率につながることを示すために，ワインの例に言及したことがわかる。 Ⓐ そのようなことは述べられていない。 Ⓑ ワインの例は，フィリップスの理論に欠けていた供給不足の影響を説明するために挙げられており，フィリップスの理論を正しく解釈することにはつながらない。 Ⓒ 気候の変動がブドウの収穫に影響を与えるとは述べられているが，教授が説明しようとしていることとは関係がない。

5

正解 Yes （1）（3）（4）　　　　　▶ 2　詳細 〜Yes/No 問題〜
　　　 No　（2）（5）

以下のそれぞれの項目が正しいか示しなさい。正しいボックスにチェックを入れなさい。
（1）需要の増加と供給の減少は共に，財やサービスの価格の高騰につながる。
（2）教授は航空券の例を用いて，需要サイドからどのようにインフレーションが起こるか説明している。
（3）フィリップスは，価格水準と失業率には互いに逆相関の関係にあると主張していた。
（4）供給が減少すると，生産量も必ず減少する。
（5）教授は，おそらく次に内国貿易について話す。

解説 （1）講義冒頭の教授の発言 Well, under inflation, the price of goods and services rises 〜 Either demand can go up, or supply can go down. から，講義の内容と一致するので，Yes。（2）航空券の例は，供給の減少によって起こるインフレーションを説明するために挙げられているの

で，No。(3) 教授の発言 Phillips came to the conclusion 〜 a lower unemployment rate, and vice versa. から，講義の内容と一致するので，Yes。 reverse correlation（逆相関）は，片方が増加するともう一方が減少するという相関関係のこと。vice versa は「その逆もまた然り」という意味。(4) 供給不足による失業率の上昇を説明する際の教授の発言 when there's less supply, the inevitable outcome is less production から，講義の内容と一致するので，Yes。(5) 教授の最後の発言より，International Trade（国際貿易）について話すと推測できるので，No。

6

正解 Ⓑ　　　　　　　　　　　　　　　　　▶ 4　話者の態度・意見

教授によれば，経済学者として持つべき重要な視点とは何か。
Ⓐ　インフレーションと雇用の関係に関するフィリップスの研究を再検討すること
Ⓑ　経済の動きを，需要と供給の側面から研究すること
Ⓒ　経済学者としての学歴を追求していく決意をすること
Ⓓ　供給ショックを予測するために，フィリップスの理論を利用できること

解説　Ⓑ　教授は講義の最後に，市場には需要と供給の2つの面があることを念頭に置いておくようにと述べ，学生に対し，And you folks, as economists, have to analyze 〜 from both perspectives. と呼びかけている。both perspectives とは，需要と供給の2つの視点のこと。Ⓐ Ⓒ Ⓓ フィリップスの研究の再検討，経済学者としての学歴を追求すること，フィリップスの理論によって供給ショックを予測することについては，講義では一切述べられていない。

【スクリプト】

Listen to part of a lecture in an economics class.

Professor: Hope everybody read chapter 30. ₁Today, we're going to cover the relationship between inflation and employment. To begin with, what is inflation? ₅₋₍₁₎ Well, under inflation, the price of goods and services rises, causing a drop in the value of money. There are two things that can cause inflation. Either demand can go up, or supply can go down.

　　OK, let's look at the first case. When demand in the economy rises while the supply is more or less constant, more people go for a limited stock of goods. What will this result in? Let me instantiate this situation with teddy bears.

　　Let's say there are three teddy bears here that are sold at a price of 10 dollars each. If there are three people who want the teddy bears, the price will remain at 10 dollars. However, what can you predict would happen if 20 people were after the bears? Naturally, the price would go up, right? It depends, of course, on how much they want the bears, but this might make them pay 15 bucks for the same teddy bear, which is indeed five dollars more than the original price. This is how inflation starts on the demand side: more demand results in higher prices.

Let's take a look at the second case: inflation caused from the supply side. When supply falls short while demand is held constant, prices also soar as relatively more people go for more limited goods. ₅₋₍₂₎ As an example, let's suppose there are five flight tickets to London for 700 bucks wanted by five people. If the supply goes down, that is, if the number of tickets decreases from five to three with the same number of people looking for them, it would cost more to fly to London.

Now, we're ready to move onto the main subject for today. Who's famous for his achievement in research on the relationship between inflation and unemployment? Yes, it's Alban William Phillips. Phillips did numerous studies on the inflation rate and unemployment in the United Kingdom from 1861 through 1957, and found the correlation between the two.

As some of you may have already noticed, higher demand ultimately leads to more supply in order to meet the heightened desire for the products. After that, in order to produce a greater quantity of goods, more job opportunities become available, giving way to lower unemployment. Judging from this tendency, ₅₋₍₃₎ Phillips came to the conclusion that when there is inflation as in a higher price level, it would be associated with a lower unemployment rate, and vice versa.

₂ This theory appears perfect at first glance. However, something which overturned his theory happened in the 1970s and 1980s. The economy behaved far worse than Phillips' model. The economy brought on strong inflation and a high unemployment rate simultaneously. Something must've escaped Phillips. Who is the culprit here? ₃ Yes, it was economic shock on the supply side. Phillips thought his theory was an effective depiction of the market. However, it was only if there was movement on the demand side. ₃ The problem with the Phillips' model was that it was not capable of capturing supply shock consequences.

Remember, everybody, going back to the second case of inflation we studied, when there's a supply shock, that's to say when supply goes down, inflation occurs as well. If we only look at how the price level changes, this is the same as inflation caused by increased demand. Then, what makes it different? Yes, the difference lies in the unemployment rate. ₄ Supply shock has ramifications such as a higher unemployment rate.

Here's an example. Let's say there's an ample amount of local wine for the market in California that's being sold at the price of 2,000 dollars per bottle. Then the state experiences disastrous climate change during the year, which ruins the grape harvest and leads to greatly decreased wine production. Assuming the size of the market is invariable, the resultant smaller amount of wine would hold more value than that of normal years with favorable conditions, thus leading to higher prices. It depends on how many people are willing to pay for the limited amount of wine, but the price could go as high as 3,000 bucks. This is how inflation surfaces in supply shock.

Then, here comes my question. What happens to employment? ₅₋₍₄₎ Well, when there's less supply, the inevitable outcome is less production. In other words, the market does not have to generate as much stuff. Firms are no longer convinced to keep as many employees as in good times, hence they dismiss or stop hiring people. The result is higher unemployment.

₆What we have to keep in mind when analyzing economic situations is, although this goes back to the basics of economics, there are always two sides to the market: demand and supply. The market balances itself at the equilibrium point of demand and supply. And you folks, as economists, have to analyze events as they unfold before your eyes from both perspectives.

₅₋₍₅₎ OK guys, let's move on to the next topic, International Trade. Have you finished reading chapter 31?

【全訳】
経済学の講義の一部を聞きなさい。

教授：皆さん30章を読んできたと思います。今日はまず，インフレーションと雇用の関係を取りあげましょう。初めに，インフレーションとは何でしょうか。ええと，インフレーション下では，財やサービスの価格が上がり，貨幣価値が下がります。インフレーションを引き起こす可能性のある事象は2つあります。需要が上がるか，あるいは，供給が下がるか，どちらかです。

では，第1のケースを見てみましょう。供給が大体一定の状態で，経済における需要が高まると，より多くの人々が限られた財を得ようとすることになるでしょう。この結果，何が起こるでしょうか。テディーベアを例にとってこの状況を考えてみましょう。

まず，ここに1体10ドルで売られているテディーベアが3体あるとします。そのテディーベアを欲しい人が，3人いた場合，テディーベアの価格は10ドルのままです。しかし，20人がそのテディーベアを求めたとしたら，何が起こると予想できますか。当然，テディーベアの価格が上がりますよね？　もちろん，人々がどれほどそのテディーベアを欲しているかにもよりますが，これによって人々は同じテディーベアに15ドル，実に元の価格より5ドルも高い価格で買うことになるかもしれません。需要サイドから起こるインフレーションはこのようにして起こります。つまり，需要が伸びることで，結果的に物価も上がるということです。

では，第2のケース，供給サイドから生じるインフレーションについて，見てみましょう。需要が一定に保たれている状態で供給が減少すると，相対的により多くの人がより限られた商品に殺到することになるので，価格も跳ね上がります。例えば，700ドルのロンドン行きの飛行機のチケットが5枚あって，5人の人が欲しがっているとしましょう。もしこの供給が減少するとしたら，つまり，欲しがっている人の数はそのままで，チケットの枚数が5枚から3枚に減ったとしたら，飛行機でロンドンに行くのにはより多くのお金がかかることになるでしょう。

さて，これで今日の本題に入る準備が整いました。インフレーションと失業率の関係に関する調査で功績を残した有名な人物は誰ですか。そうですね，アルバン・ウィリアム・フィリップスです。フィリップスは，1861年から1957年にかけてのイギリスにおけるインフレ率と失業率の関係について，膨大な量の研究を行いました。そして，その2つの間に相関関係を見出しました。

すでに気づいている人もいるかもしれませんが，需要が伸びれば，財を求めて高まった欲求に応えるべく，最終的に供給も伸びます。すると，より大量の財を生産するために，利用できる雇用の機会が増え，失業率は低くなります。この傾向をもとに，フィリップスは，価格水準が高くなるインフレーションがあると失業率が低くなり，その逆もまた然りという結論に達したわけです。

2この理論は一見完璧に見えます。しかし，1970年代から1980年代に，彼の理論を覆す事態が起きました。経済が，フィリップスの考えたモデルよりずっと悪い方向に動いたのです。経済は強いインフレーションと高い失業率を同時にもたらしました。何かがフィリップスの考えから抜けていたに違いありません。この犯人は誰なのでしょうか。そうです，供給サイドでの経済的ショックです。フィリップスは，自分の理論は市場を効果的に描写していると思っていました。ところが，それは，需要側に動きがあった場合だけに限られていました。フィリップスのモデルの問題点は，供給ショックの影響を捉えることができなかったということです。

皆さん，覚えていますか。私たちが見た第2のケースに戻れば，供給ショックがあった場合，つまり，供給が減少した場合にも，インフレーションは起こるのです。価格水準がどのように変化するかという点だけに注目すれば，これは需要の増加によって発生したインフレーションの場合と同じと言えますね。では，何によって違いが起きるのでしょうか。そうです，違いは失業率にあります。供給ショックには，失業率の上昇という効果があるのです。

例を挙げましょう。カリフォルニアの市場に十分な量の地ワインが出回っていて，1瓶2,000ドルの価格で売られているとします。そして，その年の間に，カリフォルニア州は劇的な気候変動に見舞われ，ブドウの収穫が壊滅的な状態に陥り，ワインの生産量が大幅に減少します。市場の規模が変わらないと仮定すると，結果的にこれまでよりも少なくなった量のワインは，好ましい条件に恵まれた通常の年のものよりもより高い価値を持つことになり，したがって高い価格がつけられます。その限られた量のワインにどれだけの人々がお金を払う意志があるかにもよりますが，価格は3,000ドルにまではね上がる可能性があります。供給ショックでは，このようにしてインフレーションが表面化します。

では，ここで質問です。雇用には何が起こるでしょうか。まあ，供給が減れば生産量の減少は不可避の結果です。言い換えれば，市場はこれまで通りの量の財を生産する必要がなくなります。企業は景気のよい時と同じ規模の人数の従業員をもはや確保しようとはしなくなるので，人々を解雇するか雇用をするのをやめます。その結果が，高い失業率です。

これは，経済学の基礎に立ち返ることにもなるのですが，経済状況を分析する際に私たちが心に留めておかなければならないのは，市場には常に2つの側面，つまり需要と供給があるということです。市場は需要と供給の均衡点で釣り合いを保っています。そして君たちは経済学者として，目前で起こっている事象を両面から分析しなければならないとい

うことです。
　いいですか．では次のトピックである国際貿易に進みましょう。31章はもう読んでありますか。

| 問題9　解答解説 | ●哲学 |

スクリプト・全訳 ➡ p.372

キーワード　　我思う，故に我あり。　　宗教改革

Questions 1 – 6

1

正解　Ⓓ　　　　　　　　　　　　　　　　　　　　1 トピック

この講義は主に何に関するものか。
- Ⓐ　哲学者ルネ・デカルトの伝記
- Ⓑ　フランス革命で起きた歴史的事件
- Ⓒ　ルネサンス芸術と近代哲学の関係性
- Ⓓ　哲学者ルネ・デカルトが近代哲学に及ぼした影響

解説　Ⓓ 講義の冒頭で教授は The theme for today's lecture is the philosophy of René Descartes. と述べている。さらに，「我思う，故に我あり」という格言を挙げた上で，How, then, did this formulation come to proclaim the beginning of modern philosophy? と問いかけており，この講義はデカルトの近代哲学への影響を扱っているとわかる。Ⓐ デカルトの生涯については触れられていない。ⒷⒸ フランス革命における人権宣言やルネサンスは，それぞれ近代という時代の始まりに当たる出来事として挙げられているが，講義のメイントピックとは言えない。

2

正解　Ⓑ　　　　　　　　　　　　　　　　　　　　6 構成理解

教授が近代の始まりについて学生に聞いているのはなぜか。
- Ⓐ　歴史学者を悩ませ続けている未解決の問題について答えるため
- Ⓑ　個人の概念が近代哲学を理解するための鍵だと，学生に気づかせるため
- Ⓒ　どの歴史的出来事が近代の始まりとなるかを明確にするため
- Ⓓ　近代は以前考えられていたよりも過去のものであることを示すため

解説　Ⓑ 教授は In order to answer that question, ～ の部分で，デカルトによって始まる近代哲学を理解するには，近代が何を意味するのかを考える必要があると述べている。さらに，We can see a hallmark that sets modernity apart from the time before it ～ の部分で，普遍的価値としての個人の概念が近代を特徴づけていることがわかる。よって，これが正解。ⒶⒸ 教授は近代の始まりがいつかという問いは意見が分かれて当然だと述べているが，その答えを見つけることを意図してはいない。Ⓓ そのようなことは述べられていない。

3

正解 Ⓑ

近代以前の個人の特徴は何か。
- Ⓐ 人間は自由な思考と判断を有する。
- Ⓑ 教会が神と個人とを媒介する。
- Ⓒ 聖書を疑うことで魂の救済を得られる。
- Ⓓ 教会が人々の精神を支配する絶対的な権力を持つ。

解説 Ⓑ 教授は宗教改革と人権宣言に触れた後,Prior to modernity, the concept of the individual was justified through his relationship with God, and of course, this relationship was controlled by the Church. と述べている。よって,講義の内容と一致する。 Ⓐ 教授は Once we entered modernity, however, the concept of the individual began to be justified not through God but liberty. と述べており,人間が自由な思考を持つことができたのは近代以降のことだとわかる。 Ⓒ ルターの主張として salvation is achieved not through the mediation of the Church, but through the faith of an individual as he or she studies the Bible と述べられているが,聖書を疑うという話はされていない。 Ⓓ 教会が人々の精神を支配していたとは述べられていない。

4

正解 Ⓐ

講義の一部をもう一度聞いて,質問に答えなさい。(スクリプト・全訳の青下線部参照)
次の発言において,教授はどのように感じているか。(　　　参照)
- Ⓐ 教授は,学生の考えが浅薄だと指摘することをためらっている。
- Ⓑ 教授は,学生の意見について満足している。
- Ⓒ 教授は,神について学生に質問したことを後悔している。
- Ⓓ 教授は,学生がすばらしい理解を示したのを喜んでいる。

解説 Ⓐ dare I say は「あえて言うなら」という意味の表現。この表現から,学生の考えが浅薄だと指摘するのをためらう教授の気持ちが読み取れる。さらに,教授の発言 Well... の声のトーンや仮定法の would が婉曲表現として使われていることからも,教授のためらいがうかがえる。 ⒷⒹ 教授の発言 It's not that our belief in God is a result of superstition より,教授は学生の発言内容に満足していないことがわかる。 Ⓒ 教授が後悔していることをうかがわせる表現はない。

5

正解 Ⓑ Ⓓ

デカルトは神についてどのように考えていたか。2つ選びなさい。
- Ⓐ 神は迷信の結果である。
- Ⓑ 神は全能である。
- Ⓒ 神は疑い得ない。

D　神は人々を欺くことができる。

解説　B D 教授の発言 For Descartes, ~ God was omnipotent. But being omnipotent meant that He also had the power to deceive, which made Him the object of doubt. に注目。デカルトは，神は全能であり，それ故に欺く力も持っているため，懐疑の対象と考えていたことがわかる。A 学生2の発言 We wrongly believe in God? を受けて，教授は It's not that our belief in God is a result of superstition. と述べているため，不適切。C 先の説明から，不適切。

6

正解　D

講義によれば，デカルトの方法的懐疑とニヒリズムを区別するものは何か。
- A　デカルトの方法的懐疑は，すべての価値を否定するということ
- B　デカルトの方法的懐疑は，絶対的な存在を定義することを目的とするということ
- C　デカルトの方法的懐疑は，ニヒリズムの提唱者に影響を与えたということ
- D　デカルトの方法的懐疑は，真実を追求するということ

解説　D 教授の発言 The sole purpose of Descartes' "methodological doubt" was to search for truth ~ より，これが正解となる。A 教授の発言 "nihilism," which rejects all values より，すべての価値を否定するのはニヒリズムである。B 絶対的な存在の定義については，述べられていない。C デカルトの方法的懐疑がニヒリズムの提唱者に影響を与えたという話はされていない。

【スクリプト】

Listen to part of a lecture in a philosophy class.

Professor: ₁ The theme for today's lecture is the philosophy of Réne Descartes. Descartes lived during the first half of the 17th century, and is considered today to have been the founder of modern philosophy. Although you may have never read a philosophy book, you've probably heard his following quotes: "I think, therefore I am" or "I doubt, therefore I think, therefore I am." It is said that this formulation summarizes Descartes' philosophy. ₁ How, then, did this formulation come to proclaim the beginning of modern philosophy? ₂ In order to answer that question, we have to think a little bit about what is meant by "modernity" before coming to Descartes. What marked the beginning of modernity?

Student 1: Wouldn't that be the Renaissance?
Student 2: I think it's the Reformation.
P:　There's a difference of opinion, but that's to be expected. Some see the Renaissance, as the beginning; others say it started with the Reformation or the

French Revolution. From a philosophical point of view, it is important to attempt to find hallmarks of modernity in each of these events. ₂ We can see a hallmark that sets modernity apart from the time before it in the process of how the idea of the individual as a universal value started to permeate society. Let's examine this more closely. Who comes to mind when you think of the Reformation, the religious movement of the 16th century?

S2: Martin Luther?

P: Right. Luther intended to fix or reform the corruption and misguided teachings of the Catholic Church. However, it led to the creation of Protestantism, separated from the Catholic Church. Luther proclaimed that salvation is achieved not through the mediation of the Church, but through the faith of an individual as he or she studies the Bible. In other words, he believed that each individual has a direct relationship with God, without any intermediary involvement of the Church.

S2: He believed everyone should have an individual relationship with God.

P: Exactly. When we focus on the Declaration of Human Rights during the French Revolution of the late 18th century, we can see that the rights of an individual were separated from Church authority and recognized as a universal value. Such historical processes tell us that the modern person did not immediately acquire universal values. ₃ Prior to modernity, the concept of the individual was justified through his relationship with God, and of course, this relationship was controlled by the Church. Once we entered modernity, however, the concept of the individual began to be justified not through God but liberty. Put another way, human beings could now create their own order through free thought and their own judgment. Are you following me? Now let's get back to our main topic which is Descartes' philosophy, and think about his "I think, therefore I am" quote as it relates to how the concept of the value of the modern person permeated society. In the beginning, Descartes tried to discover "the most certain truth" and in order to do this, he started by attempting to doubt everything. This is what is called Descartes' "methodological skepticism." For example, he turned his doubt on corporeal perception, and even God. Why exactly would corporeal perception be an object of doubt?

S1: That's because our eyes and ears could wrongly perceive something.

P: Right. ₄ Our senses could be wrong so what we perceive with them isn't necessarily truth. What about God, then?

S2: We wrongly believe in God?

P: Well... It's not that our belief in God is a result of superstition. That would be an overly modernistic, dare I say, simplistic view. ₅₋₍B₎,₍D₎ For Descartes, who lived in the first half of the 17th century, God was omnipotent. But being omnipotent meant that He also had the power to deceive, which made Him the object of doubt. Do you understand? Incidentally, how is "Descartes' doubt" different from "nihilism"?

S1: Let's see... at least Descartes' doubt is in pursuit of truth. Am I wrong?

P: No, you're right. ₆ The sole purpose of Descartes' "methodological doubt" was to search for truth and must, therefore, be distinguished from "nihilism," which rejects all values. What, then, is left after throwing doubt on anything and everything? That would be the "undoubtable." What this means is that I can doubt everything, including God, but I cannot doubt the fact that I doubt or that I think. And that is how his philosophy was born; God is not truth, but human thought and human existence are the absolute truths. Descartes made "I think, therefore I am" the foundation of truth, and that is how modern philosophy began.

【全訳】
哲学の講義の一部を聞きなさい。

教授　：今日の講義のテーマは，ルネ・デカルトの哲学だ。デカルトは17世紀前半を生き，現在では，近代哲学の確立者と考えられている。君たちは哲学の本を読んだことが一度もないかもしれないが，彼の次の言葉はおそらく聞いたことがあるだろう，「我思う，故に我あり」，あるいは「我疑う，故に我あり」。この表現は，デカルトの哲学を要約していると言われている。ではなぜ，この表現が近代哲学の始まりを告げるものとなったのか。その問いに答えるには，デカルトの話の前に，「近代」が何を意味するか少し考えてみる必要があるんだ。近代の始まりの目印になったのは何かな？

学生1：ルネッサンスではないでしょうか。

学生2：宗教改革だと思います。

教授　：意見が分かれるね，当然のことだけど。ルネサンスを近代の始まりだと考える人もいれば，宗教改革，はたまたフランス革命から始まったと言う人もいる。哲学的観点からすると，これらの出来事それぞれの中に近代の特徴を見出そうとすることが大切だ。我々は，近代とそれ以前の時代とを峻別する特徴を，普遍的な価値としての個人の概念がいかにして社会に浸透し始めたかという過程に見ることができる。もっと詳細に見ていこう。宗教改革，すなわち16世紀の宗教運動のことを考える時に，誰が思い浮かぶかな？

学生2：マルティン・ルターですか。

教授　：そうだ。ルターはカトリック教会の腐敗や誤った教えを修正あるいは改革しようとした。ところが，それはカトリック教会とは隔絶した，プロテスタントの創設に至ったんだ。ルターは，魂の救済は教会の仲介を通してではなく，聖書を熟読するといった個人の信仰によって得られると主張した。言い換えれば，教会が間に入って関与することなく，個々人が神と直接関係を持つと彼は信じていたんだ。

学生2：誰もが神と個別の関係を持つべきだと彼は信じていたのですね。

教授　：その通りだね。18世紀後半のフランス革命における人権宣言に注目すれば，個人の権利が教会の権威から切り離され，普遍的価値として認められていたことがうかがえる。こうした歴史的過程からわかるように，近代人は，すぐに普遍的価値を獲得したわけではないんだ。近代以前，個人という概念は，神との関係を通して正当化されてきたのであり，もちろん，この関係は教会によって支配されていた。しかし近代に入ると，個人と

いう概念は神ではなく，自由を通して正当化されるようになった。別の言い方をすれば，人間はここにきて自由な思考と自らの判断により，自らの秩序を創り出すことができるようになった。いいかな。ここで，本題であるデカルトの哲学に戻り，近代的個人の価値という概念が社会に浸透していく過程に関連して，デカルトの「我思う，故に我あり」という言葉を考えてみるとしよう。まずデカルトは，「最も確実な真理」を発見しようと試み，そのために彼は，すべてのものを疑おうとすることから始めた。これがデカルトの「方法的懐疑」と呼ばれるものだ。例えば，身体的な知覚，ひいては神でさえ，彼は自らの懐疑の対象とした。一体なぜ，身体的知覚が懐疑の対象になるんだろうか。

学生1：それは，我々の眼や耳が，何かを誤って知覚することがあり得るからです。

教授：そうだね。4我々の感覚は誤ることがあるだろうから，我々が感覚で知覚したものは必ずしも真理ではない。では神についてはどうだろうか。

学生2：私たちは誤って神を信じているから？

教授：うーん，我々が神を信じることが迷信の結果だということではないんだ。それはちょっと現代的すぎる見方，あえて言わせてもらうと単純すぎる見方だ。17世紀前半を生きたデカルトにとって，神は全能だった。しかし，全能だということは，神は欺く力も持つということで，そのことが神を懐疑の対象にしたんだ。わかるかな？　ところで，「デカルトの懐疑」は「ニヒリズム」とどんなふうに違うのだろうか。

学生1：ええと…少なくともデカルトの懐疑は真理を求めています。違いますか。

教授：いや，その通りだよ。デカルトの「方法的懐疑」の唯一の目的は真理を探し求めることであり，それゆえ，あらゆる価値を否定する「ニヒリズム」とは区別されなければならない。では次に，一切合財を疑った末に残るものは何か。それは「疑い得ないもの」だろう。つまり，私は神を含むあらゆるものを疑うことができるが，私が疑っているという事実，あるいは私が思考しているという事実を，私は疑うことはできないということだ。そしてそのようにして，神は真理ではなく，人間の思考と存在こそが絶対的な真理だとする彼の哲学が生まれたのだ。デカルトは，「我思う，故に我あり」を真理の基盤とし，そうして，近代哲学が始まったんだ。

MEMO

MEMO

MEMO

MEMO

MEMO

MEMO

【音声収録時間】
Disk 1：59 分 25 秒　　Disk 2：75 分 14 秒
Disk 3：60 分 19 秒　　Disk 4：61 分 14 秒

【音声吹き込み】
Emma Howard（イギリス），Edith Kayumi（カナダ）
Josh Keller（アメリカ），Jack Merluzzi（アメリカ）

【執筆・校閲協力】
（問題執筆）Kevin Glenz，株式会社 シーレップス
（解説執筆）岡崎恭子，上田雅美，株式会社 シーレップス
（校閲）　　中尾千奈美，岡崎恭子，豊田佐恵子

書籍のアンケートにご協力ください
抽選で図書カードをプレゼント！
Z会の「個人情報の取り扱いについて」はZ会Webサイト（https://www.zkai.co.jp/home/policy/）に掲載しておりますのでご覧ください。

TOEFL iBT® TEST リスニングのエッセンス

初版第 1 刷発行……2016 年 9 月 10 日
初版第 6 刷発行……2024 年 10 月 1 日
編者………………Z 会編集部
発行人……………藤井孝昭
発行………………Z 会
　　　　　　　〒411-0033　静岡県三島市文教町 1-9-11
　　　　　　　【販売部門：書籍の乱丁・落丁・返品・交換・注文】
　　　　　　　TEL 055-976-9095
　　　　　　　【書籍の内容に関するお問い合わせ】
　　　　　　　https://www.zkai.co.jp/books/contact/
　　　　　　　【ホームページ】
　　　　　　　https://www.zkai.co.jp/books/
装丁………………末房志野
DTP………………株式会社 デジタルプレス
録音・編集………株式会社 メディアスタイリスト
印刷・製本………日経印刷株式会社

© Z会 2016　★無断で複写・複製することを禁じます
定価はカバーに表示してあります
乱丁・落丁はお取替えいたします
ISBN978-4-86290-202-3　C0082